国学经典文库

图文珍藏版

聚集人生哲理智慧 荟萃儒家文化经典

孟子 诠解

〔战国〕孟子·原著 马博·主编

线装书局

图书在版编目（CIP）数据

孟子诠解：全4册 /（战国）孟子原著；马博主编.
-- 北京：线装书局，2014.12
ISBN 978-7-5120-1578-4

Ⅰ.①孟… Ⅱ.①孟… ②马… Ⅲ.①儒家②
《孟子》–注释③《孟子》–译文 Ⅳ.①B222.5

中国版本图书馆CIP数据核字(2014)第234455号

孟子诠解

原　　著：［战国］孟　子
主　　编：马　博
责任编辑：高晓彬
装帧设计：博雅圣轩书馆 Boyashengxuan Cangshuguan
出版发行：线装书局
　　　　　地　址：北京市西城区鼓楼西大街41号（100009）
　　　　　电　话：010-64045283　64041012
　　　　　网　址：www.xzhbc.com
经　　销：新华书店
印　　制：北京彩虹伟业印刷有限公司
开　　本：710mm×1040mm　1/16
印　　张：112
彩　　插：8
字　　数：1360千字
版　　次：2014年12月第1版第1次印刷
印　　数：0001 – 3000套

定　　价：598.00元（全四册）

孟子及著作《孟子》

孟子(约公元前372年~约公元前289年)，名轲，字子舆，中国战国时期伟大的思想家、政治家、教育家，儒家学派的代表人物。著有《孟子》一书。政治上，他主张法先王、行仁政；学说上，他推崇孔子，反对杨朱、墨翟。

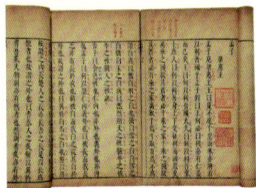

《孟子》属语录体散文集，共七篇，是战国时期孟子的言论汇编，由孟子及其弟子（万章等）共同编撰而成。《孟子》记录了孟子的治国思想、政治观点和政治行动，属儒家经典著作。其学说出发点为性善论，主张德治。南宋时朱熹将《孟子》与《论语》、《大学》、《中庸》合在一起称"四书"。自从宋、元、明、清以来，都把它当做家传户诵的书，就像今天的教科书一样。《孟子》是四书中篇幅最大的部头最重的一本，有三万五千多字，从此直到清末，"四书"一直是科举必考内容。《孟子》这部书的理论，不但纯粹宏博，文章也极雄健优美。

孟母林

　　孟母林是孟子父母的合葬地，位于曲阜城南13公里的凫村，占地38公顷，外围石墙，内有树木约1万3千株，元明清历代石碑数通。后人以为孟子成名，在很大程度上归于孟母三迁教子之功，故林地称"孟母林"，孟子死后，其后世子孙亦结冢葬于此地。

孟子故里

　　孟子故里位于山东曲阜城南13公里的凫村内偏东，在孟母林之西。现在故里街南面的建筑已经拆除，村里的人们每年都在孟子故里南面的空地上举行祭孟仪式，这里祭孟是祭奠的孟母，祭孟仪式为期3天，元代曾加修复，现有孟子故里坊、孟子故宅、孟母泉、孟母井、孟母池等。

孟子周游列国

孟子44岁的时候怀着自己的政治理想带领弟子周游列国，游历宋、滕、魏、齐、梁诸国。先后与宋偃王、滕文公、梁惠王等论政，齐宣王时稷下学宫复盛，七十多岁的孟子又回到齐国，多次与齐宣王论述自己的政治主张，孟子为此设计了一套缓和地主阶级与农民阶级矛盾的方案。

孟母教子

孟子的母亲克勤克俭，含辛茹苦坚守志节，抚育儿子，从慎始、励志、敦品、勉学以至于约礼、成金，数十年如一日，丝丝入扣，毫不放松，既成就了孟子，更为后世的母亲留下一套完整的教子方案，她本人也成为名垂千秋万世的模范母亲，属于典型的中国良母。

孟母买肉啖子

　　"买肉啖子"的故事，讲的就是孟母如何以自己的言行对孟子施以诚实不欺的品德教育的故事。有一次，邻居家磨刀霍霍，正准备杀猪。孟子问母亲："邻居杀猪干什么？"孟母随口说到："是给你吃啊。"说完孟母就后悔了，心想这不是在教他说谎吗？为了弥补这个过失，孟母真的买来了邻居的猪肉给孟子吃了。

孟子刻像殉母

　　亚圣孟子事母至孝，55岁在齐国任客卿时，回故里迎接母亲到齐国共享荣华富贵。晨昏问安，母亲生病他亲自侍候汤药。次年母亲病死于齐国，他抚柩归葬于老家。母亲去世后，孟子悲痛万分，因辅佐齐襄王行王道，不能以身殉母，就自刻石像为母亲殉葬，在乡守墓一年返齐。

孟子性善

　　战国时期孟子提出的一种性善论，孟子对于性善论的最用力的论证，是通过人的心理活动来证明的。孟子认为，性善可以通过每一个人都具有的普遍的心理活动加以验证，既然这种心理活动是普遍的，因此性善就是有根据的，是出于人的本性、天性的，孟子称之为"良知"、"良能"。

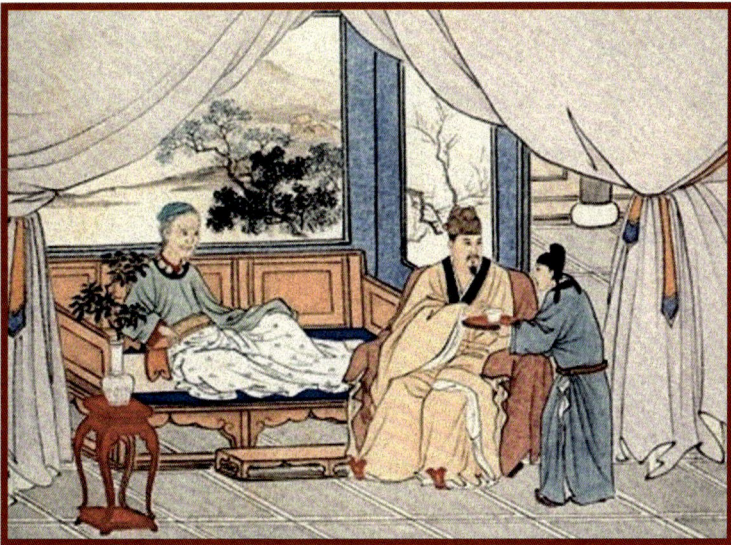

孟子重孝

　　孟子继承和发扬孔子的孝道理论。他认为，天下事，"孝亲为大"，并把"孝亲"推演为"老吾老以及人之老"的社会敬老观念。母亲死后，孟子以隆重的礼仪殡葬，有人批评他葬母规格不应超过父亲。他说：当年没有条件依礼葬父，今天依礼葬母是对母亲和父亲的怀念与尊敬。

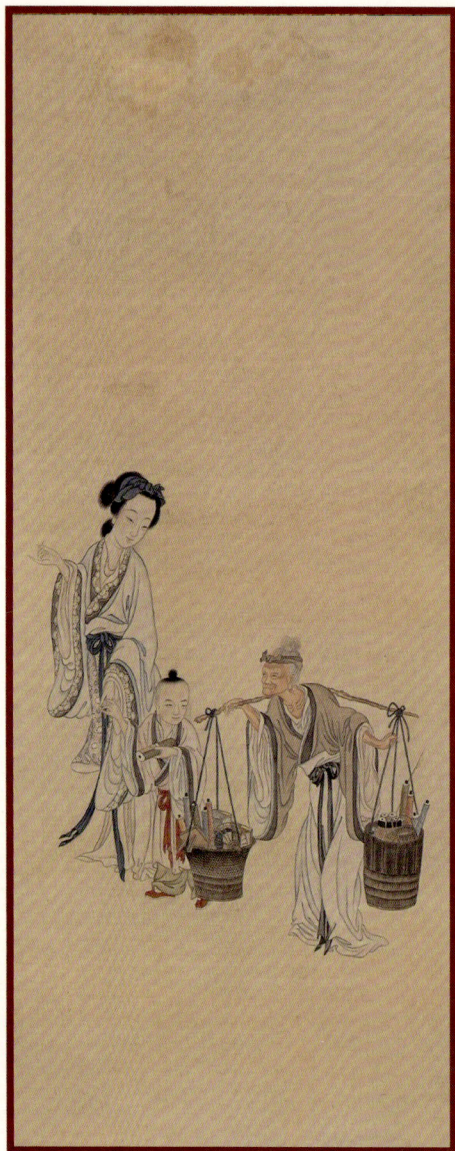

孟母择邻而居

　　孟母择邻而居，即孟子的母亲为选择良好的环境教育孩子，多次迁居。《三字经》里说："昔孟母，择邻处。"孟母三迁便出自于此。词语解释信息为孟子的母亲为了使孩子拥有一个真正好的教育环境，煞费苦心，曾两迁三地，现在有时用来指父母用心良苦，竭尽全力培养孩子。

孟母断织劝学

　　孟子小时候，由于贪玩，荒废了学业。母亲知道后，非常生气，毅然割断了织布机上的棉纱，用织布来比喻学习，用断织来比喻废学，以此来教育孟子，使他懂得学习必须不怕困难，持之以恒，才能不断取得进步。孟子后来成为一个闻名天下的大儒，同他母亲的教育是分不开的。

前　言

孟子是儒家学派最主要的代表人物之一，他继承和发展了孔子的学说，被后人尊封为"亚圣"，与孔子合称"孔孟"，所著《孟子》一书对后世影响深远。两千多年来，一代又一代的中国人从他的思想中获取营养，这种影响，仅从我们的常用语中就可以得到证明。比如："不以规矩，不成方圆""一曝十寒""生于忧患而死于安乐""仁者无敌""有恒产者有恒心，无恒产者无恒心""鱼，我所欲也；熊掌，亦我所欲也""舍生取义""天时不如地利，地利不如人和""得道者多助，失道者寡助"以及"穷则独善其身，达则兼济天下"，等等。

孟子（约公元前 372 年~公元前 289 年），名轲，字子舆，战国中期鲁国邹人（今山东邹县东南部人），距离孔子的故乡曲阜不远。是著名的思想家、政治家、教育家，孔子学说的继承者，儒家的重要代表人物。相传孟子是鲁国贵族孟孙氏的后裔，幼年丧父，家庭贫困，曾受业于子思的学生，学成以后，以士的身份游说诸侯，企图推行自己的政治主张，到过梁（魏）国、齐国、宋国、滕国、鲁国。当时几个大国都致力于富国强兵，争取通过暴力的手段实现统一，而他继承了孔子"仁"的思想并将其发展成为"仁政"思想。

《孟子》是中国儒家思想最重要的经典之一，记述了孟子一生的主要言行，以及与其他诸家思想的争辩，对弟子的言传身教，游说诸侯等内容，由孟子及其弟子（万章等）共同编撰而成，语言生动，比喻深刻，论证有力，在我国历史上具有重大影响。全书共七篇十四卷，内容丰富，涉及政治、哲学、伦理、经济、教育、文艺等多个方面，记录了孟子的治国思想、政治观点（仁政、王霸之辨、民本、格君心之非，民为贵社稷次之君为轻）和政治行动，成书大约在战国中期，其学说出发点为性善论，主张德治。南宋时朱熹将《孟子》与《论语》《大学》《中庸》合在一起称"四书"。自从宋、元、明、清以来，都把它当作家传户诵的书，就像今天的教科书一样。《孟子》是四书中篇幅最大的部头最重的一本，有三万五千多字，从此直到清末，"四书"一直是科举必考内容。《孟子》这部书的理论，不但纯粹宏博，文章也极雄健优美，行文气势磅礴，感情充沛，雄辩滔滔，极富感染力。

在实现中华民族伟大复兴的"中国梦"的今天，我们更需要学习了解传统文化；而要了解传统文化，必须了解儒家思想，了解孟子的思想。为此，我们精心编著了本套《孟子诠解》丛书，力求以全新的解读方式和通俗易懂的语言去接近《孟子》，感受《孟子》，使孟子的思想精神与现实生活相结合，从而让每个读者都能沐浴到两千多年前圣贤先哲的深邃智慧。为帮助读者进一步理解原文，本套丛书对内容进行了两个方面的拓展：一是文字式的随文拓展，即朱熹和张居正注评以及与原文内容有关的孟子生平概述、伦理学说、智慧通解等内容的补充阅读，二是插图式的随文拓展，即与原文内容相关的人物、事件、器物的图片和古代名画等，图文结合，符合当下读者的阅读兴趣。

目　　录

国学经典文库

孟子诠解

目录

图文珍藏版

1

国学经典文库

孟子诠解

目录

图文珍藏版

国学经典文库

孟子诠解

目录

图文珍藏版

3

国学经典文库

孟子诠解

目录

图文珍藏版

国学经典文库

孟子诠解

目录

图文珍藏版

国学经典文库

孟子诠解

目录

图文珍藏版

国学经典文库

孟子诠解

目录

图文珍藏版

第一章 孟子生平概述

一、圣人出世

(一)鲁国后裔

孟子,名字叫作孟轲,字子舆。生活在公元前372年至前289年,是战国时期邹国(今山东邹城)人。

周武王克商,封颛顼后裔曹挟于邹地,建立邾国。建国后即以"蛛"为国名,后改作"邾"字。邾国国君春秋时进子爵,附属于鲁国。

邾国故城俗称纪王城,位于邹城中部丘陵地区,是我国东周时期著名古城之一。到邾穆公时(公元前480年左右),将"邾"改为古时通用的"驺"字,即现在我们所说的"邹"。邾(邹)国传二十九世,至战国末叶楚顷襄王十八年(公元前281年)为楚所灭。

据清同治四年乙丑(1865年)纂修的《孟子世家谱》记载:"孟子,邹人也,系出于鲁。鲁之先始自周公,周公之先溯自后稷。后稷出自黄帝。帝前之史已详,勿庸叙列。自周公封于鲁,鲁公传至隐公。隐公弟为桓公子为庄公。庄公有异母亲三人,即共仲、叔牙、季友,谓之'三桓'。其长曰共仲,字庆父。初称仲孙,后更称孟孙。《春秋》经书曰仲孙,《左传》则称孟孙。故仲孙、孟孙并称。叔牙之后称叔孙,季友之后称季孙。共仲生穆伯敖,敖生文伯縠,縠生献子蔑,蔑生庄子速,速生孝伯羯,羯生僖子攉,攉生懿子何忌,何忌生武伯彘,彘生敬子捷,为鲁大夫。捷生庐墓,墓生敏,敏生激(激为孟子父亲)。孟子名轲,缘孟子之先系出于鲁孟孙氏也。而孟孙为世卿之后,惟世职方称孟孙,其他庶支则只称孟。传记所载:孟献子、孟庆子、孟僖子、孟懿

周公

子之称,是以姓为氏之源也。"可见孟姓来源于鲁国公族孟孙氏。

孟孙氏后代有一支由鲁国迁往邹国马鞍山下,到孟子的父亲孟孙激已沦落为平民,孟孙激去世时孟子才三岁,孟子靠母亲仉氏抚养教育成人。

(二)生于乱世

孟子母亲仉氏本也是望族人家的女儿,她的父亲是魏国贵族之后。仉氏一族因避韩、赵、魏三国战乱,从山西并州迁徙鲁国,成为当地名门。但是家道中落,嫁给孟子父亲之时也就是普通人家的女儿了。据清末民初史学家谈迁《枣林杂俎》记载,孟母古宅在山西榆次县古城西南隅。"盖孟子邹人,其母并(州)人也。其地有三徙乡。"并州是太原的别称,古时候也称为"晋"。

在孟子一生漫长的游说生涯中经常提到"晋国",尤其是在他与梁惠王的对话中经常引用晋国的历史和一些传说故事。有关专家推测可能是由于从小母亲对他口耳相授的缘故。孟母仉氏因家学渊博,曾经受过良好的教育。西汉韩婴的《韩诗外传》曾经记载过她的一段话:"吾怀妊是子,席不正不坐,割不正不食,胎教之也。"由此可见,在怀孕的时候,孟母就立志要把孟子教育成为一个正派的君子。据说孟母仉氏还曾经赴沂河观澜,在明月中静沐,为的就是让胎儿感受到大自然的灵气熏陶。

孟子约生于周烈王四年己酉(公元前372年)。关于孟子的出生,在他的家乡有一段美丽的神话传说。

传说孟子是在半夜降生的。当时孟母仉氏正在熟睡,她做了一个十分奇怪的梦。梦境中出现了一位高大威武的神人,他通体发出耀眼的光芒,精致的流云一团一团将他包围,若隐若现。矫健蜿蜒的游龙在云雾中翻滚腾飞,围绕在他的四周,傲然的彩凤也不住地翩翩起舞,唱出悦耳的和鸣。他器宇轩昂,乘着五彩祥云而来,流转的云驾此刻被当作他的车辇,吉祥的龙凤也被他昂然驾驭。他自泰山东来,绰绰约约,而后渐渐清晰。到了孟母所处的位置,他停下了脚步,久久地凝视着孟母,眼神里流露出一丝笑意。突然,仉氏看见一朵祥云仿佛神助,迅速坠落到自己跟前,再定睛一看,神人已经了无痕迹。这时候她已经惊醒,警觉腹部疼痛,接着就产下了孟子。

据说生孟子时,整个巷子都看到五色祥云出现在孟仉氏家的屋顶上,宝光乍现,流光溢彩,黑夜照得如同白昼一般,让人不禁望而生敬。

仉氏不但知书识礼，聪明贤惠，而且心灵手巧。生下孟子之后，她对孟子倾注了无微不至的关怀，但同时也十分严格地管束孟子。尤其孟子三岁时父亲去世之后，孟家并无积蓄，仉氏只好依靠自己绩麻织布来养活孟子，度日非常艰难。虽然孟母整日起早摸黑，不但要在织布机前辛勤劳动维持生计，还要照顾幼小儿子的生活起居，但是在学习方面和品德方面，她丝毫没有放松对孟子的教导。西汉韩婴的《韩诗外传》记载的她的"买东家豚肉""孟母断织"以及"不敢去妇"等故事，西汉刘向的《列女传》中记载的"孟母三迁"和"劝孟子去齐"等故事，成为千古美谈。这是后世母亲教育孩子的典范，直到现在还广为流传。后人因她教子有方，把仉氏与岳飞的母亲和欧阳修的母亲列为母亲的典范，史称"贤良三母"。

二、孟母三迁

孟子本为"鲁国三桓"的后裔，其远祖是鲁桓公的庶子庆父。说起庆父，此人在历史上非常有名。据《左传》载，鲁庄公在位时，庆父非常专横，一直蓄谋争夺君位。鲁庄公去世后，立宠姬的儿子太子般继位。庆父便唆使别人杀死太子般，另立鲁闵公。后来又指使人杀了闵公，想自立为鲁君，但遭到季友等大夫的反对。大夫季友趁乱带着鲁庄公的另一个儿子姬申逃到邾国，声讨庆父，要求国人杀死庆父，立姬申为君。国人纷纷响应，庆父吓得逃到了莒国。姬申继位，即鲁僖公，用贿赂手段要求莒国把庆父押送回国，庆父在回国途中自缢而死。成语"庆父不死，鲁难未已"就出自这个典故。

庆父的儿子公孙敖曾另立一族，为孟孙氏，或称仲孙氏、孟氏。齐宣公四十八年（前408年），齐国攻破孟孙氏的食邑郕城，孟孙氏的子孙于是分散开来。孟子的祖先就从鲁国迁居到邹国，但是，当孟子出生时，他的家族已趋没落，再以后，诸事维艰，到孟子幼年时，全家只得"租屋而居"了。

相传，孟子的父亲名叫孟孙激，是个典型的文弱书生，为人善良怯懦，虽然诗书满腹，却难入仕途，只好在一个富商家做账房先生，挣些钱勉强养家。孟子的母亲姓仉，是魏公子启的女儿。传说，孟子降生在一辆马车中，因此父母就给他取名叫轲，字子舆（轲、舆都是车的意思），希望他长大后像车子那样既能载物，又可乘人，能够肩负社会大任。

孟轲3岁的时候，父亲就去世了。孟母是一个知书达理、贤惠能干的女子，丈夫死后，她没有改嫁，靠耕地、纺纱来糊口，一个人把孟轲辛辛苦苦地拉扯大。尽管生活非常艰难，但孟母从未放弃对孟轲进行严加管教和培养。

孟母非常注重对孟轲的教育，教他背诗、唱歌，还把自己读到的诗文和故事讲给孟轲听，比如伏羲演八卦、女娲炼石补天、黄帝造舟车、神农尝百草、后羿射九日、嫦娥奔月、尧舜禅让、大禹治水、武王伐纣、孔子作《春秋》等故事，孟轲每每都出神地瞪着大眼睛，听得津津有味，他有时微笑，有时皱眉，有时怒容满面，有时激动得跳起来，整个屋子里洋溢着孟轲天真的笑声。

孟母还有计划地给孟轲讲《诗》《论语》《春秋》，由浅入深，由易到难，讲解之后，让孟轲背诵。对孟轲来说，无论母亲讲的知识多

黄帝

深，他总不觉得难，不管母亲布置的作业有多少，他总能应付自如。

因为孟轲头脑聪明、点子多，当他和小伙伴们一起玩耍时，就成了他们的领袖，小伙伴们常在他的指挥下做各种各样的游戏，就连那些比他大三四岁的孩子有时也心甘情愿服从他的指挥，心悦诚服地接受他的领导。他们有时玩捉老鼠，有时玩老鹰捉小鸡，有时玩偷瓜看瓜，有时玩打仗的游戏，有时玩成亲办喜事，更多的时候他们玩埋葬死人的游戏。

孟轲家住在邹城北马鞍山西麓的凫村，附近有一大片墓地，出殡、送葬的都从他家门口经过。送葬时，死者的家属披麻戴孝，哭哭啼啼，吹鼓手在旁边吹吹打打，颇为热闹。孟轲看到这个情景，感到很新奇，就和邻居的小孩一起玩起办理丧事的游戏，也学着他们的样子，一会儿假装孝子贤孙，一边跪拜一边哭嚎，一会儿把手合在嘴边，假装成吹鼓手。他看到人们掘土刨坑，把棺木放下去，就和左邻右舍的孩子模仿起来，挖一个小坑，然后放进一把草，当作死人，再把泥沙堆成一个土堆，当成坟地。有时，孟轲和小伙伴们还抢人家的供果吃。

孟母看见儿子常常这副怪模样，而且玩得津津有味，就皱着眉头想："不行！这不是我安顿儿子的地方，我不能让孩子住在这里了！"她觉得如果教育不好孩子，就会愧对列祖列宗，越发感觉应该换一个环境，让孩子健康成长。她把孟轲叫到身边，开导他说："我们家的祖先本来是鲁国有钱有地位的人，后来家境不好，没法子

才搬到邹国来的。你父亲是读书人，他勤奋好学，想得到一官半职，可惜短命死了。现在我们家境困难，才住到这荒郊野外。你不好好儿在家读书，却跑出去学送葬、埋死人，太没出息了!"孟轲低着头，似乎领会了母亲为了这个家庭艰难的付出。

可是对孤儿寡母来说，想搬家又谈何容易。后来，在一位好心乡人的帮助下，母子俩从凫村搬到了邹城西北的庙户营。这里是一个比较大的集镇，镇上铺子、作坊、茶馆、饭店、赌场临街而设。孟轲家所在的街坊，有卖布的，有卖杂货的，还有做陶器的、榨油的。对门是打铁的，东邻是杀猪的，因此整日打铁声和杀猪声不绝于耳。每逢赶大集的日子，邻乡的百姓潮水般从四面八方涌来，行商坐贾，吆三喝四，讲买讲卖，很是热闹。

在这样热闹的环境里，孟轲在家里读书，哪里能够专心致志? 于是他常常趁母亲不备溜出门去，和邻居的小孩在前街跑，到后街串，模仿店家们的叫卖声，并学着买卖人的样子讨价还价，时常逗得人们大笑。孟轲还用泥巴捏成小猪，模仿邻居屠夫的样子，用竹片把它杀掉，然后沿街叫卖。

孟母看到儿子这个样子，心中忐忑不安，就又皱着眉头想："这也不是我安顿儿子的地方。"孟母有了再一次迁居的想法，她决定找个好的邻居，找个有利于孟轲学习的环境。于是，她带着孟轲又搬家了。

这一次，他们把家搬到了县城南关的一所学宫附近。孟轲的新家离学宫很近，每天早上，他都站在门口，望着成群结队的孩子走向学宫。从此，孟轲每天聚精会神地听着学宫里传来的琅琅读书声，像是在欣赏美妙动听的音乐，他也开始静下心来读书，不再去模仿杀猪叫卖和埋葬死人了。当时，学宫里除传授知识之外，还注重礼仪的训练。身处这种环境，耳濡目染，孟轲渐渐对礼产生了兴趣，平时常常在桌上放些礼仪用品，做各种祭祀的游戏，并且摹仿揖让进退的礼节，举止非常符合规范。孟母见了，满意地点头说："这才是我儿子应该住的地方呀!"于是，他们就在那里住了下来。

孟母不仅重视客观环境对少年孟轲的影响，而且十分注重言传身教，她以自己的一言一行、一举一动来启发教育孟轲。"买肉啖子"的典故讲的就是孟母以自己的言行对孟轲施以诚实不欺品德教育的故事。

一次，东家杀猪，猪嗷嗷直叫，闹得孟轲无法静下心来读书。他对东家在不过节也不过年时杀猪感到奇怪，就不解地问母亲："娘，东家杀猪做什么?"

孟母当时正忙，便随口应道："煮肉给你吃!"孟轲十分高兴，一心等着晚上吃肉。

可是话刚一出口,孟母就自觉失言,心中一阵不安。她深知做人要诚实,所谓"言必信,行必果",而且她深知身教重于言传。于是,她耐心地给孟轲讲了东家为什么要在今天杀猪。为了不失信于儿子,尽管家中十分困难,孟母还是买了一块猪肉煮给孟轲吃。

三、幼年受教

(一)断机喻学

自从小孟轲进入学宫学习后,他在孟母的谆谆教诲和先生的悉心辅导下,再加上他天资聪颖,又善于动脑筋,总是能够举一反三,所以没过多久他的学业就有了很大的进步。虽然,他一进入学宫就被编排在二年级,可是夫子讲的知识总是满足不了他的求知欲望。课堂上,他总是第一个理解夫子讲的内容,又总是第一个背熟夫子布置的诗文。不仅如此,他还经常向夫子提出许多稀奇古怪的问题,比如,为什么女人不长胡子,母骡子为什么不会生驹,富人为什么那么富,穷人为什么那么穷,天上有些什么,为什么人不会飞等等,这些问题常常使夫子不知所措,甚至有时弄得夫子很难堪。渐渐地他成了学宫里小伙伴们羡慕的对象,成了夫子们心目中的高才生。孟母看到儿子有如此长进,心中自然是欣喜万分。

然而,随着溢美之词的与日俱增,小孟轲不禁沾沾自喜起来,说话、做事难免流露出一种目中无人的情绪,这一切都被孟母看在眼里。再加上教学跟不上小孟轲的求知欲,他总觉得无事可做,上课也不再专心听讲。不仅如此,他还经常逃课,和宫外的小伙伴们一起出去玩,他们爬到树上掏鸟蛋,下到河里去摸鱼虾。孟母对儿子的学习十分关注,经常向学宫里的夫子打听儿子的学习情况。久而久之,小孟轲逃课的这些事情就传到了孟母的耳朵里。听到儿子在学校里的表现,孟母心里真是悲喜交集。喜的是儿子聪明机智,肯动脑筋,学习优异,悲的是儿子顽皮淘气,已经到了逃学的地步。如果照此发展下去,自己对儿子的一片苦心不就前功尽弃了吗?

一般父母在管教孩子时,要么拳脚相加,不给孩子申辩的机会,这样孩子对父母就会十分畏惧;要么就是唠唠叨叨,渐渐地说得孩子耳朵都生出茧子了,所以他们对父母的话往往是左耳朵进，右耳朵出，这些教育方式都起不到良好的教育效果。孟母教育孩子有自己的一套方法，她不轻易说孩子，一说就会起作用。她不是动则打骂，而是用具体的事例让儿子觉察到自己错了，从而让儿子心服口服。这样的觉悟往往发自内心，影响也是旷日持久的。回忆过去，孟母想到他们已经换了几个地方居住，虽然迁居很辛苦，但也是十分必要的。要不是搬到学宫旁边住下，小孟轲也不会有今天的成长和进步。但是，直到今天孟母才意识到，客观环境固然重要，但更重要的莫过于个人的内在因素。儿子不好好读书，难道是受环境的影响吗？学宫这么好的环境也没让他好好学习，看来这还是他自己的原因。那么，要想让儿子觉悟，该怎么办呢？棒打不行，唠叨也不起作用，唯有动之以情，晓之以理，循循善诱。孟母发现，以往对儿子的教育，说的道理倒是挺多的，这些儿子也都能听得进去，并且每次教育后儿子也都能表示悔改，但过一段时间小孟轲又会旧病复发。她考虑到可能是每次教育都没能触动儿子的心灵，所以，她就决定换一种教育方法。

一天中午，小孟轲高高兴兴地从外面回来，孟母问道："轲儿，今天在学校学得怎么样啊？""母亲，那还用说啊，夫子还没讲完，我就背得滚瓜烂熟了。夫子说，谁先背完谁就先回家，我最先背完就最先回家了。"小孟轲得意扬扬地回答着母亲的问话。孟母听了，也没说什么。过了一段时间，孟母发现儿子这几天回来得都很晚，而且衣服也弄得很脏。对于这些，孟母记在了心里，但并没责骂儿子。又过了几天，孟母又问儿子的学习怎么样，小孟轲满不在乎地说："还是那样，不好不坏呗。"第二天吃完早饭后，小孟轲像往常一样出门了。孟母没有织布，而是悄悄地跟在小孟轲的后面。原来，他没有去上学，而是和小伙伴们拿着自制的工具到林中捕蝉，忙得不亦乐乎。这些都被孟母看在眼里，她压抑着内心的怒火，没有直接冲上去逮个正着，而是拖着沉重的步子回家了。整个上午，她都是心不在焉的，手虽然在织布，可心里一直在想着儿子。中午，小孟轲像往常一样高兴地回到家里，孟母把他叫到织机旁，又问他同样的问题："轲儿，今天在学宫里学得怎么样啊？"小孟轲已经觉察到了母亲今天问话有点不对劲，连脸色都变了，可他不知道其中的缘故。于是，他怯生生地说："还是那样，不好不坏。""既然这样，那今天先生都讲了些什么？你能背给母亲听一听吗？"孟母的语气加重了，小孟轲一听，心想：这下可坏事了，母亲肯定知道我没去学宫上课。"呃……这个……我忘记了。"小孟轲一时语塞，不知道该怎么说。

孟母不等儿子说完，二话不说，猛地站起来，离开织机，第一次向儿子扬起了巴掌，声音颤抖地说："你上午根本没有去学宫学习，而是和小伙伴们到林中捕蝉去了！"这时的小孟轲，从未见过母亲发这么大的脾气，简直吓呆了。他已经做好了挨打的准备，可孟母并没把这一巴掌打下去，而是转身拿起一把剪子，只听"噌……噌……"的声音，原来孟母把几个月来辛辛苦苦织的布剪断了，纱和布顺着织机滑落了下来。就这样，孟母几个月的心血算是白费了。此情此景，让心虚的小孟轲目瞪口呆，他吓得不禁"哇哇"大哭起来。孟母并没理会儿子，反而厉声地让小孟轲去把剪断的丝线一根根接起来，小孟轲哪敢不从，急忙跑到织机旁接线，边接边哭，可是接了好长时间都没接好。

孟母断机喻学

过了会儿，孟母的心情稍微平静了些，口气也比先前缓和了许多，她对还在抽泣的儿子说："轲儿，算了吧，断了的线是接不回去的。织布是这样，读书也是如此。你父亲在你三岁的时候就去世了，抛下我们孤儿寡母相依为命。母亲没有别的心愿，只想把你抚养长大，希望你将来做个对社会有用的人。我们搬来搬去，好不容易在此定居下来，就是为了让你有一个好的成长环境。你很聪明，也很努力，学习成绩也是名列前茅。但学无止境，你若不继续努力学习，半途而废，那就像这断了的线一样，将永远织不成一匹完整的布。"说到动情处，孟母也哭了起来。"母亲，您别生气了，是轲儿不好，轲儿以后一定努力学习，不让母亲操心。"说着，小孟轲一下子扑到了母亲的怀里。孟母紧紧地搂住他，母子二人哭作一团。

接着，孟母苦口婆心地向儿子讲述了孟氏家族的历史。他的祖先是孟孙氏的后裔，孟孙氏和季孙氏、叔孙氏都是鲁国的贵族，并称为“三桓”。季孙氏的势力最大，世袭宰相之职；孟孙氏世袭司空之职，掌管全国的土地和工程建设；叔孙氏世袭司寇之职。孟孙氏家族有一个很有名的人叫孟僖子，有一次，孟僖子陪鲁昭公出使楚国，途中经过郑国，郑国君主热情招待鲁昭公，然而昭公君臣面面相觑，因不知如何施礼而不知所措。孟僖子觉得这件事让他很难堪。到了楚国，楚王在郊外举行盛大的郊迎之礼，昭公君臣还是茫然无措。在这样事关国家形象的公众场合，他们却不懂礼，孟僖子深以为耻。经过这件事情以后，他遍访名师，只为习得礼仪一雪前耻。他曾经登柴门问礼于孔子，被孔子渊博的知识、不凡的气度深深地折服。临终前他将大儿子孟懿子和二儿子南宫适叫到跟前，强调了礼的重要性，又告诉他们孔子的学识有多么渊博。孟僖子死后，孟懿子便拜师于孔子，后来成为著名的“七十二贤”之一。听了这些，小孟轲的心灵被深深地震撼了，自己的祖先都是那么有才华、有修养、有道德的贤士，自己怎么能给祖宗蒙羞呢？他含着眼泪，默默地倾听着母亲的教诲，在心里暗下决心，一定要成为像孔老夫子那样学识渊博的圣人。

（二）孟轲观猎

除了教儿子读书之外，孟母还经常给孟轲讲述他们的家族历史，讲述祖辈的故事。季孙氏、孟孙氏和叔孙氏是鲁国的三大贵族，时称“三桓”，多年来一直掌握鲁国的大权。季孙氏权力最大，世袭相国职位，叔孙氏世袭司寇一职，孟孙氏世袭司空一职。孟孙氏的后代有个孟僖子，在鲁国的政治地位很高。鲁昭公七年（前535年），孟僖子随从鲁昭公出访楚国，途经郑国时，郑庄公慰劳昭公，昭公君臣面面相觑，竟不知相宜的礼节，无以应对，孟僖子羞得无地自容。到了楚国，楚王在郊外举行盛大的郊迎之礼，昭公君臣又是懵懵懂懂，不知所措。在事关国体的外交场合，孟僖子深以为羞。回国后，孟僖子视此次失礼为平生的奇耻大辱，从此他遍访名士，虚心求教。他曾登门向孔子问礼，两人促

郑庄公

滕畅谈,孔子有问必答。孔子渊博的知识、精湛的见解,使孟僖子甚为折服。孟僖子临终前,将两个儿子——长子仲孙何忌(即孟懿子)、次子南宫敬叔叫到床前,给他们讲了自己的教训,讲了礼的重要性,又讲了孔子渊博的学识。孟僖子死后,孟懿子兄弟俩安葬了父亲,便向孔子拜师求学。

孟母对儿子讲这些家族历史,是想告诉儿子,一个人必须努力读书,才能掌握渊博的知识和安邦定国的本领,否则即使高官显爵、权重势大,也难免辱国没家,贻笑天下。

孟母有一位表叔,名叫公孙玺,当年在鲁国为将,现在告老还乡,闲居在家。公孙将军虽已年逾花甲,但身体仍很健壮,且颇好打猎,常常带着鹰犬,奔波于沟壑山林之中。

金秋的一天,孟轲放学回到家,孟母兴致勃勃地问他:"轲儿,你喜欢打猎吗?"孟轲被母亲问蒙了,不解其意地问道:"怎么不喜欢呢? 喜欢又怎么样? 难道母亲会允许孩儿去打猎吗?"

"是呀,明天娘要带你去看公孙外公打猎。"孟母将这一安排告诉了儿子,并将打猎的壮观场面、妙趣横生的狩猎故事,绘声绘色地讲述给儿子听。孟轲听了喜出望外。

第二天一大早,孟母带着孟轲赶到公孙玺家。日上三竿,一队车马先行出庄,直奔四基山,孟轲与母亲及公孙玺同乘一辆车随后赶到。

公孙玺早已部署好,进入山林后,他让从四周进入山林的家丁、卫士将野兽驱赶到自己这边来。过了半个时辰,渐渐有野兽窜出来。公孙玺并不着急,他沉着地弯弓搭箭,只听"嗖"的一声,箭矢像流星一般飞向一只狐狸,那只狐狸应声倒毙。接着,他箭无虚发,兔、鹿、獐等猎物无一逃脱。孟轲得呆了,心中羡慕不已。

中午,大家在林中野餐,孟轲围在外公的身边转来转去,不停地问这问那。孟母对他说:"这不算什么,你公孙外公还能百步穿杨呢!"

"什么叫百步穿杨?"孟轲不解其意。

孟母解释说:"百步穿杨嘛,就是在百步以外有一株杨树,随便指树上的哪一片叶子,你公孙外公都能够将它射穿。"

孟轲怀疑地转向公孙外公,问道:"这是真的吗?"

"怎么,我的外孙还不相信吗?"公孙玺笑着用右手的食指轻轻点了一下孟轲的小鼻尖。

"外公何不试试看呢？"孟轲仰脸看着公孙玺。

"好，为了证实你母亲所说并非谎言，我就试一下。"

公孙玺说着站起身来，接弓在手。一个家丁走到百步以外，选了一株杨树，用长竿一指树上的一片叶子，公孙玺弯弓搭箭，"嗖"的一声，长竿所指的叶子被射中。

这一下孟轲大开眼界，他扑过去搂住公孙玺的脖子，恳求他教自己学射箭，并且问道："外公为什么能射得这样准呢？"

公孙玺哈哈大笑道："熟练而已，常言道'熟能生巧'嘛。"

"天下还有比外公更高明的射手吗？"孟轲问。

"有，多得很。"公孙玺说，"其实，天下三百六十行，行行都能出状元。学无止境，只要每天坚持，勤学苦练，总会有成就的……"

孟轲通过耳闻目睹，悟出了"学无止境""精益求精"的道理，从此专心读书，在先生的教导下，学业逐日长进。孟母看在眼里，喜在心头，脸上时常挂着欣慰的笑容。

（三）闻名乡里

随着年龄的增长、阅历的丰富、学识的增多，孟轲在很多问题上都有了自己独特的见解。这表现在课堂上与先生的辩论，课下处理邻居的一些事情上。

有一天，先生在课堂上讲解《论语·学而》，其中一章的原文如下：

子曰："父在，观其志；父没，观其行；三年无改于父之道，可谓孝矣。"

对此，先生解释道："孔子说：当一个人的父亲活着的时候，要观察他的志向；父亲死了以后，要考察他的行为；如果他对父亲的观点、主张和做法长期不加改变，就可以说他孝顺了。"先生解释之后便谈起"孝"的重要性。

这时，孟轲提出了异议，他说："天下做父亲的，他们的观点、主张和做法怎么能全都正确无误？如果是正确的，就坚持他们的观点和做法，而无须改正；如果父亲的观点和做法是错误的，也要坚持不改，照这样做下去，岂不要祸国殃民，遗害无穷吗？"

孟轲接着说："上古的时候，洪水泛滥，鲧奉尧帝之命去治水。鲧逆洪水之性，修堤筑坝以为屏障，结果因方法不当，且又迷信息壤，不但没消除水患，反倒使洪水为害更大，众多百姓遭殃。禹奉命继承父任治水，他习水性，不与水争势，将其导入大海，奔波 13 年，终于治平了九州水患，使百姓得以安居乐业。倘若禹'不改变父亲治水的方法',那么天下人就都成为鱼鳖,哪里还会有今日的苍生黎民,大千世界……"

先生听了一时语塞,其他学童都屏息凝神,课堂上安静极了。正当大家面面相觑的时候,孟轲说了声"请先生批评",就坐下了。先生这才醒悟过来,对全体学童说:"孟轲说的有一定道理,你们以后要像孟轲一样勤于思考。"

还有一次,先生讲解《论语·公冶长》,讲到受孔子高度评价的子产。子产是春秋时郑国的贤相,知识渊博,却很谦逊,每决定一件国家大事,都要征求大臣们的意见,请教熟悉情况的人。爱护百姓是子产的最大特点,冬季里,他能用自己乘坐的马车送百姓渡过溱水和洧川。有时百姓们聚集于乡校,议论朝政,批评子产。有人认为这有害国家,因此建议拆毁乡校。子产没有接受,他认为这正是听取民众意见的好机会。

听了先生的这些讲解,孟轲对子产的政绩没说什么,却对他用自己的马车帮百姓渡河这件事不赞赏。孟轲评论说:"这是用小恩惠收买人心的举动,如果修成行人的桥,建成过车的桥,百姓哪还用再为渡河发愁?身为一国之相,只要将政治搞好,出外鸣锣开道就行了,怎么能够一个个地救济百姓呢?为政之人,如果讨天下人人欢心,时间就不够用了。"

子产

在学宫里,孟轲的行为虽然常常使先生难堪,但先生爱惜人才,不但不生气,反而感到欣慰,为自己有这样的学生而骄傲,并常与他交谈,交流读书心得。渐渐地,孟轲成了学宫里的宠儿、先生们的骄傲。学宫考虑到孟家孤儿寡母,生活艰难,就免收孟轲的学习费用;因为孟轲的学业超群,学宫每年还给予他一些奖励。

孟轲因天赋极高,加之勤学善思,好学不倦,到十五六岁时,已经闻名乡里了。那时人们都崇尚知识,谁有知识,人们就尊敬谁。因此,同学们经常向他请教问题,附近乡邻经常有人慕名而来,请他帮忙分忧解难。孟轲非常热心,总是有问必答,有求必应。

村里有一个姓朱的青年,与一伙人成天游荡,经常干坏事,其父多次教诲劝阻,他不仅不听,反而与父亲顶嘴。眼睁睁看着儿子误入歧途,父亲心急如焚。一天,父子俩又发生口角,孟轲刚好在场,听了朱氏父子的一番吵闹之后,说道:"造箭的人难道比造铠甲的人本性更残忍吗? 如果不是这样,为什么造箭的人生怕他的箭不能伤害人,而造铠甲的人却生怕他的铠甲不能抵御刀箭呢? 巫医和木匠也是如此,巫医唯恐自己的法术不灵,不能治愈病人;木匠唯恐病人好了,棺材卖不出去。由此可见,一个人选择谋生之术不可以不谨慎。孔子说:'与仁共处是好的。由自己选择,却不与仁共处,这怎么能说是聪明呢?' 仁是上天最尊贵的爵位,是人最安逸的住宅。没有人来阻挡你,你却不仁,这是愚蠢。不仁、不智、无礼、无义,这种人只能做别人的仆役。本应该是仆役,却自以为耻,正好比造弓的人以造弓为耻,造箭的人以造箭为耻一样。如果真以为耻,不如好好儿地去行仁。行仁的人好比射箭的人一样:射箭的人先端正自己的姿势,然后开弓射箭。如果没有射中,不要埋怨那些胜过自己的人,而应反躬自问才对。"

朱姓青年被孟轲的这番话说得哑口无言,心里惭愧极了。

孟轲有一位老师名叫曾玄,对于有这样一个好学生,他比别人更高兴,整天乐得合不拢嘴,逢人就说:"老朽不才,天赐孟轲,得遂平生之愿也!"

一天,他摸着胡须把学生们看了一遍,然后盯着孟轲问道:"孟轲,今人所说的'六艺'指的是什么?"

孟轲答道:"有两个'六艺',一个是低层次的'六艺',一个是高层次的'六艺'。低层次的'六艺'指6种技能,也就是礼、乐、射、御、书、数;高层次的'六艺'则指的是6本书。"

曾玄问:"哪6本书?"

孟轲说:"就是《诗》《书》《礼》《易》《乐》《春秋》。"

曾玄满意地点了点头,眯起眼睛又问:"你对这'六艺'了解多少?"

孟轲沉思了片刻,谦逊地答道:"这'六艺'极为深奥,孟轲终生学习,也未必能够学好,如今不过刚刚入门而已。"

"嗯。"曾玄显然非常满意孟轲的回答,他站起来,慢慢踱着方步,说:"你把《礼》的精髓讲给我听听!"

孟轲说:"《礼》是孔子及其弟子们整理的一部书,是考证古代社会、儒家发展渊源和文物制度最可靠的资料。尤其是《礼运》一篇提出了'大道之行,天下为公'的思想。值得后人重视的是,书中还提出了实现'天下为公'的途径,即首先要实现小康之治。"

"太好了!"曾玄高兴得眉开眼笑。接着,他又问了一些问题,孟轲都对答如流。曾玄高兴地赞叹道:"孟轲,你可以为师了!"

学生们都向孟轲投去敬佩和羡慕的目光。

曾玄把话题一转,又问道:"自春秋以来,诸侯割据,各霸一方,你争我夺,互相倾轧,你对春秋之战有怎样的看法?"

孟轲果断地说:"春秋无义战。"

曾玄一怔:"那你仔细讲来听听!"

孟轲说:"周武王当年分封诸侯的目的,是为了让各诸侯国治理好自己的国家,以求得周朝繁荣昌盛,黎民安康。殊不料诸侯之中,贪得无厌者大有人在,他们相互征战,攻城掠地,抢粮伤民。然而事情往往适得其反,越是想通过征讨别国使自己国家强盛的,越容易成为众矢之的,最后必将惨遭失败。"

曾玄问:"春秋时期那么多国家,就没有一个好国君吗?"

孟轲说:"好与不好,只能比较而言。这一国的国君比那一国的国君好一些,或者那一国的国君比这一国的国君好一些,这是有的。不过,既然同为周天子的诸侯国,彼此之间就应该以礼相待,共图富强,而不应该相互征伐。有人说:'我善于布阵,我善于作战。'其实,这是一种大罪恶。"

曾玄忍不住问道:"为什么?"

孟轲说:"一国的国君若是喜欢仁德,能够以仁政和礼教治国,黎民百姓就会心悦诚服,争相效力,国家就会富强。只要国家富强了,天下便没有敌人了。古代的圣明帝王都以仁义为本,求仁取义,所以既能得到天下,也能得到人心。如今则不然。有许多人正路不走偏走邪路,失去了良心也不知道找回来,岂不可悲可叹!有的人更可悲,丢失了鸡狗,他知道;丢失了良心,他居然不知道。"

曾玄品味着孟轲的话,不时地点头。

孟轲接着说道:"稻、黍、稷、豆、麻是众多庄稼中的好品种。然而,假如不能成熟,还不如稗子。所谓仁,就在于使五谷成熟罢了。仁之胜不仁,犹如水胜火。仁多,就是水足,自然能胜火。现在的人则不是这样,用一杯水去扑灭一车着火的干柴,扑不灭火,不去埋怨自己,反而说水不能灭火。在弟子看来,这种人久而久之,不但不能成为仁人,反而会将自己已经得到的那一点仁全部丧失掉。仁与义,犹如喜、怒、哀、乐、怨一样容易发现,有的人却视而不见。仁与不仁,义与不义,像酸、甜、苦、辣、咸一样容易辨别,有的人却分辨不清楚。"

当时的诸侯国君,有的称王,有的称公,大臣则分为上卿、亚卿和下卿三个等级。邹国当时的国君是邹穆公,所以曾玄问孟轲:"假如国王能够重用你,并任命你为上卿,那么你将做些什么事情呢?"

孟轲信心十足地说:"若国王能采纳我的意见,我将全力向他荐贤举能。"接着,孟轲谈了自己的一番见解。

曾玄听后,叹道:"孟轲,你是栋梁之材啊!国王若能重用你,邹国便可强盛了。我此生得到你这样一个弟子,也不枉人生一场了。"

孟轲说:"弟子的点滴知识都是从老师那里学来的。"

曾玄说:"师傅领进门,修行在个人。你的学问已经很深了,该寻找时机去从政治国了。"

四、受业子思

(一)去鲁寻师

孟子渐渐成长为一位翩翩少年,同所有年轻人一样,他有着旺盛的求知欲。在母亲和学宫老师的教导下,他阅读典籍,在其中瞻仰古人的崇高品德,拜学先贤的治世之方。天长日久的知识积累使得年纪轻轻的孟子在政治问题上也颇有见地。

有一年夏季,邹国遭遇旱灾,田地龟裂,农民颗粒无收,但是到了秋天,国家的粮食税却没有相应减少。有一姓陈的官员受命下乡到因利渠畔来征收粮食税。这位姓陈的官吏虽然心怀戚戚,对歉收的农民很同情,但是他本身是一个对工作很负责任的人。到了因利渠畔,他经过实地考察,发现农民自己都面带菜色,妇女出入没有一件像样的衣服遮蔽,甚至连小婴儿都饿得嗷嗷待哺。见此情况,他心中十分怜悯,不忍催逼百姓。矛盾的是,上头的差遣,自己的使命就是来征税,如果完不成,自己岂不是要丢掉官职?虽然百姓苦苦哀求减少粮食税,他还是很为难。

这时孟子在场,他不顾犯上的危险,义正词严地说:"只有赤子之心的人,才是真正的高尚之人。这种人的德行并不一定体现在说的每句话都能够办到,不管情况怎么样都秉承一样的原则去做事情。而是他的行为只要与义同在,按照'义'的标准而行,便是有德君子。"

话音未落,百姓无不拍手称快,那个姓陈的官员听到这位少年有如此见地,羞愧得无地自容，决心返回县衙，为民请命，多行仁义。

经过此事之后，孟子的名声开始在本乡传颂了。孟母担心儿子年少，不知深浅，对自己的小有成绩沾沾自喜，容易被区区虚名所累，因此萌发了让孟子去鲁国见识的想法。

孟子首先到了鲁国较小的峄山游览，然后到了雄伟险峻的泰山观日出。他沿着自己一直敬仰的孔夫子的足迹攀登、前进。这一行十分有收获。

归来之后，孟母问道："孩子，大圣人孔子登泰山有什么收获？"

孟子不假思索地回答说："孔子站在东山上就觉得鲁国实在是太小了，一眼就看尽了；但是在攀登到雄伟的泰山顶上之后才发现，整个天下都小的很呢。由此可知只有见识过大海的广阔才知道江河湖泊的渺小；只有到圣人门下去学习，才可以学到真知灼见呢。圣人之道，何其博大，但愿我有这个幸运可以拜圣人为师。"

孟母听了之后，微笑着点点头。她知道，孟子已经领悟了"山外有山，人外有人"这个深刻的人生哲理。

这次登山游鲁之后，孟子萌生了赴鲁游学的念头，他迫切地想要到孔子的故乡鲁国去向孔子的嫡系弟子求教，学习正宗的儒家思想。同样，他也想去到更加自由更加广阔的天空中去尽情翱翔，到远方风风雨雨中去闯荡，增长见识，积累经验。本来孔夫子就是一位游学天下的先行者，为了能够亲身到自己所崇拜的思想家的家乡感受厚重的文化熏陶，追求真知卓识，孟子坚定了自己向孔夫子的家乡出发，接受圣人之道的信念。

（二）子思门人

周显王十二年，梁惠王十三年甲子，即公元前357年的时候，孟子在学宫已经把基本的典籍都熟读精解了。在孟子约十五岁时，他来到了曲阜，准备拜师。

曲阜是鲁国的首都，东西长七里，南北宽五里多。城中规模宏大，气势壮阔，是鲁国的政治、经济、文化中心。

古往今来，能者贤人无人不知"周礼尽在鲁矣"。鲁国不但繁华，而且是儒家的发祥地，那里还一直保存着孔子的遗风，孔子学派依然有一支在鲁国广收门徒，勤于讲学。

孔子的一个重要学生是被称为"传道"之儒的曾子，他在孔子去世后仍留在鲁国，继续孔子的讲学事业。曾子把他的思想学问传给了孔子的嫡孙孔伋。孔伋字子思，相传曾作《中庸》。此派是儒家思想最重要的一支。孟子在经过多方考证之后发现很多孔子门人发展到最后良莠不齐，相比之下，同是孔子嫡传，惟子思一派为儒家的正宗。因此孟子就拜入此派门下。

最早记载孟子师从与谁人的是《史记·孟子荀卿列传第十四》，在此篇中司马迁并没有作很详细的说明，只是说孟子"受业于子思门人"。

子思，姓孔，名伋，是孔子的孙子。《史记·孔子世家》记子思年六十二，但是他的生卒年月却不为人所知。《孔子世家》又说，子思曾困于宋，"子思作《中庸》"。《汉书·艺文志》有"子思二十三篇"本注云："名伋。孔子孙，为鲁穆公师"。子思二十三篇失传已经很久了，只有《中庸》为《礼记》所收，流传于世。《中庸》，司马迁称其为子思作，但不一定是子思一人之作。但是可以认定至少是子思一派学者所作。《中庸》作者认为，人的贫富穷通、国家的治乱兴衰，都有天命来决定。人的本性能对天命作出正确的反应，表现为行为的准则，这就是道。道是不可须臾离开的，如能修养得好，可以与天地相参。《中庸》作者特别说到孔子，说"仲尼祖述尧舜，宪章文武，上律天时，下袭水土。辟如天地之无不持载，无不覆。辟如四时之错行，如日月之代明，万物并育而不相害，道并行而不相悖。小德川流，大德敦化，此天地之所以为大也。"孔子虽没有文武之位，但他在德性上的成就，可以配天地、育万物。由此可见《中庸》作者对于孔子的推崇达到神化的程度。《中庸》的作者又认为，一切成就都是人本性中事，都是人性所固有，问题在于能不能"寻求本性"。他极力宣扬"追根究底寻求本真"的重大意义，因此，《中庸》作者子思或者子思一派是人性论的创始人，是孟子性善论的先行者。

自古以来，孟子"受业于子思门人"的说法之所以被人接受，很大原因就是许多学者认为孟子的学说和子思的学说有明显的继承关系，并且还形成了一个所谓的"思孟学派"。春秋战国时期百家争鸣，诸子中明确把子思和孟子的思想看作一个学派的是战国时代的荀子。荀子在《非十二子》中把子思和孟子的思想前后连接起来，认为二者有明显的传承关系。他认为，子思孟子学派是儒家的一个重要流派。孟子子思都曾以儒者的身份论述五行学说。荀子作为儒家学说的另外一个分支，对子思孟子学派很有异议。荀子批评他们说："略法先王而不知其统，犹然而材剧志大，闻见杂博，案往旧造说，谓之五行。甚辟违而无类，幽隐而无说，闭约而无解。案饰其辞而祇敬之，曰此真先君子之言也。子思唱之，孟轲和之。世俗之沟犹瞀儒，嚾嚾然不知其非也，遂受而传之，以为仲尼子游为兹厚于后世。"意思是说子思和孟子在学说上犯了相同的错误。这段关于五行的具体论述，今已不可见，但荀子的话可以说明孟子和子思的思想学派是一脉相承的，并且具有相当的名气，"五行"的说法，在当时有相当大的影响。

除此之外，子思"辟耳目之欲，远蚊虻之声"，孟子"恶败而出妻"，他们都是在追求"仁"。从子思自我警惕的观点，孟子自强的观点，可以看出他们观点中对自己的严格要求。不过荀子也从自己的角度指出，他们这样做，只能达到"浊明外景"，是一般的精神境界，都没有达到圣的"清明内景"的至高至精微的境界，因此不算是"治心之道"。这是说"思孟学派"等人对"道"的认识比较肤浅的缘故。可见，在荀子眼中，对于道的认识，孟子跟子思一样，认识的方向是对的，但是深度不够。

孟子具体是师从于哪位贤人，大概他的老师不是有名望的人，所以孟子没有讲他的姓名，却是说："予未得为孔子徒也，子私淑诸人也。"他在《公孙丑上》也说："自生民以来，未有盛于孔子也"，"乃所愿，则学孔子也"，意思就是说自有历史以来，孔子的德行应该是天下第一人了，孟子的愿望就是能够向孔子学习。但是他没有能够成为孔子的门徒，只是私下向别的贤人学习孔子的思想。可见孟子对孔子尊崇备至。

拜子思门人为师以后，孟子在老师的指导下，阅读《三坟》《五典》《八索》《九丘》《梼杌》《时》《行》《卜》《令》《故志》《训典》《数》《乾坤》《图》《法》《夏书》《商书》《周书》《乘》等各种上古文献。至于孔子的著作，更是非常详尽。不但有圣人弟子对他的言行记录，还有圣人的手稿。孟子有这么好的机会，更加孜孜不倦，昼夜不分，旦夕勤学二十多年，不但熟读精通这些著作，还向老师悉心讨论于儒学之道，一心研究孔子的思想，并对孔子的儒家思想做了一番小小的改动，可以说是批判地继承了孔子的思想。同时孟子也熟习了同时代各位不同流派学者的思想，比如道家，法家，墨家，阴阳家，农家等等学说，博取所长。他的知识积累日益增多，见闻日广，逐渐成为邹鲁一带名家大儒。

五、返邹开坛

（一）初谈理想

孟轲在鲁国学成后，决定返回家乡——邹国。拜别司徒夫子后，孟轲没有马上回邹国,而是去雄健南将军府上辞行。这些年,雄健南将军给了他很多帮助,没有将军的帮助,他在鲁国不可能一切都这么顺利,这些他都铭记于心。此次一别,不知道什么时候才能再次相见。所以他希望听下这个长辈的教诲,看他有没有什么要嘱咐的。再者,孟轲想回乡办学,广育天下贤才,而将军见多识广,孟轲也想借此向他请教一下办学应该注意的一些问题。

雄健南将军听说孟轲前来拜访,十分高兴,急忙传进来相见。孟轲见到雄健南将军,深深地施了个礼,说道:"小侄孟轲见过将军,多年来承蒙将军相助,孟轲才得以完成学业,今日离鲁返乡,特意前来向将军辞行。"

雄健南将军一听,哈哈大笑,说:"贤侄何须客气,你有今日之成就,全靠恩师教导有方,加上你自己勤奋好学。如今返乡,不知有何打算?"

孟轲毫不犹豫地答道:"不瞒您说,小侄想兴办私塾,教书育人,正想听听您的建议呢。"

听了孟轲的回答,雄健南将军颇有兴趣。不禁问道:"不知道贤侄为何要选这条道路,能将其中的道理跟我说说吗?"

"后稷教导百姓种庄稼,栽培谷物。谷物成熟了,便可以养育百姓。人们吃饱了,穿暖了,住得安逸了,但如果没有教育,和禽兽也就没什么差别。圣人为此十分担心,于是委派契做了司徒的官,主管教育,用关于人与人之间关系方面的大道理为准则来教育百姓,让他们知道父子之间有骨肉之情,君臣之间有礼义之道,夫妻之间有内外之别,老少之间有尊卑之别,朋友之间有诚信之德。"

孟轲接着又说:"在小侄看来,天下之大,没有人能胜过孔子,古代的圣贤尧与舜恐怕也稍逊一筹。所以,小侄毕生的愿望就是做个像孔夫子那样的人,向他学习,继承他的事业。孔子办学的目的,就是为了发扬他的儒家学说,培养能够继承儒学思想的贤才,使君臣父子各安其位,使百姓安居乐业,天下太平。侄儿想发扬孔夫子的思想,重点强调'明人伦'之教。"孟轲在雄健南将军面前,激情洋溢地谈着自己的理想,异常兴奋。

将军边听边点头,时而又追问:"什么是'明人伦'?为什么要'明人伦'呢?"孟轲解释说:"所谓'明人伦'就是指君臣有义,父子有亲,夫妇有别,长幼有序,朋友有信。人伦是社会中人与人之间关系的道德准则,如果诸侯、卿相、士大夫等,他们每个人都明白人与人之间的必然关系,以及各种行为活动的准则,那么百姓自然就会团结一致。要是他们不明白或者违背了人与人之间的必然关系和各种行为活动的准则,那么百姓也会效仿,进而百姓之间就不会团结。"雄健南将军看着孟轲侃侃而谈,心里十分高兴。很显然,孟子认为办教育的目的就是培养人才。

有了想法固然是好,不过光有口号不行,还得涉及实际的操作问题。所以,在谈到具体怎样招生时,孟轲告诉将军,他会借鉴孔子"有教无类"的办学理念。他认为无论是贩夫走卒,还是公侯将相,抑或是乞丐流氓,每个人都有受教育的机会。而且他坚信任何人都可以通过学习教育,找回失去的仁、义、礼、智,因而每一个人都应该享有均等的受教育权利和机会。所以,在他那里,无论贵贱、贫穷、老幼,只要想学,他都可以教。雄健南将军没想到孟轲小小年纪竟有如此智慧和胸襟,深感欣慰,并表示以后办学若有什么困难,尽管来找他,让他也为教育出份力。孟轲感激万分,保证一定不会辜负将军的期望。

(二)子思书院

离开了将军府,孟轲一路心急如焚地赶往邹国,想到马上就要回到阔别已久的家乡了,心中无限感慨:时间过得真快,不知不觉自己离开故乡已经三年了,在这一千多个日日夜夜里,母亲可还安好吗?

终于回到家了,母子久别相聚,分外激动,孟轲连礼节都不顾了,跑上去就和母亲相拥而泣。孟轲发现母亲额头和眼角多添了几条皱纹,头发也已花白,双眼已有些许混浊。孟母见儿子又长高了许多,成熟了许多,不禁老泪纵横,但看得出她心里更多的是欢喜。让她欢喜的不仅是儿子回来了,更重要的是儿子学有所成。孟轲回来后的几天,都在家里陪伴母亲。乡里人和以前的同学知道他学成归来,纷纷前来祝贺。他们不是向孟轲询问鲁国的风土人情,就是向他讨教学问。往日门庭冷落的孟家,因孟轲的归来一下子变得热闹起来。

但孟轲并没有忘记临走时对恩师所说的豪言壮语,在家休息了两天后,孟轲就带着礼物去拜访公孙外公和乡人颜崇义:一来感谢他们对自己游学的帮助,以及自己不在家时他们对母亲的照顾;二来想听听他们两位德高望重之人,对自己要办学有什么看法。

孟轲首先来到公孙外公家,公孙将军望着曾经一脸稚气的外孙如今已是风度翩翩,不禁泪流满面,不得不感叹自己已经老了。孟轲向外公讲述了自己在司徒牛那里的学习情况,公孙将军甚为满意。在交谈中,孟轲渊博的学识和独特的见解,更是让公孙将军赞不绝口。公孙玺以前在鲁国当过将军,回归故里后不知道有多少年没有去过鲁国了,听着孟轲对鲁国风土人情的描述,公孙将军仿佛又回到了当年自己意气风发、驰骋沙场的场面,心中感慨万千。直到天黑,孟轲不得不告辞了,二人仍然觉得意犹未尽。

第二天,孟轲又去拜访了颜崇义。说起他的大恩,孟轲觉得真是无以为报。在他还是幼年之时,由于三岁丧父,家里异常贫困。颜崇义并没有因此看不起他们家,反而在他们最困难的时候施以援手,两次搬迁都是他帮的忙,就连孟轲游学鲁国也是他资助的。看见孟轲学成归来,他也是欣喜万分。可他毕竟是个商人,对于孟轲讲的天下大事并不十分感兴趣,不过他对孟轲的成长以及他办学的设想都很肯定,并表示一定鼎力相助。

孟轲生活的时代与孔子的那个时代不同,此时"学在民间"的现象已经十分普遍。而在孔子的时代,主要是官府创办教育,学生也主要是贵族,平民是不可能受教育的。孔子首办私学,开始前来学习的人很少,后来他的名气越来越大,并提出了"有教无类"的观点,学生人数便慢慢地多了起来。可以说,孔子的"有教无类"思想是对以往"学在官府"的否定。随着后世的发展,到了孟轲时,私学十分繁荣。无论是荣归故里的人,还是饱读诗书而不愿做官的人,抑或是因官场失意而流落异地的人,他们都办起了私学。作为晚辈,孟轲想去拜访一下他们,一方面是为了争取他们的支持,表明自己并不是有意与他们争抢生源,只是想多为社会培养一些人才,希望他们谅解;另一方面也希望能够向这些前辈讨教一下办学的经验。

做好一切的准备工作后,学堂终于开始动工了。孟轲将学堂的地址选在因利渠畔,那里依山傍水,风景秀丽,河水常年流动不息,不失为一个文人雅士读书治学的好地方。竣工这天,公孙将军举行了盛宴,来参加这次宴会的,不仅有乡里的名人志士,还有邹、鲁两国的文武臣僚,一时高朋满座,孟轲自然喜不自胜。就连雄健南将军也远道而来,庆贺孟轲开办学堂,希望他能广育英才。正是在这次宴会上孟轲确立了学院的名字为"子思学堂",取名于司徒牛的恩师子思,表明孟轲创办的这个学堂秉承的是儒家思想,今后所教的也是儒家学说。

子思学堂与一般的学堂不同,主要表现在以下几个方面:第一,招生的范围不限于某个地方,而是面向整个社会;第二,继承孔子"有教无类"的教学理念,无论王公贵族,还是凡夫俗子,都可来上学;第三,不是对一般儿童进行启蒙教育,而是对具有一定基础的青年进行启发式教育。

开学伊始,孟轲就列出了几十个题目,让学生们挑选自己感兴趣的去思考、讨论,然后总结出一些具有哲理性的条文,作为他们共同遵守的标准。

在自律方面的条文有:"仁义的人就像射箭一样:射箭的人先摆正姿态,而后放箭,发而不中,也不能怨恨胜了自己的人,而要反问自己";"自己不正派没有能使别人正派的"。

在守身方面的条文有:"君子的操守,应该是先修养自身,再影响他人,从而使天下太平";"自身不依道而行,就很难行于妻子,更不必说他人了;不用道教化人,妻子也不会听他的命令,更不必说使唤他人了"。

在立志方面的条文有:"等待文王出世了才奋发努力的人,只能是一般的群众;豪杰之士,即使没有文王,也能奋发有为";"每个人都可以成为尧舜,只要穿上尧的衣服,诵读尧的文章,实践尧的行为,就可以成为尧了"。

在涵养方面的条文有:"倘若有人对我蛮横无理,君子一定要反躬自问:我一定是不施行仁义,我一定是无礼,不然他为什么会这样对我呢? 反躬自问,结果不是自己不仁不义,而那人依旧蛮横,君子要说:'这个人一定是个狂妄之徒,狂妄之人与禽兽没有什么区别,那我为什么要对禽兽求全责备呢?'因此,君子是终生忧虑的,但没有一点隐患"。

这些条文经孟子的修正后,逐步成了子思学堂所有弟子们的行为准则。在孟轲的引导下,子思学院的名气越来越大,呈现一派繁华的景象,大家都称他为"孟夫子"或"孟子"。渐渐地,有不少外地的青年才俊因仰慕孟轲,千里迢迢前来,就是想拜他为师。

孟轲忙于办学的同时,孟母也在为他张罗他的终身大事。眼看着儿子已经长大成人,按照古人早婚的习俗,孟轲也到了适婚年龄,孟母于是给孟轲娶了妻。谨守礼仪的孟轲并没有因为成家而放松自己的要求,在他大约二十岁时,发生了一个小插曲。

一天午饭后,孟轲的妻子一个人独居于卧室,袒露着身体斜卧在床上。这时,孟轲突然推门走进卧室,见妻子衣衫不整,很不高兴,还没进门就出去了。事后,孟轲向母亲说明妻子不守礼仪的情况,请求母亲准许他休掉妻子。妻子田氏心里觉得十分惭愧,便请求孟母允许她离开孟家,说道:"我听说夫妇之道,不行于卧室之中。今天我在卧室内,衣衫不整,我丈夫见到了很不高兴,这是把我当客人。依妇人之道,女子不能以客人的身份住在人家,因此请允许我回娘家去。"孟母听完儿媳的话后,终于弄清楚事情的来龙去脉,于是对孟轲说道:"《礼经》上不是说了吗,进门前必须先问清谁在屋子里，以表示对对方的尊敬；将要走进厅堂的时候，要高声传扬一下，好让里面的人有个准备；刚走进卧室，目光要向下，以避免见到别人的过失。你的妻子闲居卧室，你不打招呼，突然就闯进卧室，让她措手不及，这明明是你不知礼节，反倒说别人无礼，你这不是离礼更远了吗？"

孟轲听了母亲的教诲，认识到了自己的过错，并请求妻子原谅。可见，孟轲在修身与齐家方面始终坚持着十分严格的践行标准，他在办学中提出的各种理念早已深刻贯彻到他的日常生活中。同时，他那以母为师、以礼为师的作风也昭示着他将成为一代儒学大师。

(三)峄山之游

孟子办学继承的是孔子"有教无类"的教学理念，孟子在选择弟子时并不看重他们的出身，以及父母的背景。所以无论贫富还是贵贱，只要有一定的基础都可以前来上学。这样，弟子的层次就参差不齐。例如像徐薛、季孙子、孙书疑等贵族出身的子弟，虽然不远千里来求学，但却不是为了好好学习来增长知识，而是想借此谋个虚名，以扬名于世。所以，在他们心中唯有金钱和地位是最重要的，其他的就如浮云。在这种思想的引导下，他们整日酗酒、赌博、嫖娼，仗着自家富贵，把谁都不放在眼里，整日趾高气扬，飞扬跋扈。而一些平民出身的子弟，总是自我菲薄，没有自信，看到富贵子弟整日穿金戴银，心中自惭形秽。消极悲观的情绪时刻笼罩着他们，有的甚至有仇富心理。这样，同学之间难免会出现矛盾。而学堂是教书育人的地方，夫子不仅要教授书本上的知识，也要教会学生做人的道理。孟子是一位负责任的夫子，所以针对弟子们良莠不齐的情况，他也有过思考，也实施过一些手段，可是成效甚微。孟子想到自己小时候，学宫里的夫子经常带他们出去参加社会实践，让他们亲身体验施礼的整个过程，从而让他们切实感受到礼的重要性。孟子认为这种教学方式很具有启发性，所以这次，他决定带着弟子们去游峄山。峄山是孟子小时候经常去的地方，它虽不如泰山那样高大庄严，却也有自己的玲珑之态，秀丽婀娜别有一番风味。孟子之所以要带弟子们游峄山，是为了教会他们将书本知识与实践结合起来，"读万卷书，不如行万里路"。游览峄山，一来可以让弟子们感受一下大自然的气息，陶冶他们的性情；二来可以让弟子们了解社会现实，进而培养他们的社会责任感，从而更加勤奋学习。

春天的峄山显得异常清秀，尽显其婀娜多姿之态。山上怪石堆垒，孔窍幽邃，泉涌相间，古木苍郁，杂花若锦，登临凭眺，移步异景，引人入胜。一日，风和日丽，孟子带着一众弟子，悠然地来到了峄山脚下。

不知不觉，他们走到了钟石的下面，只见它高悬在盘龙洞的上面，好像正在摆动着自己的身体，时而发出轰隆隆的声音，这声音振聋发聩，犹如洪钟，仿佛在警醒人们什么似的。弟子们正在认真地观看这钟石，孟子说道："在这山上，是这钟石敲响警钟，而在我们的社会生活中，又是什么能够唤起人们觉醒的洪钟呢？"孟子顿了顿，看着弟子们的反应，继续说道："我想，应该是知识和学问，它们能时刻给我们以警醒。"

接着，他们又来到金龟望海石旁。金龟望海石是峄山的奇观之一，看这只金龟居高临下，头朝着大海望向远处，天空是那么高远，大海是那么辽阔，但万事万物都在它的视野下变得如此渺小。金龟在以前的时候，总是自以为是，爬到这山顶才知道自己的目光是多么短浅。读书也是这样，只有登得高，才能望得远。井底之蛙永远也不知道外面的天空有多大，也永远不会看到大海有多么广阔。然而在现实生活中，偏偏有人总以为自己聪明绝顶，到中途的时候又因各种原因而放弃，不能有始有终。其实，这些人比金龟以前还要笨得多。

读懂了金龟的自以为是之后，有弟子向孟子请教何为"自暴自弃"，孟子解释说："自己残害自己的人，不可能和他一起谈论出有价值的言论；自己放弃自己的人，不可能和他一起做出有价值的事情。说话损害礼义，这便叫作自己残害自己；自己认为不能将仁放在心里，不能根据义来做事，这便叫作自己放弃自己。仁是人类最安适的住宅，义是人类最正确的道路。放着最安适的住宅不去住，舍弃最正确的道路，这真是可悲啊！"弟子们认真听着夫子讲的道理，默默地点头。

再走下去就是大通岩了。大通岩是一种石壁，它宽阔高大，听说这里是孔子讲学的南杏坛，孔子曾经在这里讲授诗书礼乐。孟子将弟子们召集在石壁下，自己登上了石壁。原来他是要效仿孔子当年杏坛讲学，给弟子们讲修养的道理。在孟子看来，每一个人的修养，不仅是个人的事情，而且关系到国家、天下和整个人类的命运。修养十分重要，而其中一个重要的方面就是反身以诚，具体的情况是：如果有一个人，他喜欢别人，别人却不喜欢他，那他就要反身自问："别人为什么对我如此冷淡，大概是我的仁爱还不够吧？"假设这个人想去管理别人，结果没有管理好，那他就要反身自问："是不是自己的学识和智慧还不够呢？"假设这个人礼貌地对待别人，而得不到相应的回答，那他就要反身自问："大概是自己的恭敬还不够吧？"

所以,孟子认为无论做什么事情,如果得不到预期的效果,就要从自身入手,检讨自己还有什么做得不够的。

而修养的最高境界就是仁人君子,孟子说:"不仁的人难道可以同他商议吗?他们眼见别人处于危险之中,却无动于衷地利用别人的灾难来获利,追求荒淫暴虐这些足以导致国家灭亡的灾祸。如果可以和不同的人一起商议,那又怎么会发生败家亡国的事情呢? 从前有个小孩唱道:'沧浪的水清啊,可以洗濯我的帽缨;沧浪的水浊啊,可以洗我的泥脚。'孔子听了这个小孩子的歌声,很受启发,于是对弟子说:'你们听着! 水清就拿来洗帽缨,水浊就拿来洗泥脚,这是由水的本性所决定的。'所以,人必定先有自取侮辱的行为,别人才侮辱他;家必定先有自取毁灭的因素,别人才毁灭它;国家必定先有自取讨伐的原因,别人才讨伐它。《尚书·甲篇》说过:'天造的孽,犹可逃避,自己造的孽,逃也逃不掉。'说的正是这个道理。"

接着,他们沿着石级慢慢往上走,那石级十分陡峭,犹如天梯般,似乎有冲向青天之势。若不是稍有毅力者,恐怕是不敢继续攀登的。学习也是如此,越到上层,越有"高处不胜寒"的感觉,这时就要看个人是否能够坚持。若能坚持不懈,相信登上顶峰看到的风景一定不同凡响。不久,他们就来到了祖龙洞旁,那是通向山顶的唯一道路。要登上山顶,完成最后的旅程,就必须从这个洞匍匐进去。因为这个洞特别的窄,只能爬着进去。所以,任凭你是达官贵人,还是诸侯卿相,抑或是平常百姓,无论面对谁,祖龙洞都一样以一种高傲的姿态凝视着来人,似乎在对人们说:"要想上山顶,非得像狗一样爬着穿过我。"所以,人们走到这里的时候难免会犹豫一下是否要爬过去。若肯放下身段匍匐进去,就能到达山顶。

望着这祖龙洞,弟子们一时没了主意,不知道该不该继续前行。若爬进去,自己多没面子。若不爬进去,就到不了山顶,也就看不到山顶的景色。大家都看着孟子,只见孟子不慌不忙地撩起衣服,慢慢地趴在地上,缓缓穿过祖龙洞。弟子们看到夫子都趴下了,他们也就毫不犹豫地跟了上去。终于爬出了洞,到达了山顶。可这一路爬上来,弄得弟子们各个狼狈不堪,有人不禁抱怨起来。孟子笑了笑,也没责怪他们,而是让大家体会一下这"一览众山小"的感觉,然后师徒一行围坐于地,他开始讲起了艰苦环境磨炼人的道理。事实上,古往今来成大事的人,没有经过一番艰苦卓绝的努力,是不可能轻易获得成功的。舜从田间劳作中成长起来,傅说从筑墙的工作中被选拔出来,胶鬲被选拔于鱼盐的买卖之中,管仲在囚犯的位置上被提拔,孙叔敖从海边被发现,百里奚从市场上被选拔。所以,上天将要把重大使命落到某个人身上,一定会先使他的心志得到磨炼,使他的筋骨受到劳累,使他的身体忍饥挨饿,使他备受穷困之苦,使他做事总是不顺利。这样来震动他的心志,坚韧他的性情,增强他的才干。人总是难免会犯错误,然后才能改正错误。心气郁结,殚精竭虑,然后才能奋发而为;显露在脸上,表达在声音中,然后才能被人了解。那些不被重用的孤独之臣,那些受歧视被虐待的庶孽之子,整日如临深渊,如履薄冰,战战兢兢,时刻都在提高警惕,办事总是谨小慎微,唯恐灾难临头。正因为如此,他们方得以平安无事地生活下去。一个国家,如果国内没有守法的大臣和辅佐的贤士,国外没有敌对国家的忧患,往往容易亡国。所以,小至一个人,大至一个国,乃至整个天下,都生于忧患,死于安乐。

所以,对人的一生来说,逆境和忧患不一定是坏事,生命就是一种体验,它包含着无数的酸甜苦辣,逆境和忧患都是人生的一笔宝贵的财富。这样的人生,要比那种一帆风顺,没有经历什么磨难的,没有什么特别体验的人生要丰富得多,有价值得多。

孟子对于弟子的教育总是发人深省,他往往于细微处入手,然后慢慢延伸到自己所要讲的主题上。对于弟子的缺点,他不是直接尖锐地批评,而是通过一物或者一件事来启发,让弟子自己觉察到自己的错误。经过这次的峄山之游后,弟子们的精神面貌有了极大的提高,同学们之间的感情也得到了增强。他们开始思考人生的问题,似乎峄山的气概让他们的灵魂得到了洗礼。

孟子

(四)体察民情

有一年夏天,邹鲁一带一连几天都下着特大暴雨,一时间各处水流汇集江河,江河溢满,雨水席卷了村庄、稻田。于是,泥石流、滑坡等灾害接踵而来。牲畜被卷走了,庄稼被淹没了,房屋也被冲垮了。到了秋收的时候,庄稼颗粒无收,穷苦百姓只得挖野菜充饥,野菜吃完了就刨树根。国君见百姓各个饥肠辘辘,决定开仓赈粮,帮助百姓渡过危机。

孟子知道这件事后,马上和当地的官府联系,表示愿意帮助官府承担一些开仓前的调查工作。孟子当时在邹国已经小有名气,大家都十分敬重他。所以,对他个人的人品是毫不怀疑的,也相信他能实事求是地进行调查。所以,对于孟子的自动请缨,官府自然是十分欢迎的。最后官府分配给孟子及其弟子一些工作,主要是考察几个村的受灾情况。这是项非常艰巨的任务,必须走家串户,一个一个地调查,并准确记录情况,不能弄虚作假。可是,洪涝灾害阻断了各处的交通道路,而且房屋也被摧毁了,到哪里去寻找每家每户的主人呢?试想一下,饥肠辘辘的灾民看到孟子和他的弟子,会不会上前抢劫,这都是无法预料到的事情。然而,这次调查关系到千万百姓的性命,如果前期的调查工作没做好,不知多少人会丧失生命。所以,即使再难也要坚持下去把工作做好。而孟子本人也希望通过这次的调查,让弟子们走出平时的书斋,体验真正的社会生活,让他们多了解一下当时的民情,进而激发他们的社会责任感。

孟子和弟子们在接到任务后,就马上出发了。一路上,满目疮痍。昔日肥沃的田野被雨水无情地冲刷后,几乎什么都没留下,只残留着泥沙的气息。往日,邹鲁大地上那庆祝丰收的欢歌笑语消失了,取而代之的是那因亲人离世而发出的阵阵哀号声。路上行人各个面黄肌瘦,步履蹒跚,老幼相扶而行,他们三五一群,一路拾荒。孟子和弟子们边走边看,只见路旁、田边、树林、河滩,目光所到之处,饿殍遍野,怎么不让他们心惊胆寒呢?接着,他们慢慢进入了村庄,那景象更是惨不忍睹。本已倾斜的房屋在暴雨袭击后,完全瘫痪在地;而完好的屋舍在暴风雨的摧残后,也是压弯了腰。断壁残垣的情景确实让人不由得心生悲悯。进入茅舍,只见老人呻吟于病榻之上,婴儿在母亲的怀里嗷嗷待哺,灶上无米,锅下无柴,不知道生活对他们意味着什么,也不知道等待他们的将是什么。孟子和弟子们进去后,连个坐的地方都没有,他们向老人施礼,并询问洪水过后的家庭情况。老人告诉他们,洪水冲走了自己的儿子,现在只留下他和儿媳以及小孙子,自己瘫痪在床,孙子正处在哺乳期,可是他们已经两天没进食了,儿媳没有奶水,只得不停地喝水充饥。说着说着,老人泪流满面,为今后的日子担忧。孟子急忙上前安慰,告诉他国君已经准备开仓救济,这次他们前来就是为了调查受灾的情况。听了孟子的话,老人对他们感激涕零,心想这下孙子可有救了。孟子离开这家后,又接着挨家挨户地慰问,家家如此,户户如此。

最后,他们又相继走访了几家富户,他们的生活不同于外面的灾民。尽管外面闹饥荒,他们家里却好像什么都没发生过一样,依然莺歌燕舞,一派欢乐的景象。

猪马牛羊养在圈里，珍馐美味吃在嘴里，绫罗绸缎穿在身上，艳妻美妾抱在怀里，好不逍遥自在。他们不关心外面百姓的生死也就算了，竟然趁机囤积粮食，大发国难财。听说大名鼎鼎的孟子前来拜访，富户们纷纷设宴邀请孟子前来做客。孟子对这些人很是鄙视，又怎么会接受他们的邀请呢？他来此地是为了考察百姓受灾的情况，如今灾民们正处于水深火热之中，一向主张施行仁政的孟子早已是食不知味。

就这样，他们挨家挨户地走访，经过一番艰苦跋涉，他们终于不负众望，顺利完成了考察任务，并及时向官府反馈了灾情。对于这次调查，弟子们的感触颇大。那些纨绔子弟在这次考察后，似乎有所警醒，他们也了解到了贫苦百姓的生活以及他们每天所要背负的责任，自此以后，一改平时骄纵的行为。而那些贫寒家庭出生的子弟，对像他们那样贫穷的百姓有了更深刻的认识，他们立志要去改变这种现状，让百姓们过上衣食无忧的日子，而不是在学堂里跟富家子弟比吃比喝，整天自怨自艾。人生的意义不在于吃喝，更不在于享受，而在于是否能够做出一番有功于社会、有利于人民的事业。而作为一个有抱负、有理想的读书人，不仅要努力学习提升自己，更要时刻提醒自己，要以天下苍生为己任。

（五）精心育人

经过上次的峄山之游和社会考察后，弟子们似乎一下子成长了许多。他们不仅比以前更加认真学习，还经常在一起互相交流，切磋学问。作为夫子的孟子，看到自己的弟子们能够如此用功学习，并且能够和睦相处，心里感到十分欣慰。可是他天生是个劳心的人，在他的心里装的是天下的和平，百姓的安宁和自己的理想。他虽然学富五车，但依然勤奋学习，从不懈怠。吃过晚饭后，在那清风徐徐的傍晚，他常常会到因利河畔散步，那缓缓的流水牵引着他的思绪，不知不觉流到了远方。返回房间，则是另外一种心境，弹琴、击筑、唱歌、朗诵，那种自由自在的感觉让他十分惬意。

可是有一天，书院里发生了一件不愉快的事情。一个泼皮无赖在茶馆里说了孟子的坏话，纯属造谣。正好公孙丑和同学也在这个茶馆里喝茶，听到有人恶意中伤孟子，如何不气。于是，公孙丑上前与之理论，结果双方发生口角。那个泼皮无赖仗着自己人多势众，又看公孙丑他们都是书院的儒生，认定他们必然是弱不禁风，所以不仅出言不逊，还拳脚相向。结果不仅没占到便宜，反而被公孙丑一行人打得落花流水，只得灰溜溜地逃走了。

那个泼皮无赖很是不服，为了报复他们，便纠集了一伙人气势汹汹地来到子思书院。一到那里，就开始砸窗户、砸门，还把两个较年幼的弟子给打了。公孙丑知道一定是上午那个泼皮无赖，非常气愤，说着就要纠集学院里会武功的人去找他算账。孟子听说此事，马上制止了他，批评公孙丑不应该在茶馆里闹事，损坏了书院的名声。他严厉地说道："人们说我又有什么关系呢？人生在世，难免会受人议论。不仅现在的人议论，以后的人也会议论。我们能做的就是修养好自己的品德，审慎行事，不要落下什么闲话。你既然知道那人是个泼皮无赖，为什么要和他一般见识呢？无赖和禽兽有什么区别呢？我们在驴市上，不小心被驴子踢了一脚，难道就要杀了它加以报复吗？"公孙丑听了夫子的批评，心里很不是滋味。毕竟自己是为了夫子的名声和书院的利益，而夫子不但不表扬他，反而当众批评他。公孙丑是个有什么情绪就表现在脸上的人，有什么说什么，他怎么受得了这个气，结果师徒二人不欢而散。

晚上，公孙丑躺在床上辗转反侧，夜不能寐。既然睡不着，还不如出去走走。于是，他穿好衣服，想出去散散心。不知怎么的就来到了夫子的房门口，没想到夫子房间里的灯还亮着。是啊，夫子白天要忙于书院的杂务，晚上还要熬夜读书，真的很辛苦。而自己不仅不能帮夫子解忧，反而给夫子惹麻烦。想到这里，公孙丑心里的气一下子消了大半儿。于是他进门拜见孟子，并惭愧地对孟子说："今天的事，是弟子不对，不应该跟那人逞一时之气，还请夫子原谅弟子的莽撞。"孟子并没有责怪他，而是心平气和地对他说："你觉得世上最广阔的是什么呢？"公孙丑不解夫子是何意，想了想说道："是天空，天空最广阔。"孟子摇摇头，让他继续说。"是海洋吗？"孟子还是摇摇头，急得公孙丑抓耳挠腮。孟子看弟子说不出来，笑道："天空、海洋都是很广阔的，但为师觉得世界上最广阔的莫过于人的心胸，只要你愿意，你的心胸会比天空、海洋还要广阔。弟子犯了错，师父就生气，心胸怎么能算得上广阔呢？"接着，他不慌不忙地给公孙丑讲了个故事。

邻村有个叫张坤的，不幸被一伙强盗给打死了，只留下孤儿寡母在村里受人欺负。当他的儿子张永年长到十二三岁的时候，他的母亲便托城里人给他找了个习武的师傅。这个师傅很同情他们母子俩，便想教他一点真武艺。但是这个师傅既没有教永年舞刀，也没有教他弄棒，只是教他烧火做饭。第一年，师傅让永年用谷秸烧火，烧的时候必须用手将谷秸捏成粉末才能放入灶内；第二年，师傅又让他用高粱秸烧火,烧的时候必须用手将高粱秸捏成细末,才能放入灶内;第三年,师傅再让他用竹竿烧火,烧的时候必须用手将竹竿捏成竹絮,才能放入灶内。就这样,永年在师傅那里学习了三年的烧火,觉得简直是在浪费时间。渐渐地,永年就对烧火做饭产生了厌倦情绪,对师傅也是满肚子怨气。一次,师傅见他不再认真烧火,就严厉地批评了他。永年气不过,就收拾包袱回家了。回到村里,有的村民见到他,就问:"永年,你这几年在外面都学了什么啊?"也有人问:"听说你在外面学武,学得怎么样啊?"有的硬是要他露两手给大伙儿瞧瞧。可是,无论别人怎么问,他总是说:"这三年什么也没学到,师傅让我烧了三年的火。"每次想到这儿,永年的气就不打一处来,可村里的人压根儿就不信,觉得他是故意不想展示给他们看。

正好有一天,永年三爷家的驴跑了,老人急急忙忙地追,追了一会儿就上气不接下气。这时,他正好看到永年向这边走过来,于是大声叫道:"永年,你快去把那驴拦住,不然就跑远了。"听到三爷吩咐,永年二话没说,就去追那头驴,跑到驴跟前,他这么顺手一抓,没想到把驴头捏了个粉碎。他自己都被吓着了,不知道是怎么回事,等缓过神儿来才恍然大悟,师傅交给他的真功夫原来就是这个啊。意识到是自己错怪了师傅,永年心里很惭愧。第二天,他来到师傅家里,向师傅诚恳地承认了自己的错误,希望师傅能原谅他。师傅看弟子诚心悔过,就原谅了他。最后,那位师傅将自己的毕生所学都传授给了永年。一年后,永年就成了远近闻名的武术大师。

讲完这个故事,孟子略微停顿了一下,然后问公孙丑:"你觉得这个故事说明了一个什么道理呢?"公孙丑听夫子提问,一时间不知怎么回答。因为他知道自己做事莽撞,又容易冲动,常常信口开河。为此,他经常受到孟子的批评。所以,这次他不敢马上说出来,怕夫子责罚,想了想才说道:"这个故事说明习武不能急于求成,要一步一个脚印。""光是习武是如此吗?"公孙丑一时语塞,不知道怎么回答。孟子并没有为难他,缓缓说道:"世事其实都是这样的,我们要想做成一件事,就要持之以恒,不能半途而废。就比如挖井,挖了数尺还没有出水,如果有人就这样停止不挖了,那不仅这口井是一口废井,而且人还白白浪费了力气。五谷是庄稼中的好品种,假若不能成熟,反而不及其他的庄稼。学习和走山路一样,山坡上的小路只有一点点宽,经常去走便成了一条路。但只要有一段时间不去走它,又会被茅草堵塞。读书也是一样,如果半途而废,就永远找不到读书的真谛。"

其实孟子讲这个故事还有一个更深刻的含义,那就是告诫人们无论做什么事情都不可急于求成，要循序渐进，一步一个脚印。就好比是修建房屋，首先要打好地基，地基打稳固了才能继续去做别的事情。而公孙丑之所以写不好文章，处理不好人际关系，就在于他性格毛躁，遇事不冷静，老喜欢急于求成。这样的话，连基础都没打好，又哪里谈得上有所建树呢。公孙丑听了孟子的话，连连点头。

孟子在四十岁以前，主要的活动是从事讲学。他将收徒讲学、传授知识看成是人生的三大乐趣之一。孟子十分重视对人才的培养，注意因材施教，采用启发式的教学方法，主张学习要专心致志、持之以恒、循序渐进。

（六）答疑解惑

孟子在邹国讲学，名声在外。但是学术是自由的，难免有人会对孟子的思想产生怀疑。故而，经常有人会就孟子思想中不完善的地方，与他讨论。

孟子有个弟子叫屋庐子，有一次，屋庐子到了任国，有个任国人故意问他："礼与食孰重？"屋庐子回答说："当然是礼重了。"那人又问道："娶妻与礼孰重？"屋庐子说："礼重。"那人反问说："如果依照礼节去获取食物，那么便会饥饿而死；如果不依照礼节去获取食物，那么就会得到食物而不至于死去，难道一定要按照礼节求得食物去等死吗？如果行迎亲的礼节，就得不到妻子；如果不行迎亲的礼节，就会得到妻子然后生孩子，难道一定要行迎亲之礼而断子绝孙吗？"屋庐子被问倒了，一时不知如何回答。

于是，他专门跑回邹国，向老师孟子请教。孟子听后，让屋庐子这样回答那个人，他说："折断兄弟的手臂才能得到食物，不去折断兄弟的手臂就得不到食物，难道真的要折断兄弟的手臂吗？翻过邻居家的围墙去搂抱女子，就可以得到妻子；不去翻邻居家的围墙搂抱女子，就得不到妻子，难道真的要翻过围墙去搂抱女子吗？"屋庐子一听，马上明白过来了。

有个叫季任的，是任国国君的弟弟，他经常听说孟子的贤德，便托屋庐子给孟子带来了礼物，并邀请孟子若有时间，一定要到任国游玩，孟子接受了季任的礼物。过了些日子，孟子想到这些年一直忙于书院的教学工作，还没有到处走走。正好此次季任邀请他去任国游玩，而且还带来了这么重的礼物，正所谓"来而不往非礼也"，自己也应该回礼才是。所以，孟子不久便来到了任国，季任热情地招待了他。二人彻夜长谈，把酒言欢，他们谈理想，谈仁政，季任从孟子那里真是获益匪浅，他对孟子的学识更是佩服得五体投地。

但是通过一段时间的接触后，对于一些问题，季任也有了自己的想法。但他并不想当面和孟子针锋相对，于是只好把自己的疑问向孟子的弟子公都子说明。季任问道："为什么说义是内在之物呢？"公都子回答说："恭敬之心从内心发出，所以说是内在之物。"季任打了个比方，问道："有个本乡人，他比你的兄长大一岁，那么你会尊敬谁呢？""尊敬我的兄长。"公都子脱口而出。"倘若大家一起饮酒，那么你会先给谁敬酒呢？""先为本乡的长者敬酒。""看来，你内心是尊敬兄长的，然而你却先给本乡年长的人敬酒，可见义毕竟是外在之物，而非由内心发出。"公都子反问道："夫子是尊敬叔父，还是尊敬弟弟呢？"季任毫不犹豫地回答说："当然是尊敬叔父啊。""弟弟要是做了受祭之尸，那么你会尊敬谁呢？""那倒是尊敬弟弟呢。""为何又变成尊敬弟弟呢？"公都子问道。"因为他处于受尊敬的位置上啊。"见季任如此回答，公都子回到刚开始的那个问题上来，他说："因为本乡的长者处于应该先斟酒的位置，平常是尊敬兄长，在临时发生的一些特殊情况下，则尊敬本乡的长者。"季任得意地笑了笑，说道："如此看来，所尊敬的对象毕竟外在于人，而并非发自内心啊。"公都子也不甘示弱，急忙反问季任："冬天喝热水，夏天喝冷水，难道饮食不是人的本性吗，难道饮食是外在的吗？"结果二人谁都没说服谁，不过季任想孟子的学生都如此厉害，那孟子的学问更是了不得，心里对孟子的敬重不觉又增加了几分。

孟子渊博的知识，非凡的气度，高尚的情怀，不仅本国人为之钦佩，就连别国的人也不远千里前来拜访，一睹孟子的风采。当时曹国国君有个弟弟名叫曹交，他特别欣赏孟子的学识，特地从曹国来邹国拜访孟子，二人就"人皆可为尧舜"展开了讨论。

曹交恭恭敬敬地问孟子："夫子，是您说过'人皆可为尧舜'吗？"孟子回答说："是啊，我说过这样的话。"曹交不远千里来拜访孟子，当然是有备而来，他接着问孟子："听说文王身高十尺，商汤身高九尺，我现在已经有九尺四寸高了，却只会吃饭，敢问夫子，怎样才能成为尧舜那样的人呢？"孟子笑了笑，说："能不能成为尧舜，与个子的大小是无关的。尧舜之道，在于孝悌。你只要加强自身修养，做事不离孝悌，就可以成为尧舜。如果你穿夏桀的衣服，说夏桀说过的话，做夏桀做过的事，你就会变成夏桀。"对于什么是孝悌，孟子认为，孝敬父母为孝，尊敬兄长为悌。孝和悌是仁义的基础，只要每个人都孝敬自己的双亲，尊敬自己的兄长，那天下就可以太平了。曹交听完孟子的言论，对他很是钦佩，便想拜孟子为师。孟子婉言拒绝了,并对他说:"道就像大路一样,并不难了解,只是怕有的人不去寻求而已。"

其实孟子所说的孝悌是儒家思想中维护宗法血缘关系的纽带,是礼的核心,也是仁的根本。孝悌的观念推及至国家的层面,便是忠君爱国。曹交走后,弟子们不解地问:"夫子,我们要行孝悌,只要刻苦学习,尽心修养就行了,为什么要学习尧舜呢?"孟子解释说:"尺子和圆规都是画圆的工具,六律是五音的标准。我们做人也应该有一定的标准。尧和舜在当国君的时候,能够恪守君王之道,做人臣的时候,能够尽臣子之道,他们就是别人做人的标准。我们现在以他们为榜样难道不好吗?"

六、初度适齐

(一)泱泱大国

在十几年的教学生涯里,孟子潜心培养了大批英才。他在教育的这块土地上默默地耕耘着,用知识的雨露滋润着一个个求知若渴的学子,使他们不断成长,树立为国效力的远大志向,以为百姓谋福祉为己任。儒家学说在孟子精心的传承和完善下,取得了长足的进步。

与此同时,天下大势也发生了巨大的变化。秦国启用商鞅实施变法,以此富国强兵;楚国、魏国重用吴起,战胜强敌;齐国任用孙膑、田忌等人,使诸侯一时间为齐国马首是瞻;苏秦、张仪或主合纵,或主连横,巧舌如簧,天下无不以攻伐为贤。孟子生活的时代,是个竞争激烈、战乱频发的年代。掌握各国政权的君主,为了谋求本国的富强,也为了获得更多的人口和领土,在兼并战争中取得胜利,迫切需要各方面的人才为其效力。在这种背景下,各国君主不但十分敬重有一技之长,能够为国君出谋划策的能人志士,而且对他们委以重任,赐以高官厚禄,笼络他们,使他们能够在政治上充分施展自己的才能。因此,各学派在政治舞台上表现得十分活跃。他们游走于各诸侯国之间,企图劝说君主按照他们的思想制定本国的内政和外交政策。四处游说,成为各派主要的活动形式之一。

为了招揽天下的能人志士到齐国讲学,齐国国君在临淄稷下专门设立了学宫。早在齐桓公时,齐都临淄的城西稷门外就设立了一座学堂,就叫"稷下学宫"。这座学宫带有学术研究的性质,不同于一般的学校,在学宫里不仅可以传授知识,而且可以自由地进行学术交流。一时间，那里集中了很多文人学士，专门讲学。学堂里的学生少则数百人，多达上千人。到了威王时，规模扩大了很多。而齐国也成为当时众多诸侯国中，思想最活跃的一个国家。稷下学宫名义上是个讲学的地方，实际上相当于齐国的一个智囊团，专门帮助齐国国君出谋划策，以便富国强兵，称霸天下。

作为儒家学说的传承者和发扬者，孟子极力反对各国君主用武力征服天下，他认为他们这样做是一种争权夺利、见利忘义的行为，是"以力服人"的"霸道"，终究无法使人心服。对于诸侯间无休无止地征伐，孟子深感忧虑，他认为要实现天下安定，统治者必须施行仁政，这样人民才能安居乐业。而他也清楚地知道，要实现自己的理想，就必须出仕为官，只有掌握一定的权力，才能施展自己的抱负。孟子并非现在才意识到掌握权力的重要性，只是一直苦于没有机会。

孟子的学识和名声引起了齐威王的注意，齐威王特地派遣使者来邹国，邀请孟子到稷下学宫讲学。这个消息马上在书院里传开了，弟子们一时议论纷纷。大家都觉得这是个好消息，夫子在家办学多年，一直是教书育人，却无缘一展治国平天下的大抱负，这次的机会实在难得。孟子心情也很激动，虽然在本国得不到邹穆公的支持，但说不定自己的理想可以在其他国家得以实现。而且，孟子对齐威王的名声也早有耳闻。在他的心中，齐威王算得上是一位有为的君主，这样有作为的君主，必定赏识有学问的人，也能认真听取他人的主张。

怀着济世救民的理想，揣着对于仁政的热烈追求，孟子虽然已过而立之年，却依然壮心不已。周显王四十年（公元前329年），即齐威王二十八年，孟子带领弟子们走上了周游列国的旅途，浩浩荡荡地向齐都临淄进发。齐国是东方第一大国，东有琅琊，南有泰山，西有清河，北有渤海，被称为四塞之国。此地幅员辽阔、物产丰富、人口众多，沿海绵长的海岸线为齐国的渔业发展提供了极大的便利。他们一路上跋山涉水，披荆斩棘，终于来到一个名为平陆的小地方。平陆为古厥国，是齐国的边境邑名。孟子一行人一路上舟车劳顿，于是决定暂居此地休整一番，顺便考察一下当地的民风民情，以作为将来和齐威王论政的根据。

在这期间，齐国的卿相储子听闻大名鼎鼎的孟子已经到达平陆，有心要与他结交，于是派遣心腹驾着马车携重礼远道来访。孟子接受了储子的礼物，但并没有回谢。

平陆的邑宰孔距心听闻鼎鼎大名的孟子前来拜访，便热情地接待了他。连日的相处让孟子感觉到此人虽然和善,但有时不免懦弱。孟子向来就是对事不对人,虽然他和孔距心素昧平生,但是当孔距心向他询问工作意见时,孟子还是坦率地说出了对他的一些不满。孟子问孔距心:"如果你的战士一天有三次失职,你会将他们开除吗?"孔距心是个是非分明的人,对于此种渎职现象,他当然不能容忍,他果断地回答道:"不必等到三次,就会把他开除。"孟子继续问道:"既然如此,邑宰失职,又该如何呢?风调雨顺的日子,老百姓们尚且得不到温饱,一遇到灾荒之年,你的百姓中年老体弱的便抛尸荒野,年轻力壮的便背井离乡,四处逃散,苟且偷生……"还没等孟子说完,孔距心早已羞得面红耳赤,感到无地自容,他很无奈地对孟子说:"这并非我一个人的力量能做到的。"其实,孔距心确实说的是实话,照当时的形势来看,天下战争不断,哪个人能够幸免呢?仅凭个人的力量怎么能够改变现状?孟子并非不知道,但他向来对己对人要求严格,大有一种"众人皆醉我独醒"的气魄。所以,面对孔距心的无奈之语,孟子还是严厉地说道:"今有一人,接受他人的牛羊帮忙放牧,那么他一定是千方百计地为牛羊寻找牧场,寻找饲料。如果牧场和饲料都找不到,他应该如何处理呢?是将牛羊退给原主,还是眼睁睁地看着他们活生生地饿死呢?"孟子的几句话说得孔距心更加惭愧不已,只好承认是自己的过错。

在辞别了孔距心之后,孟子一行人继续朝齐都出发。一路上,孟子依旧处处留心,每经过一个都邑都要进行考察。以他以往交游的广阔和雄辩的才能,他认识的都邑长官并不少。遗憾的是,虽然各都邑的百姓生活困苦程度大同小异,但是当孟子指出百姓得不到温饱的时候,他们都不肯承认自己的失职之罪。

孟子和弟子们来到齐都临淄后,只见街道宽阔,店铺林立,店内商品琳琅满目,令人目不暇接。大街上的人们摩肩接踵,车水马龙,叫卖声不绝于耳,好一派繁华的景象。

终于,孟子得以朝见齐威王。一见面,孟子并没有过多的寒暄和客套,也没有任何阿谀奉承的诌媚言辞,而是直截了当地说:"大王的都邑长官中,我认识五个人。明白自己的罪过的,只有孔距心一人。"接着,孟子为齐威王讲述了自己考察都邑民情以及与孔距心谈话的经过。齐威王听了孟子的话,若有所悟,说:"这么说是寡人的罪过了。"

其实齐威王刚执掌政权的时候,还算不上是个有为君主。他整日不思进取,沉迷于酒色声乐,因此荒废了朝政,其他国家也趁机侵扰,内忧外患不断。当时,诸侯并伐。齐威王元年(公元前356年),三晋伐灵丘;威王六年(公元前351年),鲁国伐齐,入阳前,晋伐齐,至博陵;威王七年(公元前350年),卫伐齐,取薛陵;威王九年(公元前348年),赵伐齐,取甄。战争的警钟并没有使齐威王从纸醉金迷中幡然悔悟。直到邹忌和淳于髡的出现他才开始发愤图强,选贤任能,励精图治。

有一次,齐威王正在听音乐,忽然有臣子进来禀报说外面有人求见。此人自称姓邹名忌,善于弹琴,听说齐威王喜欢音乐,特地前来拜见。齐威王召见了邹忌,赐给他一个座位,让手下将案几搬到他面前,意思是让邹忌弹奏一曲。可是,邹忌抚琴却不弹。齐威王惊奇地问:"听说夫子善于弹琴,寡人希望听一听您的玄妙之音。如今您抚琴而不谈,莫非是这琴不好?或者说是寡人怠慢了您?"邹忌放下琴,严肃地说道:"臣所知道的是琴理,若说弹奏音乐,那是乐工之事,不值得大王听取。"齐威王好奇地问:"什么是琴理,可以告诉寡人吗?"

邹忌抚琴答道:"琴者,禁也;以之禁止淫邪,使归于正。昔伏羲做琴,长三尺六寸六分,象三百六十六日;广六寸,象六合;前宽后窄,象尊卑;上圆下方,法天地;五弦,象五行。"

齐威王听着邹忌的话,微微点头,并示意他继续讲下去。邹忌接着说:"大弦为君,小弦为臣。其声以缓急为清浊,浊者宽而不弛,君道也;清者廉而不乱,臣道也。五弦依次为宫、商、角、徵、羽。文王、武王各加一弦,文弦谓少宫,武弦谓少商,以合君臣之恩。君臣相得,政令和谐。治国之道,莫过如此。"

齐威王对邹忌的高论很是满意,于是更加迫不及待地想要邹忌弹奏一曲。邹忌没有理会,继续说道:"臣以琴为事,则审于为琴,大王以国为事,难道不审于为国吗?今大王抚国而不治,何异于臣之抚琴而不弹呢?臣抚琴而不弹,只难悦大王之心;大王抚国而不治,却难畅万民之意!"听了邹忌的话,齐威王猛然意识到,原来邹忌是在以琴理讽谏自己,于是将他留下来热情款待了一番。第二天,齐威王又召见邹忌,与他谈论国事。而邹忌劝谏威王远离声色,辨别忠奸,教民耕作,以图大业。威王听后,十分高兴,认为邹忌是个人才,于是拜邹忌为卿相。齐威王处事精明,乐于听取别人的意见,面对一个陌生人的讽谏,不仅不追究那人的欺君冒犯之罪,反而给以高官厚禄,委以重任,这种作风实在令人钦佩。

淳于髡,东夷七尺,莱子国(今山东龙口境内)人,他的身高不高,可以说是其貌不扬,但他博闻强识,善于说隐语。淳于髡根据威王喜欢听隐语的爱好,经常对威王进行劝谏。有一次,齐威王大宴群臣,淳于髡借机讽谏。宴席上,齐威王问他:

"爱卿的酒量如何啊?"淳于髡答道:"在威严的王公大臣面前饮酒,臣时刻都不敢忘记法度,每次喝一杯就醉了。在长辈面前,需要讲究礼节,最多不过两杯。如果是好朋友久别相逢的话,五六杯下肚也毫无醉意。如果在女色面前,就算是十杯八杯也无关紧要。"说着说着,淳于髡话锋一转,说:"凡事都要有分寸,酒喝多了就会出乱子,出乱子就会引发悲剧,什么事情都是这样。"齐威王听了淳于髡的话,这才明白过来,从此停止了长夜之饮。

觉醒后的齐威王十分珍惜人才,他把有才能的人看作国家的珍宝。有一次,齐威王和魏惠王一起出去打猎,魏惠王想借此羞辱齐威王,便问齐国有什么珍宝,齐威王直截了当地说"没有"。魏惠王听了十分高兴,得意扬扬地说:"像我这样的国家还有十颗直径一寸左右的珍珠,它们的光华足够照亮前后十二辆车。而像齐国这样的泱泱大国,怎么可能什么都没有呢?"魏惠王表面上虽是在反问,实际上却是在嘲讽齐国无珍宝。

齐威王当时并没有马上就生气,而是笑了笑,说:"我国确实没有你说的那种珍宝,但我有自己的珍宝。"魏惠王不解,威王也不跟他卖关子了,说道:"我派檀子守卫南城(今山东费县西南),楚国畏惧而不敢来犯我国,泗上十二诸侯也纷纷前来朝拜齐国;我派黔夫镇守徐州(今山东济水以东),他为官清廉,爱护百姓,燕国和赵国有七千多家百姓因此迁到此地居住;我派盼子守卫高唐,赵国人就不敢去那捕鱼。我有这些珍宝,足以照耀千里,岂是像你所说的只是照亮前后十二辆车。"魏惠王听了,自觉没趣,哑口无言。可见,齐威王对人才是很重视的。

所以,齐威王当时以勇于改过和善于纳谏闻名于诸侯,他任用邹忌、淳于髡等一帮贤臣,帮助他处理朝政。他还任用军事家孙膑,大量招兵买马,加强军队训练。他不仅知人善任,而且赏罚分明。比如,治理即墨的大夫上任后,威王几乎每天都能听到有臣子说即墨大夫的坏话。但是,他没有听信别人的一面之词,而是派人去调查即墨大人。结果使者到达那里的时候发现,即墨大夫任职所在地物产丰美,百姓安居乐业,到处一片和谐安宁的景象。

周文王

威王明白即墨大夫是个不肯阿谀奉承的好官,不仅没有处罚他,还封他食禄万家。

相反,威王经常听到治理阿地的大夫的好话,他派人去了解情况,才知道那里的百姓生活贫困,民怨载道。并且,赵国攻打齐国的甄城时,阿地的大夫也没前去支援;卫国侵犯齐国的薛陵时,他也一无所知。威王听说后,二话没说,立即下令斩杀了阿地大夫。从此以后,齐国的政治风气大为转变,官吏们各个恪尽职守,再也不敢文过饰非,欺上瞒下了。威王还起兵袭击赵、卫,打败魏国,收复了失去的领土。这些事情,孟子都是有所耳闻的。所以,孟子认为像齐威王这样能够知人善用、爱惜人才,又不偏听偏信,又能自觉改正错误的君主,在他所生活的这样一个时代,是不多见的。而且,自己不是一直都在等待一个这样的机会出现吗?

伯夷避开纣王,居住在北海边上,听说文王兴起来了,便说:"何不到西伯那里去呢?我听说他是一个善于养老的人。"姜太公也避开纣王,居住在东海边上,听说文王兴起来了,便说:"何不到西伯那里去呢?我听说他是一个善于养老的人。"伯夷和姜太公,是当时天下最有声望的两个老人,他们都到西伯那里去了,这就等于说天下的父亲都到西伯那里去了。天下的父亲都去了,那么他们的儿子还有哪里可去呢?所以,如果天下的诸侯中有施行文王那样的政治的,顶多七年,就一定能够掌握天下的政权了。这就是孟子的想法,他认为现在齐国的威王具有高尚的品德,又有招贤的意愿和具体措施,自己现在不去,又待何时?于是,当威王邀请他去齐国讲学时,他便欣然答应了。

(二)稷下讲学

当时,为招揽天下贤士到齐国讲学,齐国国君在都城临淄设立稷下学宫。这是战国时期办学时间最长的一所学府,从创办到结束,经桓公、威王、宣王、襄王、齐王建等六代,历时150年左右,几乎与齐国政权相始终。尤其是齐宣王一向好士,他在位时,邹衍、慎到、田骈、环渊等人都被封为上大夫,参与政事,最盛时

齐宣王

整个稷下学宫几乎会聚了上千人。稷下学宫名为公学,但其实是以各家私学为基础构成的一个教育、学术机构,也是一个智囊团,为齐国出谋划策,以便富国强兵,称霸诸侯,一统天下。

孟轲素来以孔子嫡传自居,经过这十多年的教学实践活动,自信不仅精通儒家学说,而且有所建树和发展。孟轲清醒地认识到,为了实现自己的理想,必须出仕做官。手中无权,怎么能够推行仁政呢?

机会终于来了。齐威王十年,齐国派人来请孟子去齐国讲学。

在孟子的心目中,齐威王是个有为之君,他刚开始执政时不理国政,而当时内忧外患交相侵扰,丧权辱国的形势使他猛然醒悟,于是开始振作精神,选拔贤才,励精图治。

公元前347年秋,孟子带领他的弟子们踏上了周游列国的旅途,首先来到齐都临淄。齐国南有泰山,东有琅琊,西有清河,北有渤海,被称为四塞之国。齐国是东方第一大国,幅员辽阔,人口众多,物产丰富,绵长的海岸线为其提供了渔盐之利,可谓得天独厚。齐都临淄街道宽阔整齐,店铺林立,店内陈列琳琅满目,叫买叫卖声此起彼伏。

孟子师徒一行数十人住在稷下学宫。这是一个藏龙卧虎之地,聚集在这里的多是各国著名的学者,他们都像孟子一样,来这里不是为谋食求生,而是为行道治世。

孟轲初到齐国的一段时间里,几乎天天向齐威王进谏,陈述关于仁政的思想和施行的具体措施。齐威王对孟子的学说早就有所了解,他认为儒家思想确实很有道理,作为一种学说、一门学问进行研究很有必要,但却不能用它来治国,因为不实用。像尊重孔子一样,齐威王十分尊重孟子,敬重他学识渊博,颇有贤名。因此,齐威王对孟子的态度既热情又恭敬,但对他的主张并不热衷。

那时,秦国用商鞅进行改革变法,富国强兵,日渐成为诸侯不敢与之对抗的强国;楚、魏任用吴起,连胜强敌,国势日盛;齐用孙膑、田忌,强兵屯粮,自立于诸侯;苏秦、张仪凭三寸不烂之舌,游说六国,搬弄是非,天下战事接连不断……

孟子注重民生,反对兼并战争,而这时的齐威王正在厉兵秣马,一心要称霸诸侯。孟子主张使民有恒产,从而富民、教民,但齐威王认为齐国的土地有限,多给了农民,地主和贵族

吴起

怎么办？正因为如此，尽管孟轲思维敏捷、口才极好，以能言善辩著称，阐述合情合理，但始终未能改变齐威王的观点。相反，齐威王却在想方设法改变孟轲的观点和主张，以使其成为自己称霸天下的谋臣。于是，齐威王想到了一向口若悬河的淳于髡，或许他可以让孟轲的思想观点有所改变。齐威王召来淳于髡，派他去劝说孟轲。

见淳于髡来访，孟轲热情地接待。宾主二人寒暄之后，淳于髡开门见山地说："男女之间，不亲手递接东西，这是礼制吗？"

孟子答道："是礼制。"

淳于髡说："那么，假如嫂嫂掉到水里，小叔子见了，用手去拉她吗？"

孟子立即回答道："见嫂嫂掉到水里，不去拉她，这简直是豺狼。男女之间不亲手递接，这是正常的礼制；嫂嫂掉到水里，小叔子用手去拉她，这是变通的办法。"

淳于髡紧接着孟子的话问道："现在天下的人都掉到水里了，您不去救援，又是什么缘故呢？"

对于刚才淳于髡猝不及防的问话，孟子这才明白他的真实意图，只见孟子不慌不忙地说："天下的人都掉到水里了，要用'道'去救援；嫂嫂掉到水里了，用手去救她——你难道让我用手去救援天下的人吗？"淳于髡张口结舌，无言以对。

孟子在齐国除了授业讲学、上朝议政之外，也广泛结交各界人士，不失时机地宣传其仁政思想。因此，许多齐国有志青年，慕名而来拜他为师，学习儒家之学。

齐国有一个叫匡章的青年，是将门之后，武艺高强，有万夫不当之勇。匡章曾因与父亲争吵，被父亲逐出家门，并因此背上"不孝"的恶名，从此遭邻里白眼，许多好友也都纷纷疏远他，匡章陷于痛苦之中。匡章久闻孟子大名，于是惴惴不安地来到稷下学宫向孟子请教。经过交谈，孟子觉得，匡章有志有勇，是个可委以重任的人才。匡章决定拜孟子为师，孟子于是收下这个弟子。孟子收匡章为弟子的消息传开后，人们马上改变了对匡章的看法，和匡章亲近的人多了起来。

公元前335年，秦国任命甘茂为帅，借道韩、魏大举进攻齐国。大敌当前，情况紧急，齐威王采纳孟子的建议，任命匡章为将，率师抗击秦军。匡章大获全胜，凯旋而还，齐国上下无不震动。齐威王重赏了匡章，并拜慧眼识将、有举荐之功的孟子为齐国客卿。从此，孟子改变了在齐国不被重用的处境，齐威王愈加重视他的建议和主张。

（三）交于匡章

孟子虽然在齐国没有固定的官职，但这并不影响他与别人交游的热情。他的交友范围异常广阔，择友标准也十分特别，有时候甚至到了连自己的弟子也不能理解的地步。比如孟子的好友匡章在齐国就是个臭名昭著的不孝子，为齐国人所不齿。

匡章本名田章，他武艺高强，有勇有谋，年纪轻轻就得到了齐威王的赏识，成为齐威王的近臣。他出身于齐国的将军世家，从他父亲往上，数代都有功于齐国。他父亲田鲔也以此为傲，曾经教育儿子为人臣子之道，说："想要有利于自身，就得先有利于你的君主；想要自家致富。就得先让你的国家致富。"又说："君主贩卖自己的官职和爵位，臣民贩卖自己的智慧和力量，所以说人人都是靠自己，而不是靠别人的。"后来匡章给自己的父亲提建议，父亲不但不听从，反而因此对他充满嫌恶，并将他赶出了家门。匡章有家归不得，心想这辈子无法再报答父亲的养育之恩了，既然不能侍奉父亲终老，自己又有什么资格享有身为人父的天伦之乐？何况三人成虎，舆论犹如一把无形的利刃般杀人不见血，自己既然已经注定要背上不孝的骂名，又何必再连累妻儿一同受苦呢？于是他只好忍痛将妻儿赶出了家门，一个人远走他乡，直到父亲临终，也没再与父亲见上一面。从此以后，匡章无论走到哪里，都会被别人指指点点，说他不守孝道，因而落了个众叛亲离的下场。可怜匡章在内无法得到父亲的亲近和妻儿的陪伴，在外又因不孝之名而无法得到君王的重用；这一切既不能向外人说明，也得不到别人的理解，他只能独自承受莫大的痛苦和孤独。

幸运的是，匡章得到了孟子的理解和赏识。对国家命运的深切关怀，以天下为公的高尚情操，以及生不逢时、不得重用的苦闷，将二人深深地吸引到了一起。他们每聚一次，便开怀畅饮、促膝而谈，天下、国家、仁政等，无所不谈。孟子的辩才和学识常常令匡章为之折服。匡章的知识面很广，兴趣广泛，学习能力强，精通六艺。孟子每每与之交流，也感到获益匪浅。

有一次，他们谈论关于廉洁的问题。匡章问孟子："陈仲子难道不是个廉洁的士人吗？他住在於陵的时候，三天没有吃东西。饿得耳朵听不见，眼睛看不着。井上有个李子，已经被金龟子吃了大半，他爬过去，拿来吃下，咽了几口，耳朵才听得见了，眼睛才看得着了。"

孟子不以为然，辩驳道："在齐国的士人中，我一定把陈仲子当作大拇指。尽管这样,他怎么能算作廉洁呢?要推广仲子的所作所为,那只有把人变成蚯蚓之后才能办到。蚯蚓,在地上就吃干土,在地下就饮黄泉,真是廉洁之至,无求于人。仲子还不能和它相比,为什么呢?仲子所住的房屋,是像伯夷那样廉洁的人所建筑的呢?还是像盗跖那样的强盗所建筑的呢?他所吃的谷米,是像伯夷那样廉洁的人所种植的呢?还是像盗跖那样的强盗种植的呢?这个还不知道呢。"

匡章说:"这有什么关系呢?那些都是他亲自编织草鞋和他妻子绩麻编麻换来的。"

孟子说:"仲子是齐国的宗族大家,享有世代相传的禄田。他哥哥陈戴从盖邑收来的俸禄就有几万石之多。他把他哥哥的俸禄看作不义之物,因而不去吃;把他哥哥的房屋看作不义之产,因而不去住。仲子避开哥哥,离开母亲,住在於陵那个地方。有一天回家,恰巧有个人送给他哥哥一只活鹅,仲子就皱着眉头说:'要这种呃呃叫的东西做什么呢?'过了些日子,仲子的母亲杀了这只鹅,给他吃了。恰巧他的哥哥从外面回来,便说:'这就是那呃呃叫的东西的肉啊。'仲子一听,赶紧跑出门去,把刚才吃的东西吐了出来。母亲的食物不吃,却吃妻子的;哥哥的房屋不住,於陵的房子就住,这还能算是推广廉洁之义而到了顶点吗?像仲子这样的行为如果推广到顶点,只有把人变成蚯蚓之后才能办到。"

匡章听了,对孟子的辩才佩服不已,于是更加亲近孟子。孟子的弟子公都子看到老师和匡章交情甚好,甚至尊称匡章为章子,就迷惑不解地对孟子说道:"匡章这个人,全国都说他不孝,先生和他交往,而且对他礼敬有加,请问,这是为什么呢?"

孟子见弟子发问,耐心地解释道:"世俗所谓的不孝有五种:四肢懒惰,不管父母的生活,一不孝;喜欢赌博、喝酒,不管父母的生活,二不孝;喜欢钱财,偏爱妻子儿女,不管父母的生活,三不孝;放纵耳目的欲望,使父母因此蒙受耻辱,四不孝;逞勇好斗,危及父母,五不孝。章子可有其中的一种吗?章子呀,不过是父子之间以善相责而不能好好相处。以善相责,是朋友相处的道理。父子之间以善相责,是最伤感情的。章子难道不想有夫妻母子的团聚?因为得罪了父亲,不能和他亲近,所以把妻子儿女赶出门,终身不养育他们。他心想如果不是这样,那罪过就更大了,这就是章子呀!"

由此可见,孟子重视个人意志,轻视世俗观念,这种特立独行的精神面貌在当时是多么可贵啊!

在孟子的熏陶之下,匡章不再陷于流言蜚语的旋涡中难以自拔,而是沉下心来提高自我的修养和能力,待在齐威王身边等待实现抱负的机会。即使后来孟子离开了齐国,他依然没有忘记孟子当年的教诲。功夫不负有心人,最终,匡章的努力没有白费,时隔数年,他终于赢得了齐威王的信任和重用。

齐威王末年(公元前320年),秦军要借道韩、魏去攻打齐国,齐威王派章子为将应战。章子与秦军对阵,军使来往频繁,章子把军旗换成秦军军旗的式样,然后派部分将士混入秦军。这时齐国探兵回来报告说章子率齐降秦,齐威王听了之后没什么反应。不一会儿,又一个探兵来报告,说章子已经率齐军降秦,齐威王听了之后仍然没什么反应。又过了一会儿,又一个探兵来报告,说章子确实已经率齐军降秦,可是威王仍然没什么反应。如此经过几次报告,一个朝臣终于听不下去了,就请求威王说:"都说章子打了败仗,报告的人虽然不同,可是内容却相同。大王为何不遣将发兵攻打他?"齐威王回答说:"章子绝对不会背叛寡人,这是很显然的,为什么要派兵去攻打他呢?"

就在这个时候,前方战线传来捷报,齐军大获全胜,秦军大败溃退,秦惠王只好自称西藩之臣,而派特使向齐国谢罪请和。齐威王的左右侍臣就说:"大王怎么知道章子绝对不降秦呢?"齐威王回答说:"章子的母亲启,由于得罪他的父亲,就被他的父亲杀死埋在马棚下,当寡人任命章子为将军时,寡人曾勉励他说:'将军的能力很强,过几天率领全部军队回来时,一定要改葬将军的母亲。'当时章子说:'臣并非不能改葬先母,只因臣的先母得罪先父,而臣父不允许臣改葬。假如臣得不到父亲的允许而改葬母亲,岂不是等于背弃亡父的在天之灵。所以臣才不敢为亡母改葬。'由此可见,作为人子尚不敢欺辱死去的父亲,难道他作为人臣还能欺辱活着的君王吗?"

(四)慨然离齐

威王虽然时常向孟子请教为君之道,对他也很礼遇,但就是不采纳孟子的仁政主张。而这些,孟子也是知道的,只是他一直没有放弃。他就像一个斗士,打倒了,爬起来,然后继续战斗。他希望通过自己孜孜不倦地努力打动威王,让威王放弃称霸,施行仁政,让百姓切实享受到幸福安乐的生活。可是现实是残酷的,来齐国这么长时间了,威王却始终没有改变想法。也许孟子的学说只是他生活中的调味品,战争的残酷让威王觉得不堪忍受,希望适时地调节一下他那颗冰封已久的冷漠的心,但他最终还是抛弃调味品,坚持他的本性。随着年龄的增长,随着希望一次次被无情地摧毁,孟子那颗劝说威王的心,也慢慢地冷了下来。特别是接下来的事情,让孟子心灰意冷,更让他觉得在齐威王这里施行仁政无疑是天方夜谭。

在孟子生活的战国中期,诸侯相继称王,这些称王的国家,除了宋和中山两国外,都是万乘大国,他们的势力与周王室相当。这些大国原本是西周王室的诸侯,有的甚至是诸侯国中的卿大夫,比如三家分晋的韩、赵、魏。他们是在不断地吞并小国的基础上,逐渐发展起来的。较强大的国家为了扩张领土,发展势力,逐步吞并一些较小的国家,较小的国家为了自身的生死存亡,就互相联合起来抵抗较大的国家。当时,秦国是当时最大的国家。剩下各国在苏秦的主持下,于洹水(今河南安阳境内)举行会盟,定下了"合纵抗秦"之策。

苏秦和孙膑、庞涓、张仪等人,同为鬼谷子的弟子。庞涓与孙膑结为兄弟,二人一同学习兵法;苏秦与张仪结为兄弟,二人一起学习游说。苏秦从师父那里学满下山后,便游走于赵、燕、齐、楚、魏、韩六国之间,希望六国联合,共同抗秦。盟会上,六国的君主歃血为盟,苏秦担任"纵约长",掌管六国相印。赵肃侯为约主,齐国是东方的第一大国,所以是二把手。回国后,齐威王大宴群臣,骄傲地讲述着齐国在盟会上的赫赫声威,声明要振兴齐国,恢复桓公时的荣耀。孟子当然也被邀请来参加此次的盛宴。宴会上,威王特意向孟子请教对这件事的看法。

宴会是热闹的,可孟子的心却是彻底凉了。威王本以为孟子会夸赞齐国的荣耀,没想到孟子并没有顺着他的意思,而是毫不客气地说道:"五霸是三王的罪人,当今的诸侯是五霸的罪人,当今的大夫是当今诸侯的罪人。天子巡行诸侯国叫巡狩,诸侯国朝见天子叫述职。天子巡狩,春天视察耕种,以此来补救经费的不足;秋天视察丰收的情况,接济那些不能自给自足的人。所到的国家如果开辟土地,精耕细作,养老尊贤,俊杰在位,那么就有赏赐,赏给他们土地。所到的国家,如果土地荒芜,遗老失贤,聚敛之徒在位,那么就要责罚。诸侯述职,如果一次不朝见,就被削去爵位;两次不朝见,就被削去土地;三次不朝见,就发动六师征讨。天子用兵叫讨,诸侯用兵叫伐。五霸挟持部分诸侯征讨另一部分诸侯,所以五霸是三王的罪人。五霸之中,桓公时期是最繁盛的,葵丘会盟,捆绑了牺牲,将盟约放在上面,坚信诸侯不敢违背盟约,没有歃血为盟。盟约一共有五条,一是诛杀或者责罚不孝的人,不得废立太子,不得立妾为妻;二是尊重贤人,广育英才,表彰有德行的人;三是敬老爱幼,不怠慢宾客、旅者;四是士不能世袭官职,不得兼摄官事,录用士子要得当,不得独断专行地杀戮大夫;五是不滥设堤防,不禁邻国的粮食,封赏的事情要告知盟主。盟约最后说,凡是我盟会中的人,既然结盟,就要重归于好。如今的诸侯,都违反了这五条禁令,所以说,如今的诸侯是五霸的罪人。助长君主的恶行,罪名还小;逢迎君主的恶行,并为其找到理论根据,使君主无所忌惮,那么罪行就大了。如今的大夫,都逢迎君主的恶行,所以说,如今的大夫都是诸侯的罪人。"从君主到大夫,孟子都批评了一番,惹得他们很不愉快。他们听了孟子的批评后,有的瞪大双眼,有的面目狰狞,有的咬牙切齿,但是他们都不敢发作,大家的目光全都集中在威王身上,看他如何处置。只见威王微微一笑,笑得那么坦然,他并没有被孟子的话激怒,显示了作为一个大国君主应有的气度,这是很不容易的。

这次陪孟子赴宴的是公孙丑,宴会上夫子抨击时弊的一番言论着实让他为夫子提心吊胆。回到稷下学宫后,公孙丑问夫子为什么会有那么大的胆量,难道不怕威王处置他。孟子笑了笑,说道:"向诸侯进谏就要藐视他们,千万不要将他们巍巍然的形象放在心中。当今天下的诸侯,他们的殿堂高数仞,屋檐高数尺,菜肴满桌,妻妾成群,随时饮酒作乐,到处田猎,随从数千人。如果我有一天得志了,绝不像他们那样! 他们的所作所为,都是我不会做的;我的所作所为,都符合古代的制度,我为什么要惧怕他们呢?"

这次宴会后,威王并没有因此而怠慢了孟子,他依旧像平常那样时常召孟子进宫,有时请教问题,有时闲谈聊天,有时探讨学问,但对孟子的仁政只字不提。而此时的孟子也已经清醒地认识到威王只是打着仁政的幌子,显示其仁义的一面,而私底下行的却是恶行。抑或是待他当作一本百科全书,遇到什么疑难问题,可以随时提问请教。用不着了,就丢弃了。所以,孟子意识到自己的仁政理想在齐国是实现不了了,内心的希望一下子破灭了,这对孟子来说是个莫大的打击。之后威王召见孟子,孟子便不再极力向他宣传仁政了。他经常一个人在房里抚琴自叹,愁眉不展。

不久,齐国发生了战乱,稷下学宫也因此衰败了,很多夫子纷纷离去,孟子本来就为威王不愿施行仁政,而早想离开,可是当时母亲年迈,只好作罢。现在稷下学宫衰落,他就更没有理由留下了。

魏国此时执政的是魏惠王,他的一生也是波折不断。魏惠王多次对外用兵,可是屡屡战败,国力也因此日渐衰弱。开始他以庞涓为将攻打赵国,赵国向齐国求救,齐国以田忌为大将,用孙膑之计大败魏军于桂陵;后来,魏惠王又派太子申为上将军,庞涓为大将征伐韩国,齐国还是用田忌为大将,孙膑为军师,将魏军围在马陵,庞涓自杀,太子申被俘,此次一战,对魏国来说是个严重的打击;后来,商鞅攻打魏国,设计俘虏了公子卬,魏惠王为躲避秦国的祸患,只好把都城由安邑迁到了大梁,所以魏惠王又叫梁惠王;再后来,秦国再次攻打魏国,俘虏了魏国的大将龙贾,斩杀了魏军八万余人。虽然屡次失败,但魏惠王依然斗志昂扬,他不能忍受强国欺凌之辱。因此,他不惜厚币卑礼招募天下有识之士,原来稷下学宫的不少学者都去了魏国。所以,孟子也决定去魏国。

齐威王听说孟子要离开齐国,感念多年来孟子的教导,便赠送他一百镒(古时一镒为一金,镒为二十两),可是孟子拒绝了。后来,弟子问孟子为何不接受威王馈赠,孟子说:"齐国没有什么理由赠送金钱给我,没有理由却要送我一些金钱,这就等于用钱收买我,哪有君子可以被金钱收买的呢?"说着,他和弟子们踏上了新的漂泊之旅。

七、厚葬慈母

(一)母慈子孝

孟子来到齐国之后几年便安顿好了自己,并将母亲和妻子接来齐国居住,组成了一个美满幸福的家庭。知子者莫若母,孟母了解儿子的理想与追求,儿子正朝着自己伟大的事业前进,沿着孔子指引的道路跋涉,她心中感到无限的欣慰。正因为她理解儿子的处境和心迹,所以尽量不给他增加负担:布衣布袍可以防寒取暖就可以了,粗茶淡饭可以吃饱就好了。孟母一生历经坎坷的道路,过惯了艰难的生活,在物质享受上什么也不追求,她含辛茹苦地把孟子抚养长大,只求他能够将平生所学经世致用。如今儿子正在朝这个方向努力,她还有什么要求的呢。

孟子对母亲自然是十二万分的孝顺,这不仅因为他对孔子"孝义"的思想一脉相承,认为"孝道"是天下最基本的道义,也因为他自幼年丧父,只得母教,因此深感母亲的养育教诲恩情如海般博大。孟子也是竭尽所能供养母亲,不管吃穿住用行如何丰盛,孟子一生都不曾悖逆过母亲的意思。孔子说"色难",无论怎样烦恼痛苦,无论怎样焦虑忧心,在母亲面前,孟子总是和颜悦色,说话从来都是轻声慢语,不敢让她老人家担心。

(二) 拥楹而叹

这天，公孙丑陪孟子去赴宴，在宴会上，齐国大小诸臣都在，齐威王更是盛装出席。本来是一片欢乐祥和的气氛。但是孟子性格过于直率，在喜庆的国宴上，竟然非议当今的一切，大扫齐威王与群臣的兴致。他抨击时弊，言论间把从国君到大夫的人都批评了一通，一时间宴会厅里弥漫着剑拔弩张的气氛，那些大臣一个个怒目圆睁，呼吸急促，有的甚至将双拳攥得紧紧，随时都可能造成不可收拾的局面。公孙丑为老师担心，更是提心吊胆，捏一把汗。威王却只是微笑。他是得意的，得意自己霸业有成。他自满于齐国于盟坛之上出人头地的身份和地位。当然，他对孟子的说法根本不屑一顾，轻蔑视之，在他看来，孟子不识时务，迂腐不堪，只能作为闲聊时候的调味。回到稷下学宫，孟子有感于齐威王的态度，隐隐约约觉得自己在齐国很难有发展。

虽然此后的时间，威王依旧常常召孟子进宫，或闲谈聊天，或请教疑难，或切磋知识学问，或讨计问策，但却终不肯行仁政。天长日久，孟子渐渐坚定了自己的想法，认识到齐威王是把他当成了一件稀罕物件。威王虽然与他谈苛政、谈聚敛、谈称霸，谈腻了，似乎也需要谈点仁义之类的东西。犹如大鱼大肉吃厌了，也需要吃点清淡食品换换新鲜。要不就是把他当成了装饰品，用他来装点那尊贤重贤、好仁乐义的门面，以掩人耳目。遇有疑难的时候，就求救于孟子的丰富知识，利用起来解决实际问题；没有事情的时候，就把孟子当作普通人对待，根本没有执行仁政的意愿。

每每想到这里，孟子的心里就浮动着阴影。这阴影，随着时日增加不断弥漫，不断扩大，将他紧紧缠绕包裹，变成了一块心病。孟子心灰意冷，希望破灭了。他逐渐意识到齐国非久留之地，是到了应该离去的时候了。

尤其是回到家中，见过母亲，孟子想到自己有负母亲的重托，未能完成大业，更是心急如焚。但是作为孝子，他不能让母亲担心啊，因此他尽量不露半点声色，在母亲看不到的地方，他却心神不宁，坐立不安，好似热锅上的蚂蚁。"半百之人了，犹如薄山之日，还能有多少残光余热呢？奋斗了几十个春秋，不曾有半点建树造福于苍生黎民，回想起来不禁伤情。"

从此孟子很少出门，每每在室内长吁短叹，母亲问过几次，他总推说身体不适，将实情瞒过。

一日,他误认为母亲外出,家中无人,思前想后,竟抚楹而长叹。母亲闻声,突然出现在他的面前,追问原因,他再也无法掩饰了,只好吐露了真情,说道:"母亲,儿子曾经听说过这样的说法:'作为一个有理想的君子,能够实现自己的抱负就接受官职,不能够为了求取一点赏赐就把自己的理想丢到一边去,委曲求全,用自身抱负换取荣华富贵和官爵厚禄。如果国君不接受你的劝谏,就不要做他的大臣;表面接受了你的规劝实际上却不付诸实施,也不要和他共商大事。'现在我的仁政理想在齐国不被接受,实在不愿意委曲求全。若要离开齐国,又担心您老人家的身体,吃不消这舟车劳顿。如此一来很是矛盾,百思不得其解,所以在这里长吁短叹。"

(三)劝孟去齐

孟母深明大义,听到这里,虽然她知道世上的任何一种主张、一种学说、一项伟大的事业,均非一人一世所能够完成和实现,需要无数代人为之奋斗和牺牲,而且清醒地意识到,儿子的仁政主张,颇具理想主义的色彩,在诸侯纷争的战国时代,是难以实现的。但是这种见解她从未向儿子透露过,为的就是不使他泄气,使这项事业能够在儿子手中传递下去。

此时,孟母整了整衣冠,正色对儿子说:"我作为一个女子,在礼节德行上也就是忙忙家中的事务。女子自古有三从四德,现在儿子你已经年过半百,我也已经老了。你不但是一家之主,而且你走的是大丈夫应该走的仁义大道,母亲当然肯定你跟随你。即使因为这样使得生活有颠沛流离之苦,也是我应该同你一起承担的。所以你一定不要为了我的原因而迟疑不决,尽管决定去做自己的事情吧。我也会全力支持你离齐而去,寻求更合适的诸侯国实现抱负,千万不要以我年老为由耽误了你的大事。"

话虽这么说,可是孟母年事已高,怎能再随儿子颠沛流离?所以孟子思前想后,慎而又慎,未能轻易离齐。

紧接着,孟母就病倒了,这一下就没有起来了。

在齐大约住了有两年的时间,孟母去世,孟子打算离开齐国归去葬母。

(四)守丧三年

孟母仙逝,结束了艰辛的人生旅途,给中国造就了一位文化伟人。孟子含恨接受母亲离世的事实,悲痛欲绝,肝肠寸断。

孟子哭泣尽哀之后,决定离齐归鲁厚葬母亲。

父亲去世的时候,孟子尚在幼年,家境又清贫如水,只好草草殡葬,给他自己留下了终生的遗恨。如今的情形不同了,自己有了一定的收入,可以按卿大夫之礼安葬慈母。虽说仁政之道尚不能施行于世,但自己毕竟已成为一位有学问的人物,在诸侯各国均有些影响。而这一切,全是母亲给的,母亲不仅给了自己七尺之躯,还给了自己智慧与美德,给自己指出了前进的方向和路径,她自己却在这一过程中衰老,心血耗干。孟子决定,倾其所有,厚葬慈母恩亲,否则便无法报答母亲比大海还深的恩情。他派人到楚地去购置精帛锦绣,为母亲缝制衣衾;购置紫楠红檀,为母亲制作棺椁;由弟子充虞监督葬礼。

孟子特别重视父母的丧事,以前父亲去世的早,他并没有机会尽尽孝道,而母亲在乱世之中艰辛地养育他,不知道吃了多少苦头;更难得的是母亲如此深明大义、知理明道,因此孟子决心用自己能力所及的最大限度来操办母亲的丧事。

"行卿大夫之丧礼,棺厚七寸,椁厚与之相称;祭祀用五鼎——羊一,豕二,肤(切肉)三,鱼四,腊五。以灵车载棺椁行于前,以驷乘载送葬者从于后,浩浩荡荡,凄凄惨惨,归葬于鲁。"

孟子说出了,也做到了,厚葬了母亲。而且孟子在葬母时为了报答母亲养育教诲,自刻了一尊石像为母亲殉葬。可见孟子真正衷心敬爱自己的母亲啊。

埋葬完母亲之后,作为儒家信徒,坚守孝道的孟子坚持为母亲守孝三年。虽然孟子立志要游说诸侯实行仁政救万民于水火之中,三年的时间实在是太长,但是为了挽回连年战争所造成的"礼崩乐坏"的局面,弘扬儒家"孝悌"之深意,孟子还是身体力行,用实际行动为世人做出了"孝"的榜样。

八、漂泊宋滕

(一)游宋论政

孟子在去魏国的路上,听说宋国的君主偃想要实行王道,孟子灵机一动,决定先去宋国看看,说不定自己的仁政学说可以为宋王所接受。再者,从临淄到魏国途中必须经过宋国的都城彭城。如果在宋国不能实现自己的理想,也可以继续去魏国。

孟子临时改变主意,这让弟子们很是惊讶。毕竟,宋国在他们看来。就是个芝麻大点的国家,常常受别国欺凌。即使宋国施行仁政,对于天下大势也没有什么特别大的影响,也不能够改变天下的局势。而且如果在宋国施行仁政,以王道统一天下,以宋国的国力,必将十分困难,甚至会招致别国侵犯。所以,弟子万章在途中将此顾虑告诉孟子,说:"宋国是个小小的国家,如果他推行仁政,齐楚两国因此而攻打它,那将会怎么样呢?"孟子回答说:"不施行仁政就罢了,如果施行仁政,四海的百姓都会抬头望着他,那么齐、楚两国又有什么好怕的呢?"孟子又接着说:"以前,商汤住在亳地时,与葛国为邻。葛国君主放纵无道,不守礼法,也不祭祀鬼神。商汤派人去问:'为什么不祭祀?'葛君回答说:'没有牛羊做牺牲品。'商汤便派人给他送去牛羊。葛君把牛羊吃了,可仍然不祭祀。商汤又派人去问:'为什么不祭祀?'葛君说:'没有五谷做祭祀物。'商汤于是又派遣自己的百姓,带着农具去替他们耕种,并让老弱者给耕种的人送饭。葛君不但不感激,反而带着他的百姓去拦截送饭者的酒肉饭菜,凡是交不出来的,便统统杀掉。有一个十多岁的小孩去送饭,葛君竟然也把他杀掉,抢去了他篮子里的食物。葛君倒行逆施,弄得民怨沸腾,商汤于是起兵伐葛,为这个被杀的小孩报仇。所以,天下人都说:'商汤不是贪图天下财富,而是为百姓报仇。'

"商汤征伐,从一开始到最后,总共征伐了十一次,所到之处,无不民心所向。百姓纷纷说道:'商汤为什么不先打到我们这里呢?'天下的百姓盼望商汤就像盼望久旱的甘霖一样,商汤所到之处,就如天降甘霖一般,百姓们欢腾雀跃。周王伐攸国,遇到的情形也是这样的。他也是杀掉残害百姓的暴君,救民于水火之中,百姓用箪食壶浆迎接周的士卒。因此,施行仁政,天下人都会翘首企盼,拥护他为王。这样的话,即使齐国、楚国再怎么强大,又有什么好怕的呢?"孟子对"仁者无敌"的坚定信念,使他对宋国国君充满了希望。

周显王四十二年(公元前327年),孟子和弟子们来到了宋都彭城,只见彭城一派萧条的景象:残破的城墙,狭窄的街道,店铺也很稀少,路上行人衣衫褴褛,面带饥色。弟子们看到如此景象,心中不觉凉了大半儿。可孟子并不这样想,彭城的衰败景象没有浇灭孟子心中的理想。他心中所想的是百姓的疾苦,看到百姓生活如此艰难,孟子心中多有不忍。他对宋偃王多多少少有些了解,据他所知,宋偃王在位十五年,期间一直都存在着内忧外患的问题。但是他依然有奋斗之心,纵观天下大势,要走向富强,无非两条道路,一条是儒家的仁政学说,一条是法家的强权。对于宋国这样一个小国家,民不富裕,国不富强,兵力与大国相比,更是相差甚远。所以,宋偃王决定选择儒家的治国方案。

孟子来到宋国,首先拜访了宋国的大臣戴不胜,了解到宋偃王在年轻时贪酒好色,身边都是些奸邪之人。戴不胜向孟子坦言了宋国目前的情况,并向他介绍了薛居州的情况,薛居州一向看不惯戴盈之的行为,后来一气之下便隐居山林。戴不胜希望孟子能劝说薛居州出山,辅佐宋偃王。倘若薛居州肯出山,那么宋国施行仁政便有了希望。孟子听了之后,并没有急于答应,而是对戴不胜讲了个故事,他说:"有一个楚国大夫,想要他的儿子学说齐国话,便请来一位齐国的老师教他。孩子本来生活在楚国,周围全是楚国人,都说楚国话。即使每天鞭打他,逼他说齐国话,也未能如愿。后来,这位楚国大夫将孩子送到齐国都城临淄的闹市里居住了三年,然后再鞭打他,让他再说楚国话,同样也是办不到的。"讲完故事,孟子继续说道:"在君主身边的人,如果老的、少的、尊的、卑的都像薛居州那样,那么君主会同谁一起做坏事呢?反之,君主身边的人,如果老的、少的、尊的、卑的都不像薛居州那样,那么国君会同谁一起做好事呢?"孟子马上又说道:"如今朝野上下,都是一些结党营私之人,贤臣寥寥无几,只有一个薛居州,又怎么能改变宋国的命运呢?"孟子的意思是靠一两个薛居州那样的仁人志士,不足以影响君主,只有获得多数人的支持,仁政才能实现。

宋偃王知道孟子前来,真是大喜过望。孟子的大名,宋偃王是知道的,像宋国这样一个贫穷的小国家,能吸引孟子前来,宋偃王自然十分欣喜。所以,孟子和弟子们一来到彭城,宋偃王就急忙设宴款待他们。宋偃王迫不及待地向孟子请教为君之道,孟子也耐心地向他讲解,他们秉烛而谈,仍然不觉得劳累,二人都有一种相见恨晚之感。

然而,即便宋偃王再怎么一腔热忱也是无用的,因为宋国的实权掌握在大夫戴盈之的手里,宋偃王只不过是个傀儡。这个戴盈之工于心计,笑里藏刀,在朝廷里培养了一大批心腹,不仅监视宋偃王的日常行程,还左右朝政。朝中的大臣没有一个不畏惧他,就连宋偃王对他也是礼让三分。所以,孟子如果要施行仁政,与其说需要得到宋偃王的首肯,不如说需要得到戴盈之的首肯。戴盈之虽然飞扬跋扈,狐假虎威,但是碍于宋偃王的面子,不敢明目张胆地反对一国之君。所以,他表面上对孟子还是很客气的。在施行仁政的过程中,他也积极响应,上下奔走,从中协助。宋偃王心中虽然有忧虑,但也不得不将此事交给他处理。

一日,戴盈之受宋偃王所托,前来与孟子探讨仁政的相关内容和措施。孟子虽然知道戴盈之是个笑里藏刀的人,但是基于他的性善论,他认为可以将戴盈之失去的善性找回来,所以,对他也就不再求全责备了。在施行仁政的具体措施中,一个重要的内容就是"取民于有制",降低人民的赋税,减轻人民的负担,进而得到人民的拥护。戴盈之听了,表面上很肯定这种主张,但是转眼间,他就露出了自私的本性,说道:"税率十分之一,免除关卡和商品的赋税,以目前宋国的情况看,今年还办不到。可以先减轻一些,明年再这样做行吗?"孟子见他面有难色,坚决地说道:"现在有个人每天都偷邻居家一只鸡,有人跟他说:'这是不正派的人干的。'那人却说:'那么减少一点,现在每个月偷一只,等到明年,就不再偷了。'所以说,如果这种行为是不对的,马上停止就行了,何必要等到明年呢?"戴盈之听了,哑口无言,虽然他心里很恼怒,但表面上还是强作欢笑。

这次与戴盈之的交锋过后,孟子知道自己的仁政理想又要破灭了。宋偃王自己不能做主,一切事情都要听戴盈之的。所以,只要有戴盈之这样的人存在,宋国想要施行仁政,那就是一句空话。孟子和弟子不得不离开宋国,继续追求他的仁政梦想。临走时,宋偃王送给孟子七十镒,孟子接受了。

(二)受赠于薛

孟子带着弟子离开宋国向魏国赶去,途中收到邹国国君的来信。原来邹穆公请孟子赶快回国,商量使邹富强的大事。信中言辞恳切,情感真挚。孟子忽然意识到,自己离开故国已经好多年了。想当初自己离开邹国时,邹国是个很弱小的国家,经常受到大国的威胁,时有被兼并的危险,而且国内的君民关系也比较紧张,根本没有精力施行仁政。而且,那时齐国正好广招天下贤人,设立稷下学宫,自己只好应齐国邀请去讲学。可如今多少年过去了,自己依然一事无成,如今故国不弃前来招回,当然没有不回的道理。而且,没有哪一个游子是不思念家乡的,孟子离家多年,也想回去看看。于是,他和弟子们便调转方向,向邹国前进。

其实邹穆公请孟子回国,是因为鲁国多次派兵前来滋扰国力薄弱的邹国。而国中,有的人主张议和,有的人主张应战,邹穆公一时不知道如何是好。一日,突然想起本国著名的孟子来,这才写信请孟子回国,商议对策。

时值春夏之交,孟子和弟子们行到薛地的时候,不料阴雨绵绵,一直下个不停,河水因此上涨。孟子和弟子们无法前行,只好在薛地住了下来,等情况好些了再走。薛地(今山东滕县东南)是齐国孟尝君田文的父亲郭靖君田婴的封邑,田婴是齐威王的儿子,他有一次去齐国时,正好孟子也在临淄,二人交往甚密。田婴宴请天下有识之士,孟子应邀前往,席间田婴向薛地邑宰崇义武介绍了孟子的学问和修养,崇义武对孟子十分敬佩,只是苦于不便,二人并没有什么交谈。如今,孟子不请自来,崇义武很是惊奇,不过更多的是欣喜。他按地主之谊招待了孟子及其弟子,两人一见面,便相谈甚欢。他们一起郊游,一起探讨学问,不知不觉,在此已经住了大半个月了。

一日黄昏,崇义武带领一班武将匆匆赶到孟子师徒下榻的馆舍,告诉孟子一个不好的消息。城外有一队来路不明的武士,正埋伏在隐蔽处,今晚想进城来围攻馆舍,要结果孟子师徒的性命。在这万分危急的时刻,崇义武果断地采取了三项措施:第一,馈赠孟子黄金五十镒,供他们离开薛城后置办兵器,以作戒备;第二,崇义武亲自率领精锐将士护送孟子师徒离开薛地,脱离险境;第三,孟子师徒全都易服改装,将衣冠留下,以便薛地的将士扮成孟子师徒的模样,依然住在馆舍,馆舍外埋伏重兵,待歹徒们闯入馆舍后,聚而歼之。

在崇义武的帮助下,孟子平安地离开了薛地,往邹国行去。到后来,孟子才收到崇义武的消息说歹徒是戴盈之派来的,没想到自己在宋国竟然惹出这么大的麻烦。

在由齐到宋再到薛再至邹的过程中,孟子共有三次接受他人馈赠金钱的经历。第一次是齐威王赠金一百镒,第二次是宋国君主偃赠金七十镒,第三次是崇义武赠金五十镒。第一次,孟子没有接受,后两次都接受了。对于此事,弟子陈臻感到不解,于是对孟子说:"如果不接受是正确的,那接受就是错误的;如果接受是正确的,那不接受就是错误的。夫子只能二者选其一。"孟子认为二者都是正确的,所以断然地说道:"在宋国的时候,我将要远行,对于将要远行的人,一定要送些盘缠,所以,临走时那人说:'送一点盘缠。'我为什么不接受呢?在薛地的时候,我知道日后途中会有危险,需要戒备一下,因此,临走时那人说:'听说你要戒备一下。'所以是因为戒备危险而赠金给我,我为什么不接受呢?而在齐国就没有这种情况了,没有什么理由赠金给我,就是收买我。哪有君子能被收买的呢?所以不接受。"

(三)困居于邹

公元前325年,孟子和弟子们回到了阔别已久的故乡。踏上邹国土地的那一刻,孟子不禁流下了眼泪。那激动的眼泪背后蕴藏着的是一种思念的情怀。看着昔日跟前熟悉的景物如今早已是物是人非,往日的长辈们都已故去,幼小学宫里的伙伴也大都四散他乡。

孟子回来了,而邹鲁之间的战争早已爆发,鲁国大败邹国,邹国因此变得更加贫穷,更加弱小了。有一次,邹穆公对孟子谈到这件事,很气愤地说道:"这次两国冲突,官兵死伤很多,老百姓却不出手相助。杀了他们,又杀不了那么多;不杀,可是他们眼看着官兵被杀却不营救,实在是可恨。您说,我该怎么办才好?"孟子听了邹穆公的话,不觉心惊胆寒,冷笑道:"堂堂一国之君,竟然不知明辨是非,岂不可笑。"邹穆公感到有些莫名其妙,马上变了脸色,问道:"夫子为什么这么说?"孟子回答道:"大王的仓库里装满了粮食,府库里装满了金银珠宝,可以说是很富裕的。而你的百姓却上不能赡养父母,下不能顾全妻儿。每到灾荒之年,年老体弱的就被弃尸于山沟荒野,年轻力壮的就抛弃妻子,背井离乡,四处逃荒。而达官贵人们却依然整日花天酒地,挥金如土。他们为什么不向大王报告灾情,以便于开仓赈粮,救民于水火呢? 这就是在上位的人不关心老百姓。"孟子实在是气愤极了,喘口气继续说道:"曾子曾经说:'提高警惕,提高警惕! 你怎么去对待人家,人家就会怎样回报你。'百姓饱受官吏之苦,如今终于有了报复的机会,他们又怎么会舍身相救呢? 所以,大王您就别再责怪百姓了,真正顽固、愚蠢的不是他们。如果大王能够施行仁政,你的百姓自然就会拥护他们的上级,情愿为他们的上级赴汤蹈火。"

邹穆公没想到孟子如此直率,竟然当面指责国君的不是。后来,二人又交谈过几次,可每次交谈,孟子总是直截了当地指责邹穆公,批评他的为政之道。虽然我们常说"忠言逆耳利于行",但并不是每个人都能虚心接受别人的批评,一般人也许都做不到,身为堂堂一国之君的邹穆公就更不能忍受如此难堪了,久而久之,对孟子也就冷淡了。本来想请孟子回来帮助他富强邹国,没想到二人总是话不投机。慢慢地,邹穆公便停止了对孟子师生的馈赠。

其实,孟子回到邹国后一直靠别人馈赠度日,生活很困窘,但孟子并不因生活贫穷而屈身去拜见诸侯,有的弟子认为孟子这是拘泥小节。弟子陈代对孟子说:"诸侯不招而不往,固然不屈小节,但不可能有什么成就;诸侯未招而往,虽屈小节,但可以成就大业。如今谒见诸侯,大则可以实行仁政,统一天下,小则可以改革局面,称霸诸侯。而且《志》上说:'所屈折的譬如只有一尺,而所伸直的却有八尺了',似乎是可以做的了。"

孟子不同意这种功利至上的立身处世之道，于是跟陈代讲了两个故事，说："从前，齐景公田猎，用有羽毛装饰的旌旗来召唤猎场的管理员。管理员不去，景公便准备杀他。可是他并不因此而畏惧，因为有识之士不怕弃尸山沟，勇敢的人不怕掉脑袋。孔子对于这一猎场管理员，称许他的哪一点呢？就是称许他不是自己所应该接受的召唤之礼，他硬是不去。假定我竟不等待诸侯的召唤便去，那又是怎样的呢？你说所屈折的只有一尺，所伸直的却有八尺，这完全是从利的角度来考虑的。如果专从利益的角度来考虑，那么所屈折的有八尺，所伸直的却只有一尺，也有利益，也可以做一做。

"晋国赵简子命令王良为他的宠臣奚驾车去打猎，一整天都没射到一只猎物。奚向赵简子说：'王良是个拙劣的车夫。'有人把这话告诉了王良，王良说：'请再来一次。'结果那天，一个早上就打了十几只猎物。奚又对赵简子说：'王良是个高明的车夫。'赵简子再派王良做奚的车夫，王良不肯，说道：'我按照规矩驾车，他一整天都打不到一只猎物；我违规驾车，他一早上便打了十几只。他是一个小人，我不愿为小人驾车，请求辞职。'车夫尚且知道不与违道的射手合作，即使跟他合作，可能会得到堆积如山的猎物。我们枉道去谒见诸侯，岂不是连车夫都不如？"陈代这才知道老师为什么不愿主动谒见诸侯。

针对这种情况，陈臻问孟子是不是君主不请，便不做官呢？孟子回答说："就职的情况有三种，离职的情况也有三种。前两种取决于君主礼贤的态度，后一种则取决于君子自己的生活状况。"至于什么情况属于第三种情况，孟子假设了一种情景：如果一个人早上没吃饭，晚上仍然没吃饭，饿得走不出门。君主知道这件事后，于是送财物给他，这时候就可以接受，因为这样可以避免死亡。所以，孟子认为做官与不做官是要视具体情况而定的。

（四）助滕行仁

孟子离开鲁国后，就直接去了滕国。之所以选择滕国，是因为孟子与滕文公曾有过一段渊源。原来，孟子还在邹国的时候，现在的滕文公还是太子。

公元前326年，滕太子跟老师然友出使楚国，途中经过宋都彭城。然友跟孟子有过交情，听说孟子在宋国，急忙前去拜访，并将滕太子引荐给孟子。滕太子一直对孟子钦佩有加，所以在彭城居住的一段时间，他虚心向孟子请教，孟子给他讲人性本善和尧舜之道，滕太子听后，不觉豁然开朗。一个月后，滕太子师徒从楚国出使回来,再度经过彭城,又来拜访孟子。他向孟子请教了一系列问题:怎样治国、怎样为君、怎样与大国相处等等,孟子都一一作答。滕太子牢牢地记住了孟子的话,由衷地感谢孟子对他的教诲。

公元前324年,滕太子的父亲滕定公去世了,太子不知道该怎么筹办这个丧事,他对师傅然友说:"过去在宋国,孟子跟我谈了很多,我心里一直不曾忘记。今日不幸得很,遭了父亲的丧事,我想请你到孟子那里问问礼数,然后再办丧事。"然友便到邹国,去拜访孟子。

孟子说:"父母的丧事,本应该自动地竭尽全力。曾子曾经说过:'当父母在世的时候,依礼侍奉他们;当他们去世后,也要依礼安葬,依礼祭祀,这才可以说是尽孝了。'诸侯的礼节,我虽然不知道,但也曾听说过。实行三年的丧礼,穿着粗布缉边的孝服,吃着稀粥,从天子一直到老百姓,夏、商、周三代无不如此。"所谓的三年之丧,就是要求新即位的君主为他刚逝去的父亲守孝三年,在此期间不理朝政,一切政事交给冢宰处理。很明显,这是儒家所推崇的丧礼制度,体现了儒家以孝治天下的思想。

然友回国后,将孟子的意见告诉了已经即位的滕太子滕文公。滕文公也决定听从孟子的建议,实行三年之丧,然而却遭到了滕国官员的反对,他们说滕国的宗主国鲁国从来没有实行过三年之丧,而且他们本国的历代祖先也没有如此实行过,所以说滕文公的做法是不正确的,祖宗所定的丧礼不能在他这一代改变。

滕文公以前从来没有做过什么学问,整日只喜欢舞枪弄棒,哪能说服这群臣子,只有再次派然友去邹国向孟子请教。孟子告诉然友,说:"父母的丧事,怎么能求助于他人!孔子说:'君主薨了,太子将一切政务交给冢宰,喝稀粥,面色深黑,来到孝子的位置哭泣,官员们没有敢不哀伤的,都是因为太子亲身带头的缘故。'在上的人有什么喜好,在下的人一定爱好得更厉害。君子的德行好像风,小人的德行好像草,风向哪边吹,草就向哪边倒。所以,此事完全取决于太子。"

然友匆忙回国,将孟子说的话一五一十地告诉了滕文公,滕文公幡然醒悟,便决定实行三年之丧。于是,滕文公居于丧庐中五个月,不曾颁布过任何命令和禁令。官员们和同族们都很赞成,认为他知礼。等到举行丧礼的时候,四方的人都来观礼,滕文公悲惨的容色,哀痛的哭泣,使前来吊丧的人都为之动容。所以,滕文公实行三年之丧在滕国是很有效果的。从此以后,他对孟子更加尊敬了。

基于以上种种,孟子对滕文公的印象很好,滕文公也表示十分赞同孟子的学说，所以孟子认为选择滕国是对的。于是，滕定公丧礼过后不久，孟子和弟子们一行来到了滕国。对于孟子的到来，滕文公十分高兴，声名远播的孟子竟然肯辅佐滕国，这是他想都不敢想的。滕文公特意将他们师徒几人安排在滕国最高级的馆舍居住，并设盛宴为他们接风洗尘。

滕文公经常到孟子的馆舍向他请教一些小国如何服侍大国的问题。滕国是个弱小的国家，它北临邹国，南面与齐国南部重镇薛邑接壤，地处齐、楚之间，无时不受到齐国和楚国的威胁。于是，滕文公问道："滕国是个小国家，处在齐国和楚国的中间，是服侍齐国呢？还是服侍楚国呢？"孟子一心只想劝君主独立地实行仁政，对于小国如何服侍大国的问题，并不知道。因为，孟子所说的实行仁政，其前提就是这个国家有自己独立的决断能力，不受制于他国。然而，滕国是个小国家，想要求得生存，必然会遇到服侍大国的问题，既然滕文公问到了，他也只好将自己

滕文公

的真实想法说出来。于是，孟子告诉滕文公："这个问题不是我的能力所能解决的。如果您一定要我谈一谈，那就只有一个主意：把护城河挖深，把城墙筑坚固，同百姓一道来保护它，宁肯献出生命，百姓都不离开，那就有办法了。"

滕文公觉得以目前的情况而言，孟子所说的并非万全之策。护城河再深，城墙再坚固，在齐、楚这样的万乘之国面前，滕国的抵抗无异于螳臂当车。而且防范一事如若进行得太过招摇，岂不是对齐楚两个大国的公然挑衅？滕国弱小而不能自立，处于齐、楚之间，只有尽心服侍大国才是目前比较实际而迫切的问题。但是滕国毕竟国小力微，自顾尚且不暇，又何来余力服侍他国呢？即使年年缩减本国财政开支，加收赋税，搜罗珍宝、美女上贡于齐、楚国君，仍难免动辄得咎。况且大国妄图称霸中原的虎狼之心昭然若揭，未必肯为区区蝇头小利而放过夺取滕国领土的机会，如果他们有心要灭除滕国，自己又当如何是好？于是，滕文公又问孟子："滕国是个弱小的国家。尽心竭力地服侍大国，仍然难免祸患，应该怎么办才行？"

孟子回答说："古时候太王居于邠地，狄人来侵犯他。太王用皮裘和丝绸去孝敬他，狄人没有停止侵犯；又用好狗名马去孝敬他，狄人也没有停止侵犯；又用珍珠

宝玉去孝敬他,狄人还是没有停止侵犯。太王便召集邠地的长老,向他们宣布:'狄人所要的是我们的土地。然而土地只是养人之物,我听说过:有道德之人不能为养人之物而使人遭到祸害。你们何必害怕没有君主呢?狄人不是也可以做你们的君主吗?我准备离开这儿,免得你们受害。'于是,太王离开邠地,越过梁山,在岐山之下重新建筑一个城邑而定居下来。邠地的百姓说:'这是一位有仁德的人啊,不可以抛弃他。'追随而去的好像赶市集一样踊跃。"孟子依然没有放弃自己的仁政主张,他希望君主有德,爱护百姓,得到民心,然后统一天下。

"也有人这么说:'这是祖宗传下来教我们子孙代代应该保守的基业,不是我本人所能擅自做主而把它舍弃的。宁可献出生命,也不要离开。'"

所以,孟子最后告诉滕文公,说:"以上两条路,您可以选取其中的任何一条。"孟子为滕文公摆出了两条路:一条是自己离开,免得让百姓受苦;另一条是坚决抵抗,为保祖宗基业,不惜一切代价。很显然,滕文公优柔寡断,下不了决心,只想求得一时苟安,因而两者都没有选择。

公元前322年,滕文公听说齐国正在加强薛地的城池,心里很害怕,于是向孟子请教该怎么办才好。孟子说:"从前太王居住在邠地的时候,有狄人前来侵犯。他便避开,搬到岐山脚下定居了下来。这不是太王主动选择而采取的办法,实在是迫不得已啊。要是君主能够施行仁政,即使他本人没有成功,那么他的子孙后代一定会有成为帝王的。有高尚道德的君子创立功业,传给他的子孙,正是为能够一代代地传下去。至于能不能成功,也还得依靠天命。您现在怎么样去对付齐国呢?只有努力实行仁政罢了。"滕文公听孟子这么一说,觉得实行仁政也无法解决眼下的燃眉之急。何况天命变幻莫测,自己这一世尚且不能保证不被灭国,又谈什么将功业传给后代子孙呢?他皱了皱眉,只好换个话题。

有的时候,滕文公也会向孟子请教治国之道,孟子便精心地为滕国制定了三大治国策略。

第一,关心老百姓的生活,这是目前最迫切的任务。《诗经》上说:"白天割茅草,晚上绞成绳索,赶紧修缮房屋,按时播种五谷。"百姓的普遍状况是这样的:有一定的产业收入的人,才有一定的道德观念和行为准则;没有一定的产业收入的人,便不会有一定的道德观念和行为准则。如果没有一定的道德观念和行为准则,就会胡作非为、违法乱纪,什么事都做得出来。等到他们犯了罪,然后去加以处罚,这就等于陷害别人。哪有仁爱的人做了朝廷的官,还做出陷害老百姓的事情呢?所以贤明的君主一定要认真办事,节省用度,并且有礼貌地对待臣子和百姓。

第二,使人民有固定产业的一个重要办法,就是在土地上实行井田制。以前的税收制度是这样的,比如说夏朝时,每家五十亩地就实行"贡"法;商朝时,每家七十亩地就实行"助"法;周朝时。每家一百亩地就实行"彻"法。这三种税制虽然不同,但是税率其实都是十分抽一。"彻"就是"通"的意思,因为那是在不同情况的计算下贯彻十分之一的税率。"助"是借助的意思,因为要借助老百姓的劳力来耕种公有的土地。古代的一位贤能的人说过:"田税"最好的是"助"法,最不好的是"贡"法,"贡"法是比较若干年的收成得一个定数。无论是丰收和灾荒,都按一个定数来征收。丰收的年成,到处是谷物,多征收一点也不算苛刻,却并不多收;灾荒的年头,每家的收成还不够第二年肥田所要的费用,也非收到那个数不可。一国的君主号称百姓的父母,却使百姓整天地辛苦劳作,而结果连父母都不能养活,还得借高利贷来凑足纳税的数目。最后,一家老小都暴尸荒野,这时作为百姓父母的君主又在哪里呢? 做大官的人都有一定的田租收入,继而子孙相传,滕国早就实行这个办法。周朝的一首诗说:"雨先下到公田里,然后再落到私田里。"只有实行"助"法,才有公田。从这一点来看,就是周朝也是实行"助"法。

第三,百姓的生活有了着落,便要兴办"庠""序""学""校"来教育他们。"庠"是教养的意思,"序"是陈列的意思,"校"是教导的意思。至于地方学校,夏朝叫"校",商朝叫"序"。而大学,在夏、商、周三代都叫"学"。它们的目的都是以人与人之间的各种必然关系以及相关的各种行为准则来教导百姓。人与人之间的关系以及行为准则,诸侯以及士大夫都明白了,百姓自然就会亲密地团结在一起。如果有圣王兴起,一定会来学习仿效,这样便做了圣王的老师了。

滕文公对于孟子提出的建议很是满意,为孟子的雄才伟略深深地折服,并表示要马上去实行。最后,滕文公派毕战负责井田制的具体事宜。

一次,滕文公派毕战来向孟子请教有关井田制的具体实施问题,孟子说:"你的君主准备实行仁政,你一定要好好干。实行仁政一定要从划分田界开始,田界划分得不正确,井田的大小就不均匀,作为俸禄的田租收入也就不会公平合理。所以,残暴的君王以及贪官污吏一定会打乱正确的田间界限。田间界限正确了,分配给百姓土地,就可以毫不费力地制定官吏的俸禄了。"

毕战又向孟子询问分田的具体方法,孟子提出了自己的建议,他说:"虽然滕国的土地狭小,但也得有官吏和劳动人民。没有官吏,便没有人管理劳动人民;没有劳动人民,就没有人养活官吏。所以,我建议:郊野实行九分抽一的'助'法,城市实行十分抽一的'贡'法。公卿以下的官吏一定要有供祭祀的圭田,每家五十亩。如果谁的家里还有剩余的劳动力,便按每一个劳动力再给二十亩的标准算。无论埋葬或者搬家,都不离开本乡本土。公用一块井田的各家,平日出入要互相友爱,共同防御盗贼,互相帮助。一旦谁有疾病,要相互照顾,那么百姓之间便会亲爱和睦了。具体的办法是:每一方里的土地为一个井田,每一井田有九百亩,当中一百亩是公有田,另外八百亩分给八家作私有田,这八家共同来耕种公有田。先把公有田耕种完毕,再来料理私有田的事务,这就是区别官吏与劳动人民的办法。这不过是个大概,至于怎样去修饰调度,那就在于你的国君和你本人了。"

毕战回去向滕文公复命,得到了他的同意。不久,滕文公便大张旗鼓地在全国实行了起来。这些措施传到民间后,百姓们个个欢腾雀跃。奔走相告,对孟子更是万分感激,因为如果孟子的这些主张得到真正的实施,老百姓便可以拥有固定的产业。一旦这些土地归他们自己所有,便可以根据需要种植五谷、桑麻,也就能够安居乐业了,再也不用颠沛流离,担心吃了这顿没下顿了。所以,老百姓都把孟子当作他们的福星。

(五)"农""儒"论战

滕国要运用孟子的学说施行仁政,这个消息在各地都传开了,许多人听说后纷纷前来。当时有一个研究神农氏学说的学者名叫许行。他听说滕文公要施行仁政,便带着几十个弟子,风尘仆仆地从楚国来到了滕国。许行来到滕国后,亲自谒见滕文公,对他说:"我听说您要施行仁政所以远道而来,希望得到一个住所,有机会做您的百姓。"滕文公很高兴地为他们提供了一个住所。从此以后,许行和弟子们便穿着粗麻织成的衣服,以种田、打草鞋、织席子为生,在滕国住了下来。

公元前 323 年,大儒家陈良的门徒陈相和他的弟弟陈辛听说滕文公要施行仁政,于是背着农具耒和耜从宋国来到了滕国,也对滕文公说:"听说您实行圣人的政治,那么您也是圣人了,我们愿意做圣人的百姓。"滕文公自然很高兴,也拨给了他们房屋。陈相听说许行也在滕国,便前去拜访。许行极力向陈相宣传农家学说,他经常对陈相说:"天下的人,无论是王公大臣,还是平民百姓,都应该劳动,自食其力,不应该坐享其成。"陈相认为许行所说的很有道理,二人谈得很投机。久而久之,他就对儒家学说产生了怀疑,慢慢地放弃了儒家学说,而信奉农家学说。

随后,陈相又拜见了孟子,二人交谈中,陈相转述了许行的观点,他认为贤明的君主应该和百姓一起耕种,一起吃饭,并为百姓办实事。滕文公虽然是位贤明的君主,可如今滕国有的是谷仓和存财物的府库,这都是损害百姓而使自己获利,说明滕文公并没有真正认识圣人之道,又怎么能叫贤明呢?陈相大力称赞农家的学说,并由此与孟子展开了辩论。

孟子故意问陈相:"许行一定要自己种庄稼然后才吃饭吗?"孟子这是明知故问。陈相说:"是自己种地。""许行一定要自己织布才穿衣服吗?"孟子进一步问道。陈相答道:"不是的,许行只穿未经纺织的粗麻布衣。"孟子又问:"许行戴帽子吗?""当然戴啊。""他戴什么帽子啊?""戴生绢做的帽子。""自己织的帽子吗?""不,是用粮食换来的。"孟子接着问:"许行为什么不自己织呢?"陈相说:"因为自己织会妨碍种庄稼。""许行也用铁锅瓦甑做饭、用铁制农具耕田吗?""是啊。""是自己制造的吗?""不是的,用粮食换来的。"

"农夫用粮食换取锅甑和农具,不能说是损害了瓦匠、铁匠,那么,瓦匠、铁匠用锅甑和农具来换取粮食,难道说就是损害了农夫吗?而且,许行为什么不亲自烧窑冶铁,做成各种器械,什么东西都储备在家,以便随时取用呢?为什么许行要这样那样一件件地和各种工匠做买卖?许行这样做不怕麻烦吗?"

陈相回答说:"各种工匠的工作本来就不是一方面耕种,一方面能同时干得了的。"陈相被孟子说得自己也糊涂了。孟子抓住时机,反问道:"那么,管理国家就能一方面耕种,另一方面又能同时干得了吗?"见陈相若有所思,孟子继续说道:"官吏有官吏的工作,百姓有百姓的工作。只要是个人,各种工匠的成品对他来说绝对是不可缺少的。如果每件东西都要自己制造出来,才去使用,这是率领天下的人疲于奔命。所以我说,有的人做的是脑力劳动,有的人做的是体力劳动。脑力劳动的人统治人,体力劳动的人被人统治。被统治的人养活别人,统治的人靠别人养活,这是通行天下的共同原则。"孟子其实是在肯定社会分工。

"当尧在位的时候,天下还不安定,大水为灾,四处泛滥,草木密密麻麻地生长,鸟兽成群地繁殖,谷物却没有收成,飞鸟野兽危害人类,到处都是它们的脚印。尧一个人为此忧虑,把舜选拔出来总领治理工作。舜命令伯益掌管火政,益便将山野沼泽地带的草木用烈火烧毁,使鸟兽逃跑隐藏。禹又疏导九河,治理济水、漯水,引流入海;挖掘汝水、汉水,疏通淮水、泗水,引导流入长江,这样才可以耕种。在这个时候,禹在外八年,三次经过自己的家门却都不进去,如果禹总是想亲自种地,可

国学经典文库

孟子诠解

孟子生平概述

图文珍藏版

能吗？

"后稷教导百姓种庄稼，栽培谷物。谷物成熟了，便可以养育百姓。生而为人，即使吃饱了，穿暖了，住得安逸了，如果没有教育，也和禽兽差不多。圣人为此忧虑，便委派契做了司徒的官，专门管理教育。他用关于人与人的关系的大道理以及行为准则来教养人民。父子之间有骨肉之亲，君臣之间有礼仪之道，夫妻之间相亲相爱而又有内外之别，老少之间有尊卑之序，朋友之间有诚信之德。尧说：'督促他们，纠正他们，帮助他们，使他们各得其所。然后加以提携和教诲。'圣人能为百姓考虑得如此周到而不知疲倦，还有闲暇的时间去耕种吗？"

孟子侃侃而谈，继续说道："尧把得不到舜这样的人作为自己的忧虑，舜把得不到禹和皋陶这样的人作为自己的忧虑。把自己的田地耕种得不好作为忧虑的，是农夫。把钱财分给别人的叫作惠，把好的道理教给别人的叫忠，替天下的百姓找到出色人才的叫仁。在我看来，把天下让给别人比较容易，替天下找到出色的人才却困难些。所以，孔子说：'尧做天子真是伟大！只有天最伟大，也只有尧能够效法天。尧的圣德广阔无边，竟然使人民找不到恰当的词语来赞美他！舜也是了不得的天子！那么使人敬服地坐拥了天下，自己却不享受它，占有它！'尧舜治理天下，难道不用心思吗？只是不用在庄稼上罢了。"今天看来，孟子对于社会分工的看法在当时可谓既深刻又超前。每个人都生活在社会中，既然生活在社会中就要受到社会的影响和制约，我们每个人脱离了社会都不可能生存下去。社会上的各行各业都是我们存在的必需，但我们不能同时制造这些必需，人的社会分工不同，可人的最终价值本质却是一样的。

孟子知道陈相背叛了儒家学说，而信奉农学，心里很瞧不起他，难免多说了几句，他又说："我只听说过用中国的一切来改变落后国家的，没有听说过用落后国家的一切来改变中国的。陈良本是楚国的土著，却喜爱周公孔子的学说，由南而北到中国来学习，北方的读书人还没有谁能够超过他，他真是所谓的豪杰之士啊！你们兄弟向他学习了几十年，他一死，竟完全背叛他！从前，孔子死了，他的门徒都给他守孝三年，三年期满之后，各人收拾各自的行李准备离开。走进子贡住处时，他们作揖道别，相对而哭，泣不成声，然后才离开。过了些时候，子夏、子张、子游认为有若有点像孔子，便想用尊敬孔子之礼来尊敬他，勉强曾子同意。曾子说：'不行，譬如曾经用江汉之水洗濯过，曾经在夏日的太阳里暴晒过，真是洁白得无以复加了。谁能再比得上孔子呢？'如今，许行这南方蛮子，说话阴阳怪气，也来指责我们祖先的圣王之道,你们却背叛你们的老师去跟他学,那和曾子的态度便截然相反了。就好比是鸟,我只听说过飞出深暗山沟迁往高大树木的鸟,没有听说过离开高大树木飞进深暗山沟的鸟。鲁颂说过:'攻击狄戎,痛惩筋舒。'楚国这样的国家,周公还要攻击它,你却跟他学,简直是越变越坏了。"

孟子单刀直入的议论,不仅否定了许行的学说,也批评了陈相。这让陈相一下子张口结舌,好半天才缓过神儿来。

陈相反驳说:"如果听从许行的学说,那集市上的物价就会达到一致,人人没有欺诈。即使是叫小孩子去集市,也没有哪个人会欺骗他。布匹丝绸的长短一样,价钱便一样;麻线丝线的轻重一样,价钱便一样;粮食的多少一样,价钱也一样;鞋的大小一样,价钱也一样。"

孟子也不甘示弱,继续说道:"各种物品的质量不一样,这是自然的。它们的价格,有的相差一倍五倍。有的相差十倍百倍,有的相差千倍万倍。你要不分精粗优劣,完全使它们一致,只是扰乱天下罢了。如果好鞋和坏鞋是一样的价钱,人们难道会答应吗?听从许行的学说,是率领大家走向虚伪,哪里能够治理好国家呢?"

孟子和陈相的这场论战,是十分激烈的。陈相虽然心里不舒服,但也有自知之明,只得落荒而逃。虽然这次是和陈相当面交锋,但是陈相所说的都是许行的观点,所以孟子其实是在驳斥农学的观点。

此后的一年,孟子在学术上和政治上都取得了出色的战绩,孟子也认为在小国施行仁政,同样可以大有作为。然而,好景不长,因为孟子的主张触犯了滕国上层社会的利益,贵族、官僚、富豪都对他恨之入骨。一旦这些措施真正实行了,他们便不能随意侵占田地,搜刮民脂民膏了,对这些常年暴虐习惯了的人来说,孟子的这些措施无疑是一声惊雷,让他们措手不及。所以,他们想方设法处处跟孟子作对,或者制造舆论毁坏孟子的名声,或者在滕文公面前诽谤孟子,进而阻挠滕文公施行仁政,或者去乡下蛊惑村民,说孟子的措施会让他们长年累月地疲于奔命。所以,孟子在滕国施行仁政,真的是举步维艰,有这些人的存在,孟子的仁政理想要在滕国实现,真的是比登天还难。在滕国,滕文公虽然不像宋偃王一样,朝政被别人把持,但是仁政依然行不通,因为滕国的国力经受不起这样大的变革。孟子的仁政理想再一次破灭,他不得不带着弟子离开滕国,继续寻找他心目中的理想之国和贤明圣君。

九、游说魏王

（一）义利之辨

公元前320年，孟子和弟子们来到了魏国。此时，在魏国当政的是魏惠王，魏惠王是魏文侯的孙子。魏国在魏文侯时期，是战国七雄之一。魏文侯为了使魏国强盛起来，曾经招纳过一批贤才，像子夏、田子方、吴起、李悝、西门豹等。魏文侯任用李悝为相，吴起为将，实行了以奖励耕战为中心的变法运动。这次变法使魏国的经济得到了极大的发展，政治地位也更加巩固，综合国力得到了极大的提升。

到了魏惠王的时候，他继承祖业，继续进行改革。他曾经打败过韩、赵、宋，迫使鲁、卫、宋、郑来朝，魏国的国力因此更加强大。魏国的都城原来在安邑（今山西夏县西北），西面靠近秦，东边又有赵、齐两个强国。魏国时刻感到三国的威胁，于是在公元前361年，魏惠王将都城从安邑迁到大梁（今河南开封附近）。迁都后，魏又称为大梁，魏惠王也叫梁惠王。

在梁惠王执政中期，由于和齐国、楚国、秦国连番作战，节节失利，不仅使魏国丧失大片土地，魏国的国力也极大地被削弱了。其中，齐魏马陵之战，魏太子申被俘，庞涓被杀，魏军全军覆没；魏秦之间的几次战役，魏国节节败北，被迫割让河西和上郡的十几个县；魏楚襄陵之战，魏国又被迫献出大片土地。

经过这几次大的战役，魏国昔日的雄风已不在了。梁惠王深感耻辱，为了重振魏国，虽然年迈，依然"卑礼厚币以招贤者"，企图让魏国恢复以前的辉煌。孟子听说魏国招贤，便和弟子离开滕国，向魏国行去。其实，孟子选择魏国，也是经过深思熟虑的。一来，孟子一直都有这个打算，只是中途几经波折，耽误了行程罢了；二来，孟子认为魏国多少与儒家学说有点渊源，因为梁惠王的祖父魏文侯曾拜孔子的弟子子夏为师；三来，梁惠王主动招贤，广纳人才，原来齐国稷下学宫的淳于髡、邹衍也投其麾下。

但是，有时想到梁惠王曾经对公孙鞅的所作所为，孟子心里不禁顿生寒意。事情是这样的：

公孙鞅，卫国人，复姓公孙，又叫卫鞅，他就是后来大名鼎鼎的商鞅。公孙鞅在家中是庶子，所以很不受重视。他从小就喜欢刑名之学，在本国不得志，得不到重用。长大后，公孙鞅便来到了魏国，做了魏国辅相公孙痤的门人。公孙痤知道公孙鞅很有才能，将来一定大有作为，一直想找机会向梁惠王举荐他。没想到，还没等到合适的机会，公孙痤便病倒了。公孙痤生病期间，有一次，梁惠王亲自前去探望他的病情。梁惠王问公孙痤："如果这次你的病好不了，对于国家大事你有什么要交代的吗？"公孙痤颤颤巍巍地说道："老臣有个门人，叫公孙鞅。此人虽然年轻，却是个奇才，希望您能重用他。"梁惠王若有所思，但没有说什么。公孙痤见惠王犹豫不定，他停了停，继续说道："若您不能重用他，就杀了他，千万别让他离开魏国，否则后患无穷。"

梁惠王离开后，公孙痤又将公孙鞅叫到跟前，对他说："刚才大王前来探病，我把你举荐给了他，让他重用你，但大王没有答应。同时，我也告诉他，如果不重用你，就要把你杀掉。我的立场是先公而私。我先效力于国家，是为国君分忧的正确做法；我再告诉你，是在尽人臣之道后尽力保全你我之间的友谊。我的心无论对公还是对私，都尽到了最大的努力。"公孙鞅听后，当时并没在意。心想，梁惠王即使不重用他，也没理由要杀了他，所以并没有把公孙痤的话放在心上。

梁惠王从公孙痤家回去后，对左右的臣子说："公孙痤真是昏了头，竟然要我重用一个从卫国逃亡而来的小子公孙鞅，简直是荒唐至极。"后来，梁惠王终究没有重用公孙鞅，也没有听公孙痤的劝告将他杀掉。公孙鞅在魏国没有发展前途，只好投奔秦国。秦孝公慧眼识英雄，他任用公孙鞅，实行变法，从而使秦国国富民强。三年之后，公孙鞅劝说秦孝公攻打魏国，这才有了魏国迁都之事。梁惠王知道后，非常生气，这时才后悔莫及，可是已经晚了。秦孝公死后，秦惠王执掌政权，公孙鞅在朝廷里受到排挤，也不再受到重用。他失去依靠，还被诬陷有谋反的嫌疑，无奈之下，就只好逃回魏国，希望梁惠王能够不计前嫌接受他。然而，梁惠王想到上次秦国攻伐，魏国丧失大片领土，又被迫迁都的耻辱，拒不接受他。后来，公孙鞅走投无路，被秦国追捕回去，落得个五马分尸的下场。

想到梁惠王如此对待公孙鞅，孟子不禁为自己此次的魏国之行而担忧。虽然自己的学说与公孙鞅的不同，但又怎么确信梁惠王就会喜欢儒家学说呢？他会不会吸取公孙鞅的教训，不喜欢我的学说就要把我杀掉呢？就这样，孟子怀着种种揣测，心绪不宁地和弟子们来到了魏国。

对于孟子的到来，梁惠王一开始很是冷淡，他不去相迎，也不召见孟子，更别说自己亲自前去拜访了。孟子一心想施行仁政，只要有一点机会，他都不会放过。一心想要实现理想的人，往往是无所顾忌的，孟子也是如此。为了他的仁政理想，为了天下百姓的安居乐业，他可以忍受任何的不平和屈辱。所以，对于魏惠王的冷淡孟子也没介意。后来，他通过各种途径，终于等到了和梁惠王见面的机会。

一天，孟子上朝朝见，梁惠王正在和朝臣有说有笑的，很显然不是在谈什么国家大事。梁惠王见了孟子既不施礼，也不赐座，因为他压根儿没想过要在自己的国家施行仁政，甚至嘲笑孟子的仁政思想是不合时宜的。但是为了显示自己求贤若渴的态度，所以表面上还是想听听孟子的见解。于是，他一见了孟子，开口就问道："夫子不远千里来到魏国，那对我的国家应该会有很大的好处吧？"说完惠王环顾左右，笑而不语。孟子见了梁惠王看似嘲讽的眼神，以及那漫不经心的态度，心里很不舒服。不过，他并没表现得十分在意，他知道梁惠王是想使魏国强大起来，所以才会这么单刀直入地问他问题。可是，想想自己游历诸国以来，似乎还没有哪个君主这么直言不讳、明目张胆地谈论"利"，所以孟子一时没反应过来。孟子也知道，梁惠王对他的学说不怎么感兴趣，要不然早就召见他了。但孟子还对梁惠王抱有一定的希望，至少梁惠王还是接见了他。

正因为如此，孟子从容地说道："大王，您为什么一开口就要说到利益呢？只要讲仁义就行了。当今的世上，上至诸侯国君，下至黎民百姓，无不像苍蝇似的到处谋取个人的一己私利。大王如果说：'怎样才对我的国家有利呢？'大夫也说：'怎样才对我的封地有利呢？'那一般的士子以及老百姓也会说：'怎样才对我本人有利呢？'这样，上上下下互相追逐私利，国家便会发生危险了。在万乘之国里，能杀掉那个国君的，一定是那个拥有一千辆兵车的大夫；在千乘之国里，杀掉那个国君的，一定是那个拥有一百辆兵车的大夫。在万乘之国中，大夫拥有兵车一千辆；在千乘之国中，大夫拥有兵车一百辆，这些大夫的产业不能不说是很多的了。但是，假若人人轻公义，重私利，那大夫要是不把国君的产业夺去，是永远不会满足的。讲'仁'的人遗弃他的父母，讲'义'的人对他的君主怠慢，这是我从来没有听说过的。大王只要讲仁义就行了，为什么一定要讲利益呢？大王如此重利轻义，岂不是自己招致祸患吗？"

孟子的话，字字珠玑，一针见血，指出了富国强兵是小利，实行仁政才是大利。当时的诸侯国灭亡的原因，就在于太急功近利。其实在我们的现实生活中，又有哪里不存在利呢？人类的各种灾难、争执、痛苦，其实都源于人们内心对于利的追求。好利之心，人皆有之，只不过利是为谁所谋的问题。孟子也知道利的存在是普遍的,他并非不讲利,只不过他所说的利是国家之利,是百姓之利罢了。孟子和梁惠王的第一次见面就这样结束了,虽说不太愉快,但梁惠王对孟子的反应之快、雄辩之才还是打心眼儿里欣赏的。

(二)劝谏惠王

孟子在第二次见梁惠王的时候,梁惠王的态度明显缓和了许多。有一次,梁惠王正站在池塘边,时而仰望树梢上栖息的小鸟。时而俯视草地上安静吃草的小鹿。他一边欣赏着美景,一边问孟子:"古代的仁人君子和贤德之人,他们也懂得享受这种快乐吗?"梁惠王言语中带着几分轻蔑,几分自得。

孟子看出了梁惠王的心思,他是在向自己炫耀。孟子是见过大世面的人,无论遇到什么场面都能应对自如,他对梁惠王说:"只有有道德的人才能够享受这种快乐,没有道德的人纵使有这种快乐也是无法享受的。"梁惠王疑惑了,问道:"敢问夫子何出此言呢?"孟子解释道:"我举周文王和夏桀的事例来说明吧,《诗经·大雅·灵台》说:'开始筑灵台,经营又经营。大家一起努力,很快便建成了。王说不要急,百姓更加卖力。王到鹿苑中,母鹿正安逸。母鹿高又肥,白鸟羽毛洁。王到灵沼上,满池鱼跳跃。'这一段诗足以证明,周文王虽利用了百姓的力量来建造高台深池,可是百姓非常高兴,把那个台叫'灵台',把那个池叫'灵池',还为那里有许多种类的珍禽异兽而感到高兴。这是为什么呢?就因为周文王肯和老百姓一起分享快乐,所以他能得到真正的快乐。至于夏桀,他的行为却完全相反。百姓怨恨他,他却把自己比作太阳,说道,太阳什么时候灭亡,我就什么时候死亡。《汤誓》中便记载了老百姓的怨歌:'太阳啊!你什么时候灭亡呢?我宁肯跟你一道死去!'作为国家的帝王,竟然使老百姓怨恨到不想再活下去的程度,那么他纵然有高台深池,珍禽异兽,难道能够独自享受吗?"孟子说的确实不是什么阿谀奉承的话,他清楚地知道自己的话不能讨梁惠王的欢心,但是他还得说。每次想到百姓流离失所,饱受战乱之苦,孟子就觉得自己有这个义务和责任向国君进谏,无论结果如何。

而在梁惠王这边,也许他也认为孟子说得很有道理,但是在这样一个冷酷的现实环境中,他和其他的君主一样,他们所追求的最基本的就是如何不被其他强国欺辱,所以他才不惜用厚币卑礼来招揽天下贤士,他自己也是逼不得已。梁惠王很直白地将自己的这种非常实际的想法告诉了孟子。

　　梁惠王十分无奈地对孟子说："魏国的强大，当时天下是没有别的国家能够赶得上的，这一点您自然很清楚。但到了我执掌政权的时候，东边和齐国打了一仗，杀得我大败，就连我的大儿子也牺牲了；西边又败给秦国，丧失河西之地七百里；南边又被楚国抢去了八个城池。我实在觉得这是奇耻大辱，希望能替我国所有的战死者报仇雪恨，您说要怎么办才行呢？"

　　孟子看到梁惠王如此，其实内心也深表同情，对于他的处境也很理解，依照孟子个人的想法，他还是认为施行仁政，得到民心才是最根本的。他对梁惠王说："只要有纵横各一百里的小国，就可以实行仁政而使天下归附，何况是魏国这样一个大国呢？您如果向百姓实行仁政，减免刑罚，减轻赋税，让老百姓能够精耕细作，勤除杂草，能让年轻人在闲暇时，来学习孝顺父母、敬爱兄长、为人尽心尽力、待人忠诚守信的一些德行，而且将这些德行运用到实际生活中，让他们在家里侍奉父兄，上朝时侍奉上级。这样，即使是造些木棒，也可以抗击拥有坚实盔甲、锐利刀枪的秦、楚军队了。"孟子还是说仁政是战胜一切的根本，施行仁政，让百姓生活安定，得到民心，那么一切困难都将是纸老虎，一切问题都会迎刃而解。

　　梁惠王不知道其中的奥妙，而且他也有怀疑，不相信仁政会有如此大的威力，于是向孟子询问其中的道理。孟子看到梁惠王对自己的学说来了兴趣，当然很高兴地为他解释，孟子说："那秦国、楚国无时无刻不在征兵招工，占用了百姓的生产时间，使他们不能耕种来养活父母，他们的父母只有受冻挨饿，兄弟妻子也东逃西窜。秦王、楚王使他们的百姓处在痛苦的深渊中，您去讨伐他，是将百姓从水深火热之中解救出来，还会有谁来跟您抵抗呢？所以有句老话说：'仁德的人是无敌于天下的。'您就不要再怀疑了吧。"

　　"仁者无敌"是孟子一生所坚定的信仰，而梁惠王深受残酷现实的折磨，认为自己对百姓还是不错的，可还是不能解决实际问题。他持着怀疑的目光，对孟子说："我对于国家，真是费尽心力了。河内地方遭遇饥荒，我便把那里的百姓迁移到河东，同时又把河东的一部分粮食运到河内，假如河东遭遇了饥荒也是这样办的。我曾经考察过邻国的政治，没有一个国家能像我这样替百姓打算的。可是，那些国家的百姓并不因此而减少，我的百姓并没因此而增多，这是什么缘故呢？"

　　孟子答道："王喜欢战争，那就让我用战争来打个比喻吧。战鼓'咚咚'一响，枪尖刀锋一接触，士兵们就抛下盔甲拖着兵器向后逃跑。有的士兵一口气跑了一百步才停下来，有的士兵一口气跑了五十步才停下来。那些跑了五十步停下来的士兵竟来耻笑跑了一百步停下来的士兵,可以吗?"梁惠王马上说道:"当然不行,他只不过没有跑到一百步罢了,但这也是逃跑啊。"孟子说道:"大王如果懂得这个道理,那就不要再希望您的百姓比邻国多了。"这就是"五十步笑百步"的道理,在孟子眼里,梁惠王和其他君主一样,并没有切实改变老百姓的现状,所以,也就不能指望跟别的国家不同。

孟子说梁惠王好战,不免有挖苦的味道。但是在梁惠王看来,在那个时代,又有哪个君主不好战呢? 如果不进行战争,便无法生存。而且他执政为民也确实比邻国更关心百姓的疾苦,可是这都是些局部的措施。不能从根本上解决问题。为此,孟子为梁惠王提供了一个具体的假设方案。

孟子说:"如果在农民耕种收获的季节,不去征兵招工,妨碍生产,那粮食便会吃不尽;如果那些细密的渔网,不去大的池沼里捕鱼,那鱼类也会吃不完;如果砍伐树木有一定的时间限制,木材也会用之不尽。粮食和鱼类吃不完,木材用不尽,这样百姓对生养死丧就没有什么不满;百姓对于生养死丧都没有什么不满,这就是王道的开端。"在诸侯不断征伐的战国时代,各国为了增强兵力,不顾农时,随意征用百姓。家中只剩下老弱病残,没有劳动力,田地自然荒芜了。老百姓没有粮食,接着便会发生饥荒,一系列的社会危机也会随之发生。

虽然经营方式和赋税政策有了保证,但是还必须在具体的生产管理方面加以引导,孟子主张不仅要发展种植业,还要发展畜牧业,全面保证农民的生活。他说:"如果在五亩大的宅院中,种植桑树,那么,五十岁以上的人都可以穿上丝绸了;鸡狗与猪等家畜家家都有饲料和工夫去饲养,那么,七十岁以上的人都可以有肉吃了;一家人的百亩耕地,不要去妨碍他们的生产,那么,几口人的家庭便可以吃饱了。好好地创办一些学校,用孝顺父母敬爱兄长的大道理反复地去教育他们,那么,每个人都会敬老尊贤,鬓须花白的老人也就不会头顶着、背背着重物,在路上行走了。五十岁以上的人有丝绸穿,七十岁以上的人有肉吃,家家户户的百姓饿不着,冻不着,这样还不能使天下归服的,是从来没有过的事情。"

孟子的理想是美好的,但是当时的社会现实却是残酷的,这些他也都能清楚地意识到。正如孟子自己所说的:"富贵人家的猪狗吃掉了百姓的粮食,却不加以制止。道路上有饿死的人,却想不到应该打开仓廪加以拯救。老百姓死了,竟然说道:'这不是我的罪过,而是年成不好的缘故。'这种说法和拿着刀子杀死了人,却说,这不是我杀的,而是兵器杀的,又有什么不同呢? 大王如果不把这些事情归罪于年成,而从政治上的根本变革着手,这样,别的国家的老百姓就都会来投奔魏国了。"

通过和孟子的几次交谈,梁惠王对孟子的学说慢慢开始接受了,他对孟子的态度也越来越缓和。他们每交谈一次,梁惠王的态度就好转一次,从刚开始的冷淡,到后来的缓和,再到后来的诚恳。有一次,梁惠王见了孟子,态度诚恳地对孟子说:"我很高兴听到您的指教。"孟子问道:"用木棒打死人和用刀子杀死人,有什么不同吗?"梁惠王说:"没有什么不同。""用刀子杀死人和用政治杀死人,有什么不同吗?"梁惠王还是说:"没有。"孟子又问:"现在您的厨房里有皮薄膘肥的肉,您的马栏里有健壮的马,可是老百姓却面带饥色,食不果腹,山野里到处躺着饿死的尸体,这等于是在上位的人率领着禽兽来吃人。禽兽自相残杀,人们尚且厌恶它;做百姓父母的,主持政治,却免不了率领禽兽来吃人,那又怎么能做老百姓的父母官呢?孔子说过:'第一个造木偶、土偶来殉葬的人该会绝子绝孙吧!'为什么孔子这样痛恨呢?就是因为木偶、土偶很像人形,却用来殉葬。用像人形的土偶、木偶来殉葬,尚且不可,又怎么可以使老百姓活活地饿死呢?"

孟子从见到梁惠王的第一次开始,便毫不留情地批评梁惠王为政的过失,以及魏国当时的现状。他的话一次比一次严厉,而梁惠王的心却与他靠得越来越近。

(三)三次答疑

魏国有个叫白圭的人,是梁惠王的心腹。他是个善于投机取巧的人,遇到谷物丰收的年份,他就大量收购谷物,卖出的却是丝绸、漆器;遇到天灾连连、谷物歉收的荒年,他就大量收购棉絮之类的东西,卖出的却是粮食,因而白圭成了魏国的大富商,富可敌国。他见梁惠王与孟子交往频繁,生怕孟子得了专宠,并且孟子所提出的施行仁政的主张威胁到他的利益。于是,他想方设法排挤孟子。

孟子主张"薄赋敛",主张税率按"十分抽一"来算,以此减轻百姓的负担。白圭心想,他孟子主张"十分抽一",那我就主张"二十分抽一",这样不是更能减轻百姓的负担吗?所以,白圭将自己的想法告诉了孟子,想故意让孟子下不了台。孟子知道白圭没安什么好心,他也不甘示弱,说道:"二十分抽一,那是貉国的方式。"接着,他反问白圭:"如果在一个拥有万户人口的国家,其中只有一个人在烧制陶器,你觉得行吗?"白圭不知道孟子为什么要这样问,回答说:"那当然不行,因为他一个人制作的陶器不够全国人口使用。"孟子一听,心知白圭果然中了自己的圈套,很是高兴,他微微一笑,继续说道:"在貉国无法种植五谷,只有黍可以生长,那里没有城郭、宫室、宗庙、祭祀的礼制,没有诸侯馈赠、宴飨之类的应酬,也没有官吏的各级设置,所以二十分抽一分就够用了。现在居住在中国,如果抛弃了为人应有的伦常,没有各级官吏,这样行得通吗?因为烧制陶器的人少了,尚且无法立国,更何况没有官吏办事,那不更是不能立国了。"最后,孟子又总结说:"什一税是尧舜的规矩,如果你想比尧舜的税率还要轻,便是像貉国那样不开化的国家了;如果你想比尧舜的税率还要重,那么便是像夏桀那样的暴君了。"孟子的意思是,税收要适度,不能过高,过高就会危及民生;也不能过低,过低就会降低文明程度,而"十分抽一"正好适用于魏国。

白圭本来想趁机侮辱孟子,没想到不仅没有讨得便宜,反而被孟子借题发挥狠狠教训了一顿,他很不甘心,对孟子说:"我治理水比大禹还强。"孟子说:"你错了。大禹治理水患,是顺着水的本性来加以疏导,所以使之流注于四海。如今你却引水流到别的国家去。水逆流而行叫作洚水,洚水就是洪水,是仁慈的人所厌恶的。"

战国时期各个国家普遍大规模地建筑堤防,是为了本国的利益。齐国、赵国和魏国以黄河为界,而赵国、魏国的地势较高,齐国地势较低。这样,如果发生洪水,那么齐国遭受的灾难会严重一些。为此,白圭献策让梁惠王在距离黄河二十五公里的地方建筑了一条长长的河堤,来防止黄河泛滥。自此以后,黄河泛滥的水就向赵、魏两国流去。于是,赵、魏两国也学齐国建筑河堤,河水总是流来流去。所以,孟子说白圭是"以邻为壑",白圭无言以对,最后只得悻悻地离开了。

孟子在魏国一直是以宾客身份与梁惠王交往的,也许现实的残酷让他对做官一事,并不像以前那样热切了。魏国人周霄曾就这事问过孟子,说:"古代的君子做官吗?"孟子回答:"做官。古代有记载说:'孔子如果有三个月没有被国君任用,就会惶惶不安;离开一个国家,一定会准备和别国君主初次见面的礼物,以求谋得官职。'鲁国的贤人公明仪也说:'古代的人如果三个月没有君主任用,便需要前去安慰他,以此表示同情。'"周霄说:"三个月没有被君主任用,就要去安慰他,是不是太着急了?"孟子说:"士人失掉官位,就如同诸侯失掉国家一样。《礼记》上说:'诸侯亲自参加耕种,就是用来供给祭品;妻子亲自来养蚕缫丝,就是用来供给祭服。如果牛羊不肥壮,谷物不干净,祭服没有准备好,就不敢用来祭祀。士人如果没有供给祭祀的田地,那也不能祭祀。'因此,牛羊、祭具、祭服没有准备好,就不敢祭祀,也就不能举行宴会,那也不应该去安慰下他吗?"

周霄对孔子出国，必带重礼，不解其意。孟子回答说："贤士做官，就好像农夫耕田。农夫难道会因为出国而抛弃他的农具吗？"

"魏国也是一个有官可做的国家，我却从来没有听说过求取官位是这样急切的。既然做官是读书人的迫切愿望，而君子却又不轻易接受官职，这又是什么道理呢？"周霄不解地问。"男婴诞生，父母必然希望他长大后有个好妻室；女婴诞生，父母必然希望她长大后能嫁个好夫君。父母的这种心思，人人都有。然而，如果不等父母之命、媒妁之言，儿女们便钻洞扒门缝来互相窥望，爬过墙去私会，父母和社会上的人就都会轻贱他们。古代的人没有不想做官的，但又厌恶不经过合乎礼义的道路来找官做。不合礼义地找官做，就好像男女不顾父母之命、媒妁之言而钻洞扒门缝相互窥望，爬过墙去私会一样。"孟子的言外之意是我们无论做什么事情，都要有一定的原则，不能为了达到目的，而不择手段，因此失去做人应有的尊严。

魏国有一个叫景春的纵横家，他十分敬佩魏国的两个纵横家——公孙衍、张仪。有一次，景春问孟子："公孙衍和张仪难道不是真正的大丈夫吗？他们一发脾气，诸侯们就害怕；他们一旦安静下来，天下便太平无事。"孟子知道他们二人都是当时著名的游说之客，又主张合纵连横，现在正是他们得意的时候。但孟子对他们的"功绩"却不屑一顾，冷冷地对景春说道："他们二人怎么能叫作大丈夫呢？你没有学过礼吗？男子举行加冠礼的时候，父亲给以训导；女子出嫁的时候，母亲给以训导，送她出门，告诫她说：'到了婆家，一定要恭敬，一定要警惕，不要违背丈夫。'以顺从为最大原则，这是妇女之道。至于男子，应该住在天下最宽广的住宅——仁里面，站在天下最正确的位置——礼上面，走着天下最光明的大路——义。得志的时候，偕同百姓循着大道前进；不得志的时候，也能独自坚持自己的原则，富贵不能乱我之心，贫贱不能移我之志，威武不能屈我之节，这样才叫作大丈夫。"

（四）离魏而去

梁惠王在孟子的感召下，似乎真的开始慢慢地接受仁政学说，照这样发展下去，孟子的理想有可能在魏国实现。然而，就在梁惠王还在犹豫要不要施行仁政的时候，年迈的他却怀着富国强兵的梦想去世了。孟子对此惆怅万分，而他念及梁惠王南征北战、野心勃勃的一生，最终发出了这样的感慨："梁惠王真不仁爱啊！仁爱的人将他对待所爱的人的恩惠推及他所不爱的人，不仁爱的人却将他不喜爱的人的祸害推及他所爱的人。"公孙丑不解其意，问孟子："此话何意？"孟子说："梁惠王为了争夺土地,役使那些他不喜欢的民众去作战,让他们暴尸荒野,骨肉糜烂。打败仗后又想再打,可担心不能打胜,又役使他所喜欢的子弟前往作战,这就叫作将他不喜欢的人的祸害推及他所喜欢的人身上。"

公元前318年,梁惠王去世,梁襄王继位,他对孟子的仁政一点儿也不感兴趣。一天,孟子谒见梁襄王,梁襄王见到孟子,既不行礼,也不跟孟子寒暄,直接丢了个没头没脑的问题,他问孟子:"天下如何才能安定呢?"孟子回答说:"定于一。"其实,孟子所说的"一"是一统的意思,只有天下统一,才能结束诸侯战乱纷争的局面,天下百姓才有休养生息的机会。而梁襄王不请孟子做进一步的解释,就自以为是地认为这个"一"指的是某一个人,进而接着问道:"何人能统一天下呢?"孟子见梁襄王这样问,也就顺水推舟地答道:"不好杀人的国君就能统一天下。"梁襄王认为不好杀人的国君不能使人信服,也就没有人来跟随他,又怎么能够统一天下呢?孟子则认为,如果一个国君不好杀人,没有哪个人不跟随他的。接着,他举了个例子加以说明,孟子说:"您懂得禾苗的生长情况吗?当七八月间,若是长期不下雨,禾苗自然会枯萎。假如是一片乌云出现,哗啦啦地落起大雨来,禾苗便又猛然茂盛地生长起来。如果像这样生长,哪有什么东西能够阻挡得住呢?如今各国的君王,没有一个不好杀人的。如果有一个不好杀人的君王,那么,天下的老百姓都会伸长脖子期待他的解救了。真是这样,百姓归附于他,跟随着他,就好像水向下流一样,是自然而然的事,那又有谁能够阻挡得住呢?"梁襄王听了半天也没听出个所以然来,于是打发孟子离开,自顾自地去花园游玩了。

孟子从王宫回来后,用两句话概括了梁襄王,说:"远远望去,不像个国君的样子;走近他,也看不到威严所在。"这两句话已经彻底表明了孟子的态度,梁襄王就是个扶不起来的阿斗。梁惠王对孟子的学说不重视,梁襄王对他的主张更是不屑一顾。既然如此,孟子只好离开魏国。纵观天下之势,秦国自从秦孝公任用商鞅进行变法改革之后,呈现出越来越强大的情势。当然,秦的虎狼之心也更加昭显于诸侯国之间。秦王加紧步伐,招贤揽士,妄图东征西讨,将天下收入囊中。被秦国侵犯的诸侯国无不是生灵涂炭,苦不堪言。这种靠不义之师巧取豪夺的虎狼之国即使国力再强,孟子也不屑于去服侍。而诸侯之中,能与之抗衡的大概就只有新即位的齐宣王了。听闻他勤政好学不亚于威王,且有心上进,一即位就迫不及待地发展文化事业,不惜耗费巨资吸引天下各派文人学士。放眼望去,自己施行仁政的希望似乎还是在齐国,于是孟子决定再次去往齐国。

十、二次归齐

（一）与充虞论葬母

孟子认为，滔滔河水顺流而下，碰到阻挠撞击，便会形成旋涡，漩而不前，乃至倒行逆施。然而水的本性毕竟是向下流的，就算经过回旋蜿蜒，也会滔滔不息奔腾向前的。就如同自己认为那样，孟子经过短时期的苦恼、彷徨之后，又满怀激情地踏上了征程——教授学生、干预朝政、宣传仁政、议论得失功过。他守丧三年之后再一次来到了齐国。

孟子故居

孟子从齐国到鲁国安葬母亲后欲返回齐国，途经嬴县在那里歇脚。

学生充虞请教说："前些日子承蒙老师您不嫌弃我，让我管理做棺椁的事。当时大家都很忙碌，我不敢来请教。现在我想把心里的疑问提出来请教老师：您安葬母亲时用的棺木似乎太好了一点吧，礼节似乎也太隆重了一些！"

孟子回答说："上古对于棺椁用木的尺寸没有规定；中古时规定棺木厚七寸，椁木以与棺木的厚度相称为准。从天子到老百姓，历来讲究棺木的质量并不仅仅是为了美观，而是因为要这样才能尽到孝心。为礼制所限不能用上等木料做棺椁，不能够称心；没有钱不能用上等木料做棺椁，也不能够称心。既为礼制所允许，又有财力，古人都会这么做，我又怎么不可以呢？况且，这样做不过是为了不让泥土沾上死者的尸体，难道连这样一点孝子之心就都不可以满足吗？我听别人也说过：君子不因为天下大事而俭省应该用在父母身上的钱财。"

（二）匡章得势

第一次到齐国的时候结交的朋友匡章在孟子离去的几年已经渐渐得到重用。本来齐国一直重用的是与齐王赛马的大将田忌，匡章一直抑郁不得志，但是后来齐国大臣邹忌嫉妒田忌的功劳，设计陷害田忌。在他的排挤下，田忌不得已只好逃去楚国。齐国无大将之才，一度溃不成军。这时候秦国起用商鞅变法，国家日益富强。秦国一贯飞扬霸道，这时候趁着齐国无人领兵，就借韩国和魏国的地盘，出兵进攻齐国。齐威王想起了匡章是将领之才，因此请匡章出马，拜他为将帅，领兵迎战。匡章不负众望，大获全胜，秦国主动讲和，齐国扬眉吐气。从此匡章成为齐威王晚期和齐宣王时期齐国最重要的军事将领之一。

（三）士尚志

此次孟子归来之后本想借着打了胜仗的匡章的支持，在齐威王那里得到重视，实行仁政匡扶天下，济世救人，但是威王依然没有重视孟子的政治理想，只是待他当作一位渊博的学者，让孟子做做学问而已。

齐王希望自己的儿子能够向孟子学习。齐王子对他很是崇敬，也向他请教问题。

有一天，一位王子，名字叫作垫，来向孟子学习。他问道："所谓士，这一类人的主要任务是做什么呢？"

孟子说："士的任务就是使志行高尚。士人的修养就在于使自己的志向和行为都变得高尚起来。而高尚的标准就是'居仁由义'。"

王子垫于是又问："使志行高尚指的是什么？"

孟子说："这不过是仁和义罢了。杀死一个无罪的人，是不仁；不是自己的东西却去占有，是不义。士人要居住在一个充满仁的氛围的地方，时刻从仁的角度考虑事情；在行为上，要履行义的宗旨就可以了。居于仁而行于义，这样，您作为一位有德行的大人需要的修养才够了，才齐备了。"

王子垫听了深受启发。孟子的这番话影响到后世的读书人,一直把"尚志"作为自己的精神寄托,把"仁""义"作为最基本的道德品质。

(四)辩淳于髡

有一日,孟子与淳于髡遇见了,他们展开了一场十分精彩的辩论。这位淳于髡是齐国著名的辩士,口才十分了得。他人虽矮小,其貌不扬,但太史公司马迁在《史记》里称他"滑稽多辩,数使诸侯,未尝屈辱"。他就相当于当时齐国准外交部长级的人物。他还是幽默诙谐的国际名士,曾在齐威王、齐宣王和梁惠王的朝廷做官。

曾经有个宾客向梁惠王推荐淳于髡,于是惠王喝退身边的侍从,单独坐着两次接见他,可是他始终一言不发。惠王感到很奇怪,就责备那个宾客说:"你称赞淳于先生,说连管仲、晏婴都赶不上他,等到他见了我,我是一点收获也没得到啊。难道是我不配跟他谈话吗? 到底是什么缘故呢?"那个宾客把惠王的话告诉了淳于髡。

淳于髡说:"本来么,我前一次见大王时,大王的心思全用在相马上;后一次再见大王,大王的心思却用在了声色上,因此我沉默不语。"

那个宾客把淳于髡的话全部报告了惠王,惠王大为惊讶,说:"哎呀,淳于先生真是个圣人啊! 前一次淳于先生来的时候,有个人献上一匹好马,我还没来得及相一相,恰巧淳于先生来了。后一次来的时候,又有个人献来歌伎,我还没来得及听一听,也遇到淳于先生来了。我接见淳于先生时虽然喝退了身边侍从,可是心里却想着马和歌伎,是有这么回事。"

淳于髡

后来淳于髡见惠王,两人专注交谈,一连三天三夜毫无倦意。惠王打算封给淳于髡卿相官位,淳于髡客气地推辞不受便离开了。当时,惠王赠给他一辆四匹马驾的精致车子、五匹帛和璧玉以及百镒黄金。

这样一个厉害的角色,这次专门想要为难一下孟子。

淳于髡问道:"成年的男人和女人之间不能够亲手递接东西,这是不是为着礼仪的缘故,符合不符合礼貌的规定?"

孟子回答说:"是的。"

淳于髡又进一步问:"那么,假如发生这样的情况,有一天嫂嫂掉在水里,挣扎呼救,小叔子应该用手去拉她,使她免于溺水吗?"

孟子义正言辞地说:"如果遇见嫂嫂掉在水里有危险而不去拉扯搭救,简直是没有人性。只有豺狼才会有这样的行为!男女之间不能够亲手递接东西,这是礼数的规定;嫂嫂掉在水里有危险,小叔子用手去搭救她,这是灵活变通,分清楚事情的轻重,权衡过后做出的正确判断,怎么能够因为礼仪的规定僵化掉,不知道通权达变呢。"

淳于髡步步紧逼,说道:"现在整个天下都掉在水里了,可谓水深火热,先生却不去救援,这又是为什么呢?"

孟子这时候将近花甲之年了,人生经验十分丰富,他的回答显现出了从容不迫、幽默机智的大家风范。

孟子说:"当今整个天下都掉在水里了,就要用'道'去救援,这才是正确的做法;若嫂嫂掉在水里面,用手去拉上来就可以了——您难道也要我用徒手去救援天下吗?"

(五)清风正气

行丧三年后再次返回齐国,毫无疑问,齐威王对孟子的学说早就十分熟悉了。孟子的"仁政""正道"他也很了解了。齐威王认为儒家思想确也很有道理,让人心生向往。如果孟子是一位单单做学问的先生,不问政事,他的思想作为一种学说进行研究,很有必要,但却不能用来治国。因为它不实用,远远解决不了齐国现在的问题,远水难救近火。齐威王十分尊重孟子,因为他学识渊博,有教养,颇有贤名。因此,威王对孟子的态度和接待既热情又恭敬,对他的仁政主张却冷漠,毫不热衷。孟子决定离开齐国。

临行前,齐威王赠金百镒,孟子以"未当处"而拒绝了。

他说:"我并没有做出什么成绩来,没有要收下这些金子的理由。因此,收下金子的话就是我做的不恰当了。"孟子拒绝接受,因为他认为君主接受他的思想比赠送他金子更重要。

十一、流离宋邹

(一)离齐往宋

宋君偃称王为周显王四十一年,公元前 328 年后。孟子在齐国时,听说宋偃王欲行仁政。他感到仁政有望,因此风尘仆仆赶往宋国,欲对施行仁政发表自己的看法。他认为施行仁政的关键是靠外部力量对宋君进行感化,而宋偃王身边只有薛居州、戴不胜等少数几个仁人善士,仅靠他们的力量是远远不够的,于是建议在宋君周围大量安排善士,对宋君施加影响,这样仁政才有可能实现。

在孟子一行人刚刚到达宋国的时候,就感到了一丝阴影。

宋都彭城远远没有齐国都城临淄那样繁华。只见到处是低矮的城墙,已经很破旧了,有些地方还残缺不全的。街道狭窄,道路也是弯曲、坑洼不平。整个看上去没有几栋整齐的好房子,到处残垣断壁。店铺或关或闭,开门者亦死气沉沉。市面萧条冷落,行人稀少。街上行人精神萎靡、衣衫褴褛……见此情形,公孙丑等孟子门下弟子不禁暗暗心惊,心想,这样的国家若要实行仁政,怕是十分困难吧。若真是实行下去,又能改变多少呢?想到这里,大家的脸上都露出了一丝犹疑和勉强的神色。孟子只是神色庄重,没有讲话。他细细地考虑着宋国的情况,好制定对策。

宋王偃在位十五年,因为国家太小,经常受外面强邻的侵犯骚扰,饱尝丧权辱国的痛苦;在宋国朝廷,又有一帮奸臣挟持大权,宋国君自己也知道,但做不得声,只能装聋作哑,真是政权旁落,忍辱偷生。他了解自己国家的现状,但是无力改变,眼看百姓吃不饱穿不暖,流离失所,心中像刀绞一般,觉得自己愧对于列祖列宗,没有脸见万民百姓。但是这样感慨也没有用,他想要奋发图强,建设本国,虽然不奢望在诸侯国间称霸,只求得国泰民安,老百姓能够衣食无忧。在纵观天下时势之后,他意识到使国家富强不外乎两条路线,一条是儒家的仁政王道,一条是法家的强权霸道。经过权衡与比较,他选择了前者。

此时孟子师徒远道而来,正是他欲行王道,有所作为的时候。孟子的到来简直是雪中送炭。宋偃王赶紧安排他们于最好的馆舍下榻,设盛宴款待,礼节十分隆重。他迫不及待地向孟子讨教,与他促膝倾谈三天三夜,很是投机。在听了孟子的设想之后，宋偃王对在宋推行仁政信心百倍。他摩拳擦掌，想大施作为。然而，他们全都错了，因为操纵宋国政权者不是宋王偃，而是大夫戴盈之。

（二）偷鸡贼与窃国者

戴盈之身高不过五尺，但却长得肥头大耳，腰宽体阔，颈粗项短，脸胖得不分眉眼，远远望去，简直就是有碍观瞻。他这个人十分虚伪，素来对上级毕恭毕敬，对下级笑容可掬，且经常慷慨解囊，济人危困，因此表面上是个老好人，满朝文武，没有不拥护他的。明里他从不跟人斗，似乎很宽宏、很大度，只是背后心狠手辣，许多人被他害得家破人亡，还在为其歌功颂德；有的人被他卖掉，还在积极为其数钱。凡他表面上积极提倡、热情拥护的一切，背地里无不是其坚决反对、处心积虑地加以扼杀的。他的心腹最能领会他的意图，例如他说某某人很好，要设法保护和营救，心腹们心领神会地点点头，或答应一声"是"，不久这个人便要遭暗算。宋王偃自然完全掌握他的这一特点，但畏于他的权势，无可奈何。朝中老臣，吃其亏者不少，吃一堑长一智，连国王都畏而惧之，臣僚们则更退避三舍，倍加谨慎。这一切使得戴盈之更加得意扬扬，有恃无恐。国君提出欲行王政，戴盈之积极响应，奔走呼号，国君因此更加忧虑。忧虑藏于内心，不能现于表面，表面上要赞扬他的才干与热情，一切委托他来操办。

既然国君视孟子如神仙转世，将之奉为上宾，戴盈之也就百般殷勤，处处讨好孟子，溢美颂扬之辞不绝于耳。孟子经历坎坷，见多识广，他怎么会没有留意到这样一个虚伪阴险的真小人伪君子呢。一向厌恶阿谀奉承的孟子对戴盈之颇感厌恶，并没有什么好态度，常常是当面斥责，毫不留情。

一次，戴盈之受宋王偃的委托，与孟子一起探讨行仁政的具体内容和措施。尽管孟子对戴盈之的印象不佳，但他生性善良，也相信人性本是向善的，希望戴盈之能够通过施行仁政将失去的善性再寻回来，便开诚布公地谈出了自己的一系列主张，其中很重要的一条便是取于民有制，薄税敛，减轻人民的负担，取得人民的拥护。当谈到具体税率时，孟子主张十分抽一，免除关卡和行商税。戴盈之听了，装作很是赞赏这种薄税少敛的主张，给予很高的评价，但接着双手一摊，很难为情地说道："您的建议说税率十分抽一，并且免除关卡费用和市场的征税，这些项目以我们国家的实力今年内还办不到，请让我们先暂时减轻一些，等到明年，再慢慢向您的提议靠拢，最后一切条件成熟，到时候国家富强了，就彻底遵照先生的教诲实行，您看怎么样?"

戴盈之其实不是很愿意立即履行这个建议,于是就想采用拖延的战术来糊弄孟子。他想要用这种改错分步,明明认识到不对,但就是不愿意彻底改正,而以数量减少来遮掩性质的把戏,孟子怎么会不知道呢。

但是孟子没有把情绪表露出来,只是说:"现在有一个人每天偷邻居家的一只鸡,有人告诫他说'这不是正派人的行为,你不要再这样做了!'他便说'好的,我同意你的说法。但是我一时积习难改,请让我先减少一些,每月偷一只,等到明年再彻底洗手不干。'——如果知道这种行为不合于道义,就应该赶快停止,为什么要等到明年呢?"

他这样巧妙的说法,虽然没有义正词严,却把戴盈之比做一个偷鸡贼,狠狠地讽刺了一顿。戴盈之听了这话,一时间哑口无言,面色愤愤,心中更是恼火不已。只想把孟子早早赶走,省得妨碍自己作威作福。

(三)与勾践论游说之道

周显王四十三年,即公元前 326 年左右,孟子一边尽力在朝廷推行仁政,一边和宋国的学问家互相交流,试图给仁政推行培养更多的力量。与在齐国时候一样,他也很喜欢与他们展开辩论。

一天,一位名字叫作勾践的人来和孟子讨论游说的学问。

孟子对他说:"你喜欢游说吗?请让我来发表一点意见。我来讲游说应该持有的态度。我向一位国君游说,提出政策意见。如果人家理解我的观点,采纳我的建议,我自然悠然自得并无所求;倘若人家不理解,我也无妨,照样是悠然自得并无所求。"

勾践问道:"请问您怎样能做到悠然自得无所求呢?"

孟子说:"我一生做人崇尚德行,爱好仁义礼仪,这样能不能被采纳都能悠然自得无所求,因为我的建议都是发自仁义的。因此士人穷困失意的时候不能失掉仁义之心,意气风发的时候不能背离仁义道德。穷困时不失掉义,所以士人能保持自己的操守;得志时不背离道,所以不会使百姓失望。古代的人,得志时,施给人民恩泽,为人民谋幸福;不得志时,修养品德立身在世为自己正品德。穷困时,独自保持自己的善性,得志时还要使天下的人保持善性。这才是君子应该对待游说结果的态度啊。"

勾践听了连声拜谢，很受启发。

（四）孟子与滕国世子

当滕文公为世子的时候，与其老师然友出使楚国，途经彭城。然友与孟子有旧，闻听孟子在宋，急忙前往拜访，并引其与滕世子相见。滕世子身高八尺，举止文雅，谈吐不凡，颇得孟子的赏识。滕世子在彭城短暂逗留期间，曾多次虚心向孟子讨教，孟子给他讲人性本善的理论和尧舜之道，世子闻后颇有豁然开朗之感。一个月后，世子师徒出使归来，重访孟子，向他提出了一系列问题，诸如怎样为君，怎样治国，如何服民，怎样与大国交往，滕是小国，纵行仁政，对天下有何裨益，怎样的人才能统一天下等。孟子逐一予以回答，有理论，有史实，有榜样。世子频频颔首，屡屡发问。孟子有问必答，娓娓而谈。真是十分畅快。

孟子说，政治清明的时候，道德不高的人为道德高尚的人所役使，不太贤能的人为非常贤能的人所役使；政治黑暗的时候，力量小的为力量大的控制，力量弱的为力量强的所役使控制。这两种情形都是由上天决定的，顺天者昌，逆天者亡。齐景公曾经说过："既然不能命令别人，又不接受别人的命令，只有绝路一条。"因此他流着眼泪把女儿嫁到吴国去。如今弱小的国家以强大的国家为师，却以接受命令为耻，这好比弟子以接受老师的命令为耻。如果真以为耻，最好以文王为师。以文王为师，强国五年，弱国七年，必为政于天下。《诗经》上说："商代的子孙，数目何止十万。上帝既已授命于文王，他们便都为周朝的臣下……殷代的臣子也都漂亮聪明，执行灌酒的礼节助祭于周京。"孔子也说过，仁德的力量是不能拿人数的多少来计算的，国君好仁，天下无敌。今天欲无敌于天下而不行仁政，这好比是惧怕酷热的人而不肯洗澡一样。

孟子说："太子不相信我的话吗？道理都是一致的啊。成脱对齐景公说：'他是一个男子汉，我也是一个男子汉，我为什么怕他呢？'颜渊说：'舜是什么人，我是什么人，有作为的人也会像他那样。'公明仪说：'文王是我的老师；周公难道会欺骗我吗？'现在的滕国，假如把疆土截长补短也有将近方圆五十里吧。还是可以治理成一个好国家的。"

孟子分析了世子提出的问题，发现他最大的弱点是缺乏大丈夫的雄心壮志，不太敢改革，便进一步给他讲述了事在人为的道理，最后说道："能不能称王天下，不在国之大小，汤居亳时，占地方圆仅七十里；文王居丰、镐时，所有不过百里之地，但因其能行仁政,终于占有天下。滕国虽小,倘能取长补短,犹可治成一个好国。"当然,像眼前这样不行,要进行大刀阔斧的改革。要行仁政,行尧舜之道,必然触犯上层社会的利益,遭到他们的坚决反对,这将是一场激烈的矛盾与斗争。正如《书经》上所说的:"如果药物不能使人吃得头昏脑涨,顽症便不能痊愈。"

滕世子牢牢地记住了孟子的这些话,并衷心地感激他的谆谆教诲,赠以厚礼,再拜而去。

(五)与戴不胜论治国

孟子在宋都彭城住了一段时间,对宋国上上下下的情况都摸透了,他发现宋国君主手下的贤臣很少,而没有德才的人却很多。他感到问题很严重,并不是像宋国国君说的那样乐观,况且实行仁政阻力重重,以戴盈之为首的奸臣总是制造障碍,宋偃王见大权不在自己手里,久而久之,也很疲倦,渐渐地对仁政缺乏诚意,对孟子的许多主张都采纳不了。孟子胸怀大志,不想再被困在这里无所事事,便打算到别国去游历。宋国的忠贞赤诚之臣,忧国忧民之士,纷纷前来挽留。宋国的君主听说孟子要离去,便派大臣戴不胜去挽留,戴不胜苦苦挽留孟子,但是孟子知道宋国王没有实行仁政的实力,政权把持在奸臣手中,因此决心已定,不能感情用事,万万不会留下了。戴不胜只好再向孟子讨教治国方法。

他说:"请问先生,真的不能有什么方法让我们宋国的君王实行仁政,变成一位贤明的君主,受万世爱戴?"

孟子回答说:"先生要使贵国的君王贤明吗?我可以明白地告诉你,不是你们国君不想变得贤明,而是他力不从心啊。我先讲一件事给你听。以前,楚国有位大夫,想让自己的儿子学会齐国话。据您看,应该请齐国人来教他呢,还是请楚国人来教他?"

戴不胜不假思索地说:"当然是请齐国人来教他。"

孟子点点头,说:"是的,那位大夫请了一个齐国人,来教儿子齐国话,可是儿子周围有许多楚国人整天在打扰他,同他吵吵嚷嚷。在这样的环境中,就是用鞭子抽他、骂他、逼他,他也学不会齐国话。如果那位大夫不是这样做,而是将儿子带到齐国去,让他在齐国都城临淄的闹市住几年,那么齐国话很快就会学好。即使你不让他说齐国活,甚至用鞭子抽打他,强迫他说楚国话,也办不到。"

戴不胜打断孟子的话说:"我们宋国也有薛居州那样的贤士呀!如果他出山辅

佐国君是不是会好一些？"

孟子回答说："是的，宋国的薛居州是位清廉的大夫。但是靠他一个人在君王左右是不起什么作用的。如果君王左右的人，无论年老处少、官职尊卑，都能像薛居州一样，那才行呢。君王左右都不是好人，那君王能与谁去做好事呢？"

戴不胜向君王复命后，君王见孟子去意已决，便不再强留，送了他一些钱，让他离开宋国。

（六）当受则受　当辞则辞

在孟子离开宋国的时候，宋王送给孟子七十镒黄金作为盘缠，孟子接受了馈赠，带领随行的弟子陈臻等人离开。他们先经过了一个叫作薛的地方，然后计划先回家乡，再作打算。

一路上，陈臻问道："以前在齐国的时候，齐王送给您好金一百镒，您不接受到宋国的时候，宋王送给您七十镒，您却接受了；在薛地，薛君送给您五十镒，您也接受了。如果以前的不接受是正确的，那后来的接受便是错误的；如果后来的接受是正确的，那以前的不接受便是错误的。老师这是因为什么缘故呢？这样看来，您总有一次做错了吧。"

孟子说："我做的，其实都是正确的，都有一定的道理。具体问题具体分析，不同情况不同对待，这就叫通权达变。"

从孟子的思想方法上来说，就是既坚持原则又通权达变。不仅处理经济问题如此，就是个人的立身处世也是如此。

"当在宋国的时候，我准备远行，对远行的人理应送些盘缠。所以宋王说：'送上一些盘缠，请你收下。'我怎么不接受呢？当在薛地的时候，我听人说路上混战，十分危险，需要戒备。薛君说：'听说您需要戒备，所以送上一点买兵器的钱。'我怎么能不接受呢？至于在齐国，则没有任何理由。齐国没有理由却要送给我一些钱，这等于是用钱来收买我。我自认为是君子。哪里有君子可以拿钱收买的呢？"

（七）邹穆公问战

孟子以及徒弟一行人离开宋国，踏着艰险的路途跋涉，好不容易安全返回了自己原来的住地邹国。

还在薛地的时候，邹国就处于危急时刻了，邹国与鲁国是邻国，鲁强邹弱，因此鲁国屡屡向邹国寻衅，想要挑起事端。面对这个局面，邹穆公的文武臣僚意见不一,有的主战,又怕亡国,一时满朝风雨飘摇。在这举棋不定的情况下,穆公突然想到了在诸侯中颇享盛名的孟子,急忙派人去请,欲求其回来帮助裁决,辅佐自己自强图存。因为乱世行路难,孟子不得已,在薛地的时候逗留了太久,等回到故乡时,邹国和鲁国已经发生了战争,邹国大败。

归国后,孟子深入了解了情况,方与国君讨论利害关系。当谈到这次邹鲁之间的战役时,穆公很是愤慨地说:"我的大小官员牺牲了三十三人,百姓却毫发无损。更可气的是他们看着官员被围困竟然没有一个人上来舍身相救,难道不可恨吗?我真想把这些愚民都杀了来解我心头之恨,但是愚民太多,杀也杀不尽,但是不杀实在可气!请问先生,我该如何惩治这些愚顽的刁民?"

听了邹穆公的话,孟子心中起了厌恶之情,他慢条斯理地回答道:"堂堂一国之君,竟然黑白不分,岂不可笑?"

邹穆公脸上露出了不悦之色,责问道:"先生怎么这么说?"

孟子理直气壮地回答道:"大王之仓廪中堆满了五谷,府库中盛满了珠宝,百姓却上不能养父母,下不能蓄妻子,每当荒年饥岁,老弱者弃尸于沟壑,青壮年抛妻别子,背井离乡,逃荒谋生,而达官贵人们却花天酒地,挥金如土。他们为何不向大王报告灾情与民之饥困,以便开仓赈民,救民出水火呢?此乃强君害民之举也!曾子说:'你如何待人,人则怎样报你,戒之戒之!'百姓饱受官吏之苦,如今有了报复之机,岂能够舍身相救!大王请不要责备百姓吧,真正的愚顽之辈并非他们。倘大王能行仁政,官吏能施惠于民,百姓自会为其长上赴汤蹈火而不辞!"

邹穆公望眼欲穿,结果盼来的却是一个与自己的政见针锋相对的孟子。二人交谈过几次,孟子对邹国的政治不是批评,就是指责,总之,如今的邹国,被穆公治理得千疮百孔,体无完肤。同样,孟子的仁政思想,邹穆公同样不能接受,而且视为脱离实际的陈词滥调。这样一来,他们的谈话便总不投机,孟子想,这位国君也不会有什么作为,与其争辩得彼此都不愉快,不如减少接触,相互回避。

(八) 孟子在邹

这时候,远在滕国,国君滕定公死了,太子滕文公即将继承王位。但是滕文公年纪尚轻,对主持朝政毕竟不是很有把握,就想到向孟子请教。

他对老师然友说:"上次在宋国的时候,孟子和我谈了许多关于天下的大道理,我记在心里久久不能忘怀。今天不幸父亲去世,我非常悲痛,有点乱了方寸,想请您先去请教孟子,然后才办丧事。"

然友便到邹国去向孟子请教。

孟子听了然友的说明,感到欣慰,说:"太子能有这个心态实在是好得很啊!对父母的丧事做子女的本来就应该尽心竭力,这才符合孝道。曾子曾经说:'父母活着的时候,子女应该依照礼节侍奉他们恭敬他们;父母去世了,也应该依照礼节安葬他们,依照礼节祭拜他们,这样才可以叫作孝子。'关于安葬诸侯的礼节怎样才符合礼仪,虽然我没有专门学过这类事情,但却也听说过。在三年的丧期之内,人人都要穿着粗布做的孝服,清淡饮食,喝稀粥。上至新任天子一直到老百姓,夏、商、周三代都是这样的。"

然友道谢,马上回国报告了太子,太子便决定实行三年的丧礼。这个命令一经颁布,立刻引起了滕国的父老官吏的不满。

他们说:"我们的宗国鲁国的历代君主没有这样实行过,我们自己的历代祖先也没有这样实行过,到了您这一代便改变祖先的做法,这是不应该的。而且《志》上说过:'丧礼的做法和祭祖的规矩一律应该依照祖先的道理。'"还说:"我们要遵循祖法,对传统有所继承,这才是符合道理的呀。"

太子对然友说:"我过去不曾做过什么学问,只喜欢跑马舞剑。现在父老官吏们都对我实行三年丧礼不满,恐怕我处理不好这件大事,请您再去替我问问孟子吧!"

然友只好再次到邹国请教孟子。

孟子肯定地说:"一定要坚持这样做,不可以有任何改变。孔子说过:'君王死了,太子把一切政务都交给大臣代理,自己每天喝稀粥。太子的脸色深黑,悲痛异常,下葬的时候,在孝子的位子上悲切痛哭,大小官吏没有谁敢不悲哀,这是因为太子亲自带头的缘故。'由此可见,在上位的人有什么喜好,下面的人一定就会跟从并且做得更厉害。领导人的良好德行是风,老百姓的德行是草。草受风吹,必然随风倒。所以,这件事完全取决于太子。"

然友回国报告了太子。太子仔细想了想说:"是啊,这件事确实取决于我。"

于是太子在丧庐中住了五个月,没有颁布过任何命令和禁令。大小官吏和同族的人都很赞成,认为太子知礼。等到下葬的那一天,四面八方的人都来观看,太子面容的悲伤,哭泣的哀痛,使前来吊丧的人都非常满意。于是滕文公也借此巩固了自己的地位,由此他更加由衷地感激孟子,这也是为什么后来孟子应他邀请去滕

十二、弃鲁至滕

孟子在邹国休养了一段时间,悉心教导他的弟子。这时候,鲁国的鲁平公即位,想要重用孟子的学生中一位名叫乐正克的人辅佐政治。孟子认为乐正子爱好善言,对自己仁政理想的实现会有帮助。

(一) 好善治天下

一天,孟子和公孙丑谈到了这件事情。

孟子说:"我听到乐正克受到重用这个消息,欢喜得睡不着觉。"

公孙丑问:"乐正子是因为很有能力,才被重用吗?"

孟子说:"不是的。"

公孙丑问:"有智慧有远见吗?"

孟子说:"也不是。"

公孙丑问:"那是因为见多识广吗?"

孟子说:"都不是最主要的。"

公孙丑问:"那您为什么高兴得睡不着觉呢?"

孟子回答说:"他为人喜欢听取善言,吸收别人的意见。"

公孙丑问:"喜欢听取善言就够了吗?"

孟子说:"喜欢听取善言足以治理天下,何况治理鲁国呢?假如喜欢听取善言,四面八方的人从千里之外都会赶来把善言告诉他;假如不喜欢听取善言,那别人就会模仿他说:'呵呵,我都已经知道了!'呵呵的声音和脸色就会把别人拒绝于千里之外。士人在千里之外停止不来,那些进谗言的阿谀奉承之人就会来到。与那些进谗言的阿谀奉承之人住在一起,要想治理好国家,办得到吗?"

乐正子随即动身了,由于时间很紧张,他就先行出发。孟子不愿意作为乐正子老师的身份去鲁国,他更期待在乐正子的建议下,鲁国君能够尊奉贤达,诚意邀请他去推广仁政。

(二) 奸人谗言

到了鲁国之后,乐正子大展宏图,升到了鲁国大夫的职位。鲁平公有一次与齐王会面修好,在商谈国际问题时,乐正子趁机极力推荐孟子。当时随行的其他大臣,也都说孟子如何如何好,鲁平公听在心里,想要去看看孟子。

鲁平公身边有一个得宠的近臣,虽然不是什么大臣,但随时跟在他的身边,鞍前马后地伺候着,虽然没有实权,但是在某些事情上,他可以吹吹风,国王听进去了,他就成为重要的人物了——这个人叫臧仓。有一天,他看见鲁平公外出的车辆、卫队等等都准备好了,马上就要出宫了。这时,他问鲁平公说,您以前出去,事先都会通知随从的人们,目的地是到什么地方。可是现在,车辆人员都准备好了,下面的人还不知道您要去哪里,他们又不敢来问,所以我来请示一下,您要去什么地方?

鲁平公说,我要去看看孟子。臧仓一听,马上抓住机会攻击孟子。他对鲁平公说:"您为什么要去看他?您尊为一国之君,为什么轻易地亲自去看一个平民呢?您以为他是一个贤人吗?为人处世,能够合乎礼义的才是贤人。换言之,一个贤人所做出来的事情,就一定合乎礼义的。像孟子,他的做法就不是贤人在做法。他父亲死得很早。后来母亲去世,他办理母亲的丧礼,远比以前办父亲丧礼隆重得多。对于自己的父母,办丧礼时,前后都有厚薄的差别,这就是不合礼制的事。这种人,您还去看他吗?"

臧仓阻驾

每个人的心理,具有先天性的缺点,最喜欢听信谗言和小话。尤其作为一个高居上位的人,大道理听多了,就容易厌烦。鲁平公就是这样,他一想,是啊,我身份很高贵,为什么还要主动去看望孟子呢,就算他是贤人,我可是君主啊。他说,我不能去。

于是他就打道回宫了。乐正子得到消息,鲁平公取消了看孟子的主意,就去问鲁平公,您为什么不去看孟子。鲁平公因宠信臧仓,当然就多少对他有所回护,答复乐正子时,就只说,有人告诉我,孟子办他自己父母的丧事,都有厚薄之不同,像这样的人,道德修养不够,所以我不去看他了。

乐正子说,这话从哪里说起呢?大概听人说,他对母亲的丧礼超过以前他对父亲的丧礼吧!这是因为他父亲死的时候,他还没有能力,只能以自己当时能力做到最好,是以士礼丧祭,行的是鱼、豚、鸡的三鼎祭礼。但是后来他母亲死了,他那个时候有能力,自然就办得隆重一些,行的是羊、豚、鸡、鱼、肤的五鼎祭礼。这是无可厚非的。这并不是他对父母的祭礼有厚薄轻重的不同,而是他的环境、身份、地位不一样了,他还是在依礼行事啊!

鲁平公这时候才明白,但是已经转不过弯来。碍于情面,他不想承认自己糊涂,一时受到小人挑拨才犯下大错。于是说,不是的,我并不是指这一方面,我是说他所买的棺木、寿衣的质料不一样。给他父亲的是便宜料子,而用在他母亲身上的,都是价钱高的好棺木、好衣料、好被服。乐正子说,至于这一点,也不能说是在礼制上有所违越呀!丧祭用品的价格高低,是因为孟子的经济环境不同。他以前作士的时候,收入少,买不起价钱高的。后来在齐国,情况得到改善,薪水高,就可以花高价钱,买更美的棺停衣衾了。这是孟子前后贫富情况不同,关于礼制方面,则没有不对的地方。

乐正子听到鲁平公这种推诿之词,心中寒凉,作为一个国君,鲁平公完全没有人君的度量,自己错了打死不承认,还要强词夺理。但是又有什么办法呢? 君与臣之间是只有遵守服从,所以无法说下去,也就不必再说下去了。当下他礼貌告辞,后来打探到了是臧仓在挑拨离间,也恨鲁平公不争气,知道他只是个爱听小话的人,出于多方面考虑,也就不再多说了。

乐正子还是觉得愧对老师,就在公务之余回过头来探望老师孟子。他心中有气,对老师发牢骚说,我曾经向鲁平公提出报告,关于老师的学问道德都如实禀告。鲁平公听了,原本要来看你,不料身边有一个亲信的小人奸臣臧仓,在鲁平公面前说你的小话,结果他就没能来拜访老师。

孟子对乐正子说,"他来看我,自有促使他来的因素;他如果不来看我,也自有他不来的因素。他的来不来看我,其实不是人力所能决定的,那是天命。你说他受了臧仓的谗言才不来看我。作领袖的人,不应该受到别人左右。现在他会受人左右,这个领导人也就可想而知,没什么可谈的了。臧仓虽然是一个小人,说了我的坏话,但是他怎么有这么大的力量,左右我和鲁平公见面或不见面呢? 所以不必要怪臧仓,臧仓只不过投其所好而已。在基本原则上,鲁平公根本就没有诚心想来看我。你不必发他的牢骚了。我的道如果能够行得通,能够实现,那么天下自然就会有人,有力量,使我受到重用,去推行我的理想。如果我的道行不通,那么不需要别人来阻止,我自己也会见势而止的。老实说,我的道行或不行,达则兼善天下,穷则独善其身。得机会，救天下、救国家、救社会；不得机会，个人把自己管好。这所有的一切，不是人事可以安排的，在冥冥之中，自有一个不可知的气数。天下该得太平，我的道自然实行；天下该动乱，也是没有法子的事。所以我与鲁平公不能见面，实在不是人事所可以左右的。你不必去责怪臧仓的挑拨。"

孟子虽然没有能够见到鲁平公，无法发表自己的政治见解，但是他并没有大喜大悲，只是哀叹了一下："我见不到鲁平公，看来是天意呀。"

（三）劳心者治人　劳力者治于人

既然见不到鲁平公，孟子且独善其身，自己修养美德。而此时的滕文公派然友问丧礼的事情之后，对孟子更加信任。他诚意邀请孟子来滕国，推行他"仁政"的治国方略。于是孟子从鲁国出发，到了滕国。滕文公对孟子十分敬重，将他安排在上宫，凡事都要请教于他。滕文公问为国，孟子较系统地阐述了"民事不可缓也""民之为道也，有恒产者有恒心，无恒产者无恒心""是故贤君必恭俭礼下，取于民有制"等仁政理论。

有一个奉行神农氏学说，名叫许行的人，从楚国到滕国进见滕文公说："我这个从远方来的人听说您施行仁政，希望得到一所住处，成为您的百姓。"

滕文公给了他住处。

许行的门徒有几十个人，都穿着粗麻衣服，靠打草鞋织席子谋生。

陈良的门徒陈相和他弟弟陈辛背着农具从宋国来到滕国，也进见滕文公说："听说您施行圣人的政治，那么，您也是圣人了，我们都愿意做圣人的百姓。"

陈相见到许行后非常高兴，完全抛弃了自己以前所学的而改学许行的学说。

陈相有一天去拜访孟子，转述许行的话说"滕君的确是个贤明的君主，不过，他还没有掌握真正的治国之道。贤人治国应该和老百姓一道耕种而食，一道亲自做饭。现在滕国却有储藏粮食的仓库，存放财物的仓库，这是损害老百姓来奉养自己，怎么能够叫作贤明呢？"

孟子说："许先生一定要自己种庄稼才吃饭吗？"

陈相回答说："对。"

"许先生一定要自己织布然后才穿衣吗？"

回答说："不，许先生只穿粗麻衣服。"

"许先生戴帽子吗？"

回答说:"戴。"

孟子问:"戴什么帽子呢?"

回答说:"戴白帽子。"

孟子问:"他自己织的吗?"

回答说:"不是,是用粮食换来的。"

孟子问:"许先生为什么不自己织呢?"

回答说:"因为怕误了农活。"

孟子问:"许先生用锅和甑子做饭,用铁器耕种吗?"

回答说:"是的。"

"他自己做的吗?"

回答说:"不是,是用粮食换的。"

孟子于是说:"农夫用粮食换取锅、甑和农具,不能说是损害了瓦匠铁匠。那么,瓦匠和铁匠用锅、甑和农具换取粮食,难道就能够说是损害了农夫吗? 而且,许先生为什么不自己烧窑冶铁做成锅、甑和各种农具,什么东西都放在家里随时取用呢? 为什么要一件一件地去和各种工匠交换呢? 为什么许先生这样不怕麻烦呢?"

陈相回答说:"各种工匠的事情当然不是可以一边耕种一边同时干得了的。"

"那么治理国家就偏偏可以一边耕种一边治理了吗? 官吏有官吏的事,百姓有百姓的事。况且,每一个人所需要的生活资料都要靠各种工匠的产品才能齐备,如果都一定要自己亲手做成才能使用,那就是率领天下的人疲于奔命。所以说:有的人用脑力劳动,有的人用体力劳动;脑力劳动者统治人,体力劳动者被人统治;被统治者养活别人,统治者靠别人养活。这是通行天下的原则。

"在尧那个时代,天下还未太平,洪水成灾,四处泛滥;草木无限制生长,禽兽大量繁殖,谷物没有收成,飞禽走兽危害人类,到处都是它们的踪迹。尧为此而非常担忧,选拔舜出来全面治理。舜派益掌管用火烧,益便用烈火焚烧山野沼泽的草木,飞禽走兽于是四散而逃。大禹疏通九条河道,治理济水、源水,引流入海;挖掘汝水、汉水,疏通淮水、泗水,引流进入长江。这样中国才可以进行农业耕种。当时,禹八年在外,三次经过自己的家门前都不进去,即便他想亲自种地,行吗?

"后稷教老百姓耕种收获,栽培五谷,五谷成熟了才能够养育百姓。人之所以为人,吃饱了,穿暖了,住得安逸了,如果没有教养,那就和禽兽差不多。圣人又为此而担忧,派契做司徒,用人与人之间应有的伦常关系和道理来教育百姓——父子之间有骨肉之亲,君臣之间有礼义之道,夫妻之间有内外之别,老少之间有尊卑之序,朋友之间有诚信之德。尧说道:'慰劳他们,安抚他们,开导他们,纠正他们,辅助他们,保护他们,使他们自得其所,再进一步提高他们的品德。'圣人为老百姓考虑得如此之多,难道还有时间来亲自耕种吗?

"尧把得不到舜这样的人作为自己的忧虑,舜把得不到禹和陶这样的人作为自己的忧虑。那些把耕种不好田地作为自己忧虑的,是农夫。把钱财分给别人叫作惠,把好的道理教给别人叫作忠,为天下发现人才叫作仁。所以把天下让给人容易,为天下发现人才却很难。孔子说:'尧做天子真是伟大! 只有天最伟大,只有尧能够效法天,他的圣德无边无际,老百姓找不到恰当的词语来赞美他! 舜也是了不得的天子! 虽然有了这样广阔的天下,自己却并不占有它!'尧和舜治理天下,难道不用心思吗? 只不过没用在耕田种地上罢了。

"我只听说过用中原的一切来改变边远落后地区的,没有听说过用边远落后地区的一切来改变中原的。陈良本来是楚国的人,喜爱周公、孔子的学说,由南而北来到中原学习。北方的学者还没有人能够超过他。他可以称得上是豪杰之士了。你们兄弟跟随他学习几十年,他一死,你们就背叛了他! 以前孔子死的时候,门徒们都为他守孝三年,三年以后,大家才收拾行李准备回家。临走的时候,都去向子贡行礼告别,相对而哭,泣不成声,然后才离开。子贡又回到孔子的墓地重新筑屋,独自守墓三年,然后才离开。后来,子夏、子张、子游认为有若有点像孔子,便想用尊敬孔子的礼来尊敬他,他们希望曾子也同意。曾子说:'不可以,就像曾经用江汉的水清洗过,又在夏天的太阳下曝晒过,洁白无瑕。我们的老师是没有谁还能够相比的。'如今这个怪腔怪调的南方蛮子,说话诽谤先王的圣贤之道,你们却背叛自己的老师而向他学习,这和曾子的态度恰恰相反。我只听说过飞鸟从幽暗的山沟飞出来迁往高大的树木的,从没听说过飞鸟从高大的树木飞下来迁往幽暗的山沟的。《鲁颂》说:'攻击北方的戎狄,惩罚南方的荆舒。'周公尚且要攻击楚国这样的南方蛮夷,你们却去向他学习,这简直是越变越坏了啊。"

陈相说:"如果听从许先生的学说,市场价格就会统一,人人没有欺诈,就是打发一个小孩子去市场,也不会被欺骗。布匹丝绸的长短一样,价格也就一样;麻线丝绵的轻重一样,价格也就一样;五谷的多少一样,价格也就一样;鞋子的大小一样,价格也就一样。"

孟子说"各种东西的质量和价格不一样,这是很自然的,有的相差一倍五倍,有的相差十倍百倍,有的甚至相差千倍万倍。您想让它们完全一样,只是搞乱天下罢了。一双粗糙的鞋子与一双精致的鞋子价格完全一样,人们难道会同意吗?听从许先生的学说,是率领大家走向虚伪,怎么能够治理好国家呢?"

(四)不答权贵

随着孟子办学的影响越来越大,很多王公贵族也跑来听他讲学。滕国国君的弟弟,一位名字叫作滕更的人也到了学堂来听孟子授道。他有时也问孟子一些问题,但是孟子都没有回答他。一天孟子的学生公都子发现了这个现象,感到很好奇。他了解老师的为人,明白其中定有蹊跷。

他向孟子请教说:"老师,滕更慕名来到您的名下求学,以他的高贵身份,按常理来说,似乎更应该得到特殊的礼遇,但是您非但没有特别的礼遇他,反而连问题都不回答,这是为了什么呢?"

孟子回答说:"有人向贤德之人求教发问的时候,如果发问的人有下面五种态度,那么君子就可以不用理睬他了。"

是哪五种态度呢?孟子接着说:

"第一是仗着有权有势,不把老师当回事。这样发问,可以不予回答;第二是仗着自己有一点小聪明,恃才傲物地发问,也不要理会;三是倚老卖老,仗着自己年长来提问;第四是仗着已经立下的功勋战绩来发问;五是仗着与人是好友故交,以熟卖熟攀交情,也万万不可理会。滕更依仗国君,有权有势自然眼高于顶,他又恃才傲物,这样的态度,我自然不会回答他的问题。"

作为一个明理开诚的君主,滕文公对孟子是十分尊敬的,也对孟子委以重用。但是作为被君王所信任的臣子,孟子却有些力不从心。他的仁政理想并不符合滕文公的施政国情,也没有具体的措施。当滕文公问孟子"滕,小国也,间于齐楚,事齐乎?事楚乎"时,孟子只是说了些君民上下同心、与国家共存亡之类务虚不务实的话,让滕文公颇感不满。孟子最后在滕的处境很有些尴尬,而滕国国情也使得孟子为实行仁政而付出的努力再次落空。于是,孟子只好离开滕国,来到当时也比较强盛的魏国。

十三、孟子见梁惠王

在孟子生存的这个战国七雄争霸的时代,新兴地主阶级正在崛起,并要取得政治上的统治地位,因而社会矛盾更趋激烈,兼并战争日益频繁。"争地以战,杀人盈野;争城以战,杀人盈城"的战争和"庖有肥肉,厩有肥马,民有饥色,野有饿莩"的阶级对立,正如孟子所说,"民之憔悴于虐政,未有盛于此时者也。"孟子到处宣扬"保民而王""仁义为本"的思想,在当时符合人民的愿望,有一定的积极意义。公元前320年左右,梁惠王"厚币卑礼"招贤纳士辅佐国政。孟子从滕国到梁(今开封)谒见梁惠王,向梁惠王游说。在此并见到梁惠王的儿子,也就是后来的梁襄王。

(一)以义治国　何必言利

孟子来到魏都大梁时,在位已五十年的梁惠王已经七十岁左右了。对于孟子的到来,梁惠王寄予了很大的希望。

因此,他一见到孟子就迫不及待地问:"老先生,您不远千里而来,一定是有什么对我的国家有利的高见吧?"

孟子十分精辟地分析了大夫、士庶人舍弃仁义而追逐私利的危害性,阐明了"先义后利"的义利观。

他回答说:"大王! 何必说利益呢? 只要说仁义就行了。大王说'怎样使我的国家有利?'大夫说'怎样使我的家庭有利?'一般人士和老百姓说'怎样使我自己有利?'结果是上上下下互相争夺利益,国家就危险了啊! 在一个拥有一万辆兵车的国家里,杀害它国君的人,一定是拥有一千辆兵车的大夫;在一个拥有一千辆兵车的国家里,杀害它国君的人,一定是拥有一百辆兵车的大夫。这些大夫在一万辆兵车的国家中就拥有一千辆,在一千辆兵车的国家中就拥有一百辆,他们的拥有不算不多。可是,如果把义放在后而把利摆在前,他们不夺得国君的地位是永远不会满足的。反过来说,从来没有讲'仁'的人却抛弃父母的,从来也没有讲'义'的人却不顾君王的。所以,大王只说仁义就行了,何必说利呢?"

(二)五十步笑百步

战国时代,在中原大地上,有很多大大小小不同的国家。这些王国为了保护自己的地盘,也为了抢夺更多的国土,都采取"合纵连横"的计策,结交离自己比较远的国家,和没有利益冲突诸侯国结成联盟,帮助自己攻打距离较近,有利益冲突的国家。

在这种情况下,国王为了自己的利益,发动战争。战争连年不断,可苦了各国的老百姓。

梁惠王正是一位好战分子。他见孟子不许讲利，就发牢骚说："好！那就讲义吧。我治理国家，也算很讲义的啊！在我的国家，黄河以南发生饥荒（今河南省），就把灾民移于黄河以东（今山西省），怕早去的人们饿肚子，我还往灾区运送粮食。我这不是义吗？当黄河以东发生饥荒，我也是如此调剂粮食，迁移灾民。我去邻国访问考察的时候，发现他们没有一个能像我这样为老百姓打算的，都不如我用心呢。可是我们国家的人口并没有因此增加，邻国的百姓也没见减少哇。这是什么缘故呢？"

孟子回答道："大王您喜欢战争，那就请允许我用战争打个比方吧。战场上，锣鼓喧天，这边战鼓咚咚地刚响，那些锋利的刀啊枪啊刚刚亮出来，还没有开始打呢，就有怕死的士兵吓得不得了，盔甲都不要，拖着枪就往回跑。有的人跑得快，一口气跑了一百步才敢停下回头看，有个别胆儿大的，跑到五十步就回头了。可是，这跑五十步的竟然嘲笑跑了一百步的人，还说他胆子太小了，大王觉得这样说得通说不通？有这个理吗？"

梁惠王说："不行，只不过他没有跑到一百步而已，但是他也是逃跑，和另外的人有什么区别呢。"

"您这就叫五十步笑百步啊。不要自我感觉良好了，您和您的邻国其实都不怎么样。大王如果懂得这个道理，就不要再希望您的百姓比邻国多了。要从根本上解决这个问题，关键是要有仁政。您不实行仁政，自然百姓不会增多。仁者才能天下无敌啊。"

（三）痛陈现状　憧憬王道

梁惠王听了孟子的批评，没有生气，反而来精神了。

他说："愿听请先生教诲。"

孟子根据自己的仁政学说为魏国设计了一幅使百姓安其居乐其业、老有所养、养有所终的"王道"蓝图。他继续说道：

"咱们国家大部分是农民，如果在农民收获粮食的季节注意一点，不要去征人当兵打仗，不要征人去做苦工，而是让他们在家老老实实地种地收割，这样就不会妨碍粮食生产，粮食生产有了保证，温饱问题就解决了。渔民的话，大江大河里面的鱼，就不允许用那种网眼比较小，连小鱼都很容易抓到的渔网去捕，而是用网眼比较大的渔网捕。这样的话，那些鱼苗就不会被赶尽杀绝，那么来年，小鱼长成大鱼,我们也可以吃到鱼了,这才是年年有鱼啊。这样做,才是符合自然规律的,才是可持续发展啊。靠伐木吃饭的人,也要有仁慈的心才好,要遵守一定的时间。"

孟子此时,心中所想的就是古代的治水明君大禹,曾经立下一条规矩:阳春三月,高山森林等等有树木的地方不允许带斧头进去,这就是为了保护树木,让树木尽情生长。他对风俗文化也有研究,民间流传的儿歌唱的"隆冬斩阳木,盛夏砍阴木"就是时节,节气问题,庄稼人都知道。还有等花草树木都凋零的时候才是砍伐的最好时机。

这些,都是符合自然规律的,也是孟子一生所倡导的:"粮食吃不完,鱼肉也有剩余,木材也可以一直建房造车,利用下去。这样老百姓就有安居乐业的条件啦。无论是生活下去需要的粮食鱼肉还是死后需要的棺木,百姓都可以得到满足。百姓有能够安居乐业的条件,安于自己的幸福生活,这就是大王用'道'一统天下的开端啊。"

"但是现在的情况却不是这样啊,"孟子非常痛心地说。"现在的世道,有钱人的猪呀狗呀都可以为所欲为,它们到处搞破坏,吃掉了庄稼人辛辛苦苦种下的粮食,却没有人来管管这些畜生。没人检查,没人制止。道路上到处都是吃不上饭的人,甚至有饿死的人,大王却不知道打开国库用储存的粮食来救灾应急。老百姓死了,不但不加以反省,还振振有词地说'这实在不是我的缘故呀,不是我没有统治好国家而是这年头儿收成不好,老天爷不给面子'。这种说法和拿着刀子把人杀死了,却说这个人不是我杀掉的,是我手中的刀子杀掉的有什么区别呢?如果大王认清根源,不是推脱责任,说年头儿不好风不调雨不顺,而是老老实实从政治改革抓起,从根本上的领导方式做起,就一定可以治理好国家。这样的话,别人才会来投奔咱们国家。"

梁惠王听得入神,一会儿仿佛看到仁政的宏伟蓝图而舒展笑颜,一会儿回到现状不禁眉头深锁。

孟子再问梁惠王:"用木棍打死人和用刀子杀死人,有什么不同吗?"

梁惠王回答说:"没有什么不同的。"

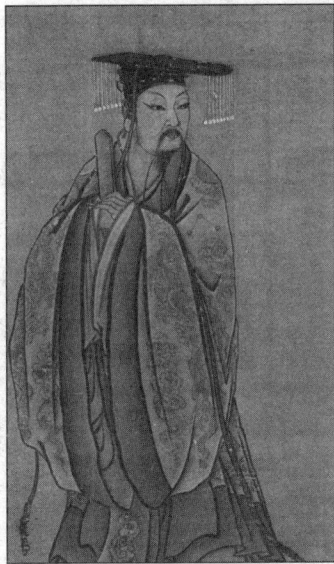

孟子又问:"用刀子杀死人和用政治害死人有什么不同?"

梁惠王说:"也没有什么不同。"

孟子接着说:"现在大王的厨房里有的是肥肉,马厩里有的是壮马,可老百姓面有饥色,野外躺着饿死的人。这是当权者在带领着野兽来吃人啊!大王想想,野兽相食,尚且使人厌恶,那么当权者带着野兽来吃人,怎么能当好老百姓的父母官呢?孔子很反对古时陪同死人下葬的木偶或土偶,他说发明这种方法的人,简直应该断子绝孙。您看,用人形的土偶来殉葬尚且不可,又怎么可以让老百姓活活地饿死呢?"

梁惠王接着又谈到自己继位以来,被秦国和齐国多次打败的事情。他说:"想当年,天下没有比没有我们魏国更强的国家了,这是您老所深知的。而今到了我当政,东边被齐国打败,连我的大儿子也阵亡了;西边又丧失了河西之地七百里,割让给秦国;南边又失掉八座城,因此被楚国所欺侮。我为此感到羞耻,希望能替全体死难者雪耻复仇,您说我该怎么办才好?"

孟子回答道:"在任何方圆百里的小国家,都可以在自己的国土推行王道,大王如果肯对百姓施行仁政,减免刑罚,少收赋税,提倡精耕细作,及时锄草,使健壮的青年利用闲暇时间加强孝亲、敬兄、忠诚、守信的道德修养,做到在家能侍奉父兄,外出能尊长敬上,这样,即使是手里拿着木制的棍棒,也可以跟拥有坚实盔甲和锋利武器的秦、楚军队相对抗。因为秦国和楚国侵占了百姓的农时,使他们无法耕种来赡养父母。父母受冻挨饿,兄弟妻子各自逃散,他们坑害得百姓好苦。大王如果兴师前往讨伐它,有谁能跟王较量呢?有道是:'实行仁政者无敌于天下。'请大王不要再犹豫徘徊!"

(四)与周霄论出仕

博大的胸襟与为民请命的抱负使孟子时时提醒自己使命在肩,他不但尽心尽力与君王议政,闲暇的时候,更是与魏国学者畅谈古今,同抒胸臆。

一天,魏国学问家周霄前来拜访他,请教为官之道。

周霄问道:"古代的君子做官吗?"

孟子说:"做官。古代的记载说:'孔子三个月没有被君主任用,就惶惶不安;离开这个国家时,必定要带上谒见另一个国家君主的见面礼。公明仪说过:'古代的人如果三个月不被君主任用,那就要去安慰他。'"

周霄听了很不解，说："三个月不被君主任用，就要去安慰，不是求官太迫切了吗？"

孟子回答说："士失掉了官位，就像诸侯失掉了国家。《礼》上说：'诸侯亲自耕种，用来供给祭品；夫人养蚕缫丝，用来供给祭服。如果用作祭祀的牛羊不肥壮，谷米不洁净，礼服不齐备，就不敢用来祭祀。士如果不做官就没有田地俸禄，也就不能祭祀。'如果祭祀用的牲畜、祭器、祭服什么都没有，不敢用来祭祀，也就不敢宴请，就像遇到丧事的人一样，还不该去安慰他吗？"

周霄问道："离开一国时，定要带上谒见别的国君的礼物，为什么呢？"

孟子说："士做官，就像农夫种田；农夫难道会因为离开一个国家就丢弃他的农具吗？"

周霄说："我们魏国也是个有官可做的国家，却不曾听说想做官这样急迫的。想做官是这样急迫，君子却又不轻易去做官，为什么呢？"

孟子说："男孩一出生，就愿给他找妻室，女孩一出生，就愿给她找婆家；父母的这种心情，人人都是有的。但是如果不等父母的同意，媒人的说合，就钻洞扒缝互相偷看，翻过墙头跟人约会，那么父母和社会上的人都会认为这种人下贱。古代的君子不是不想做官，但又厌恶不从正道求官。不从正道求官，是同钻洞扒缝之类行径一样的，会被贤达之士认为是低贱不合礼仪的。"

（五）大丈夫与小女子

有一位纵横学派的名士叫作景春，他虽然与孟子理念不同，但是也慕名而来拜访孟子。

他问孟子说："我们魏国著名的说客公孙衍，秦国纵横家的代表人物张仪，难道不是真正的大丈夫吗？他们如果发起怒来，诸侯们都会害怕；他们能够左右诸侯，挑起国与国之间的战争。相反，他们如果安静下来，天下就会平安无事。真是了不得的男子汉大丈夫。"

孟子很看不起那些靠摇唇鼓舌、曲意顺从诸侯的意思往上爬，没有仁义道德原则的小人，因此说："这个怎么能够叫大丈夫呢？你没有学过礼吗？男子举行加冠礼的时候，父亲给予训导；女子出嫁的时候，母亲给予训导，送她到门口，告诫她说：'到了你丈夫家里，一定要恭敬，一定要谨慎，不要违背你的丈夫！'以顺从为原则的，是妾妇之道。至于大丈夫，则应该住在天下最宽广的住宅里，站在天下最正确的位置上，走着天下最光明的大道。得志的时候，便与老百姓一同前进；不得志的时候，便独自坚持自己的原则。富贵不能使我骄奢淫逸，贫贱不能使我改移节操，威武不能使我屈服意志。这样才叫作大丈夫！"

（六）与民同乐

仁政一日不施，孟子则一日夜不成寐。这天，孟子又向梁惠王上谏。恰逢梁惠王在别宫休憩。他态度闲适，站在一片悠悠的河岸边上，正在欣赏美景。他四周转转，看了一圈，欣赏着在天空低回盘旋的大雁，只见它们的姿势十分优美；还有那些奔跑跳跃的麋鹿，它们轻快活泼的姿态也让人感到自由欢快。

梁惠王毕竟已经老了，他已无雄心，只是沉醉于这别馆宫苑的片刻安闲。此时，也许他想炫耀一下自己晚年的舒适，就洋洋得意地问道："那些很有道德，又非常能干的人也能够享受这种乐趣吗？"

孟子回答说："只有那些道德高尚的人才能够享受到这种乐趣呢！那些没有道德的人即使有这么美好的事情摆在面前，也不会享受这种快乐。"

孟子继续解释说："大王听我来举个例子吧。很久很久以前，中国周朝的周文王和夏朝的桀王，他们也都有这么漂亮的一座花园。在《诗经·大雅·灵台篇》记载说：'开始建美丽的灵台时候，大家想了很多点子，后来同心协力，很快就建起来了。周文王很体贴工人们，让老百姓慢慢地建造灵台，但是工人们感激他，干得更加起劲儿了。工程完工之后，他去视察。这个灵台既是个大型的动物园也是个植物园。周文王就去了一个名字叫鹿苑的园中园。这一看，大王心中十分愉快啊。只见母鹿正三三两两地在园子里面散步，安逸极了。那些母鹿的皮毛看起来十分的光滑顺溜儿，体格也很肥美，在它们旁边飞翔的是一些白色羽毛的鸟儿，在阳光的照耀下显得尤其素净和耀眼，好一幅和平又喜乐的画卷啊。周文王又转到了叫作灵沼的小园子里，这个灵沼主要是水景。满眼都是波光闪闪的水面，满池的鱼时不时蹦出来吓人一跳，鳞片闪着银光，在太阳的照耀下，叫人禁不住欢喜。'大王，这一段记载呢，证明了我说的没错，您看周文王虽然让老百姓干活儿来建造他用来享乐的高台深池，但是老百姓十分高兴啊，把那个台叫作'灵台'，把那个深池叫作'灵沼'。"

顿了一下，孟子说道："周文王的园子也是用来享乐的，里面也养了很多奇怪的飞鸟走兽，鱼虾乌龟。老百姓怎么面对这种情况还不生气呢？就因为周文王肯和老百姓一同快乐，与百姓同乐，他也就得到了真正的快乐。至于夏朝的桀王，他只是个当反面教材的料儿啦。他是历史上有名的暴君，特别残忍，老百姓都恨死他了。他却厚脸皮得很，经常自比太阳，说太阳什么时候灭亡他就什么时候灭亡。《汤誓》中记载着老百姓咒他的歌谣：'太阳啊太阳，你什么时候灭亡？要是你灭亡，我情愿让自己和你两败俱伤。'作为一个皇帝，竟然被他的子民怨恨到这个地步，甚至不想活下去了，这样的一个人，即使他有多千姿百态的风景，多稀罕的奇珍异兽，难道他没有了老百姓的爱戴，自己一个人享受，能得到真正的快乐吗？他不是一个真正有道德的人，因此，也就不能得到真正的快乐啊。"

（七）过犹不及

魏国宰相白圭治水有功，他欲在孟子面前表功。一日，与孟子论政的时候，白圭说："我治理水比大禹还强。"

孟子微微一笑，说："你错了。大禹治理水患，是顺着水的本性而疏导，使水流向四海。如今你却使水流到邻近的国家去。水逆流而行叫作洚水——洚水就是洪水——是仁慈的人厌恶的。因此，你的确错了。"

白圭听了孟子的批评，觉得面上无光，只得讪讪离去。

日子渐久，孟子的政见并不为梁惠王所肯定，他的地位也渐渐步入低潮。被孟子评判过的白圭心怀愤恨，故意落井下石，想借机奚落孟子。他知道孟子主张薄赋税，所以故意来问他，定税率为二十抽一怎么样。

白圭说："我想定税率为二十抽一，怎么样？"

孟子说："你的办法是貉国的办法。一个有一万户人的国家，只有一个人做陶器，怎么样？"

白圭说："不可以，因为陶器会不够用。"

孟子说："像貉那样的小国，五谷不能生长，只能长黍子；没有城墙、宫廷、祖庙和祭祖的礼节，没有诸侯之间的往来送礼和宴饮，也没有各种衙署和官吏，所以二十抽一便够了。如今在中原国家，取消社会伦常，不要各种官吏，那怎么能行呢？做陶器的人太少，尚且不够一个国家使用，更何况没有足够的官员呢？想要比尧舜十分抽一的税率更轻的，是貉国之道；想要比尧舜十分抽一的税率更重的，是桀那样的暴君之行。如果我国能十分抽一，那就完全合于尧舜之道了。"

孟子从实际情况出发，奉行的是无过无不及的中庸之道，只有恰到好处，才是儒者的追求。

（八）孟子见梁襄王

梁惠王已经老迈不堪，他希望儿子梁襄王可以跟孟子多多学习一些学问，于是专门请孟子与梁襄王相见。孟子与梁襄王仅此一次接触。

孟子进见梁襄王，出来后，对徒弟说："梁襄王远远看上去一点不像个国君的样子，走近他也看不到有什么使人敬畏的地方。"他对梁襄王的印象并不佳，因而讲话直截了当，毫不婉转曲折。"见了我后，他也不先行礼，就突然问道：'天下要怎样才能安定呢？'我回答说：'天下安定在于统一。'他又问，'谁能统一天下呢？'我只好对他说，'不喜欢杀人的国君能统一天下。'他再问，'谁会归附他呢？'我又回答：'天下没有不归附他的。大王您知道禾苗生长的情况吗？当七八月间一发生干旱，禾苗就要枯槁了。一旦天上乌云密布，下起大雨，那么禾苗就长得茂盛了。如果这样的话，谁能阻止它呢？而现在天下国君，没有一个不嗜好杀人的。如果有不嗜好杀人的（国君），那么普天下的人民都会伸长脖子盼着他来。如果真能这样，人民归顺他，就像水往低处流一样，谁又能够阻止得了呢？'"

梁惠王虽然敬重孟子，也求贤若渴，以期复兴国家，但是他毕竟不同意孟子的"仁政"学说，因此，孟子的大愿并没有得以实施。

孟子叹息说："梁惠王真不仁啊！仁人把给予他所爱的人的恩德推及至他所不爱的人，不仁者把带给他所不爱的人的祸害推及至他所爱的人。"

公孙丑问道："为什么这么说呢？"

孟子说："梁惠王因为土地的缘故，糟蹋百姓的生命驱使他们去打仗，大败后准备再打，担心不能取胜，所以又驱使他所爱的子弟去为他送死，这就叫把带给他所不爱的人的祸害推及至他所爱的人。"

在魏国考察一段时间后，孟子认为梁惠王已经老迈，而纵观魏国文武百官、辅政大臣都是白圭之流，没有一个真心推行仁政的贤者。惠王之子梁襄王也完全没有一点国君应该有的风度和气象，孟子深感失望，在魏国停留一段时间，他思前想后，认为在各诸侯国中，齐国不论是经济条件、政治力量还是人才储备都是独占鳌头的。综合起来，齐国才是具备一切条件，能够一展作为的地方。于是他又重整旗鼓，带着昂扬的斗志，前往齐国去了。

十四、三游齐国

时值齐宣王初立,努力复兴稷下之学,稷下学宫又被重建,许多贤达能者也慕名而来。一时之间,学识的氛围重新笼罩着齐国上下,孟夫子仿佛看到了实行仁政的一线希望。他从魏国出发之后就马不停蹄到了齐国。

齐宣王喜爱文学游说之士,孟子深受礼遇,被聘为客卿。齐宣王想效法春秋时期的齐桓公、晋文公称霸,孟子在齐国的旧事他早有耳闻,于是就称霸一事询问孟子。

孟子则说我是孔子门下的弟子,主张仁德济世,才不说齐桓公、晋文公称霸的事情。并没有回答齐宣王,而是加以推托,然后大讲保护百姓才能一统天下的道理和制民之产的道理,劝宣王实行"王道"仁政。孟子在和齐宣王的多次交谈中,还宣扬了选拔贤才要选用众望所归的人,然后任用的主张。

(一)君有君道　臣有臣节

齐宣王首先向孟子请教了为君之道。孟子说:"君臣之道其实是相互的。如果君主把臣下当手足,臣下就会把君主当心腹一般重要;君主把臣下视作狗马一般下贱,臣下就会把君主当不相干的人;君主把臣下当泥土草芥踩在脚下,臣下就会把君主当仇敌。"

齐宣王说:"我朝礼制规定,已经离职的臣下也应为过去的君主展服行孝礼。君主要怎样做才能使他们为他服孝呢?"

孟子说:"臣下有劝谏,合理的君主就要接受;臣下有建议,正确的君主就要听从,并且要把政治上的恩惠下达到老百姓。臣下有什么原因不得不离去,君主要打发人护送他出国境,并派人先到臣下要去的地方做一番安排布置,如果臣下离开了三年还不回来,君主才收回他的土地和房屋。这就叫作三有礼。这样做了,臣下就会为他服孝。如今做臣下的劝谏,君王不接受;建议,君王不听从。政治上的恩惠也到不了老百姓身上。臣下有什么原因不得不离去,君主把他捆绑起来,还想方设法把他要去的地方弄得穷困破败,臣下离开的当天就收回他的土地和房屋。这种情况就叫仇敌。君臣之间像仇敌一样,还有什么孝可服呢?"

齐宣王再向孟子请教卿大夫如何为人臣子的道理。

孟子说:"大王问的是哪一类的卿大夫呢?"

齐宣王感到很奇怪,说:"卿大夫还有所不同吗?"

孟子说:"是的,当然不同。有与大王同姓同一个宗族,关系十分密切的卿大夫,有不同本家的异姓卿大夫。"

宣王听了,于是说:"那我请问我齐氏王室宗族的卿大夫。"

孟子说:"如果君王犯了严重的过错,他们便会运用手中的权力,加以劝阻;王室宗族的卿大夫因为与国君有亲缘关系,国君的祖先也就是他的祖先,所以既不能离去,又不能坐视政权覆亡,当国君有重大错误又不听劝谏时,就可以另立新君。"

齐宣王听到这里突然神色大变,脸色十分不悦,暗想孟子你这不是大不敬犯上吗? 正待发作,孟子不急不缓地说:"大王,请不要怪我这样说。您问我关于王氏宗族的卿大夫,我对您不敢不用老实话来回答。"

听到此言,齐宣王脸色才稍微正常了,然后他又问非王族的异姓卿大夫如何。

孟子熟读圣人经典,他对孔子"所谓大臣者,以道事君,不可则止"的观点了然于胸,因此,胸有成竹地说:"对于不同本家的异姓卿大夫,如果君王有严重的过错,他们也是加以劝阻;但是若君王经反复劝阻了还不听从改正,他们没有很大的权力惩罚君王,只好辞去官职离开。"

齐宣王还是心有戚戚,又问道:"但是古时候商汤流放夏桀,周武王还是臣子的时候就带兵讨伐商纣,有这些事吗?"

孟子回答道:"文献上有这样的记载。"

齐宣王有些紧张,他急急问道:"臣子杀他的君主,可以吗?"

孟子不紧不慢地说:"败坏仁的人叫贼,败坏义的人叫残;残、贼这样的人叫独夫。我只听说杀了独夫纣罢了,没听说臣杀君啊。"

齐宣王不由悄悄嘘出一口长气,同时心中暗暗佩服,孟子的盛名果然名不虚传啊。不但智慧渊博而且胆识过人,果然是一代鸿儒。如此人才,一定要拜为卿相,为国效劳才好。

就这样,孟子言简意赅,机智应答,巧妙地宣传了自己的仁政内容,弘扬大臣的职责和权力,限制了君主权力无限地膨胀,体现出一定程度的民主政治色彩。

(二)君子远庖厨

齐宣王继续问道:齐桓公、晋文公在春秋时代称霸的事情,您可以讲给我听听吗?"

孟子回答说:"孔子的学生没有谈论齐桓公、晋文公称霸之事的,所以没有传到后代来,我也没有听说过。大王如果一定要我说,那我就说说用道德来统一天下的王道吧。"

宣王问:"道德怎么样就可以统一天下了呢?"

孟子说:"一切为了让老百姓安居乐业。这样去统一天下,就没有谁能够阻挡了。"

宣王说:"像我这样的人能够让老百姓安居乐业吗?"

孟子说:"能够。"

宣王说:"凭什么知道我能够呢?"

孟子说:"我曾经听别人告诉过我一件事,说是大王您有一天坐在大殿上,有人牵着牛从殿下走过,您看到了,便问:'把牛牵到哪里去?'牵牛的人回答:'准备杀了取血祭钟。'您便说:'放了它吧! 我不忍心看到它那害怕得发抖的样子,就像毫无罪过却被处死刑一样。'牵牛的人问:'那就不祭钟了吗?'您说:'怎么可以不祭钟呢? 用羊来代替牛吧!'——不知道有没有这件事?"

孟子游见齐宣王

宣王说:"是有这件事。"

孟子说:"凭大王您有这样的仁心就可以统一天下了。老百姓听说这件事后都认为您是吝啬,我却知道您不是吝啬,而是因为不忍心。"

宣王说:"是,确实有的老百姓这样认为。不过,我们齐国虽然不大,但我怎么会吝啬到舍不得一头牛的程度呢? 我实在是不忍心看到它害怕得发抖的样子,就像毫无罪过却被判处死刑一样,所以用羊来代替它。"

孟子说:"大王也不要责怪老百姓认为您吝啬。他们只看到您用小的羊去代替大的牛,哪里知道其中的深意呢? 何况,大王如果可怜它毫无罪过却被宰杀,那牛和羊又有什么区别呢?"

宣王笑着说:"是啊,这一点连我自己也不知道到底是一种什么心理了。我的确不是吝啬钱财才用羊去代替牛的,不过,老百姓这样认为,的确也有他们的道理啊。"

孟子说："没有关系。大王这种不忍心正是仁慈的表现，只因为您当时亲眼见到了牛而没有见到羊。君子对于飞禽走兽，见到它们活着，便不忍心见到它们死去；听到它们哀叫，便不忍心吃它们的肉。所以，君子总是远离厨房。"

（三）挟泰山而跳北海

听了孟子的说法，齐宣王感到很欣慰。他说"《诗经》说：'别人有什么心思，我能揣测到。'——说的就是先生您这样的人啊。我自己做了一件事，回头再去想它，却想不出是为什么。先生您说的这些，让我的心豁然开朗！但您说我的这种心态与用道德统一天下的王道相合又当如何呢？"

孟子说："假如有人报告大王说：'我的力气足以举起三千斤，却不能够举起一根羽毛；我的眼力足以看清鸟兽秋天新生细毛的末梢，却看不到整车的柴草。'那么，大王您相信吗？"

齐宣王说："当然不相信。"

"如今您的恩德足以推及禽兽，而老百姓却得不到您的功德，却是为什么呢？这样看来，举不起一根羽毛，是不用力气的缘故；看不见整车的柴草，是不用目力的缘故；老百姓没有受到爱护，是不肯布施恩德的缘故。所以，大王您不能以王道统一天下，是不肯干，而不是不能干。"

齐宣王说："不肯干与不能干在表现上怎样区别？"

孟子说："如果让一个人用胳膊挟着泰山去跳过北海，他会告诉别人说：'我做不到。'这确实是做不到。如果让他为长辈做一下按摩松松筋骨，他也告诉别人说：'我做不到。'这是不肯做，而不是不能做。大王所以不能统一天下，不属于用胳膊挟泰山去跳过北海这一类的事；大王不能统一天下，属于对长辈按摩肢体一类的事。尊敬自己的老人，进而推广到尊敬别人家的老人；爱护自己的孩子，进而推广到爱护别人家的孩子。照此理去做，要统一天下如同在手掌上转动东西那么容易了。《诗经》说：'做国君的给自己的妻子和儿女作好榜样，推广到兄弟，进而治理好一家一国。'——说的就是把这样的心意推广到他人身上罢了。所以，推广恩德足以使天下安定，如果不推广恩德连妻子儿女都安抚不了。古代圣人大大超过别人的原因，没别的，善于推广他们的好行为罢了。如今您的恩德足以推广到禽兽身上，老百姓却得不到您的好处，这究竟是什么原因呢？称一称，才能知道轻重；量一量,才能知道长短。事物都是如此,人心更是这样。大王,您请思量一下吧!"

(四)缘木求鱼

孟子继续和齐宣王论政。

他紧接着说:"大王,您最大的愿望是什么,可以说给我听听吗?"

齐宣王笑了笑,却没有讲话。

孟子面露疑惑的神色,问道:"咦! 大王,这是为什么,难道是为了精美的食物,抑或是为了锦绣的衣服? 还是为了应接不暇的缤纷色彩呢?"

宣王还是摇了摇头。孟子迟疑了一下,说:"那是因为美妙的音乐不够您享用,还是因为身边服侍您的人不够使唤呢? 这些事情,您手下办事的都会想尽办法替您办好,难道还真是因为这样吗?"

齐宣王摆摆手,坚决地说:"不,绝对不是因为这样。"

孟子装作更加纳闷的样子来,自言自语道:"原来并不是这样!"接着他又问宣王:"大王调遣全国的兵力,让将士们冒着生命危险去攻打别的国家,难道只有打败了别的国家,您的心里才痛快吗? 您就一点都不顾及将士们的安危吗?"齐宣王急忙说:"不,不! 并不是打败了其他国家我就感到痛快。我之所以这样做,不过是因为想要实现自己的理想罢了。""请问大王您的理想是什么呢?"孟子紧追不舍。宣王又笑了一笑,仍然没有作答。

"我明白了,大王最大的理想就是征服天下,称霸诸侯,成为最大的王者。但是,如果大王用您的方法去实现这个理想,就好像爬到树上抓鱼一样,您觉得这样做您的理想能实现吗?""事情有没有这么严重?"宣王不太相信,问道。"恐怕远远不止这么严重! 若爬到树上抓鱼,顶多就是抓不到鱼,被人耻笑一番。如果用武力来满足自己征服天下的愿望,不但达不到目的,而且会适得其反,弄得民心尽失。"紧接着,孟子又列举了很多例子,说明小国不能和大国为敌,弱国不能和强国为敌,齐国当然也不能与整个天下为敌。

他说:"如果邹国和楚国打仗,那您认为谁胜呢?"

齐宣王说:"楚国会胜。"

孟子说:"那么,小国本来不可以与大国为敌,人少的国家本来不可以与人多的国家为敌,弱国本来不可以与强国为敌。纵观当今天下的土地,纵横各一千多里的国家有九个,齐国的土地总算起来也只有其中的一份。以九分之一的力量去使九分之八的力量降服,这与邹国和楚国打仗有什么不同呢?回到根本上来吧。如果您现在发布政令施行仁政,使得天下当官的都想到您的朝廷来做官,种田的都想到您的田野来耕作,做生意的都要把货物存放在大王的集市上,旅行的人都想在大王的道路上出入,各国那些憎恨他们君主的人都想跑来向您申诉。如果像这样,谁还能抵挡您呢?"

齐宣王说:"是我一时昏乱糊涂,竟然不能明白这个道理。希望先生您帮助我实现我的志愿,明白地教导我。我虽然不明事理,请让我试着这么做做看。"

(五)仁政之法

齐宣王孜孜以求:"怎样从根本上实行仁政呢?"

孟子说:"没有长久可以维持生活的产业而常有善心的,只有有志之士才能做到。至于老百姓,没有固定的产业,因而就没有长久不变的心。如果没有长久不变的善心,就会不服从约束、犯上作乱,没有不做的了。等到他们犯了罪,随后用刑法去处罚他们,这样做是陷害人民。哪有仁爱的君主掌权,却可以做这种陷害百姓的事呢?所以英明的君主规定老百姓的产业,一定使他们上能赡养父母,下能养活妻子儿女;年成好时能丰衣足食,年成不好也不至于饿死。然后督促他们做好事。所以老百姓跟随国君走就容易了。如今,规定人民的产业,上不能赡养父母,下不能养活妻子儿女,好年景也总是生活在困苦之中,坏年景免不了要饿死。这样,只把自己从死亡中救出来,还来不及,哪里还顾得上讲求礼义呢?大王真想施行仁政,为什么不回到根本上来呢?"

孟子继续说:"有了温饱就要积极地向小康之路前进。在一个只有五亩地的宅院中种植上桑树麻树,用这些树来养蚕纺织,最后制成衣物,就可以满足那些年纪大的老人家穿衣,让他们可以避寒保暖;鸡鸭鹅等家禽和猪狗等牲畜都好好喂养,等它们长大了也可以满足这家对肉食品的需要了。一个有百亩土地的人家,不要去妨碍他们的生产生活,让他们踏踏实实地劳动,那么,这些人家都可以吃得饱,衣食无忧了。吃饱了肚皮,也要让脑袋充实起来,这个时候就要兴办学校,让大家接受思想教育了。"

孟子还提出了办学校的想法:"办学校有很多好处。要重视办学校,反复地教导大家孝顺父母,敬爱哥哥姐姐长辈们等等这些很好的道理。如果大家都这样想的话,人人都会尊敬老人,尊重有智慧的能人了,那么那些老人家就不用头发雪白还去讨生活,活得那么辛苦了。七八十岁的老人家吃得饱穿得暖,基本上还能够吃到肉,补充一下营养,还能穿到料子不错的衣服,一般的人也饿不着冻不着,都能活得好好的。如果可以做到这一点,天下的老百姓一定都争先恐后来这里。如果这样天下都不归顺的话,那是不可能的!"

(六)宣王知错　任贤之问

孟子对齐宣王说:"假如大王有个臣子,把妻子儿女托付给朋友照顾,自己到楚国去游历,等他回来时,妻子儿女却在受冻挨饿,对这样的朋友该怎么办?"宣王说:"抛弃他!"孟子说:"司法官管不好他的下级,那该怎么办?"宣王说:"罢免他。"孟子说:"一个国家治理不好,那该怎么办?"宣王听到这里,知道孟子是在暗示自己不行仁政,不积福祉,他一阵心虚,只好扭头去看左右的人,把话题扯到别的事情上去了。

孟子见此,接着向齐王讲了一个自己初次到齐国的故事。那时候,孟子经过平陆这个地方,与那个地方的长官孔距心有所交流。孔距心对百姓心怀体恤,当他得知百姓流离失所,不由连连责怪自己失职。孟子认为他是一位有担当的人,故此说给齐宣王听。齐宣王听了感慨万千,终于直面自己的过失,连连说:"这是我的过错啊。"

但是怎样任用贤才呢?

孟子趁热打铁,又说:"所谓故国,不是说国中要有高大的树木,而是说要有世代(与国家休戚相关)的臣子。现在大王没有亲信的臣子了,过去任用的人,现在不知哪里去了。"宣王说:"我怎样识别哪些人没有才干而不任用他们呢?"孟子说:"国君进用人才,如果不得已,将会使德行低的超过德行高的,应该亲近的君子反而比奸佞之臣的关系还要疏远,所以对此一定要慎重再慎重。对于一个人,左右侍臣都说他好,还不行;大夫们都说他好,也还不行;全国的人都说他好,这才去考察他,见他确实是好,这才任用他。左右侍臣都说不行,不要听信;大夫们都说不行,不要听信;全国的人都说不行,这才考察他,见他确实不行,这才罢免他。如果一个大臣犯了错,左右侍臣都说可杀,不要听信;大夫们都说可杀,不要听信;全国的人都说可杀,这才考察他,见他确实可杀,这才杀掉他。如此这般,才可以任用贤才为民父母啊。"

（七）引为知己

这时候齐宣王不但把孟子当作先生，更把孟子当作知己来对待。他诚恳地问道："同邻国交往有什么原则吗？"

孟子答道："有。只有仁人能以大国的地位侍奉小国，所以商汤曾侍奉葛国，文王曾侍奉混夷。只有聪明的人能以小国的地位侍奉大国，所以周太王曾侍奉獯鬻，勾践曾侍奉吴国。能以大国地位侍奉小国的，是乐于听从天命的人；能以小国地位侍奉大国的，是畏惧天命的人。乐于听从天命的能安定天下，畏惧天命的能保住他的国家。《诗经》上说：'畏惧上天的威严，才能得到安定。'"

宣王说："讲得太好了！不过我有个毛病，我性格勇武，喜欢打仗，喜欢征服别的国家。"

孟子听了并没有责怪他，只是从自己的角度给他一些建议。

孟子说："大王喜欢勇敢，您就要分辨，勇敢有两种——第一种叫'小勇'，手按剑柄，怒目而视，您怎么敢抵挡我呢？这个跟土流氓一样的，这是小勇。您大王何必像这种老百姓的勇敢呢？第二种叫'大勇'——像周文王，他一生气，天下就安定了。像周武王，他勇敢，天下也平复了。所以，大王您喜欢勇敢没有关系，若是您喜欢大勇，老百姓欢迎都来不及。因为您不是为了个人好勇斗狠，而是为了让天下能够安定，让坏人能够被消除。"

齐宣王又说他喜欢财物，孟子认为喜欢财物那也没有关系，他引用《诗经·大雅·公刘》，说周朝以前的祖先公刘，他就喜欢财物，驻守着家乡的仓库里面囤积的粮食。出去作战或者远行要带着很多干粮，大家都财物充足的话，生活没有困难，这有什么不对呢？不要您一个人发财，让老百姓统统有钱。

齐宣王听了很是欣慰，于是经常会见孟子，向他咨询关于政治的问题。

这天，孟子谒见齐宣王，说道："建筑一所大房子，那一定要派工师去寻找大的木料。工师得到了大木料，王就高兴，认为他能够尽到他的责任。如果木工把那木料砍小了，王就会发怒，认为担负不了他的责任。有些人，从小学习一门专业，长大了便想运用实行。可是王却对他说：'把你所学的暂时放下，听从我的话吧！'这又怎么行呢？假定王有一块未经雕琢的玉石，虽然它价值很高，也一定要请玉匠来雕琢它。可是一说到治理国家，您却（对政治家）说：'把你所学的暂时放下，听从我的话吧！'这跟您要请玉匠按照您的办法雕琢玉石，又有什么两样呢？"

(八)与齐宣王说"巡游"

随着时间的推移,齐宣王对孟子越来越信任,有时候还请孟子去他的行宫做客。一次,齐宣王在别墅雪宫里接见孟子。宣王说:"贤人也有在这样的别墅里居住游玩的快乐吗?"

孟子回答说:"有。人们要是得不到这种快乐,就会埋怨他们的国君。得不到这种快乐就埋怨国君是不对的;可是作为老百姓的领导人而不与民同乐也是不对的。国君以老百姓的忧愁为忧愁,老百姓也会以国君的忧愁为忧愁。以天下人的快乐为快乐,以天下人的忧愁为忧愁,这样还不能够使天下归服,是没有过的。

"从前齐景公问晏子说:'我想到转附、朝舞两座山去观光游览,然后沿着海岸向南行,一直到琅邪。我该怎样做才能够和古代圣贤君王的巡游相比呢?'

"晏子回答说:'问得好呀!天子到诸侯国家去叫作巡狩。巡狩就是巡视各诸侯所守疆土的意思。诸侯去朝见天子叫述职。述职就是报告在他职责内的工作的意思。没有不和工作有关系的。春天里巡视耕种情况,对粮食不够吃的给予补助;秋天里巡视收获情况,对歉收的给予补助。夏朝的谚语说:'我王不出来游历,我怎么能得到休息?我王不出来巡视,我怎么能得到赏赐?一游历一巡视,足以作为诸侯的法度。'现在可不是这样了,国君一出游就兴师动众,索取粮食。饥饿的人得不到粮食补助,劳苦的人得不到休息。大家侧目而视,怨声载道,违法乱纪的事情也就做出来了。这种出游违背天意,虐待百姓,大吃大喝如同流水一样浪费。真是流连荒亡,连诸侯们都为此而忧虑。什么叫流连荒亡呢?从上游向下游的游玩乐而忘返叫作流;从下游向上游的游玩乐而忘返叫作连;打猎不知厌倦叫作荒;嗜酒不加节制叫作亡。古代圣贤君王既无流连的享乐,也无荒亡的行为。至于大王您的行为,只有您自己选择了。'

"齐景公听了晏子的话非常高兴,先在都城内作了充分的准备,然后驻扎在郊外,打开仓库赈济贫困的人。又召集乐官说:'给我创作一些君臣同乐的乐曲!'这就是《徵招》《角招》。其中的歌词说:'畜君有什么不对呢?''畜君',就是热爱国君的意思。"

(九)独乐乐不如众乐乐

由于孟子和齐宣王志趣相投相见恨晚,因此很多齐国的官员都来拜访孟子,一方面希望他可以传授一些经验和知识,以便能够想宣王所想;另一方面也希望能够从博学的孟子身上学习做人做事的道理。

有一位叫作庄暴的臣子拜见孟子,说:"我朝见大王,大王和我谈论喜好音乐的事,我没有话应答。"

接着问道:"喜好音乐怎么样啊?"

孟子说:"大王如果非常喜好音乐,那齐国恐怕就治理得很不错了!"

几天后,孟子在觐见宣王时问道:"大王曾经和庄暴谈论过爱好音乐,有这回事吗?"

宣王脸色一变,不好意思地说:"我并不是喜好先王清静典雅的音乐,只不过喜好当下世俗流行的音乐罢了。"

孟子说:"大王如果非常喜好音乐,那齐国恐怕就治理得很不错了! 在这件事上,现在的俗乐与古代的雅乐差不多。"

宣王说:"能让我知道是什么道理吗?"

孟子说:"独自一人娱乐,与和他人一起娱乐,哪个更快乐?"

宣王说:"不如与他人一起娱乐更快乐。"

孟子说:"和少数人一起娱乐,与和多数人一起娱乐,哪个更快乐?"

宣王说:"不如与多数人一起娱乐更快乐。"

孟子说:"那就让我来为大王讲讲娱乐吧! 假如大王在奏乐,百姓们听到大王鸣钟击鼓、吹箫奏笛的声音,都愁眉苦脸地相互诉苦说'我们大王喜好音乐,为什么要使我们这般穷困呢? 父亲和儿子不能相见,兄弟和妻儿分离流散。'假如大王在围猎,百姓们听到大王车马的喧嚣,见到旗帜的华丽,都愁眉苦脸地相互诉苦说:'我们大王喜好围猎,为什么要使我们这般穷困呢,父亲和儿子不能相见,兄弟和妻儿分离流散。'这没有别的原因,是由于不和民众一起娱乐的缘故。

"假如大王在奏乐,百姓们听到大王鸣钟击鼓、吹箫奏笛的声音,都眉开眼笑地奔走相告说:'我们大王大概身体安好,没有疾病吧,要不怎么能奏乐呢?'假如大王在围猎,百姓们听到大王车马的喧嚣,见到华丽的旗帜随风招展,都眉开眼笑地相互讨论说:'我们大王大概心情愉悦,没有不好的事情吧,要不怎么能围猎呢?'这没有别的原因,是由于大王能够和民众一起娱乐的缘故。君王若能仁慈无私,那么您所喜欢的音乐必然日渐和雅,如和风细雨滋润子民的心田。礼乐其实是具有天然的性质,它出自心田,发乎于心中真正的希望。子民的快乐即是大王的快乐。天下同乐,大王拥有什么和百姓分享,这就是真正天下大同、仁德治世的王道。倘若大王与百姓一起娱乐，共同分享内心的喜悦，那么一定就会受到天下人的拥戴，得享盛世太平！"

（十）不畏权贵

孟子当之无愧是一个贤臣，但是齐宣王的朝廷上并非人人都是贤臣，也有善于奉承的小人。

王驩，字子敖，是齐宣王时期（公元前 319-前 301 年）的大臣，曾做过盖邑（今山东沂水县西北）大夫，后官至齐国右师（主礼之官）。此人长于溜须拍马，阿谀逢迎，因而颇得齐宣王宠信。孟子在齐国曾与之共事，对他十分厌恶。

孟子第三次来到齐国之后，孟子弟子乐正克跟随王驩来齐国拜访老师，但是遭到孟子的严厉批评。

乐正子来了之后，去见孟子。

孟子说："你这也算是来看我吗？"

乐正子说："先生为什么要说这样的话呢？"

孟子问："你来了几天了？"

乐正子说："前些日子来的，有几天了。"

孟子说："前些日子就来了，那么我说这话不也是应该的吗？"

乐正子说："之所以没有来拜见老师，因为住所没有定下来，还不知道在何处安身，不想老师担心。"

孟子说："你听说过，非要住所定下来了，才去求见长辈的吗？"

乐正子说："是的，我有过错。"

孟子对乐正子说："你跟着王驩来，只是为了混饭吃罢了。我没有想到，你学习古人的道理，竟是用它来混饭吃。"

孟子很少用这种语气指责别人，更何况是乐正克。可见他对乐正克跟随王驩来齐国是非常厌恶的。乐正克是孟子的得意门生，但是王驩品行不佳，谄上欺下，孟子认为自己的学生跟着他会学坏，出于爱护，他才对乐正克如此严厉。

还有一次，齐国大夫公行子的儿子死了，举行葬礼，权倾朝野的右师王驩前去吊唁。他从进门到落座，人们都纷纷上前问候、行礼，唯独孟子例外。

王驩很不高兴，认为孟子怠慢了自己。闻及此事，孟子感慨万千，说："按照礼法的规定，在朝廷上不能越过官位的等级相互交谈，不能越过台阶相互作揖。我是想按礼法办事,子敖却认为我怠慢了他,这难道不是很奇怪吗?"

(十一)浩然之气

一天公孙丑恭敬地问道:"请问老师您擅长于哪一方面呢?"

孟子说:"我善于分析别人的言语,我善于培养自己的浩然之气。"

公孙丑又问:"请问什么叫浩然之气呢?"

孟子说:"浩然之气是什么很难用一两句话说清楚。这种气,极端浩大,无边无际。它非常有力量,不是一般的东西,而是充满正义,充满仁义道德的正气、骨气。只有用正直的品格去培养它而不是用卑劣的行为加以损害,才会使它更加壮大,充满天地之间。不过,这种气必须与仁义道德相配,一起修为养成,否则就会缺乏力量。而且,必须要有经常性的仁义道德蓄养才能生成,必须时常向善,时时牢记仁义道德,若靠偶尔的正义行为是不能够获取的。一旦你的行为问心有愧,不符合仁义道德的标准,这种气就会缺乏力量,不成气候了。所以我说,告子这人不懂得义的真谛,因为他把义看成仁义道德以外,心以外的东西。我们一定要不断地通过培养义这种美德来助涨浩然之气,心中不要忘记。但同时要注意的是也不要一厢情愿地用错误激进的方法去帮助它生长。不要像有个宋国人那样:宋国有个农夫总是嫌他种的禾苗长不高,为了帮助庄稼长高,让禾苗看起来更加强壮,于是跑到地里去用手把它们一株一株地拔高,也不管禾苗是要天长日久慢慢生长的,后来累得气喘吁吁地回家,对他家里人说:'今天可真把我累坏啦!不过,我总算让禾苗一下子就长高了!'他还很洋洋得意。可是他的儿子跑到地里去一看,禾苗因为被拔出来,结果已经全部干死了。

"天下的人不犯这种拔苗助长错误的是很少的。那种认为老老实实养护庄稼没有用处而不去管它们,任其自生自灭的人,是只种庄稼不除草的懒汉;而一厢情愿地去帮助庄稼生长却不管庄稼成长需要一个过程的人,就是这种拔苗助长的人——不仅没有益处,反而害死了庄稼。所以就像禾苗的生长一样,浩然正气需要天长日久的培养。只有时时刻刻在心中牢记,并在行为上遵守仁义道德,才可以培养自身的浩然正气。"

公孙丑又请教道:"那怎样才算善于分析别人的言语呢?"

孟子回答说:"对人的言语加以分析,如果听到有失偏颇的言语观点,知道它片面在哪里,有什么不全面的地方;对很夸张不实际的言语,知道它过分在什么方面;

对很怪僻不合时宜的言语,知道它哪里离奇又哪里不符合实际;如果言语躲闪,心不在焉,要分析知道它理穷在哪里。——如果统治者心里产生这种不恰当的观点,必然会对政治造成危害,没有道理的政策,必然会对国家大事造成危害。因此一定要学会分析别人的观点,不可盲从。如果圣人再世,也一定会同意我的话。"

(十二)孟子出吊滕文公

时间飞逝,不知不觉几年过去了。一日齐宣王听到消息,滕国的滕文公去世了。

以前孟子与滕文公曾有交往,并帮助其推行仁政,故齐国派他作为使者前往吊唁,王驩跟随。孟子在齐国担任卿,担任此次出访的主使,而王驩是作为副使与孟子同行的。但是王驩独断专权,根本不和孟子商量工作。孟子虽然与王驩朝夕相见,但在从齐国到滕国的来回路上,孟子不曾同他谈起出使的事情。

随行的公孙丑说:"齐国卿的职位不算小了,齐国与滕国之间,路不算近了,往返途中不曾同他谈起出使的事情,为什么呢?"

孟子说:"那个人既然独自包办了,我还说什么呢?"

王驩为人骄横无礼,独断专行;同时也可看出孟子在齐国虽受到齐宣王的礼遇和优待,但有职无权,并不能充分发挥自己的才能。

(十三)齐宣王问孟子伐燕

齐国在齐宣王的治理下日趋富强,这时齐宣王也野心勃勃地想要实现一统天下的愿望。他审时度势之后,决定讨伐燕国。这么重要的战争,关系齐国的命运,因此齐宣王也不敢轻举妄动。在齐伐燕之前,齐国大臣沈同曾私下征求孟子的意见。

他以个人名义问道:"燕国可以讨伐吗?"

孟子说:"可以。但是子哙不能够私自把燕国让给别人,子之也不能够私自从子哙那里接受燕国,要是比方说,这里有个士人,您喜欢他,就不禀告君王而私自把自己的俸禄、爵位让给他,那个士人也不经君王同意,私自从您那里接受俸禄和爵位,这样行吗?(子哙)让君位的事,同这有什么两样?"

有人问道:"(您)鼓励齐国攻打燕国,有这回事吗?"

孟子说:"没有。沈同问'燕国可以征伐吗?'我答复他说'可以',他们认为这个说法对,便去征伐燕国。他如果问'谁能去征伐燕国?'那我将答复他说:'奉了上天使命的人才可以去征伐。'就好比这里有个杀人犯,如果有人问我:'这个人该杀吗?'我就回答说:'可以。'他如果再问:'谁可以去杀这个杀人犯?'那我就会回答他:'做法官的才可以杀他。'现在,让一个跟燕国一样无道的国家去征伐燕国,我为什么要鼓励它呢?"

(十四)劝齐王撤兵燕国

正当孟子大力地向齐宣王推广自己的仁政政策时,燕国正在爆发内战,国家大乱。齐国乘虚而入,想吞并燕国。齐宣王安排大将匡章率领十万兵马攻打燕国。燕国的百姓由于对本国内战十分不满,因此有些地方的老百姓反倒给齐国的军队送饭送水表示欢迎。大将匡章攻下了燕国国都之后并不想撤退,他也没有约束自己的部下,齐国的士兵将领就像强盗一样任意欺辱燕国老百姓,导致燕国百姓纷纷起来反抗。

这时候,齐宣王就向孟子请教。他问道:"有的人劝告我不要攻打燕国,有的人劝我赶紧吞并它,我到底该怎么办呢?"孟子回答说:"我曾经听说过,商汤凭借着方圆七十里的国土就统一了天下,却从来没有听说过拥有方圆千里国土的国家惧怕别的国家的。当商汤向东方进军讨伐的时候,西方国家的老百姓便开始抱怨;当他向南方进攻征战的时候,北方国家的老百姓也开始抱怨起来。那些百姓都说'为什么要把我们放在后面解放呢,为什么不先来讨伐我们国家的暴君呢?'老百姓盼望他,就像久旱盼甘霖一样。这是因为商汤的讨伐一点都不危害老百姓,而是拯救他们。如今燕国国君昏庸无道,虐待百姓,大王您派军队去讨伐他,燕国的百姓以为您要救他们于水火之中,所以才会对齐国军队表示欢迎。但是现在齐国军队却要杀死他们的父亲,抓走他们的兄弟,还要毁坏他们的宗庙,抢夺走他们的宝物器具。这怎么能够让燕人服从您的统治呢?天下的诸侯国本来就害怕齐国太过强大,威胁他们的利益,现在齐国的土地又增加了一倍,如果这时候还不实行仁政,到时必然会激起天下各国的愤恨,兴兵讨伐,那时候就不好收拾局面了。大王您应该赶紧下令,释放燕国的俘虏,停止抢掠燕国的宝物,再和燕国的各界人士共同商议,帮助他们选立一位新的国君,然后撤回在燕国的军队。如果这样做,您才可能来得及制止各国兴兵讨伐齐国的隐忧啊。"

孟子接着说道:"如果想要吞并燕国,并且当地的老百姓也热烈欢迎您这样做,那就吞并它。古人也有这样的先例,周武王便是一个很好的例子。如果吞并燕国,当地百姓并不高兴,那就不能这么做。古人也有这样的先例,周文王便是如此。"孟子列举了这两个例子之后又指出:"当初齐国军队攻打燕国的时候,燕国人民送饭送水表示欢迎,那是因为燕人想要摆脱以往的痛苦,过上好日子;但是如果齐国军队吞并燕国,给燕国的百姓带来亡国的灾难,使他们再次陷入水深火热之中,那他们当然会盼望别国军队来拯救他们了。"

孟子说得如此有道理,但是齐宣王并没有听进去,也没有像孟子所说的那样对燕国百姓爱民如子。

(十五)齐国兵败

两年内,燕国人因为不堪忍受齐国的暴政,奋起反抗;赵国等诸侯国也反对齐吞并燕,怕齐国因此而变得更强大,于是立燕昭王,燕人拥护新王,齐军这才败退撤回。

齐宣王这时候才幡然悔悟,说:"我早就该听孟子的话在燕国立新君啊。如今这样,对孟子,我感到太惭愧了啊。"

齐国大夫陈贾听了宣王这样说,就安慰他说:"大王不必犯愁。大王如果在仁和智方面同周公相比较,自己觉得谁强一些?"

齐王说:"咳! 这是什么话!"

陈贾继续说:"历史上,周公派管叔去监察殷人,管叔却带着殷人叛乱。如果周公知道管叔会反叛还派他去,这是不仁;如果不知道他会反叛而派他去,这是不智。仁和智,周公还未能完全具备,何况大王您呢?"

他自告奋勇地说:"请允许我见到孟子时向他作些解释。"

陈贾找了一个借口拜访孟子,他一心想为齐宣王开脱。话题打了个转,故意问孟子说:"周公是怎样一个人?"

孟子说:"古代的圣人。"

陈贾说:"他派管叔监察殷人,管叔却带着殷人叛乱,有这回事吗?"

孟子说:"是这样。"

陈贾说:"周公是知道管叔会反叛而派他去的吗?"

孟子说:"周公当然不知道。"

"既然这样,那么(岂不是)圣人也会有过错吗?"

孟子反驳道:"周公是弟弟,管叔是哥哥,谁能料到哥哥会背叛呢? 周公的过错,不也是情有可原的吗？况且，古代的君子，犯了过错就改正；现在的君子，犯了过错却照样犯下去。古代的君子如果犯错，就像日食月食一样，人民都能看到；等他改正后，人民都仰望着他。现在的君子，岂止是坚持错误，不知悔改，竟还为错误作辩解。"

陈贾无奈，只好怅怅离去了。

十五、归里著书

孟子离开齐国时已经 70 多岁了。孟子周游齐、晋、宋、薛、鲁、滕、梁列国，游说他的"仁政"和"王道"思想。但由于当时各诸侯国忙于战争，他的仁政学说被认为是"迂远而阔于事情"，几乎没有人采纳。

孟子带着他的学生万章、公孙丑等回到家乡后，并没有先回家中安歇，而是先去祭拜父母的坟墓。来到了父母坟前，他还清楚地记得，15 年前，当他安葬了父母后离去的时候，这里只留下一丘普通的坟茔和十几株指头粗的松树，可是眼下，这里已经成为郁郁葱葱的树林，墓前有石鼎、石烛、石供案。孟子将带来的祭品摆在石供案上，庄严、肃穆地行祭祀礼。他撩衣长跪于地，回忆起父母在世的光阴，不禁泣不成声。

祭过父母，略做休息，孟子不顾天阴地湿，道险路滑，翻过马鞍山向西，来到了凫村，这里是他的诞生地，是他从小生活的地方。孟子在这里住了三天，在自己曾睡过 4 年的那张木床上过夜，躺在上边，他觉得是那么柔软、那么舒适，仿佛儿时躺在母亲温暖的怀抱里。舀出院子里的井水，用它来沏茶煮饭，甜丝丝，香喷喷，孟子感觉食欲大增。门前有一眼长年流淌的甘冽清泉，用此泉水沐浴，滑润柔和，似有一双柔软的纤纤素手在轻轻地抚过。后世的百姓为纪念孟母，称这处宅院为孟母故居，称这口井为孟母井，称这清泉为孟母泉。

刚刚返回故里的时候，孟子曾一度食不知味，夜不安寝，身体一天天消瘦，精神一天天萎靡，大有泰山将摧、大厦将倾之势。亲人和弟子们都为其每况愈下的健康状况担忧。可是，说也奇怪，孟子自从序《诗》《书》，作《孟子》以来，虽说每天早起晚睡，精神负担很重，工作量很大，但他却吃得香、睡得甜，不仅迅速变胖，而且脸上泛起了红晕，精神日渐矍铄，渐渐恢复了他那活泼开朗、能言善辩的乐观性格，亲人和弟子们都感到很高兴。

万章与公孙丑同孟子朝夕相处,形影不离。他们同孟子搬到一起居住,这屋子容不下三张床,他们就在外间搭一块木板栖身。他们经常一觉醒来,发现里屋仍然亮着昏黄的灯光,他们急忙进去催促孟子安歇。孟子总推说自己年岁大了,睡眠少,并不困。就这样,一夜催促三两次,天就大亮了。他们推门迈进里屋,见孟子正埋头于竹简之中,面对如豆的油灯,或锁眉凝思,或圈圈点点,或奋笔疾书,他们真不忍心惊动和打扰他。

　　夏夜,屋子内闷热得如同蒸笼一般,蚊虫绕着孟子乱飞,咬得他遍身紫斑点点,他竟顾不得摇扇驱赶。冬日夜长,待万章与公孙丑睡醒一觉,屋内的火炉早已熄灭,因为孟子在专心致志地翻阅资料,顾不得向炉内添柴加炭,室内似冰窖一般,孟子却全然不觉。有时困倦到了极点,他就站起身来,走到盆边,想用冷水来提神,却发现盆水已冻成坚冰。

　　孟子将全部精力都用到了著书立说上,有一段时间,他全身心地投入其中,行不知去的地方,吃不知食物的味道。万章除了与公孙丑、咸丘蒙(孟子弟子)一起序《诗》,主要任务是修订《尚书》,这牵涉到对许多历史事件和人物的认识和评价问题,需严肃谨慎地对待,因此他屡屡向孟子发问请教。

　　一次,万章问孟子:"舜到田地里去,面向苍天一边号哭,一边诉苦,为什么要这样呢?"孟子回答说:"因为他对父母既怨恨,又怀恋的缘故。"万章说:"曾子说过:'父母疼爱他,虽高兴,却不因此而懈怠;父母厌恶他,虽忧愁,却不因此而怨恨。'那么,舜怨恨父母吗?"

　　孟子批评他只知其一而不知其二,解释说:"从前,长息曾经问过公明高,他说:'舜到田里去,我是已经懂得了;他向天诉苦哭泣,这样来对待父母,我却不懂得那是为什么。'公明高说:'这不是你所能懂得的。'公明高的意思是,孝子的心理不能像这样满不在乎:我尽力耕田,好好儿地尽我做儿子的职责罢了;父母不喜欢我,叫我有什么办法呢?尧帝打发他的九个儿子和两个女儿,跟百官一起,带着牛羊、粮食等到田野中去为舜服务;天下的士人也都到舜那里去,尧也把整个天下让给了舜。舜却因为没有得到父母的欢心,便像鳏寡孤独的人找不着依靠一样。天下的士人喜欢他,是谁都愿意的,却不足以消除忧愁;美丽的姑娘,是谁都喜欢的,他娶了尧的两个女儿,却不足以消除忧愁;财富,是谁都希望获得的,富而至于占有天下,却不足以消除忧愁;尊贵,是谁都希望获得的,尊贵而至于做了君主,却不足以消除忧愁。百姓拥戴,美女围绕,财富和尊贵在身,都不足以消除舜的忧愁,只有得到父母的欢心才可以消除忧愁。人幼小的时候,依恋父母;懂得喜欢女子,便想念年轻而漂亮的人;有了妻子,便迷恋妻室;做了官,便讨好君主,得不到君主的欢心,便内心焦躁;只有最孝顺的人才终身怀恋父母。到了50岁的年纪还怀恋父母的,我在伟大的舜身上见到了。"

又一次,万章问孟子:"《诗经》上说,'娶妻该怎么办?一定要事先报告父母。'相信这句话的,应该没有人赶得上舜。但是,舜事先没有告诉父母,就娶了妻子,这又是为什么呢?"

孟子答道:"事先报告就娶不成了。男女结婚,是人与人之间的必然关系。如果舜事先报告了,那么,这一必然关系在舜身上便会被废弃,结果定将怨恨父母,所以他就不报告了。"

万章进一步追问:"舜不报告父母而娶妻,我懂得这道理了;尧把女儿嫁给舜,也不向舜的父母说一声,又是为什么呢?"

孟子答道:"尧也知道,如果事先告诉舜的父母,那么嫁娶就难成。"

万章问道:"舜的父母打发舜去修缮谷仓,等舜登上仓顶,便撤去梯子,他父亲瞽瞍还放火烧着了谷仓。幸而舜设法逃了出来。于是,他的父母又让舜去淘井,他们不知道舜从井旁边的拐洞里出来了,便用土填塞井眼。舜的弟弟象说:'谋害舜都是我的功劳,牛羊分给父母,仓廪分给父母,干戈归我,琴归我,雕弓归我,两位嫂嫂要替我铺床叠被。'象向舜的住房走去,却看见舜坐在床边弹琴。象说:'哎呀!我好想念你呀!'但他说话的神情很不自然。舜说:'我想念着这些臣下与百姓,你替我管理吧!'我不明白舜不知道象要杀他吗?"

孟子答道:"为什么不知道呢?象忧愁,他也忧愁;象高兴,他也高兴。"

万章又问:"那么,舜的高兴是假装的吗?"

孟子说:"不。从前有人送了一条活鱼给郑国的子产,子产让主管池塘的人把鱼放了,那人却把鱼煮着吃了,然后回报说:'刚放进池塘,它还半死不活的;一会儿,摇摆着尾巴活动起来,突然间远远地不知去向了。'子产说:'它得到了好地方呀!得到了好地方呀!'那人走出来后,说道:'谁说子产聪明,我已经把那条鱼煮着吃了,他还说:鱼得到了好地方呀!得到了好地方呀!'所以说,对于君子,可以用合乎人情的方法来欺骗他,不能用违反道理的诡诈欺骗他。象既然假装着敬爱兄长的样子来,舜因此真诚地相信他而高兴起来,为什么是假装的呢?"

万章问:"象每天把谋杀舜作为他的工作,等舜做了天子,却仅仅流放他,这是为什么呢?"

孟子答道:"其实是舜封象为诸侯,不过有人说是流放他而已。"

万章说:"舜把共工流放到幽州,把驩兜发配到崇山,把三苗之君放逐到三危,把鲧杀死在羽山。惩处了这四个罪人之后,天下便都归服了,就因为讨伐了不仁之人的缘故。象是最不仁的人,却以有庳(古地名)之国来封他,有庳国的百姓又有什么罪过呢?对别人,就加以惩处;对弟弟,就封给国土,难道仁人的做法竟是这样的吗?"

孟子说:"仁人对于弟弟,有所愤怒,不藏在心中;有所怨恨,不耿耿于怀,只是亲近他、爱护他罢了。亲近他,便要让他尊贵;爱护他,便要让他富有。把有庳国封给他,正是让他又富又贵。本人做了天子,弟弟却是一个老百姓,可以说是亲近、爱护吗?"

万章说:"请问老师,为什么有人说是流放呢?"

孟子说:"象不能在他的国土上为所欲为,天子派遣官吏来给他治理国家,缴纳贡税,所以有人说是流放。象难道能够暴虐地对待他的百姓吗?即使如此,舜还是想常常看到象,象也不断来和舜相见。古书上说'不必等到规定的朝贡日期,平常也假借政治上的需要来相接待。'就是这个意思。"

万章问道:"尧把天下授给舜,有这么回事吗?"孟子答道:"不,天子不能拿天下授予人。"

万章又问:"那么,舜得到了天下,是谁授予的呢?"

孟子答道:"天授与的。"

万章又问:"天授与的,是反复叮咛着告诫他的吗?"

孟子答道:"不是,天不说话,用行动和事实来表示罢了。"

万章问:"用行动和事实来表示,是怎样的呢?"

孟子说:"天子能向天推荐人,却不能强迫天把天下下给予他;正如诸侯能够向天子推荐人,却不能强迫天子把诸侯的职位给予他;大夫能够向诸侯推荐人,却不能强迫诸侯把大夫的职位给予他。从前,尧将舜推荐给天,天接受了;又把舜公开介绍给百姓,百姓也接受了;所以说,天不说话,用行动和事实来表示罢了。"

万章问:"推荐舜给天,天接受了;公开介绍给百姓,百姓也接受了,是怎样的呢?"

孟子回答:"叫他主持祭祀,所有神明都来享用,这便是天接受了;叫他主持政事,政事井井有条,百姓都很满意,这便是百姓接受了。天授与他,百姓授予他,所以说,天子不能够拿天下授予人。舜帮助尧治理天下,一共28年,这不是某个人的意志所能做到的,而是天意。尧去世后,三年之丧完毕,舜为了使尧的儿子能够继承天下,自己便逃避到南河的南边去。可是,天下诸侯朝见天子,不到尧的儿子那里,却到舜那里;打官司的,也不到尧的儿子那里,却到舜那里;歌颂的人,也不歌颂尧的儿子,却歌颂舜,所以说,这是天意。这样,舜才回到国都,即天子之位。如果自己居住在尧的宫室,逼迫尧的儿子让位给自己,这是篡夺,而不是天授了。《尚书》说过:'百姓的眼睛就是天的眼睛,百姓的耳朵就是天的耳朵。'正是这个意思。"

到了禹的时候,天下不传圣贤而传子孙。万章请教孟子,应该怎样看待这一问题,他说:"有人说:'到禹的时候道德就衰微了,天下不传给圣贤的人,却传给自己的儿子。'这样的话可靠吗?"

孟子认为,究竟应该把天下授予谁,决定于天意。他回答说:"不,不是这样的;天要授予圣贤的人,便授予圣贤的人;天要授予君主的儿子,便授予君主的儿子。从前,舜把禹推荐给天,17年后舜去世了,禹服了三年之丧后,为了让位给舜的儿子,自己便躲到阳城去了。可是,天下百姓跟随禹,犹如当年尧去世之后,他们不跟随尧的儿子却跟随舜一样。禹把益推荐给天,7年后禹去世了,益服了三年之丧,为了让位给禹的儿子启,自己躲到箕山之北。当时朝见天子的人,打官司的人都不去益那里,而去启那里,说道:'他是我们君主的儿子呀。'歌颂的人也不歌颂益,而歌颂启,说道:'他是我们君主的儿子呀。'尧的儿子丹朱不好,舜的儿子也不好。而且,舜辅佐尧,禹辅佐舜,经过的年岁多,对百姓施与恩泽的时间长。启和益就不同,启很贤明,能够认真地继承禹的传统。益辅佐禹,历时短,对百姓施与恩泽的时间短。舜、禹、益之间相距时间的长短,以及他们儿子的好坏,都是天意,不是人力所能做到的。没有人叫他们这样做,而竟这样做了,便是天意;没有

夏启

人叫他来,而竟这样来了,便是命运。以一个普通百姓而得到天下的。他的道德一

定像舜、禹一样，而且还要有天子的推荐，所以孔子虽是圣人，因没有天子的推荐，便不能得到天下。世代相传而得到天下的，天想废弃的，一定是像桀、纣那样残暴无德的人，所以益、伊尹、周公虽然是圣人，因为所碰到的君主不像桀、纣，所以便不能得到天下。伊尹辅佐汤统一天下，汤去世后，太丁未立而亡，外丙在位两年，仲壬在位四年，太丁之子太甲继承了王位。太甲破坏汤的法度，伊尹便流放他到桐邑，三年后太甲悔过，在桐邑以仁居心，唯义是从，三年之后完全听从伊尹对自己的教诲，然后又回到亳都（商朝都城）做天子。周公不能得到天下，就像益在夏朝、伊尹在商朝一样。孔子说过：'唐尧、虞舜以天下让贤，夏、商、周三代却世代传于子孙，道理是一样的。'"

十六、流芳百世

公元前289年，孟子的身体每况愈下，肋下疼痛难忍，食欲不振，持续发烧，迅速消瘦。弟子们先后请过许多医生，开过不少药方，均无任何效果。只有那镇疼汤略有缓解作用，待药力消失，便疼痛如初，到了后来，那药已经喂灌不下去了。

弟子们昼夜守候孟子，煎汤熬药，喂水喂饭，服侍坐卧。孟子一生主张仁政，倡导善行，尊民、重民、爱民，为民众利益而奔走呼号，如今竟让他身患重病，受罪吃苦。老师的痛苦煎熬，弟子们看在眼里，疼在心间，他们多么想为老师分担病痛，然而这又是万万不可能的事，只能在精神上承受折磨。

孟子的神志一直十分清醒，思维依旧有条不紊。为了安慰弟子们，他常常倚在弟子们为他特制的靠榻上，坚持和弟子们说长道短，有时还勉强地微笑着，说几句轻松逗趣的话。此时，不是健康人在安慰病人，而是垂危的夫子在安慰弟子们，这是怎样博大的胸怀、坚强的意志啊！

冬月（农历十一月）十四日晚，孟子一夜没有怎么折腾，静静地躺着，喘气很平稳，看样子并无任何痛苦，睡得既香且甜。五更醒来，孟子精神不错，就好像一个疲劳过度的人美美地睡了一夜，歇过乏来，顿感精神振奋似的。他微笑着，让万章和公孙丑将他扶起来，询问今天是冬月十几，雪停了没有。当万章告诉他今天是冬月十五日，外边的雪正愈下愈大时，他舒畅地喘了一口气，自言自语似的说道："冬月十五日，今天是冬至节……雪愈下愈大，明年又是一个丰收年，百姓有福呀……"

公元前289年十一月十五日，中国历史上继孔子之后的又一位伟大的思想家、教育家、儒学大师孟子与世长辞,享年84岁。

噩耗随着呼啸的朔风和漫天飞雪迅速传遍了神州大地。齐宣王、魏襄王、鲁平公、宋王偃等均派使臣前来吊唁,社会贤达、士人和平民百姓也都前来参加孟子的葬礼,哭声震撼着因利渠的山山水水。

孟子一生颇不得志。他到处周游,为推行仁政奔走呼号,但所到之处常常受到冷遇,既没有人采纳他的主张,也没有人真正对他委以重任。有一次,他在由薛归邹的途中,甚至遭到绝粮的困厄,几乎丧生。司马迁在《史记·孟子列传》中分析,孟子一生的悲剧,根本原因在于他的主张与当时的历史条件不相合。

孟子在当时有好辩之名,这里的辩,是一种学术思想上的争论。孟子一生周游列国,几乎与当时各派都展开过不同形式的论战。孟子的弟子公都子曾问他何以喜欢与人论战(好辩),对此孟子做了一番解释。他说:"我之好辩,是不得已。孔子之后,天下再没有出现圣王。诸侯无所忌惮,知识分子也横生议论,杨朱、墨翟的主张充塞天下,孔子之道反而难以发扬,从而造成邪说欺骗百姓、仁义的原则无法实行的局面。我对此深为忧虑,于是起而捍卫先王之道,抨击杨朱学说,驳斥各种荒谬观点,以端正人心,上承周公、孔子之道。"

司马迁

孟子对儒学的振兴,首先表现在通过发挥与深化儒家的基本观点,使儒学逐渐趋于完备和定型。孟子从儒家的基本原则出发,进一步对儒家学说做了系统的阐发,使之得到了多方面的拓展。可以说,正是在孟子那里,儒学获得更为丰富的内容,并进一步展示了其深沉的理论力量。其次,孟子通过论战,以拒斥儒家之外的各种学说与观点,不仅使儒学的传统得到承继,而且使之在百家争鸣中保持了某种理论上的优势。

孟子生前地位不高,但死后却受到历代封建统治者的推崇,地位越来越高。秦统一全国后,建立了大一统的国家。后世封建统治者吸取秦朝失败的教训,认识到儒家思想是维护封建政权最好的精神武器,是统治百姓最好的思想工具。汉武帝时，"罢黜百家，独尊儒术"，确立儒家思想为国家的统治思想，孔孟开始成为封建地主阶级崇拜的对象。北宋神宗熙宁年间，《孟子》正式被列为经书，并成为国家科举考试的必读教科书。南宋时，朱熹把《论语》《孟子》《大学》《中庸》合编为四书，并为之作注。元朝时，孟子被封为邹国"亚圣公"，明朝时人们直接称其为"亚圣"，并流传至今。

十七、孟子与中国传统文化

　　问：夫子既没，圣人之道不明，盖有杨墨者，始侵而乱之，天下咸化而从焉。孟子辞而辟之，则既廓如也。今其书尚有存者，其道可推而知亦可乎？其所守者何事？其不合于道者几何？孟子之所以辞而辟之者何说？

——韩愈《进士策问》

　　唐代古文运动的倡导者，"文起八代之衰"的大儒韩愈（公元 768—824 年），有一次为进士科的考试，命了以上这样一道试题。韩愈要求考生思考：孟子的主要思想是什么？孟子所坚持而不妥协的是什么？孟子思想不合乎正道的有什么？孟子所批判的对象是什么？这一系列的问题都很重要，而以第一个问题最具关键性。我们在这本书里，从第一章到第六章所论述的内容，就是孟子所思考的问题，孟子所坚持的原则以及孟子所批判的对象。我们在第一章里，将孟子放在他的时代背景来观察，我们发现孟子有所为有所不为，他以强韧的生命力，抱着坚定的使命感，以刚正不阿的气势，在政治转型、社会重组、经济发展的战国时代里，强有力地批判急功近利的社会政治风气，更批判政治人物的龌龊与堕落。他在战争频仍的苦难时代中，为人民伸张正义。相对于战国的时代风潮而言，孟子实在是一个逆流游泳的坚定不屈的灵魂。

　　我们循着孟子周游列国所走过的轨迹，追寻他的心路历程。我们看到了孟子这一个乱世中不屈的"大丈夫"，怀抱着一颗炽热的心，锲而不舍地追寻他的理想。他在齐威王及齐宣王在位的时候，两度来到齐国，齐国上下也待孟子以贵宾之礼。他也遍历宋、滕、薛、邹、梁等各国，但是孟子所追寻的理想仍是破灭了，孟子心目中的人间净土并没有因为他的努力而到来。在战国变局的凉云暮叶中，我们看到孟子为追求理想，不肯向流俗低头，不同流合污。孟子那种孤标傲世、高自期许的人格与风格，不仅对当时以"妾妇之道"争权夺利的战国政客是深刻的批判，而且也为以后几千年中国知识分子树立了一个楷模。

为了对孟子的思想世界进行探索，我们从第三章开始讨论孟子理想中的生命形态、政治思想、社会思想以及教育思想。在孟子的思想中，人不单单只是为政治而活，人也不只是为了经济活动而活，孟子认为人的生命有其整体性与多面性。人的生命本身就是目的，一切的政治活动或经济措施，都必须以增益人的生命的价值才有意义。从孟子对人的生命的看法里，我们获得了这样的讯息：人的生命不应该只是达到其他目的（如政治霸权或经济发展）的手段，生命本身就是一个自主性的目的。更值得我们注意的是，孟子思想中这种整体性的生命，并不是一个一度空间的存在。孟子屡次强调，人的现实的生命，有其超越性的根源。一个人的修养到了一定的境界，就可以与这种所谓超越性的根源（孟子称之为"天"）遥契，而完全撤除人与超自然之间的藩篱。所以，孟子理想中的人是一个多层次的存在，人本身就是目的，而不是达到其他目的的手段。

从孟子对人的生命的这种看法出发，他对政治的看法就与战国晚期的许多思想家大不相同。孟子在战国时代诸侯互相攻伐、王权日益扩张的时代里，坚持把"人民主体性"作为他的论证立场。他在与各国国君论辩为政之道时，一再重申只有人民才是政权转移最后的依归。他也认为一切政治的作为与措施只有朝向人民整体福祉的提升才有意义，他并不十分重视政治制度的建构，他认为最重要的是当政者都以仁存心，有"仁心"就可以发而为"仁政"。因此，一个知识分子最重要的工作之一就是矫正统治者的心术，所谓"格君心之非"，正是孟子常挂在嘴上宣说的士的任务。孟子所持的这种带有唯心论及整体论色彩的政治思想，和他那种有机体论的联系性思维方式互有关系。

也正是这种联系性思维方式，使孟子深信群体与个体之间是一个连续体。两者之间藉人的心的价值意识而可以互相联系沟通。在孟子的社会思想里，"私人领域"可以扩张而成为"公共领域"。所以，当桃应对孟子提出"舜为天子，瞽瞍杀人"那个假设性的问题时，孟子丝毫不认为这个价值冲突的困境是不能解决的。孟子认为一个人面临价值两难式的困境时，只要能够把握两个原则：（1）可取代/不可取代原则；（2）血缘原则，就可以在各种可能的冲突情境中，找到最适当的解决方法。

就其大体看来，孟子思想展现内外交辉、身心一如、群己和谐的圆融无碍的特质。但是，孟子这一套思想体系形成于战国时代，这是中国政治权威多元发展的时期,孟子所主张的"民为贵,社稷次之,君为轻"的政治思想,他所树立的"贫贱不能移,威武不能屈"的"大丈夫"人格典范,到了秦汉大一统帝国成立,中国政治权威归于一元以后,就面临了重大的挑战。因为从秦汉一直到清末,中国历代王朝虽迭经变迁,但是王朝的专制性格基本上并未经历重大的改变。几千年来阅读《孟子》这部书的人都是知识分子和帝国官员,他们一方面固然是孟子思想及价值体系的信持者,他们希望继续追求孟子在战国时代所追求的理想,但是另一方面他们又是专制帝国的官员,他们时时慑于帝王的淫威,难以一以贯之地坚持或实践孟子所高标的价值信念。于是,在秦汉以后解读《孟子》的这些官僚知识分子,常处于一种自我的撕裂的情境之中:"儒家的自我"与"官员的自我"恒处于交战的状态。如何在这种自我交战的紧张状态之中脱困而出? 这个问题就构成为帝制中国的官僚知识分子生命中极大的一项挑战。

就以我们在前面开始时所举的故事为例吧。当专制帝王朱元璋读到《孟子》书中"君视臣如土芥,则臣视君如寇雠"这一类"人民主体性"的话的时候,雷霆大怒,必欲将孟子除之而后快。在恐怖的气氛中,钱唐却上书力陈不可将孟子逐出孔庙,并说"臣为孟子有余荣"。钱唐的选择代表一种方式。但到了洪武二十七年(公元 1394 年),也有大学士刘三吾(公元 1312—1399 年)之流的人物,奉朱元璋之命审查孟子思想,删去不合帝王胃口的 85 条,另编《孟子节文》。刘三吾所代表的是另一种抉择。在几千年来中国的专制政治史上,解读《孟子》的中国知识分子常辗转呻吟于这种困境之中,其情可哀可悯!

生活在历代王朝专制政治之下的知识分子到底如何解读《孟子》? 如何重新诠释孟子的思想呢? 这是很值得我们探索的问题。在这部书第七章、第八章及第九章里,我们就对历代知识分子或思想家对孟子学解释的发展历程做了一个全面性的回顾。

首先从荀子对所谓"思孟五行说"的批判开始。我们可以看到,战国末期的儒学殿军人物荀子之所以对孟子及孟子所代表的学派,进行这样无情的攻伐,主要的原因可能不只是由于竞争市场而同室操戈,而是因为所谓"思孟"学派与荀子在"心"与"道"这两个概念的内涵上有了重大的歧义。思孟的"心"是价值意识的创发者,荀子的"心"则是价值的接受器;思孟的"道"颇有其超越性格,而荀子的"道"则有其强烈的社会性。除了荀子对孟子的强烈批判之外,战国末期到西汉初期的孟子后学也顺着孟子的思路而对孟子思想加以繁衍,使孟子学的内容更加细致,这就是公元 1973 年所出土的《五行篇》这一批文献所代表的孟学新发展。在《五行篇》中,对孟子思想中身心一如的这一条思路,做了最深入的发挥。

到了东汉,我们看到了赵岐完成了第一部系统化的《孟子注》。赵岐生于东汉末年政治黑暗政局动荡的时代,他受到政治上的仇家的迫害,在亡命避难的流亡生涯中,完成了《孟子》的注解。在这部对孟子解释的著作之中,除了有相当分量的汉儒阴阳五行的思想色彩之外,也有颇为浓厚的政治色彩的解释。

进入公元 11 世纪以后,孟子的地位逐渐上升,这与当时的改革派政治家王安石的提倡,有间接的关系,但也因此而引起宋代知识分子与思想家对孟子的政治观与生命观的争议。从这一场通贯北宋与南宋的孟子学争辩,我们也可以部分地证实:中国历史上的学术性争议,常常有政治因素为之推波助澜。汉代的今古文之争是一个例子,宋代的孟子学争议,则是另一个具体的例证。在传统中国,学术与政治的关系一直十分密切,两者交互影响,儒家官僚有时固然可以引经义断狱或解决政治争端,但是更多的时候则是学术深受政治力量的干扰与渗透,而改变了创始的宗师的原始涵义。在中国儒学史上,以孔孟为代表的原始儒学,顶天立地,贫贱不移,威武不屈,颠沛必于是,造次必于是,绝不屈道以从人。但是到了秦汉以降,为了适应专制帝国的需要,许多"御用儒者"纷纷登场,出主入奴,甚至不惜曲解经义以向统治者摇尾乞怜,这和孟子所鄙斥的有一妻一妾的齐人的格调已非常接近。在 20 世纪末的今日,我回顾孟子学解释史的发展,固然对于那些曲解孟子以向统治者输诚的知识分子,感到可悲亦复可怜,但知人论世,他们所处的历史情境也值得我们寄予同情的谅解。

在近世儒学史上,如果我们以孟子学为主轴来看,就会发现朱子无论如何仍是一个中心人物。朱子学问广博,兼涉四部,著述宏富,他对孟子思想的解释基本上是从他自己以"理"为中心的哲学立场出发的。我在本书第八章,就以朱子对孟子的"知言养气"学说所提出的解释为中心,一方面分析朱子常常透过知识的角度来思考孟子学中的德性问题;另一方面也观察朱子之后的儒者如明代中国的王阳明、黄宗羲、王夫之,德川时代日本儒者伊藤仁斋、中井履轩,以及李朝朝鲜儒者丁茶山等人对于朱子的批驳。我们也同时分析了清代的戴震及康有为对《孟子》的再诠释。从孟子学一再被后人重新加以解释的事实来看,孟子思想实在并不因为孟子的逝世而随风俱去,它在几千年来的中国历史上乃至东亚历史上,仍具有强有力的生命力,它可以使专制帝王为之战栗,必欲将孟子逐出孔庙而后快;它可以使保守派官僚学者为之紧张,著文挞伐;它也可以使改革派的政治家援引成为精神鼓舞的泉源;它也可以使19世纪末20世纪初的知识分子,重新加以解释,以作为中西思潮融会贯通的媒介。孟子思想体系就好像孟子这个人强韧的生命力一样,在东亚历史上一直产生撼人的气势与吸引力,它是黑暗的时代里人民所仰望的明灯,为苦难的中国人民指引一条可能的出路!

那么,孟子和他的思想在中国文化史上具有何种历史地位呢?

这个问题可以从两个角度来观察。首先,我们从"继往"的角度来看。孟子当然不是绝无凭借,从天而降的。孟子所凭借的是从新石器时代以来中国远古文明中天人沟通的文化基盘。这个远古以来的文化基盘历史悠久,内涵丰富,尤其是以"气"为中心概念而展开。我们在本书第三章,分析孟子对人的生命的看法时,曾特别指出,古代中国文明中的"气"观念是动态而不是静态的,是存在于宇宙间一切生物的,生命的活力正是"气"的流动所提供的。但是,不论其细部内涵有何异同,在孟子以前各种关于"气"的学说,多半是将"气"当作一种自然的存在来处理。孟子在这个文化基盘上加以创造转化,提炼出"养浩然之气"的理论,赋予自然意义的"气"以价值涵义。这是孟子在继承的文化之后,所创造的新贡献。

其次,孟子除了继承远古以来的"气"文化胎盘之外,他也受到孔子的启发,深深地浸透在孔学的精神之中。孟子自己感叹出生太晚,没有福分成为孔子的及门弟子,他以孔子的"私淑弟子"自居,他说他自己"乃所愿,则学孔子"。孟子从孔子那里学到了什么呢?如果我们紧扣孟子一生的行止和他的思想来看,我们就可以发现:孟子在两个方面深深受到孔子精神的洗礼。第一是孟子那种"以道自任",不屈道以从君,"自反而缩,虽千万人,吾往矣"的精神。我们在本书第一章描写孟子的人格与风格,浮现在字里行间的是孟子那个不屈的灵魂,数千年后的今日仍使我们感到震动心仪。我们诵读《孟子》书中孟子与当时各国国君的对话时,我们看到孟子的每一句话似乎都从书本中跳跃而出,有力地撞击着读者的心扉。孟子这种以弘扬正道为己任的抱负,显然受到孔子的启示。孔子"以道事君,不可则止",他如果发现"道不行",宁可"乘桴浮于海"。孟子所发扬光大的正是孔门这种精神。孔孟所不同的是,孔子生于风和日丽的春秋时代,西周以来的政治体制虽已日趋式微,但文化传统尚未瓦解,孔子的人格修养又好,所以孔子的周游列国虽然也和孟子一样,是一段理想的挫折的旅程,但是孔子却如行云流水,温润圆融。但是,

孟子生平概述

图文珍藏版

孟子却生于一个国际风云一夕数变,遍地烽火的战国时代,在一种时间的压力感与空间的压力感之下,孟子感到一种焚烧中的焦灼感,他不得不以全副的生命投入救世的事业,他不仅心援天下,更是手援天下,他奔走呼号,为生民立命,他展现一种狂者的生命情调。由于生命情调与时代背景的差异,他不能像孔子那样光风霁月,他不得不到处宣讲仁义,批驳"异端邪说",正如他自己说的:"予岂好辩哉?予不得已也!"

我们再换另一个角度——"开来"——来看孟子在中国文化史上的地位。这个角度可以从三个方面来观察:

首先,孟子的政治思想高举"人民主体性"的大旗,成为中国历代有良心的儒者论政的标杆。从政治思想史的立场来看,我们可以说,孟子是 17 世纪的黄宗羲以及 20 世纪的孙中山以前,中国最能站在人民立场发言的思想家。孟子所坚持的这种"人民主体性",在中国文化史上具有重大的历史意义。自从秦汉大一统帝国出现在中国历史舞台以后,几千年来中国的政治体制一直是以"君主主体性"为中心而建立。在几千年的历史长流中,潮起潮落,王朝虽有代兴,统治家族虽屡经换姓,但是政治体制基本上仍以君主为其主体。自从孟子明确地标举"人民主体性"之后,中国历代有良心的儒臣、官僚、知识分子,莫不引以为论政之标准。我们在本书第二章回顾孟子周游列国的踪迹,就看到孟子具体地实践了"贬天子,退诸侯,讨大夫"的孔门理想。孟子所锲而不舍地努力的,是尽一切力量解消人君的主体性,使人君的主体性消融在人民的主体性之中,达到孟子所引用的《尚书》所说的境界:"天听自我民听,天视自我民视。"

虽然在数千年来的专制政体的压制之下,孟子的"民本位"的政治理想始终未能获得全面实践的机会。但是,孟子的这一套政治思想一直成为中国文化中最充实而有光辉的瑰宝。它是几千年来中国人民及知识分子心灵深处永恒的乡愁。苦难的中国人民,就好像太平洋里的鲑鱼一样,先秦孟学所开展的民本思想正是他们从小生长的山涧小溪,但是大一统专制帝国建立之后,他们在历史的浪涛里随波逐流,成为飘零的落花,他们在历史的凄风苦雨中哭泣,他们所梦想的是有一天阳回禹域,得以回归几千年前中华民族的精神故乡——政权的转移以民意为依归,人民成为政治体制的主体。

自从"五四"时代以降,现代学术史上几次关于中国文化的论战,大致都环绕着中国文化的黑暗面如专制政治、压制女权等方面申论。其实,中国文化如长江黄河,挟泥沙以俱下,虽然有许多黑暗面(这是任何悠久的文化传统所不能免的),但是也有许多光明的因子。两千年前孟子所揭示的"人民主体性"政治理论,就是中国文化中一项值得珍惜并加以创造转化的文化遗产。

从"开来"的角度来看,孟子在中国文化史上的第二项值得我们重视的成就是:孟子在人性论上向内挖掘,主张人与生俱来有其"良知""良能""四善端",人只要善于培养其内在的善苗,就可以成为善人,而且愈能深入于自己的内在善良本心的人,就愈能了解人性本善的涵义,也愈能与宇宙的德性本体遥契。孟子这一套人性理论,确实拓深了中国文化人的生命的深度,使中国人在现实生活之中能"反求诸己",使每个人在理论上都可以经由自己的修养工夫而成为一个自主性的德性主体,不但在外可以傲公卿,鄙王侯,而且在内则可以建立自己内心的宁静海。所以,历代许多思想家对孟子这一套人性论莫不为之怦然心动,起而丰富繁衍其内涵,其中宋代的陆象山和明代大儒王阳明,顺着孟子的"良知""良能"的思路,进一步发挥,成就了中国儒家心学传统的高峰。

当然,当我们指出孟子的人性论是中国文化史上儒家心学传统的时候,我们也不能对孟子学说的局限性完全忽略不谈。我们对这项局限性的反省,可以从黄宗羲说起。公元17世纪,大明帝国的灰飞烟灭,给予明末清初的知识分子迎头的打击。他们在国破家亡之后,痛定思痛,泣血著述,最具有代表性的是顾炎武、王夫之、黄宗羲。黄宗羲写《明儒学案》,对明代阳明学的成就给予很高的评价,推崇备至。但是,任何现代读者可能都会和黄宗羲一样抱持一个疑惑:何以阳明学说如此深刻而伟大,但却无法挽救大明帝国的覆亡? 黄宗羲在他另一部书《明夷待访录》里,为这个问题提出了他自己反省的心得:"有明之无善治,自高皇帝罢丞相始也。"(《明夷待访录·置相》)推衍黄宗羲的历史判断,我们可以说:中国历代的专制政体建立在人治而不是法治的基础之上。历代儒臣论政,常诉诸"良心",诉诸统治者内心的自觉与幡然改悟,他们努力于孟子所说的"格君心之非"。相对而言,他们对于客观的制度建构问题较为忽略。他们较少注意建立一套不因人的意志而转移的客观制度,来作为这种主体自由的保障,因此,中国人民长期辗转呻吟于专制帝王淫威之下,而强调心学的儒者却只能等待君主的"良心"发现而改弦更张,等而下之的小人儒则更是只能像向日葵一样地,仰望着太阳一般的帝王,而摇尾乞怜,做大一统帝国下的顺臣。从秦汉以降中国历史所见的值得哀痛的经验,往上追本溯源,孟子的心性学说虽然不能为这些后来的历史经验负责,但是它潜藏的局限性是值得现代读者加以深思的!

最后,孟子对中国文化的第三项贡献,可以说是他拓展了中国人的社会观与人生观的广度与高度。我们在本书第四章及第五章讨论孟子的政治思想与社会思想时,都触及孟子的联系性思维方式。孟子不仅认为人的生命有其宇宙论的高度,人可以与宇宙最终实体互相感通,而且人的"心"与"身"也可以交互影响,人的内心修养可以使人格美外在化、具体化,达到他所谓"践形"的境界。更值得我们注意的是,孟子也指出,个人与社会整体或历史文化传统之间,也构成一个不断裂的同心圆关系。从个人的"自我",向外层层推展,透过孟子所说的"扩充"工夫,使个人与空间上的社会其他人或时间上的历史文化传统,形成共生共感的共同体。

孟子这种社会观与文化观,对中国文化有一定的贡献。一个深受中国文化洗礼的人,在他献身于他个人的志业的时候,他不会有孤独感,因为他深信个人与社会是一种同质而共感的关系,个人的努力必将融入社会群体的共业之中;在他生命油尽灯枯的时候,他心中坦荡达观,因为他深信个人的生物生命虽然必将结束,但是民族的文化传统则绵延无穷,个人生命的意义必将在民族文化的共同生命中彰显。孟子的思想体系,为中国文化人提供了社会观的广度与文化观的深度,这项思想遗产对于个人主体性高度昂扬的现代社会而言,仍有一定的启示与意义。

第二章　《孟子》原典解读

卷一　梁惠王上

【题解】

本篇共七章,除第六章对梁襄王,第七章对齐宣王外,其他各章都是孟子与梁惠王的对话。本篇中心内容在于阐述和发挥仁政学说。孟子认为,王道和仁政是立国的根本。为政者应该施行王道,反对霸道,实行仁政,反对暴政。

首章提出"义利之辨",主张在政治上把仁义放在第一位,把功利放在第二位。一切施政措施都要符合仁义的准则。无论是国君,还是卿、大夫、士,以及庶民都要按照仁义的准则行事,使上下有序,决不因为一己私利而危害仁义。能够做到这一点,就能够得到民众的爱戴和拥护,自然地就能够拥有天下。

以下各章所记对话,大抵不离"仁政"的话题。仁政的主要内容还包括反对攻伐,发展生产,减轻刑罚赋敛,使老百姓过上丰衣足食的生活,在此基础上以孝悌之义教导百姓。如此便可以抵御外侮,并使天下归服。孟子又指出君王施行仁政的基础,是天性中固有的"不忍人之心",因此,在思想上,要树立起"不忍人之心",要树立起仁爱的观念。有了"不忍人之心",才能有"不忍人之政",亦即仁政。

从上述各章的阐发,可见孟子虽把"义"放在"利"之上,但他所谓"义",主要的内容却是人民的"利",凡政策由此出发,做法与此相合,便是"义",否则反是。因此既热情赞扬"与民同乐"的古圣,又尖锐批评"率兽食人"的今王。

一

【原文】

孟子见梁惠王①。王曰:"叟②! 不远千里而来,亦将有以利吾国乎?"

孟子对曰："王！何必曰利？亦③有仁义而已矣。王曰：'何以利吾国？'大夫曰：'何以利吾家？'士庶人④曰：'何以利吾身？'上下交征⑤利而国危矣。万乘⑥之国，弑其君者，必千乘之家；千乘之国，弑其君者，必百乘之家。万取千焉，千取百焉，不为不多矣。苟⑦为后义而先利，不夺不餍⑧。未有仁而遗其亲者也，未有义而后其君者也。王亦曰仁义而已矣，何必曰利？"

【注释】

①梁惠王：即魏惠王（前400~前319），惠是他的谥号。

②叟：老人。

③亦：这里是"只"的意思。

④士庶人：士人和庶民。

⑤交征：互相争夺。征，取。

⑥万乘：古代用四匹马拉的一辆兵车叫一乘，万乘即有一万辆兵车。诸侯国的大小以兵车的多少来衡量，万乘之国在战国时是大国。

⑦苟：如果。

⑧餍：满足。

【译文】

孟子拜见梁惠王。梁惠王说："老先生，您不远千里而来，一定有利于我的国家的高见吧？"

孟子回答："大王！何必说利呢？只是仁义而已。大王说：'怎样对我的国家有利？'大夫说：'怎样对我的封地有利？'一般士人和老百姓说：'怎样对我自己有利？'结果是上下互相争夺利益，那国家就危险了啊！在一个拥有一万辆兵车的国家里，杀害国君的人，一定是拥有一千辆兵车的大夫；在一个拥有一千辆兵车的国家里，杀害国君的人，一定是拥有一百辆兵车的大夫。这些大夫在一万辆兵车的国家中就拥有一千辆，在一千辆兵车的国家中就拥有一百辆，他们不算不富有了。可是，如果先讲利后讲义，他们不争夺是永远不会满足的。没有讲仁却抛弃父母的人，也没有讲义而不顾君王的人。所以，大王只说仁义就可以了，何必说利呢？"

【评析】

国家财富有限，如果大家都只讲"利"而不讲"义"，国家就很危险了。孟子告诉梁惠王只讲"义"而不讲"利",是告诉他统治国家的方法。孟子分析说,万乘之国,大夫取车千乘;千乘之国,大夫取车百乘,大夫听得不可谓不多,但他们仍然弑君弑父,是因为他们只讲"利"而不讲"仁义"。相反,没有哪个讲"仁义"的人遗弃他的父母、怠慢他的君主的,更不用说弑君弑父了。所以孟子告诉梁惠王,你只说"仁义"就行了,何必说"利"呢?

《孟子》一书,多次讲过"义利"问题。本章中的意见,多少有点"耍权谋"的意思。正确的"义利观",不应该将两者对立起来,而应该"义利"并重,而"义"更先于"利",反对不"义"之"利",见"利"忘"义"。

《孟子》为孟子与其门徒万章、公孙丑等有意模仿《论语》而作,《论语》散漫,《孟子》亦然。但如细加体会,《孟子》中相邻若干章常有内在逻辑联系。如本卷前五章均写孟子答梁惠王问,第六章答梁襄王问,第七章至第二卷第十一章答齐宣王问,其间自有逻辑联系。本卷前五章答梁惠王问,当为孟子晚年到梁国后事,其时惠王亦老,故惠王称孟子为"叟"。公元前318年梁襄王继位后,孟子见他"望之不似人君",大概就离开梁国走了。

【典例阐幽】

重义轻利

鲁肃为吴中富户,乐善好施,重义轻利。周瑜任居巢长时,闻鲁肃之名,向其借粮,鲁肃将家里一大粮仓相赠,两人由此结交,后来由周瑜介绍,鲁肃出事东吴。周瑜死后鲁肃就接替了周瑜做了吴国的大都督。

《三国志·吴书·鲁肃传》中记载:"后备诣京见权,求都督荆州,惟肃劝权借之,共拒曹公。"这一"借"让曹操出了一身冷汗,它打碎了曹操的统一天下的大梦,奠定了三国格局的基础,《三国志·吴书·鲁肃传》载:"曹公闻权以土地业备,方作书,落笔於地。"

试想当时如果不借。那么凭东吴一方的力量,根本不足以与势力强大的曹操相抗衡,借荆州给刘备,给曹操设立了一个对手,是轻小利而重大义之举,这样最终保障了三国鼎立局面的形成。

二

【原文】

孟子见梁惠王。王立于沼上①,顾鸿雁麋鹿,曰:"贤者亦乐此乎?"

孟子对曰:"贤者而后乐此,不贤者,虽有此不乐也。《诗》云②:'经始灵台③,经之营之,庶民攻之,不日成之。经始勿亟④,庶民子来⑤。王在灵囿⑥,麀鹿攸伏⑦,麀鹿濯濯⑧,白鸟鹤鹤⑨。王在灵沼,於牣鱼跃⑩。'文王以民力为台为沼,而民欢乐之,谓其台曰灵台,谓其沼曰灵沼,乐其有麋鹿鱼鳖。古之人与民偕乐,故能乐也。《汤誓》曰⑪:'时日害丧⑫,予及女偕亡。'民欲与之偕亡,虽有台池鸟兽,岂能独乐哉?"

【注释】

①沼:水池。

②《诗》:即《诗经》。以下引诗出自《诗经·大雅·灵台》,写周文王兴建灵台、灵囿而庶民相助的盛况。

③经:测量。灵台:台名。

④亟:急。

⑤子来:像儿子为父母效劳那样来帮忙。

⑥囿:圈养鸟兽的园林。

⑦麀:母鹿。鹿:指公鹿。攸:助词,用法相当于"所"。

⑧濯濯:肥硕而有光泽的样子。

⑨鹤鹤:羽毛洁白的样子。

⑩於:语气词,表示叹美。牣:满。

⑪《汤誓》:《尚书》的篇名,记载商汤伐夏桀的誓师之词。

⑫时日:这个太阳,指夏桀。时,这。害:通"曷",即"何",这里指"何时"。

【译文】

孟子见梁惠王。王站在池塘边,看鸿雁麋鹿,说:"贤者也享受这种快乐吗?"

孟子回答说:"只有贤者才能享受这种快乐,不贤者即使有这些,也无法快乐。

《诗经》说:'开始建灵台,测量又施工,百姓齐动手,很快就落成。王说不着急,百姓更卖力。王到灵圃来,群鹿好自在,群鹿光又肥,白鸟白又亮。王到灵沼来,满池鱼跳跃。'文王借助民力建台修池,老百姓却很高兴,把那台叫作灵台,把那池叫作灵沼,为里面有麋鹿鱼鳖而高兴。古人与老百姓同乐,所以能享受快乐。《汤誓》说:'这个太阳何时消灭,我和你一起去死。'老百姓要和他一起去死,纵然他有台池鸟兽,难道能独自快活吗?"

【评析】

在这一章里,梁惠王劈头盖脸就以奚落的口气问孟子道:"你这个不食人间烟火的家伙,觉得我的园林怎样啊?你能感受到快乐吗?"精明的孟子自然不会上他的当,只见他"将话就话",接过话题,假装一本正经地又论述了自己的与民同乐的思想。孟子认为,仁慈的国君因为能与民同乐,所以享受到了真正的快乐。孟子的这一思想就像是一个预言一样,在以后的历代国君身上不断得到验证。

与民同乐的思想是孟子仁政思想的重要组成部分,具有浓厚的民族主义色彩。关于与民同乐的话题孟子论述得已经很透彻了,现在我们来说说由与民同乐延伸出的话题——与人同乐。曾经有人提出,只要稍加替换,与民同乐就可以变成"与人同乐"。当今社会,有钱人越来越多,但是他们真的获得了快乐吗?其实不然,他们中的大多数人晚景凄凉,没有至亲与他一起分享有钱的快乐,自然会觉得人生了无生趣,没有什么快乐可言。相反,一些并没有多少钱的人,却享受着四世同堂的天伦之乐,获得了人生真正的快乐。这就是与人同乐的道理。

自古以来,快乐与否一直就是一个精神层面的问题,虽然物质生活可以影响一个人的精神生活,但起决定因素的却是精神生活。因此,追求和保持精神生活的富裕,才是获得真正的快乐的根本。那么,怎么样追求和保持精神生活的富裕呢?这就回到了孟子的观点上:有了快乐要与别人分享,不要"独乐乐"。

【典例阐幽】

太守之乐

欧阳修,北宋时期政治家、文学家、散文家、史学家和诗人,唐宋八大家之一。他为政随和,多采用宽怀政策,在政期间非常爱民,在滁州任太守时,留下了千古名篇《醉翁亭记》，其中与民同乐的描写，看出了民众对他的喜爱，愿意同其乐，"太守乐其乐也"，"太守归而宾客从也"。

历史上醉翁亭也不知翻建多少次，为了纪念欧阳修，醉翁亭每遭破坏总会重建。这其中包含了人们对欧阳修深厚的感情。

三

【原文】

梁惠王曰："寡人之于国也，尽心焉耳矣。河内①凶②，则移其民于河东③，移其粟于河内。河东凶亦然。察邻国之政，无如寡人之用心者。邻国之民不加④少，寡人之民不加多，何也？"

孟子对曰："王好战，请以战喻⑤。填然⑥鼓⑦之，兵刃既接⑧，弃甲曳兵而走⑨。或百步而后止，或五十步而后止。以五十步笑百步，则何如？"

曰："不可，直⑩不百步耳，是亦走也。"

曰："王如知此，则无望民之多于邻国也。不违农时，谷不可胜⑪食也；数罟⑫不入洿池⑬，鱼鳖不可胜食也；斧斤⑭以时入山林，材木不可胜用也。谷与鱼鳖不可胜食，材木不可胜用，是使民养生丧死无憾也。养生丧死无憾，王道之始也。

"五亩之宅，树之以桑，五十者可以衣⑮帛矣。鸡豚狗彘之畜，无失其时，七十者可以食肉矣。百亩之田，勿夺其时，数口之家可以无饥矣。谨庠序⑯之教，申⑰之以孝悌之义，颁白⑱者不负戴⑲于道路矣。七十者衣帛食肉，黎民不饥不寒，然而不王⑳者，未之有也。

"狗彘食人食而不知检㉑，途有饿莩㉒而不知发㉓；人死，则曰：'非我也，岁㉔也。'是何异于刺人而杀之，曰：'非我也，兵㉕也。'王无罪岁㉖，斯天下之民至焉。"

【注释】

①河内：指魏国境内处于黄河北岸的土地。

②凶：年景不好，收成差。

③河东：魏国境内处于黄河东岸的土地。

④加：更加。

⑤喻：比喻，打比方。

⑥填然：象声词，形容声音巨大。

⑦鼓：动词，击鼓，代表进军、攻击。

⑧接：接触，指交战。

⑨走：逃跑。

⑩直：只是，不过。

⑪胜：尽。

⑫数罟：细密的渔网。数，细密。罟，渔网。

⑬洿池：指较深的池塘。

⑭斤：斧子一类的用具。刃直称斧，刃横称斤。

⑮衣：动词，穿衣。

⑯庠序：指学校，古代教化之处，殷商时的学校叫作序，周代的学校叫作庠。

⑰申：反复申劝、教导。

⑱颁白：也作"斑白"，头发花白。

⑲负戴：负是指把东西背在身上，戴是指把东西顶在头上。

⑳王：动词，称王。

㉑检：检查，约束，制止。

㉒饿莩：同"饿殍"，指饿死的人。

㉓发：指打开粮仓，赈济百姓。

㉔岁：指凶年，收成不好。

㉕兵：兵器。

㉖罪岁：归罪于年成不好。罪，动词，归罪于。

【译文】

梁惠王说："我对于自己的国家，可以说是尽心尽力了。河内地区的收成不好，我就把那儿的百姓移到河东地区去就食，把河东的粮食转移到河内地区。河东地区收成不好的时候，也是采取相同的办法。遍观邻近国家君主为政的措施，没有像我这样用心的了。但是邻国百姓的数量并没有因此而减少，我国百姓的数量也没有因此而增加，这是为什么呢？"

孟子回答说："大王您喜欢战争，请允许我用战争来打个比方。战鼓咚咚敲响的时候，两军兵刃相接，开始交战，战败的士兵丢弃盔甲、拖着兵器竞相逃跑。有的士兵跑了一百步之后停下来,有的士兵跑了五十步之后停下来。如果那些跑了五十步的去耻笑那些跑了一百步的,您觉得怎么样呢?"

梁惠王说:"不可以,只是没有跑到一百步而已,但同样是逃跑。"

孟子说:"大王您既然明白这个道理,就不要奢望自己的百姓多于邻国了。如果能够不违反农业生产的时令,就会有吃不尽的谷物粮食;如果细密的渔网不到深池里去捕鱼,就会有吃不尽的鱼鳖;如果按照一定的时令去采伐山林,就会有用不尽的木材。粮食与鱼鳖吃不完,木材也用不完,就会使得百姓对于养生丧死之事没有什么不满了。百姓对于养生丧死之事没有不满,这是王道政治的开始。

"在五亩大的宅地中种植桑树,五十岁以上的人就可以穿上丝帛了。养殖鸡豚狗彘的时候,不要耽误它们生长繁殖的时节,那么七十岁以上的老人就可以吃上肉了。面积百亩的田地,不要耽误百姓劳作的时令,那么几口人的家庭就可以免于饥饿之苦了。认真地开展学校教化,反复地申戒孝悌敬长的道理,那么头发花白的老人就不会再背着、顶着东西在路上行走了。七十岁以上的老人都能够穿着丝帛的衣服、都可以吃上肉,百姓可以免于饥寒之苦,如果这样还不能使天下百姓归附,这是不可能的。

"如果猪狗吃了人应该吃的东西,却还不知道加以约束和制止;如果道路上有饿死的人,却还不知道打开粮仓、赈济百姓;百姓死了,却说'这不是我的过错,这是收成不好的缘故',这何异于用刀子杀了人,却还说'这不是我杀的,是刀子杀的'?大王您如果不把一切都归罪于年岁收成,那么天下百姓就会争相归附了。"

【评析】

这一章历来被学者看作是孟子的王道思想的施政宣言,中心思想是如何施行仁政,如何由仁政而王道。孟子提出的民本思想在施行仁政和王道时的具体措施,与早期儒家"先富后教"的思想不谋而合。

此外,在这一章里,还引出了"五十步笑百步"这一名言。通过这个比喻,孟子不仅形象而生动地表达了他主张王道、提倡礼乐的理念,而且也第一次让读者领教了他论辩的巧妙技巧和高超水平。

梁惠王自认为对百姓很尽心,而且在言语之中还有些埋怨百姓"不识抬举",辜负了他的尽心。可是,他的这一堆道理在孟子眼里只不过算是强词夺理罢了,实际上,梁惠王的做法与邻国国君的做法只是五十步与百步的区别。在否定和批评了梁惠王以后,孟子就势提出他认为的治国的根本之道,也就是要施行仁政,让百姓休养生息。

【典例阐幽】

"五十步"与"一百步"

东汉末年的蔡邕博学多才,是当时著名的学者,编纂汉史,作灵帝纪以及个人列传四十二篇。他同时还是个大书法家。

据唐代张彦远《法书要录·笔法传授人名》中记载:蔡邕受艺于神人,而传与崔瑗及女文姬,文姬传之钟繇,钟繇传之卫夫人,卫夫人传之王羲之,王羲之传之王献之。

董卓听说蔡邕有才,于是给了他两个选择:要么来朝里当官,要么等着被灭族!蔡邕只得入朝为官,很受董卓器重。虽然蔡邕并不认同董卓的专权与暴虐,但是到了董卓被杀时,他想起董卓待他不错,轻轻叹息了一声,结果立即触怒了踌躇满志的王允,被投进了监狱。

蔡邕入狱后,朝廷里有许多大臣都来替他求情,请求王允网开一面,使得蔡邕能够继续编汉史。而王允的回答却证明了他指责董卓残暴不仁,不过是五十步笑百步。王允说:"当年汉武帝没杀司马迁,结果世上多了一部谤书。如今要是留下蔡邕,不是又要多一部谤书来迷惑天子,诽谤你我吗!"

蔡邕就这样死在了狱中。大家一看,走了个跋扈的董太师,又来了个骄横的王司徒,也开始心怀不满,牢骚满腹。王允诬杀蔡邕两个月后,董卓部将攻陷长安,捉拿王允,连同他的妻子儿女一齐处死。并把王允的尸首拖到闹市任人参观,没有人为他收葬。

四

【原文】

梁惠王曰:"寡人愿安①承教。"

孟子对曰:"杀人以梃②与刃,有以异乎?"

曰:"无以异也。"

"以刃与政,有以异乎?"

曰:"无以异也。"

曰:"庖③有肥肉,厩有肥马,民有饥色,野有饿莩,此率兽而食人也。兽相食,且人恶之;为民父母,行政,不免于率④兽而食人,恶⑤在其为民父母也?仲尼曰:'始作俑者⑥,其无后乎!'为其象人而用之也。如之何其使斯民饥而死也?"

【注释】

①安:乐意。

②梃:木棒。

③庖:厨房。

④率:放任。

⑤恶:何。

⑥始作俑者:俑,古代陪葬用的土偶、木偶。在用土偶、木偶陪葬之前,经历了一个用草人陪葬的阶段。草人只是略像人形,而土偶、木偶却做得非常像活人。所以孔子深恶痛绝最初采用土偶、木偶陪葬的人。始作俑者,就是指这最初采用土偶、木偶陪葬的人。后来这句话成为成语,指首开恶例的人。

【译文】

梁惠王说:"我很乐意听您的指教。"

孟子回答说:"用木棒打死人和用刀子杀死人,有什么不同吗?"

梁惠王说:"没有。"

孟子又问:"用刀子杀死人和用政治害死人,有什么不同吗?"

梁惠王回答:"没有。"

孟子于是说:"现在您厨房里有肥嫩的肉,马厩里有健壮的马,可老百姓却面带饥色,野外有人饿死,这相当于放纵野兽吃人啊。野兽自相残杀,人尚且厌恶它;作为百姓的父母官,施政,却免不了放任野兽来吃人,那怎么能够做百姓的父母官呢?孔子说:'最初采用土偶、木偶陪葬的人,该会断子绝孙吧!'就因为土偶、木偶太像人的样子,却用来陪葬。那么那些使百姓饿死的人,又该怎么办呢?"

【评析】

在这一章里,孟子从侧面批评了当时诸侯的暴政对百姓的凶残和危害,并再次提出保民的主张。众所周知,孟子是先秦民本思想的集大成者,这主要体现在他的保民、养民、安民的思想主张上。

所谓"保民",首先是保证百姓的生存权,让他们能安全地活着。孟子认为,作为百姓的父母官,让百姓安全、幸福地生活是执政者的基本职责,贤明的执政者应该采取措施,使百姓免于被天灾和人灾伤害,最起码要做到"取民有度"。

但是,梁惠王在这方面做得并不好,因为"民有饥色,野有饿莩"。而且,从中国漫长的历史上看,能达到孟子的要求的统治者没有几个,因此,在很大程度上看,所谓的保民、养民、安民只是暗藏在知识分子心中的一幅美好蓝图。

但是,尽管孟子的言论从来没有被真正地落到实处,但却并不过时,对当今社会也起着重要的警示作用。

【典例阐幽】

始作俑者

清雍正六年(1728年),朝廷掀起了一场大规模的"文字狱"。

湖南秀才曾静在一个偶然机会读到已故学者吕留良的反清诗文,十分敬佩他的学问,并开始与他的弟子交往。后来,曾静听说汉族大臣岳钟琪平定边境叛乱立了大功,受到雍正帝重用,担任川陕总督,手握重兵,竟然充满幻想地去游说他起来造反,结果被岳钟琪出卖。

雍正亲自处理此案,一方面"御笔"亲拟了批驳吕留良反清观点的《大义觉迷录》,另一方面大开杀戒:判处已经死去了的吕留良和其子吕葆中、学生严鸿逵开棺戮尸枭首示众,判处吕留良的另一个活着的儿子吕毅中立即斩首;吕、严两家的孙子辈一律发往宁古塔充军为奴。其余如曾和吕、严交往的,曾为吕留良刻过书的,甚至收藏过吕留良诗文的东鼎臣、东鼎贲、孙克用、周敬舆等人一律判处死刑。因此案而受到牵连的有上千人。

虽然这一事件的始作俑者是雍正皇帝,但是无知而盲动的曾静也有不可推卸的责任。不过曾静出人意料地被雍正饶过一命。雍正让他悔过自新,并让官府带他到江南一带现身说法,宣传《大义觉迷录》,以示皇权的宽容和坚固。但是曾静在悔罪并充当清朝的走狗以后,最终仍然被继任皇帝乾隆下令处决。

孟子诠解

五

【原文】

　　梁惠王曰:"晋国①,天下莫强焉,叟之所知也。及寡人之身,东败于齐,长子死焉②;西丧地于秦七百里③;南辱于楚④。寡人耻之,愿比死者壹洒之⑤,如之何则可?"

　　孟子对曰:"地方百里而可以王⑥。王如施仁政于民,省刑罚,薄税敛,深耕易耨⑦,壮者以暇日修其孝悌忠信,入以事其父兄,出以事其长上,可使制梃以挞秦、楚之坚甲利兵矣。

　　"彼夺其民时,使不得耕耨以养其父母。父母冻饿,兄弟妻子离散。彼陷溺其民,王往而征之,夫谁与王敌?故曰:'仁者无敌。'王请勿疑!"

【注释】

　　①晋国:这里指魏国。战国时韩、赵、魏三国,系由晋国分出,称为"三晋",故魏国自称为晋。

　　②东败于齐,长子死焉:指马陵(今山东濮县北)之役。魏军以庞涓和太子申为统帅,齐军以田忌为大将,孙膑为军师,两军战于马陵,魏大败,庞涓自杀,太子申被俘。

　　③西丧地于秦七百里:惠王时,魏国曾屡败于秦国,被迫多次割地。

　　④南辱于楚:惠王时,魏军被楚将昭阳所败,八邑沦亡。

　　⑤比:替,为。壹:全,都。洒:洗。

　　⑥地方百里:指长、宽各百里之地。

　　⑦易:疾速。耨:锄草。

【译文】

　　梁惠王说:"晋国,天下没有比它更强大的国家了,这是老先生所知道的。到了我这时候,东边败于齐国,大儿子牺牲了;西边割地七百里给秦国;南边又受辱于楚国。我感到耻辱,希望为死者尽洗此恨,要怎么办才行?"

　　孟子回答说:"有纵横百里的土地就可以行仁政而使天下归服。王如果向老百姓实行仁政,减轻刑罚,减少赋税,深耕细作,及早除草;年轻人在闲暇时修养孝顺父母、敬爱兄长、忠诚守信的道德,在家便侍奉父兄,在外便侍奉上级,这样,就算让他们造木棒也可以抗击秦国和楚国的坚实盔甲和锋利兵器了。

"别的国家妨碍老百姓适时生产,使他们不能靠耕作来奉养父母。父母饥寒交迫,兄弟妻儿离散。它们使老百姓陷于深渊之中,王去讨伐它们。谁能抵抗您?所以说:'仁德的人是无敌的。'王请不要怀疑!"

【评析】

孟子到魏国时,梁惠王正经历着人生的巨大挫折,他所说的"东败于齐""西丧地于秦七百里""南辱于楚"即是魏国对外战争中几次惨痛的失败。此时的惠王复仇心切,故见到孟子时劈头就问"何以利吾国"。针对惠王的心理,孟子告诫其"仁者无敌",认为只有实行仁政,才能称王天下。

【典例阐幽】

仁者无敌,郭子仪只身退敌

唐代宗广德二年十月,仆固怀恩引吐蕃、回纥、党项数十万兵马南下,郭子仪受命,率军抵御。转年九月,叛军已相继进抵长安附近,京城人人自危,不知所从。关键时刻。唐代宗急召郭子仪从河中返长安。

当时,郭子仪随从军卒仅一万人左右,在泾阳屯军。四周叛军、回纥、吐蕃等军队有近三十万,已经把郭子仪军围得里三层、外三层。郭子仪急忙下令属下四将分阵迎敌。自己亲率两千铠甲军出于阵前。回纥军队首领很奇怪,惊问唐兵:"主帅为谁?"唐军回报:"郭令公。"回纥首领大惊:"郭令公还活着吗?仆固怀恩讲天可汗(唐代宗)已崩,郭令公也病死,中国无主,我们才跟随他来到这里。既然郭令公还活着,天可汗也活着吗?"唐军答称:"天子安好!"这下子回纥首领有些慌乱,面面相觑:"难道仆固怀恩欺骗我们?"

见此,郭子仪忙派使者去回纥营中晓谕:"几年前回纥大军跋涉万里。帮助我大唐收复两京,双方休戚与共,关系甚洽。现在,你们为什么要捐弃旧谊,帮助仆固怀恩这个叛臣,如此下去,对回纥一点好处也没有呵。"回纥人将信将疑:"都说郭令公死了,否则,我们怎敢至此。如果郭令公真活着,就让我们亲眼见一见。"

使者回报。郭子仪马上跨马欲出。左右将帅都劝:"戎狄狼子野心,怎能相信!"郭子仪说:"敌众数十倍于我军,力战肯定不能胜。我现在出去与他们相见,示之以诚。"左右将领要派五百骑兵护卫,郭子仪摇手拒绝,只带十几骑轻装而出。唐军大呼:"令公来!"

回纥人如临大敌,不知唐军真假,前面数排弓箭手皆引弓搭箭,持满欲射。

郭子仪骑马至阵前,摘去头盔,对带头的回纥首领亲切问候道:"君与我前些年同生死、共患难,怎么现在一点也不念昔日情分啊?"见到果真是郭子仪本人,回纥大将们都扔掉手中兵器下马行礼:"果吾父也。"(真是我亲郭大爷呵)

于是,郭子仪邀请回纥众首领欢饮,大赠金帛,誓好如初。酒席宴上,酒酣耳熟,郭子仪乘机劝说回纥首领:"吐蕃与我大唐本来是舅甥之国。现在背信弃义进攻我们。他们已劫抢牛马无数,诸位如果能倒戈奋击吐蕃,既能逐戎得利,又与我大唐重修友好关系,一举两得,多么好啊。"当时,仆固怀恩已经暴病而死,"群虏无所统一",回纥人就答应了郭子仪。

吐蕃军队已经得知唐军与回纥军"联欢"的消息,惊疑双方有诈,乘夜就引军退走。郭子仪先派白元光等率一部分唐兵与回纥军相合,追击吐蕃,自引大军继后,于灵台西原大败吐蕃,斩首五万,生俘一万,得牛羊马驼不可胜计,并追回被俘掠的唐朝士女。

一颗仁爱之心,能够让一个人成为真正的赢家。

六

【原文】

孟子见梁襄王①。出,语②人曰:"望之不似人君,就之而不见所畏焉。卒然③问曰:'天下恶乎定?'

"吾对曰:'定于一。'

"'孰能一之?'

"对曰:'不嗜杀人者能一之。'

"'孰能与之?'

"对曰:'天下莫不与也。王知夫苗乎?七八月④之间旱,则苗槁矣。天油然作云,沛然下雨,则苗浡然⑤兴之矣。其如是,孰能御之?今夫天下之人牧⑥,未有不嗜杀人者也。如有不嗜杀人者,则天下之民皆引领而望之矣。诚如是也,民归之,由⑦水之就下,沛然谁能御之?’”

【注释】

①梁襄王:梁惠王的儿子,名嗣,公元前318年至公元前296年在位。

②语:告诉。

③卒然:同“猝”,突然。

④七八月:指周代历法,相当于夏历的五、六月,正是禾苗需雨水时。

⑤浡然:兴起的样子。浡然兴之即蓬勃兴起。

⑥人牧:指君王。“牧”由牧牛、牧羊的意义引申过来。

⑦由:通“犹”,如同。

【译文】

孟子见了梁襄王,出来后告诉别人说:“远看不像个国君,到了他跟前也看不出威严的样子。他猛然问我:‘天下要怎样才能安定?’

“我回答说:‘统一就会安定。’

“他又问:‘谁能统一天下呢?’

“我又答:‘不喜杀戮的君王能统一天下。’

“他又问:‘有谁愿意跟随他呢?’

“我又答:‘天下的人没有不愿意跟随他的。大王知道禾苗的情况吗?七、八月间天旱的时候,禾苗就干枯了。一旦天上乌云密布,哗哗下起大雨,禾苗便会蓬勃生长。这样的情况,谁能够阻挡得住呢?如今各国的君王,没有不喜欢杀人的。如果出现一个不喜欢杀人的,天下的百姓都会伸长脖子期待着他来解救了。真的这样做的话,百姓归服他,就像水往低处流,谁能阻挡得住呢?’”

【评析】

在孟子生活的那个时代,各诸侯国之间“争地以战,杀人盈野;争城以战,杀人盈城”,频繁爆发着残酷的战争;即使在短暂的战争间隙,为了维护政权,诸侯国的国君们也经常屠杀生灵。总之一句话,百姓连最基本的生存权都得不到保证。

孟子当然反对这些。于是,当梁襄王向他提出“怎样才能安定天下”这一问题时,他有针对性地提出了依靠仁政统一天下的主张。在这里,孟子并不是一味地主张不杀人,而是主张"不嗜杀人"。所谓"不嗜杀人",其实就是奉劝诸侯们不要主动杀人,不要滥杀无辜,更不要以杀人为乐,相反,应该是在不论何种情况下,都尽量不杀人或少杀人。

那么,在那个追求功利的时代,诸侯们"不嗜杀人"能得到什么"利"呢?孟子说,能统一天下,因为"不嗜杀人,民必归之",而且由一个"不嗜杀人"的国君来统一和安定天下也是顺理成章的事。

在这一章里,孟子跟梁襄王讲了两点内容:一是天下只有统一才能安定。这个道理很简单,如果天下四分五裂,就会战争不断,自然是不可能安定了。二是什么人能统一天下。孟子回答的也很简单,他说:"不喜欢杀人的人能统一天下。"孟子所说的这个人是指执掌着生杀大权的诸侯,而且还得是个讨厌战争的"和平主义者"。

总体来看,孟子这番简单的道理依据的是百姓的心理,是非常正确的。正因为战乱不断,百姓吃够了战争的苦,生活痛苦不堪,纷纷渴望能出现一个不爱打仗、不爱杀人的国君,如果真有哪个国君能做到这些,全天下的百姓必然会闻风归服的。

然而,有理归有理,正确归正确,信服归信服,但却并不适用于战国这一特殊的历史时期。战国时期,军事和政治密不可分,诸侯们都明白统一天下离不开战争,因此,他们都认为孟子的思想过于"迂阔",不如纵横家的思想实用,也就没有人肯真正接受孟子了。这不仅是孟子的悲哀,也是全天下百姓的悲哀了。

【典例阐幽】

引领而望

商王武丁的宰相傅说从政以前,曾在傅岩(今山西平陆东)地方从事版筑,故以傅为姓。傅岩是虞、虢两地交界之处,又是交通要道,由于山涧的流水常常冲决道路,奴隶们就在这里版筑护路。傅说身为奴隶,就靠从事版筑为生。商王武丁即位以后,三年没有理政。国事全由家宰管理。

有一天,武丁告诉群臣,他梦见上天赐予他一位贤人,这个人穿着奴隶穿的衣服,说自己姓傅名说,正在做苦役。武丁说:"傅者,相也。说者,悦也。天下当有傅我而悦民者哉!这是个好兆头,我一定能得到一位治理天下的好帮手。"武丁就让人把梦中人的形象画出来,在全国寻找,果然在傅岩找到傅说。

经过一番交谈，武丁发现傅说果然就是自己和百官引领而望的治国之才，于是就让他担任宰相。但是这一来，出身宗族的大臣们却很不服气，认为他身为一个奴隶做宰相是对朝廷的侮辱。

过了一段时间。傅说发挥自己的才能，出台了一系列励精图治的政策，终于使得贵族和平民都心甘情愿地服从于他的领导。武丁一朝也因而成为商代后期的极盛时期，史称"武丁中兴"。

七

【原文】

齐宣王①问曰："齐桓、晋文②之事可得闻乎？"

孟子对曰："仲尼之徒无道桓文之事者，是以后世无传焉，臣未之闻也。无以③，则王乎④？"

曰："德何如则可以王矣？"

曰："保民而王，莫之能御也。"

曰："若寡人者，可以保民乎哉？"

曰："可。"

曰："何由知吾可也？"

曰："臣闻之胡龁⑤曰，王坐于堂上，有牵牛而过堂下者，王见之，曰：'牛何之⑥？'对曰：'将以衅⑦钟。'王曰：'舍⑧之！吾不忍其觳觫⑨，若无罪而就死地。'对曰：'然则废衅钟与？'曰：'何可废也？以羊易之！'不识有诸⑩？"

曰："有之。"

曰："是心足以王矣。百姓皆以王为爱⑪也，臣固知王之不忍也。"

王曰："然；诚有百姓者。齐国虽褊⑫小，吾何爱一牛？即不忍其觳觫，若无罪而就死地，故以羊易之也。"

曰："王无异⑬于百姓之以王为爱也。以小易大，彼恶知之？王若隐⑭其无罪而就死地，则牛羊何择⑮焉？"

王笑曰："是诚何心哉？我非爱其财，而易之以羊也，宜乎百姓之谓我爱也。"

曰："无伤也，是乃仁术也，见牛未见羊也。君子之于禽兽也，见其生，不忍见其死；闻其声，不忍食其肉。是以君子远庖厨也。"

王说⑯,曰:"《诗》云:'他人有心,予忖度之⑰。'夫子之谓也。夫我乃行之,反而求之,不得吾心。夫子言之,于我心有戚戚⑱焉。此心之所以合于王者,何也?"

曰:"有复⑲于王者曰:'吾力足以举百钧⑳,而不足以举一羽;明足以察秋毫之末㉑,而不见舆薪㉒。'则王许㉓之乎?"

曰:"否。"

"今恩足以及禽兽,而功不至于百姓者,独何与? 然则一羽之不举,为不用力焉;舆薪之不见,为不用明焉;百姓之不见保,为不用恩焉。故王之不王,不为也,非不能也。"

曰:"不为者与不能者之形何以异?"

曰:"挟太山以超北海㉔,语人曰:'我不能。'是诚不能也。为长者折枝㉕,语人曰:'我不能。'是不为也,非不能也。故王之不王,非挟太山以超北海之类也;王之不王,是折枝之类也。

"老吾老㉖,以及人之老;幼吾幼,以及人之幼。天下可运于掌。《诗》云:'刑于寡妻,至于兄弟,以御于家邦㉗。'言举斯心加诸彼而已。故推恩足以保四海,不推恩无以保妻子。古之人所以大过人㉘者,无他焉,善推其所为而已矣。今恩足以及禽兽,而功不至于百姓者,独何与?

"权㉙,然后知轻重;度㉚,然后知长短。物皆然,心为甚。王请度之!

"抑㉛王兴甲兵,危士臣,构怨㉜于诸侯,然后快于心与?"

王曰:"否,吾何快于是? 将以求吾所大欲也。"

曰:"王之所大欲,可得闻与?"

王笑而不言。

曰:"为肥甘不足于口与? 轻暖不足于体与? 抑为采色㉝不足视于目与? 声音不足听于耳与? 便嬖㉞不足使令于前与? 王之诸臣皆足以供之,而王岂为是哉?"

曰:"否,吾不为是也。"

曰:"然则王之所大欲可知已。欲辟㉟土地,朝㊱秦、楚,莅㊲中国而抚四夷也。以若所为求若所欲,犹缘㊳木而求鱼也。"

王曰:"若是其甚与?"

曰:"殆㊴有㊵甚焉。缘木求鱼,虽不得鱼,无后灾。以若所为,求若所欲,尽心力而为之,后必有灾。"

曰:"可得闻与?"

曰："邹人与楚人战,则王以为孰胜?"

曰："楚人胜。"

曰："然则小固不可以敌大,寡固不可以敌众,弱固不可以敌强。海内之地,方千里者九,齐集有其一。以一服④八,何以异于邹敌楚哉?盖⑫亦反其本矣。

"今王发政施仁,使天下仕者皆欲立于王之朝,耕者皆欲耕于王之野,商贾皆欲藏于王之市,行旅皆欲出于王之涂⑬,天下之欲疾⑭其君者,皆欲赴诉于王。其若是,孰能御之?"

王曰："吾惛⑮,不能进于是矣。愿夫子辅吾志,明以教我。我虽不敏,请尝试之。"

曰："无恒产而有恒心者,惟士为能。若⑯民,则⑰无恒产,因无恒心。苟⑱无恒心,放辟邪侈⑲,无不为已。及陷于罪,然后从而刑之,是罔⑳民也。焉有仁人在位罔民而可为也?是故明君制民之产,必使仰足以事父母,俯足以畜㉑妻子,乐岁㉒终身饱,凶年免于死亡。然后驱而之善,故民之从之也轻㉓。

"今也制民之产,仰不足以事父母,俯不足以畜妻子;乐岁终身苦,凶年不免于死亡。此惟救死而恐不赡㉔,奚㉕暇治礼义哉?

"王欲行之,则盍㉖反其本矣!五亩之宅,树之以桑,五十者可以衣帛矣。鸡豚狗彘之畜,无失其时,七十者可以食肉矣。百亩之田,勿夺其时,八口之家可以无饥矣。谨庠序之教,申之以孝悌之义,颁白者不负戴于道路矣。老者衣帛食肉,黎民不饥不寒,然而不王者,未之有也。"

【注释】

①齐宣王:齐威王之子,名辟疆。

②齐桓、晋文:指齐桓公和晋文公。两人都是春秋时期的霸主。

③无以:不得已,没办法。以,通"已"。

④则王乎:此句为省略句,意思是那我还是给您讲讲王道吧。

⑤胡龁:齐宣王之臣。

⑥之:到……去。

⑦衅:古代的血祭,用牲畜的血涂在新制成的器物上。

⑧舍:放,释放。

⑨觳觫:恐惧、颤抖的样子。

⑩诸:"之乎"的合音。

⑪爱:吝音。

⑫褊:狭小,狭窄。

⑬异:动词,怪,以……为怪。

⑭隐:恻隐,哀怜。

⑮择:区别。

⑯说:通"悦",喜悦,高兴。

⑰他人有心,予忖度之:语出《诗经·小雅·巧言》,意思是他人的想法,我可以用心揣摩出来。

⑱戚戚:心有所动的样子。孟子所言,正与宣王之意合,故宣王为之心动。

⑲复:回答,答复。

⑳钧:古代重量单位,三十斤为一钧。

㉑秋毫之末:秋天的时候,鸟的羽毛末端变得极其细微,比喻极其细小的事物。

㉒舆薪:一车柴草。

㉓许:相信,同意。

㉔挟太山以超北海:太山即泰山。超,超越,越过。此句用来比喻不可能做到的事情。

㉕折枝:这个词有三种理解:一是"为长者折取树枝",二是"为长者搔痒按摩",三是"为长者屈身鞠躬"。此处取第三说,枝通"肢"。

㉖老吾老:意思是尊敬、侍奉自己的长辈。第一个"老"是动词,第二个"老"是名词。

㉗刑于寡妻,至于兄弟,以御于家邦:语出《诗经·大雅·思齐》。刑,通"型",为……做榜样。寡妻,嫡妻。御,进。

㉘人:常人、普通人。

㉙权:称量。

㉚度:测量。

㉛抑:难道。

㉜构怨:结怨。

㉝采色:即彩色。

㉞便嬖:被宠幸的近臣。

㉟辟：开辟，开拓。

㊱朝：使动词，使……前来朝见。

㊲莅：临，引申为统治的意思。

㊳缘：登，攀爬。

㊴殆：大概，或者。

㊵有：同"又"。

㊶服：降服，使服从。

㊷盖：同"盍"，何不。

㊸涂：通"途"，道路。

㊹疾：痛恨，怨恨。

㊺惛：通"昏"，愚昧，昏乱。

㊻若：至于。

㊼则：假如。

㊽苟：如果。

㊾放辟邪侈：放纵欲望，奸邪不正。

㊿罔：通"网"，引申为网罗、陷害之意。

51 畜：供养，抚养。

52 乐岁：好年景，收成好的年份。

53 轻：容易。

54 赡：充足，足够。

55 奚：何，哪里。

56 盍：何不。

【译文】

　　齐宣王问孟子说："您可以给我讲讲齐桓公和晋文公称霸的事迹吗？"

　　孟子回答说："孔子的学生并没有谁提到过齐桓公和晋文公的事迹，因此他们的事迹也没有流传下来，我也没有听到过。没有办法，那么我给您讲讲王道可以吗？"

　　齐宣王说："什么样的德行可以使天下之人归附呢？"

　　孟子说："通过安定百姓的生活来使天下之人归附，这样就没有谁可以抵挡得住了。"

齐宣王说："像寡人这样，可以使百姓的生活安定下来吗？"

孟子说："可以的。"

齐宣王说："您怎么知道我可以呢？"

孟子说："我听胡龁说过，有一次您在大殿之上坐着，有人牵着牛从大殿之下通过，大王看见之后，说：'要把牛牵到哪儿去？'那人回答说：'这头牛是用来祭钟的。'大王立即说：'放了它吧！我实在不忍心看到它恐惧的样子，没有罪过却要遭到杀戮，我真的不忍心。'那人又问：'难道就不再祭钟了吗？'大王说：'怎么能不祭呢？用羊来代替牛吧！'不知可有此事？"

齐宣王

齐宣王回答说："确有此事。"

孟子说："这种心境就足以使百姓归附了。百姓都以为大王是因为吝啬，臣却以为您是因为心中确实不忍。"

齐宣王说："对，确实是有那么想的百姓。齐国虽然地域狭小，我怎么会吝惜一头牛呢？确实是因为不忍心看到那头牛恐惧的样子，它没有罪过却要惨遭杀戮，因此才用羊来代替它。"

孟子说："大王不要惊异于百姓认为您是吝啬的。用小的来代替大的，他们怎么会理解您呢？大王如果真的哀怜它们没有罪过而惨遭杀戮，那么牛和羊又有什么区别呢？"

宣王笑道："这是什么心理啊？我并不是因为吝惜钱财才用羊来代替牛的。照您的说法，百姓说我是吝啬看来是理所当然的了。"

孟子说："没关系，这种不忍之心就是仁义，只是大王您看到了那只牛却没有看到那只羊啊。君子对于那些禽兽，希望看见它们活着，不忍心看到它们死去；希望听到它们的声音，不忍心吃它们的肉。因此君子都远离厨房。"

宣王欢喜地说道："《诗经》上说：'他人的内心，我可以揣摩得到。'这说的大概就是先生这样的人吧。我已经这样去做了，但是反过来想想我为什么要这样做，却不明白。先生您说的话，正与我的心思相合啊。这样的心思之所以是合于王道的，原因是什么呢?"

　　孟子说:"如果有人这样告知大王:'我的力量足以举起三千斤的重量,却不能拿起一根羽毛;我的眼力足以看到秋天鸟的羽毛的末梢,但是却不能看见一车柴草。那么大王您相信这样的话吗?"

　　宣王说:"我不相信。"

　　孟子说:"如今大王您的恩惠足以加至禽兽之身,却不能使百姓得到同样的好处,这是为什么呢?不能拿起一根羽毛,是因为不用力气;不能看见一车柴草,是因为不用眼力;不能安定百姓的生活,是因为不肯为百姓施加恩惠。因此大王您不能够使百姓归附,是因为您没有去做,而不是做不到的缘故。"

　　宣王说:"不去做与做不到这两种情况有什么不同啊?"

　　孟子说:"挟持着泰山去越过北海,对人说:'我做不到。'这确实是做不到。为长者屈身行礼,对人说:'我做不到。'这是不去做,而不是因为做不到。因此大王您不能使百姓归附,并不同于挟持着泰山去越过北海之类的事;大王您不能使百姓归附,同不为年长者屈身行礼之类的事情是一样的。

　　"尊敬自己家里的长辈,同样也尊敬别人家里的长辈;爱护自己家里的晚辈,同时也爱护别人家里的晚辈。《诗经》上说:'给自己的妻子树立榜样,同时也推广到自己的兄弟,再进而推广到整个国家。'这句话说的就是将同样的仁心施加到别人的身上罢了。因此说推广自己的恩惠就足以使四海安定,不推广自己的恩惠就不能安定自己的妻子和儿女。古代的贤人之所以大大超过普通人,没有别的缘故,就是善于推广自己的所作所为而已。如今恩惠足以施加于禽兽,而不能使百姓得到同样的好处,这是为什么呢?

　　"称一下,才能知道轻重;量一下,才能知道长短。事物都是这样的,人心更是如此。大王您还是好好揣度揣度吧!

　　"难道大王您只有出动军队,危及将士及臣下的安全,与别的诸侯国结怨,才能使自己的心里感到痛快吗?"

　　宣王说:"不是,我怎么会以此为快事呢?我只是以此来求得自己最想要的罢了。"

　　孟子说:"大王您最想要的是什么,可以说给我听听吗?"

　　宣王微笑着却没有说话。

　　孟子说:"难道是因为丰盛的食物还不够吃吗?是因为华丽的衣服还不够穿

吗？或是因为绚丽的色彩不够看呢？好听的声音不够听呢？身边的近臣不够自己使唤呢？大王您的大臣们都足以为您提供这些，那么大王难道会是因为这些吗？"

宣王说："不是，不是因为这些。"

孟子说："那么大王您最想要的我就可以知道了，您想要开拓土地，使秦楚等国前来朝见，统治中国而安抚四方。以您现在的所作所为来求您最想要的，简直如同缘木求鱼一样。"

宣王说："有这么严重吗？"

孟子说："可能还要更严重呢。缘木求鱼，即使得不到鱼，也不会有危险。以您现在的所作所为来求得您最想要的，即使您尽心尽力，后来肯定还要有灾祸呢。"

宣王说："我可以听听其中的道理吗？"

孟子说："邹国与楚国交战，您觉得谁会取得胜利呢？"

宣王说："楚国会取得胜利。"

孟子说："小国本来是不能战胜大国的，人少的本来是不能战胜人多的，弱者本来是不能战胜强者。如今天下达到方圆千里的地方有九个，齐国只占有其中的九分之一，以其中之一来使其他的八方服从，这和邹国与楚国开战又有什么区别呢？大王您何不反过来修养根本呢？

"大王您如果能够施行仁政，使天下为官之人都能够效力于您的朝堂之上，耕田的百姓都能够耕种于您的田地之上，商贾都能够将货物收藏在您的集市之内，外出之人都能够出没于您的道路之上，天下那些痛恨自己君主的人都愿意向您申诉。如果能够做到这样，那么谁又能够抵挡呢？"

宣王说："我太愚昧了，恐怕不能做到如此的地步。希望先生您能够辅佐我实现志向，明白地教给我怎么做。我虽然不够聪敏，但也想试试看。"

孟子说："没有稳定的财产却有恒定的心志，只有士人能够做得到。至于普通百姓，如果没有稳定的财产，就没有恒定的心志。如果没有恒定的心志，那么放纵欲望、奸邪不正的事情，他们都做得出来。等到他们陷入犯罪的泥潭之中，然后再绳之以法，这就是陷害百姓。仁者为政怎么可以通过陷害百姓来实现呢？因此圣明的君王必须要使百姓获得稳定的资产，使他们对上足以侍奉自己的父母，对下足以抚养自己的妻子和儿女。收成好的年岁能够吃得饱，收成不好的年岁也不至于饿死；然后再教导他们从善，那么百姓也就会轻易地听从于他了。

"如今君主也为百姓提供资产，却使得他们对上不足以侍奉自己的父母，对下不足以抚养自己的妻子儿女;收成好的年岁,日子仍然辛苦;收成不好的年岁,也不能免于死亡。这样,人们连养活自己的能力都没有,又哪里有时间来修行礼仪呢?

"大王您如果真的想使百姓归附,就应该反修其本:在五亩大的宅地中种植桑树,五十岁以上的人就可以穿上丝帛了。养殖鸡豚狗彘的时候,不要耽误它们生长繁殖的时节,那么七十岁以上的老人就可以吃上肉了。面积百亩的田地,不要耽误百姓劳作的时令,那么几口人的家庭就可以免于饥饿之苦了。认真地开展学校教化,反复地申诫孝悌敬长的道理,那么头发花白的老人就不会再背着、顶着东西在路上行走了。七十岁以上的老人都能够穿着丝帛的衣服、都可以吃上肉,百姓可以免于饥寒之苦,如果这样还不能使天下百姓归附,这是不可能的。"

【评析】

春秋战国时期的诸侯都面临一个选择:到底是实行王道好呢,还是实行霸道好? 那么,什么是王道呢? 所谓王道,就是由一个实力强大的诸侯取代周天子的地位,统一天下,走"强干弱枝"的道路;所谓霸道,是指由一个强有力的诸侯牵头,继续维护以分封制为基础的局面,使战国时期"弱干强枝"的道路延续下去。

毫无疑问,孟子代表的儒家是倾向于实行王道的。实行王道的一个重要的内容就是保民,保民的思想也是贯穿《孟子》全书的一根主线。但是,在儒家学派内部,还是经历了"先倾向于霸道,后倾向于王道"的转变过程,而这一过程的两个主角就是孔子、孟子这两个儒家的顶级人物。

受时代的影响,孔子是倾向于霸道的。孔子在《论语》里先后两次肯定了齐桓公的霸业,并认为这就是仁的表现,还认为管仲帮助齐桓公成就了霸功是"一匡天下"。联系当时中国遭北方少数民族入侵的威胁的现实来看,孔子的这种观点是客观而正确的。可是只过了短短的一百多年的孟子出世,形势就发生了变化,当时已经没有了少数民族入侵的威胁,中国面临的难题主要是诸侯之间的战乱造成的民不聊生,统一已成了早晚的事,因此,孟子排斥霸功,主张推行王道。

在这一章里,尽管齐宣王的语气是委婉含蓄的,但实际上他关心的问题和其他诸侯没有两样,都是怎样才能称霸天下。但是孟子始终奉行的是王道思想,而不是霸道,因此孟子便直言不讳地告诉他:我不懂得霸道,我只懂得王道。接下来,孟子从心理分析入手,逐渐使齐宣王对他讲的王道产生了浓厚的兴趣,唤醒了齐宣王的仁慈之心。这是典型的"孟子手法",使后面的论述变得顺理成章起来。

在后来的论述中,孟子诱使齐宣王否认他是一个爱好战争的人,于是,孟子又不失时机地抓住机会,再次诱使齐宣王默认他所追求的与其他诸侯并没有不同。此时,齐宣王已经彻底被孟子打动和征服了,只好请求孟子不要再逗他了,明白告诉他该怎么办。

于是,孟子终于和盘托出了他的治国方略和施政纲要,归结起来主要有两层意思:一是"有恒产才有恒心",也就是说,应该"先足衣食,后治礼仪",从稳定社会的角度来看,这是相当重要的;从孟子的总体思想上来看,这也是保民、富民的重要前提,因为孟子考虑到,要让百姓安居乐业,不仅要让他们能够养家糊口,还要有一定的产业。这是"治礼仪"先决条件。讲清楚第一层意思以后,孟子再次向齐宣王展示了曾经向梁惠王展示过的富民兴教的宏伟蓝图。只是,从齐宣王的反应来看,他对这些并没有多大的兴趣,最后应该是不了了之了。

孟子就像孔子那样,不住地东奔西走,周游列国,为实现儒家的理想,也为了拯救身处乱世的黎民百姓而不辞辛劳。这种入世精神的影响是很深远的。

【典例阐幽】

君子远庖厨

清代钱泳《履园丛话》中曾经记载了这样一段故事。

山西太原城南晋祠有个酒馆烹炒的驴肉最美味,远近闻名,每天来饮酒品鲜者有上千人,人们因此把这酒馆称为"驴香馆"。

这家酒馆烹调驴肉的方法相当残忍。先是在地上钉四根木桩,把一头养肥的驴的四条腿牢牢地绑在木桩上,又用横木固定驴头和驴尾,使驴不能动。这时用滚开水浇驴的身体,把毛刮净,然后用快刀割驴身上的肉。用餐的顾客想吃驴身上的哪一块肉,可以提出来。主人当场割下进行烹调。客人们吃得心满意足、挺胸腆肚走出酒馆时,那驴还没有断气。

虽然有人认为"君子远庖厨",不过是儒家道德的一种过分要求,但是像如此虐牲,则肯定是有悖于人类文明的行为。宋代苏东坡买到鲤鱼以后,一定要等到它死去才烹食,这种在某种程度上体现出仁厚的做法,颇受后人称赞。这个驴香馆开了十几年,至乾隆四十六年(1781年)终于由地方官吏下令禁止,业主也终于受到应得的惩罚,有的被斩首示众,有的被充军流放,此后"驴香馆"便无人再开了。

明察秋毫

孙亮是三国时东吴的第二个皇帝，九岁时被立为太子，孙权去世后便继承了皇位。一次，孙亮到花园里随手摘了一个梅子。当时梅子还没有长熟，咬上一口，酸涩难当。孙亮便打发侍卫官黄门郎到仓库中去取蜂蜜，打算在梅子上渍蜜。

黄门郎很快便将蜜取来了。孙亮一下发现了里面有几颗老鼠屎，便立刻派人把看仓库的藏吏叫来，问他："以前黄门郎是不是也向你要过蜂蜜呢？"

藏吏回答："他的确向我要过，但我没有敢给他。"

可黄门郎却否认藏吏的话，说藏吏在诬陷他。两个人各执一词，难辨真假。在一旁的侍中刁玄和张邠建议把二人一同交给司法单位审讯。但孙亮沉思了一下说："不必了，此事很容易查明的。"

他命人把老鼠屎掰开。孙亮看到破开的老鼠屎里面是干燥的，便对着黄门郎说："一定是你为报私仇放进去的，想嫁祸于人。"

刁玄和张邠忙问："大王，你怎么会知道？"

孙亮说："如果是藏吏管理不当，让老鼠把屎拉在蜜里，时间久了老鼠屎肯定里外都是湿的了。现在老鼠屎外湿里燥，肯定是刚放进去的。"

黄门郎听后立即认罪，并且跪下磕头求饶。在场的人都为这个小皇帝的明察秋毫而惊叹不已。

非不能也，是不为也

唐朝的娄师德是世家公子，几代都位列三公。到他自己时，也在朝廷担任要职。后来他的弟弟到代州去当太守，上任以前，向他辞行。娄师德说："娄家世代受到朝廷的恩惠，我们俩现在都出来做官，批评世家公子飞扬跋扈的人会涉及你我的，你出去做官，千万要认清这一点，多多忍耐，不要让别人抓到把柄，辱没娄家。"

他弟弟说："这一点我知道，就是有人向我脸上吐口水，我就自己擦掉算了。"娄师德摇摇头说："这样做并不好啊！并不是不能擦，而是不要擦。你把它擦掉，还是违其怨。给人家难堪哪！有人朝你吐口水，你就让它在脸上自己干好了。非不能也，是不为也。"

权，然后知轻重

春秋时，郑国（今河南新郑市一带）和息国（今河南息县）发生了争执，息国贸然派兵出击郑国。郑国被迫应战，最后将入侵者打败了。

当时人们评论这件事说："息国犯了五个大错误，明知不对，还要硬干，是自己心甘情愿犯错误，犯了天下最大的错误。犯了这样五条不是，还要去攻打别国，由此可以判断息国恐怕不久就要灭亡了。"

当时所说的五大错误，根据《左传》记载，就是："不估计自己的威德是否比对方高；不衡量自己的力量是否比对方强；两国国君出于同姓，本是亲属而不亲爱；对双方争执的言辞不分辨是非曲直；不认识自己的错误。"这里的五条错误，归结起来实际上就是不知道权衡轻重。果然没过几年，息国就被楚国消灭了。

寡不敌众

李广是众所周知的西汉名将，他有勇有谋。

一次，匈奴攻打上郡，景帝派了一名亲随到李广军中，这名亲随带了几十骑卫士出游，路上遭遇三名匈奴骑士。结果，卫士们全被射死，亲随本人也负箭逃回。李广听闻后，即率百名骑兵追击，亲自射杀其中两人，生擒一人。刚把俘虏缚上了马，匈奴数千骑兵赶来，见到李广等人，以为是汉军诱敌之兵，连忙抢占了一座高地。

李广所带的百骑兵士慌忙上马欲逃。李广大声道："我们远离大军数十里，如果逃跑就会被追击包围。我们寡不敌众必然被消灭！可是我们如果不逃跑，匈奴反而会以为有大军在附近，不敢攻击我们。"说完，李广带率先向匈奴骑兵迎去，在离匈奴阵前二里远的地方，李广命令士兵下马解鞍，匈奴弄不清他们的意图，遂引兵而去。

此后，李广在匈奴军中赢得了"汉之飞将军"的称号。几年后，匈奴杀辽西太守，击败了韩安国。武帝起用李广为右北平太守。匈奴听说李广镇守右北平，数年都不敢来犯。

缘木求鱼

王莽末年,四方绿林起兵反莽。刘玄参加绿林军,于公元23年被推为天子,在育水之滨(今南阳城南)登坛称帝,年号更始。第二年,刘玄迁都长安,入居长乐宫。

刘玄娶赵萌女儿当夫人,把政事都给交赵萌去管。赵萌专擅大权,不仅随意杀人,而且把与自己要好的一些商人和厨子都授予官爵。有人说赵萌胡乱封官,刘玄却拔剑杀了那个人。长安有人把这件事编成歌谣:"灶下养,中郎将。烂羊胃,骑都尉。烂羊头,关内侯。"

军师将军李涉上书规劝说:"陛下创业,虽然是利用下江兵、平林兵的势力,但这是临时措施,不可把它施用于已经安定的时期。只有名分与车服仪制,是圣人所看重的,现在给了不应该给的小人,您希望他们能够辅佐您成就大业,这无异于是缘木求鱼,登山采珠。"

刘玄听了以后却勃然大怒,把李涉投进了监狱,从此没有人敢再说赵萌的不是。但是从此政权内部矛盾激化,只过了一年,赤眉军趁机攻占长安,把刘玄贬为长沙王,后又把他绞死。

民丰而后乐

东晋末年的大诗人陶渊明善于写山水田园诗,并且被奉为鼻祖。

陶渊明在他的《桃花源记》中,写了一个晋朝太元年间武陵捕鱼人沿着一条溪走。迷失了方向,进入到一个桃花林中,通过桃花林地后有一个只容一个人进入的小山口,进入后是一个豁然开朗、土地平旷、屋舍俨然、有良田美池桑竹之类的人间仙境。这样的地方的人们男耕女织,自给自乐,一片和睦繁荣的景象。构成了一幅民丰而后乐的图画。成为后世人们向往追求的理想之地。

【本篇总结】

这一篇的七章文字是《孟子》全书中最为精彩的部分,集中表述孟子"仁者无敌"的核心观念,孟子雄厚的辨才在此篇中得以充分的展现。孟子认为在战乱纷纷的战国中期,频繁的征战把百姓推入水深火热之中,即使像齐桓公、晋文公那般,通过军事谋略获得霸主的地位,亦不能使国运长久。唯有推行王道,以仁义治理天下,重义而轻利,推恩泽于民众,关注社会生产,实行道德教化,才可以获得团结的民心,战胜秦楚的坚甲利兵而保有四海。

【古代事例】

晋智伯的覆亡

本卷的开篇即是梁惠王询问不远千里而来的孟子如何做才能使魏国兴旺,孟子认为仁义才是国家最根本的追求,逐利必会为国家带来危亡的祸乱。在古代历史中,也许春秋时的晋卿智伯逐利而覆亡的教训最能说明这一道理。

晋国后期,公室卑弱,六卿执国政,政在私门,除韩、赵、魏外,尚有范、中行、智氏三家,私门与公室的斗争,以及六卿之间的侵夺极为激烈。晋出公十七年(公元前458年),智氏与赵、韩、魏三家联合出兵灭范、中行氏而分割其领地;两年后,四卿又驱逐晋出公而迎立晋哀公。此时,四卿之中,智伯专擅国政,势力最为强盛。

智伯,名瑶,又称智囊子,是智宣子之子,《左传·哀公二十七年》里说他"贪而愎"。从历史上的诸多记载来看,正是贪得无厌和刚愎自用的性格缺陷使智伯身败名裂。

智伯贪得无厌,公然向韩康子索要土地,他还大言不惭地说道:"如果不给土地,韩国必会遭受兵祸之灾。"韩康子听后非常生气,但是谋士段规说道,如果把土地割给智伯,智伯的贪婪之心必会继续膨胀,转而到其他国家索要土地,他国不给,双方必然会拼个你死我活。韩康子觉得割让土地虽要遭受一点损失,但可以避免同智伯交兵,于是答应送智伯一大片土地。

智伯一计得逞,接着向魏氏索地。魏桓子当然不愿意,但谋臣任章认为"将欲败之,必姑辅之;将欲取之,必姑与之",如果把土地送给智伯,智伯必会骄慢,骄慢则会轻敌,轻敌则会覆亡。于是,魏桓子不再吝惜土地,也送给智伯一块地盘。

智伯的野心继续膨胀,转而向赵襄子(公元前457—前425年)索要蔡(今河南上蔡、新蔡一带)、皋狼(今山西、陕西交界处的河套地区)两块肥沃的土地,赵襄子断然拒绝智伯的无礼要求。于是,气急败坏的智伯在晋哀公三年(公元前454年),纠集韩、魏两家兵力围攻赵襄子的领地晋阳(今山西太原南晋源镇一带),鏖战三个月,仍无法破城。无奈之下,智伯破坏了晋水的河堤水淹晋阳城。晋阳一片汪洋,濒临覆亡的边缘。

160

智伯踌躇满志,携魏桓子、韩康子巡视水情。得意之际,竟忘乎所以地说:"我今天才知道大水可以颠覆别人的国家。"魏、韩二人马上联想到自己国家的危亡,萌生出反戈之念。此时,危城之中的赵襄子与谋臣张孟谈也在商议联合韩、魏两家兵力一同攻打智伯。张孟谈潜出城外,会见魏、韩二君,向其讲述唇亡齿寒的道理,道破二人的隐忧。魏、韩二人深有同感,于是下定决心与赵襄子一起反攻智伯。

赵襄子派出精锐部队在夜间突袭守护河堤的智军。破坏面向智伯军营的河堤。滔天大浪顿时为骄傲的智伯带来灭顶之灾。赵襄子带领军队从城中杀出,从正面攻击智氏之军,魏、韩的军队又从两边夹击,大败智氏,灭尽智氏之族。

周贞定王十六年(公元前 453 年),赵、魏、韩三家共同瓜分智伯的领地,赵襄子还把他的头颅涂上油漆做成饮器以宣泄心头之恨。

【评述】

孟子劝谏梁惠王先义后利,不要养成国内上下交相逐利的风气,如果一味逐利,大夫即使夺取国君的王市又也得不到满足,所以,遵行仁义之道的人做君王,他的国家定会兴旺。人同此心,心同此理,政治如此,商业亦然。商界人士若能以仁义之心处事,凡事目光放长远,不锱铢必较,事事逐利,企业的利益和声望必能光大久长。

苏东坡的伯乐

孟子认为若能施仁政于民,即使是方圆只有百里的小国也可以无敌于天下。浩瀚古史,仁者总能穿越历史时空得到后人的深切爱戴,成为衡量道德准绳的一根游动的尺规。宋代的欧阳修就以仁厚的心地奖掖和提携苏轼,为后人留下很多有名的佳话。

在历史长河中,嘉祐二年(公元 1057 年)不过是普通的一年。但对苏轼(公元 1037—1101 年)来说,这一年是他人生中最重要的一个转折点:年仅二十二岁的苏轼在这一年高中进士,名扬天下,由一介百姓正式迈进仕途。欧阳修(公元 1007—1072 年)以翰林学士身份主持这次科举考试,成为直接改变苏轼命运的人。

据说,欧阳修在评阅试卷的时候,读到一篇名为《刑赏忠厚之至论》的政论文章,被其华美的辞藻和精辟的议论所倾倒,当下就想把这篇文章评为第一。但欧阳修又觉得这篇文章的风格与自己的门生曾巩(公元 1019—1083 年)很像,但又不确定。因为，旧时的科举采用糊名和誊录制度，即把试卷上写有考生姓名和籍贯等个人资料的地方用纸糊住（相当于今天的试卷密封制度），然后再请人将试卷重新誊抄一遍，以避免判卷者通过字迹辨认考生。欧阳修又把这篇文章拿给其他考官评阅。几位考官也都一致认为该把它评为第一。可欧阳修始终怀疑这篇文章的作者就是曾巩，于是只好忍痛割爱，采用一种折中的办法，把这篇文章评为第二名，以避免造成徇私舞弊的嫌疑。

到放榜的时候，欧阳修才发现文章的作者并不是曾巩，而是来自四川眉山的青年才俊苏轼，欧阳修对此追悔不已。不过，刚刚登第的苏轼意气风发，并未因此耿耿于怀，反而欣然成为欧阳修门下，深深感激欧阳修对自己的知遇之恩。于是，心胸宽阔的苏轼再次让欧阳修对他赞不绝口。

在欧阳修的奖掖和提拔下，苏轼逐渐在政治上崭露头角，在文章上的进步更是一日千里。有一次，欧阳修给梅尧臣（公元 1002—1060 年）写信道："我读苏轼的文章时，真觉后生可畏。总会不自觉地冒汗，老夫应当为他避开大路，不阻挡他前进的步伐，让他出人头地。文坛能有这样的后生真是可喜可贺啊！"（典故"出人头地"）。欧阳修还不无感伤地说："再过三十年后，苏轼定能在文坛上大放异彩，恐怕到时候就不会有人记得有我欧阳修这个人。"

事情的发展果如欧阳修的预料，没过多久苏轼就声名远播，所写的诗词歌赋传遍大江南北。但是人们并没有忘记发现苏轼的伯乐欧阳修。欧阳修能够撇开与苏轼之间身份与地位的悬隔，以欣赏的态度为苏轼创造发展条件，可谓仁义之至。

【评述】

若以孟子所说的"仁者"标准来衡量，欧阳修无疑是一位道德淳厚的仁者，也正是因为他的宽厚无私才使得他在千百年来一直享有盛誉。当我们再把视角放回今天时，我们总会不无感慨地发现，时下的商业竞争比过去更为激烈，其中的尔虞我诈，常常令人望而生畏。如果商界人士能彼此以仁者之心审度天下事，应对天下人，必能无敌于天下。

【现代事例】

陶氏化学致力于环保事业

孟子认为王者推行仁政的两个重要内容是重视生产和社会教化。从重视生产的角度来说,只要不违农时,不用过于细密的渔网捕捞,依时节砍伐树木,百姓的衣食器用才得以周全,对人的生养死葬才能如意办理。生养死葬如意办理,才算得上是"王道之始"。这一观念集中强调"人"基本物质生活的重要性,同时具有朴素的环保意识。考察今日世界,人类对环境破坏日益严重,一味追求利益最大化,导致环境保护事业艰巨,违背"所有的生产当以人的生活及发展为根本"这一原则,而从事化学品生产的陶氏化学则与众不同,从而获得非常远阔的发展前景。

陶氏化学作为清洁无污染生产的推行者备受世人瞩目。也许每一位看过陶氏化学(Dow Chemical)广告的人都会异常激动,广告把人作为世界上"最基本、最自然的元素",并把人的元素"Hn"(Hn,human 的缩写)"加入"元素周期表。这在全球从事化学生产的企业中是有史以来的第一次。

陶氏化学素来以科学和技术见称,主要生产化学产品、塑料及农用化学产品,并提供相关的服务,年总销售额达四百多亿美元,客户遍及全球一百七十多个国家,服务于对人类进步有重要意义的行业,如食品、交通、健康和医药、个人和家庭护理、建筑等等。在二〇〇七年的《财富》全球企业五百强中,陶氏化学排名第一百一十四位。

众所周知,化学产品的生产为环境带来的破坏是深远和持久的,有害化学品的安全与控制更是当今各国普遍关注的国际性环境问题之一。很多企业单纯地追逐利益最大化,从不考虑生产过程中所产生的环境污染为人类带来的潜在威胁。陶氏化学新任董事长兼首席执行官利伟诚(Andrew Liveris)认为,可持续发展的责任始于自身,其使命是为整个世界和人类解决难题,尤其是世界上最紧迫的问题,这些举措不仅是为了最大程度地减轻陶氏在生产过程中对自然环境造成的不良影响,更大的程度上则是为全人类造福。

陶氏化学深信可持续发展原则为全人类和企业自身发展所带来的长远利益。其实,早在一九八六年陶氏化学就制定出一项减少废弃物奖励计划,倡导减少废弃物思想,鼓励员工提出合理化建议,并用公司股票作为奖励。一九九〇年,陶氏化学的一百一十五个减废方案就为其节约资金近二千万美元。陶氏化学董事会下设的八大决策机构中就有一个致力于环保的"环境、卫生及健康委员会",旨在促进经济增长的同时,宣导"责任关怀",致力实现化学品的安全处理。

近年来,陶氏化学还十分注重减少温室气体的排放量,以缓解当前气候变暖的趋势。在过去的十多年里,陶氏化学采用高科技手段,竟创下温室气体减量三成的记录。

由于陶氏化学在环保方面所做出的多项努力,自二〇〇〇年开始,陶氏化学被道琼斯工业指数(Dow Jones Global Index)评为全球化工业界中的"可持续发展负责人"。为其赢得巨大的社会声誉。

【评述】

孟子在这一章中提出仁者无敌的理念,以仁厚的胸怀治理国家则得到百姓的拥戴,这样的道理在商界同样适用。陶氏化学把人作为最基本元素的理念符合当今世界"可持续发展"战略的基本要求,故能坚持以人为本,而不是一味地从自身利益为出发点和立脚点。陶氏化学从利他的角度来利己,这种仁者风范,不但惠泽于人,还为公司带来巨大的成功及丰厚的利润,这一点对于管理者来说,都是值得借鉴和深思的。

约翰·麦基与全食超市

孟子认为,普通百姓没有稳定的产业则不会有恒久的道德观念,没有恒久道德观念的人就会胡作非为,违法乱纪。如果官吏等百姓犯罪再去处罚他们,就无异于陷害百姓。因此,仁德的王者推行仁政,首先应当治国治民,让百姓拥有饱暖的生活。这种理念对于一个企业的管理者处理好与员工之间的利益关系是很值得借鉴的。

美国全食超市(Whole Foods Market),是由年仅二十五岁的约翰·麦基(John Mackey)创办的有机食品零售品牌,拥有一百八十家分店。在这里,顾客找不到含有杀虫剂、生长激素或含基因成分的食品。尽管这里出售的食品价格比其他同类产品高出许多,却挡不住许多顾客的青睐,尤其是追求高品质生活的白领阶层或自认为有文化修养的人们。

约翰·麦基最独特的理念是:顾客第一、员工第二、股东第三,把全食超市创造成"充满爱而非恐惧的组织"和"共同为他人创造价值的小区"。全食超市的"不独立宣言"明确诠释约翰·麦基的理念:"利润最大化的策略是什么?没有!股东的利益排在顾客和员工之后,利润不是最优先考虑的目标,而是善待人们的食品。如果你不喜欢这种观点,你就不要投资全食超市。"可见,全食超市关注最多的还是顾客和员工的利益。

约翰·麦基认为商业逻辑其实很简单,企业的管理阶层若能顾及员工的利益,员工则会有愉快的心情顾及顾客的利益,而顾客在购物时获得快乐心情后,又会直接地为股东带来丰厚的利益。正是在"使消费者满足而高兴,使员工感到幸福而优秀"这一理念下,全食超市的员工薪资不低,除了平均最低一小时十三点五美元的工资外,还能获得优厚的奖金和医疗保险。高层人员的薪资也不超过公司平均薪资水平的十四倍,以避免太过悬殊的薪资差别与全食超市的精神相违背。

二〇〇四年,英国《金融时报》评价全食超市是"美国成长最迅速的大型零售商"。在激烈的竞争环境中,全食超市的销售增长率远远超过沃尔玛。尽管还有很多人对有机食品持反对或怀疑的态度,但约翰·麦基和全食超市的成功却不容置疑。

全食超市与众不同的经营理念和管理体系,使得消费者心安理得地接受全食超市的高价并将其作为一种生活方式,全食超市的财源因此滚滚而来。

【评述】

孟子说,只有士人能在没有固定产业的情况下保持恒定的道德观念,但是天下有士、农、工、商四民,并非所有的人都能如此,更多的人若不能维持基市的生存,就无心也无力为社会创造价值和财富。同样的道理,在很多经营者和管理者看来,企业和员工的利益是此消彼长的关系,在某种程度上还存在着对立性。但是全食超市却把员工的利益放在股东利益之前优先考虑,这看似不合理的观念背后赢得所有员工的竭力尽诚,从而非常有效地解决员工与顾客之间的潜在矛盾,吸聚大量的人气,股东的利益不但没有因此而受到任何亏损,反而在更大程度上升值。因此,这种看似违反常规的经营理念,也许能为管理者解决企业与员工之间的利益问题提供非常有价值的参考或借鉴。

【名言录】

名言:古之人与民偕乐,故能乐也。——《梁惠王(上)》

古译:古代之君王能与人同乐,故能乐其乐。

今译:古代仁德的君王能够与百姓同乐,故能在同乐之中真正体味到快乐。

现代使用场合:在古代,真正仁德之君主是与民同乐之君主;在现代,无论是政界要员还是商界精英,同样需要的是一种"与百姓同乐""与员工同乐"的精神境界,懂得经营管理之道者往往十分重视民众的满意度,只有满足民心,使他们时刻处于一种满意的状态中,决策者才能从中享受成功的喜悦,这也就是"独乐乐不如众乐乐"的道理所在。

名言:或百步而后止,或五十步而后止,以五十步笑百步,则何如? ——《梁惠王(上)》

古译:疆场上有人后退百步停止下来,有人后退五十步停止下来,后退五十步者嘲笑后退百步者,则如何?

今译:疆场上有人后退百步停止下来,有人后退五十步停止下来,后退五十步的人反过来嘲笑后退百步的人,这种情形又如何呢?

现代使用场合:后退五十步和后退百步,虽然二者在形式上不同,但是实质相同:他们都是从疆场上逃跑下来的。后退五十步的不应该嘲笑后退百步的,因为无论后退了多少步,但终归还是逃跑,这是毋庸置疑的事实。现代生活中也是这样,我们没有资格因为做较少错事而去嘲笑做很多错事的人,我们二者是相同的,实质都是做错事。所以,要想有资格说话,首先就要从自我开始做起,不做任何错事,这样才会有发言权。

名言:地方百里而可以王。 ——《梁惠王(上)》

古译:虽方圆百里亦能统一天下。

今译:即使是方圆百里的一个小国,如推行仁政,也能统一天下。

现代使用场合:老子尝说"合抱之木,生于毫末",树木的生长无不是由纤弱而壮大,深根盘结,高耸云霄,不可摇撼,而一个国家的发展亦是如此,明睿的君主若能推行王道,以仁政治国,即使一个方圆百里的小国,最终亦能统一天下。同样的道理,我们审视当今世界许多知名企业的纵向发展历史便会发现,凡是管理得当,经营合理者,也无不能由小而做大。因而这句话,对于许多尚在谋求深入发展期的企业来说是一种坚定信心、坚忍毅力的鼓励。

名言:仁者无敌。 ——《梁惠王(上)》

古译:仁德之人无能敌者。

今译:仁德之人,无敌于天下。

现代使用场合:不管在政界,还是在商界,宽厚的仁者之风总是让人倾慕不已。使人乐于与之深交或合作。更为重要的是,仁者的盛德在增加其个人魅力的同时。亦会使其事业臻于成功的极致而无敌于天下。因此,这句话可以说是一种境界,也可以成为一种追求,其最核心即是体认"仁"的精髓。

名言:君子之于禽兽也,见其生,不忍见其死;闻其声,不忍食其肉。是以君子远庖厨也。——《梁惠王(上)》

古译:君子对于禽兽,见其生,不忍心见其死;闻其声,不忍心食其肉。故君子远离庖厨。

今译:君子对于禽兽,看到它们活着的样子就不忍心看到它们死去的情形;听到它们哀鸣的声音,就不忍心吃它们的肉。所以,君子远离厨房。

现代使用场合:《孟子》中的这句名言,揭示了人皆有不忍之心,人对禽兽尚且如此,若扩而广之,对于人生苦痛的悲悯当更是如此。方今世界,承平日久,天下富庶,于人饮食之欲,几乎皆能得到满足。然而,视盘中美味佳肴,当思天下尚有饮食不周,着衣不暖之人,由此而崇尚节俭,周济贫乏,亦是一种盛德。

名言:老吾老,以及人之老;幼吾幼,以及人之幼。天下可运于掌。——《梁惠王(上)》

古译:敬事吾老,扩而敬事人之老;抚育吾幼,扩而抚育人之幼。如是,则治天下之易如运物于掌。

今译:以敬事自己长辈之心推而广之,敬事他人之长辈,以抚育自己子女之心推而广之,抚育他人的子女。这样,治理天下就像在两掌之间玩转东西一样简单。

现代使用场合:每每读《孟子》到此处,我们常常按捺不住心中的激动而掩卷感慨万端。此语境界恢弘,使人心情激越,从而立志往高处立,向远处行。商界人士若能以此心为心,则能赢得天下人之心,功有所成,业有所立,声名远播。

名言:权,然后知轻重;度,然后知长短。——《梁惠王(上)》

古译:称,然后知轻重;量,然后知长短。

今译:称一称,才能知物之轻重;量一量,才能知物之长短。

现代使用场合:现实中我们往往要遇到很多需要权衡利弊的地方,在决断的过程中,我们不能仅仅只相信一些外部的描述或其他的二手资料,有时候需要我们自己去亲身经历、体验一番。从具体事物得到切实感受,才是最有说服力的。

名言:五亩之宅,树之以桑,五十者可以衣帛矣。鸡豚狗彘之畜,无失其时,七十者可以食肉矣。百亩之田,勿夺其时,八口之家可以无饥矣。谨庠序之教,申之以孝悌之义,颁白者不负戴于道路矣。——《梁惠王(上)》

古译:五亩之宅,以桑树之,五十岁者可以穿丝帛。鸡狗猪之类的牲畜,不失时而养之,则七十岁者可以食肉。百亩之田,不失其时,则八口之家可以无饥。谨行庠序之教,以孝悌之义申之,发斑白者不使其负戴物品于路上。

今译:五亩大的房屋,种上桑树,则五十岁的人都可以穿丝绸的衣服。鸡狗猪之类的家禽,按时喂养,则七十岁的人都可以吃上肉。百亩大的田地,不误农时,则有八口人的家庭也不会有饥饿的情况发生。办好各级学校,用孝顺父母、敬爱兄长的道理来开导他们。头发花白的老人便会有人代劳,不至于头顶着、肩负着艰难地走在路上。

现代使用场合:古代的国君能保障百姓的温饱问题,才能使国家长治久安,老百姓亦能过上安居乐业的生活。在公司待遇方面同样是这样,负责人给员工的待遇好了,员工才能全心全意为公司的发展出力。

名言:不违农时,谷不可胜食也;数罟不入洿池,鱼鳖不可胜食也;斧斤以时入山林,材木不可胜用也。——《梁惠王(上)》

古译:不违农时,则谷食之不尽也;数罟不入洿池,则鱼鳖食之不尽也;斧斤以时入山林,则林木用之不尽也。

今译:不违背农时,粮食就会吃不尽;不将太密的网放入大池中捕鱼,鱼鳖也就吃不完;按照合适的时间入山林砍柴,木材也就用不完。

现代使用场合:做事情要按规律,循序渐进,才能有所收获。种谷按农时,就会有吃不完的粮食;捕鱼不用密网,就会有打不完的鱼;砍柴按时,就会有用不完的木柴。现实生活中按规律办事,才能事有所成,倘若违反规律,只会适得其反,离目标越来越远。

名言:庖有肥肉,厩有肥马,民有饥色,野有饿莩,此率兽而食人也。——《梁惠王(上)》

古译:庖有肥肉,厩有肥马,民面有饥色,野有饿莩,此可谓率兽而食人也。

今译:厨房里有膘肥的肉,马厩里有肥壮的马,可是百姓却面露饥色,荒野里到处都是饿死的人,这等于是上位的人率领禽兽来吃人。

现代使用场合:"朱门酒肉臭,路有冻死骨"可以说是旧时贫富差距的最好体现。为官不正,也会使社会产生贫富分配不均的状况,最后苦的还是百姓。这与率领猛兽来食人又有何异?将社会收入合理分配,社会才能恢复安定繁荣的局面。

名言:明君制民之产,必使仰足以事父母,俯足以畜妻子,乐岁终身饱,凶年免于死亡。——《梁惠王(上)》

古译:明君制民之产,必使其上足以事父母,下足以畜妻子,丰年时终身饱,凶年时免于死亡。

今译:贤明的国君规定百姓的产业时,必须要使它上足以敬事父母,下足以畜养妻子,丰年时要丰衣足食,灾年时也不致饿死。

现代使用场合:一位开明的国君,在分配百姓的财产时,要综合考虑到各个方面,满足不同时期不同情况的需要。同样,一位开明的负责人,在制定员工收入分配时,也要综合考虑到多方面的因素,既要满足员工的最低要求,也要在此基础上有发展的空间。

名言:保民而王,莫之能御也。——《梁惠王(上)》

古译:保民而可为王,天下莫有能御之也。

今译:保护民众的就能称王,天下没有可以抵挡他的。

现代使用场合:百事以民为先,时刻为民着想,能保护民众的就能成为君王,这样的人当然天下无敌。领导与管理者如能从保护员工的利益出发,时时刻刻为员工着想,这样就可以团结无穷的力量,理所当然可以无人能御,无人可挡。

卷二　梁惠王下

【题解】

本篇共 16 章。第一章至第十二章都是与齐宣王的对话,其中有若干章都围绕"与民同乐"的话题展开。其主旨为不管好乐(音乐)、好财、好色,本身都不算什么过错,怕的是不能节制私欲,残害人民,反之,如果能推己及人,与民同乐,做到乐民之乐,忧民之忧,那便是足以实现王道的仁政,必将得到人民的拥护。此外,孟子在谈到"勇"的问题时,要齐宣王舍弃"小勇",而学习先王为天下百姓谋福祉的大勇;在谈到用人问题时,指出要普遍了解民意,并以民意为准则来识别和选拔人才;在齐、燕发生战争而齐国已并吞燕国时,孟子又告诫齐宣王宜顺应民心,从燕国撤兵,这些都反映了孟子的民本思想。第八章关于武王伐纣的评论,意谓君王如破坏仁义之道则可杀,其所表达的民贵君轻的倾向尤为鲜明犀利。第十二章至十五章,是与邹和滕两个小国君主的对话,从中可见在严峻的军事和外交形势下,孟子仍坚决主张实行仁政,毫不为现实功利而妥协,在他看来,一时的存亡兴废是不足为怀的,勉力行善,便是尽了人的本分,至于成功与否,却不是人可以指望的,所以也不必计较。这是对道德具有绝对价值的肯定，也是对人的自由和尊严的肯定。本篇最后一章，透露出孟子在出处进退中的态度，让人想起孔子所说"天生德于予，桓魋其如予何？"（《论语·述而》）由此可以了解："天"这样的观念，在儒家思想中实具有令人处变不惊、镇定从容的意义。

一

【原文】

庄暴①见孟子，曰："暴见于王②，王语③暴以好乐，暴未有以对也。"曰："好乐何如？"

孟子曰："王之好乐甚，则齐国其庶几④乎！"

他日，见于王曰："王尝语庄子⑤以好乐，有诸⑥？"

王变乎色，曰："寡人非能好先王之乐也，直好世俗之乐耳。"

曰："王之好乐甚，则齐其庶几乎！今之乐由⑦古之乐也。"

曰："可得闻与？"

曰："独乐乐⑧，与人乐乐，孰乐⑨？"

曰："不若与人。"

曰："与少乐乐，与众乐乐，孰乐？"

曰："不若与众。"

"臣请为王言乐。今王鼓乐于此，百姓闻王钟鼓之声，管籥⑩之音，举⑪疾首蹙頞⑫而相告曰：'吾王之好鼓乐，夫何使我至于此极⑬也？父子不相见，兄弟妻子离散。'今王田⑭猎于此，百姓闻王车马之音，见羽旄⑮之美，举疾首蹙頞而相告曰：'吾王之好田猎，夫何使我至于此极也？父子不相见，兄弟妻子离散。'此无他，不与民同乐也。

"今王鼓乐于此，百姓闻王钟鼓之声，管籥之音，举欣欣然有喜色而相告曰：'吾王庶几⑯无疾病与，何以能鼓乐也？'今王田猎于此，百姓闻王车马之音，见羽旄之美，举欣欣然有喜色而相告曰：'吾王庶几无疾病与，何以能田猎也？'此无他，与民同乐也。今王与百姓同乐，则王矣。"

【注释】

①庄暴：齐臣。

②见于王：被王接见。

③语：告诉。

④庶几：可以，差不多。指百姓生活较为安定、富足。

⑤庄子：指庄暴。子是古代对男子的尊称。

⑥诸："之乎"的合音。

⑦由：通"犹"。

⑧独乐乐：第一个"乐"指欣赏音乐，第二个"乐"指快乐。

⑨乐：快乐。

⑩管籥：古代乐器，如笙笛之类。

⑪举：全，都。

⑫疾首蹙頞：脑袋疼痛，鼻梁皱起。蹙，皱。頞，鼻梁。

⑬极：极端的地步。

⑭田：通"畋"。

⑮羽旄：指旌旗等仪仗之物。

⑯庶几：大概。

【译文】

庄暴前来拜见孟子，说："我去觐见齐王的时候，大王告诉我他喜好音乐，我不知道该怎样回答。"庄暴接着说："喜好音乐，有什么作用吗？"

孟子说："齐王如果非常喜好音乐的话，那么齐国百姓的生活应该不错吧！"

过了几天，孟子被齐王接见，说道："您曾经告诉庄暴，说自己喜好音乐，有这样的事吗？"

齐王脸色一变，说道："我并不是喜好古时先王之乐，只是爱好一般的世俗之乐罢了。"

孟子说："大王如果非常喜好音乐的话，那么齐国百姓的生活应该不错吧！喜好现在的音乐和喜好古时的音乐是一样的道理。"

齐王说："我可以听听其中的道理吗？"

孟子说："独自一人欣赏音乐的快乐，与别人一起欣赏音乐的快乐，这两种快乐哪种更快乐呢？"

齐王说："与别人一起欣赏音乐更加快乐。"

　　孟子说:"与少数的人一起欣赏音乐的快乐,与众人一起欣赏音乐的快乐,这两种快乐哪种更快乐呢?"

　　齐王说:"与众人一起欣赏音乐更加快乐。"

　　孟子说:"请允许我为大王您讲讲音乐的道理吧。假使大王您在这里演奏音乐,百姓听到大王演奏的是钟鼓之音以及笙笛之乐,都感到脑袋疼痛,皱着鼻梁互相转告说:'我们的王喜好演奏音乐,怎么会使我们生活辛苦到这样的地步呢?父子不能相见,兄弟和妻子儿女互相离散。'假使大王您在这儿狩猎,百姓听到车马的声音,看到旌旗仪仗的华美,都感到脑袋疼痛,皱着鼻梁互相转告说:'我们的王喜好狩猎,怎么会使我们的生活辛苦到这样的地步呢?父子不能相见,兄弟和妻子儿女互相离散。'百姓这样的反应,并没有其他的原因,就是因为大王不与百姓共同欢乐。

　　"假使大王您在这里演奏音乐,百姓听到大王演奏的钟鼓之音以及笙笛之乐,都感到很愉悦,欣喜地互相转告说:'我们的王大概是没有什么疾病吧,否则怎么能演奏音乐呢?'假使大王您在这儿狩猎,百姓听到车马的声音,看到旌旗仪仗的华美,都感到很愉悦,欣喜地互相转告说:'我们的王大概是没有什么疾病吧,否则怎么能在此狩猎呢?'百姓这样的反应也没有其他的原因,就是因为大王与百姓共同欢乐。假使大王您能够与百姓共同欢乐,那么天下百姓自然就归附了。"

【评析】

　　齐国臣子庄暴告诉孟子,齐王曾对庄暴说,他很喜欢音乐,不知这样好不好。

　　后来孟子拜见齐王时告诉齐王,国王喜欢音乐,喜欢打猎,这是件好事,关键是要"与民同乐"。如果齐王听音乐、打猎时,百姓都感到头疼,说明齐王没有"与民同乐"。反之,如果齐王听音乐、打猎时,百姓都很高兴,说明齐王"与民同乐"。

　　老百姓富足安宁,才会想到乐一乐。统治者应该实行仁政,让老百姓丰衣足食,这才是孟子"与民同乐"的意思。

【典例阐幽】

疾首蹙頞

　　春秋时,田单为齐国的名将。

齐襄王五年(前 279 年)，田单大破燕军，尽收齐失地七十余城。由莒迎齐襄王入都临淄。田单因战功卓著被任为相，封为安平君。一时间，田单成为齐国声名最大的人物。

　　但是，却有一个叫貂勃的人却疾首蹙頞，说道："安平君他不过是个小人罢了！"田单知道了以后，特地备酒请他，并问他："我什么地方得罪过你，而惹你生气了？"

　　貂勃答道："现在假设公孙子好，徐子不好，再假设公孙子和徐子打斗，徐子的狗还扑过去咬公孙子的腿肚。若能离开不好的主人，做好主人的狗，那何止是扑过去咬对方的腿肚而已！为什么呢？盗跖的狗向尧乱咬，并不是由于它尊重盗跖而不喜欢尧。而是因为狗只知道不咬主人而可以咬主人以外的任何人。"

田单

　　田单听了这话，第二天便请齐襄王任用貂勃，封给他官职。那时，齐襄王跟前有九个得宠的大臣，经常恶意中伤田单，挑拨齐襄王和田单的关系。貂勃于是挺身而出，对齐襄王列数田单的功绩，大大地赞扬了田单一番。

　　齐襄王觉得貂勃的话很有道理，自觉有些愧对田单，就把中伤田单的九个大臣一并处死，对田单则更加信任了。

二

【原文】

　　齐宣王问曰："文王之囿①方七十里，有诸？"

　　孟子对曰："于传②有之。"

　　曰："若是其大乎？"

　　曰："民犹以为小也。"

　　曰："寡人之囿方四十里，民犹以为大，何也？"

　　曰："文王之囿方七十里，刍荛③者往焉，雉兔者往焉，与民同之。民以为小，不亦宜乎？臣始至于境，问国之大禁，然后敢入。臣闻郊关之内，有囿方四十里，杀其麋鹿者，如杀人之罪。则是方四十里为阱④于国中，民以为大，不亦宜乎？"

【注释】

①囿:养禽兽的地方。

②传:古诗记。

③刍荛:割草砍柴的人。刍,割草。荛,砍柴。

④阱:用以捕野兽的陷阱。

【译文】

齐宣王问道:"听说周文王的捕猎场有方圆七十里,真的有这事吗?"

孟子回答:"史书上有这样的记载。"

齐宣王问:"真有那么大吗?"

孟子说:"可百姓还认为太小呢!"

齐宣王说:"我的捕猎场才方圆四十里,可百姓还觉得太大,这是为什么呢?"

孟子说:"文王的捕猎场方圆七十里,割草砍柴的人可以随便去,捕禽猎兽的人也可以随便去,是与百姓共享的。百姓嫌它小,不是很合理吗?我刚到齐国边境时,问国家的重大禁令后,才敢入境。我听说在郊区有方圆四十里的园林,若有人杀死了里面的麋鹿,就跟杀死了人一样治罪,那么,这四十里见方的猎场,便成了国家设的一口陷阱。百姓觉得它太大,不也是合乎情理的吗?"

【评析】

在这一章里,有一个很明显的对比,即周文王方七十里的园林与齐宣王的方四十里的园林相比,哪个最小?结论是,几乎是齐宣王的两倍的"周文王囿"小于齐宣王"方四十里的囿"。"民犹以为小",是因为周文王的园林是与民共有的。

由此可见,这一章的主旨也是讲"与民同乐",不仅如此,还上升到了"与民同有"的高度。对于百姓而言,听音乐和享受欢乐都过于有些遥远和不切实际,只有共同享有森林、江河,能在森林和江河里任意砍柴或钓鱼,以供生活之用,这才是实际的。因此,百姓才担心周文王的园林太小了,以至于木不够砍,鱼不够钓。而齐宣王的园林却由于不准百姓进入,在百姓心中成了没有实际价值的东西,自然越大越不好了。

有人认为,在人类社会早期的氏族部落制时代,社会生产力极端落后,国君离百姓较近,有可能做到与民同乐,与民同有。但随着社会生产力的进步,社会财富不断增多,国君的权力逐渐变大,与百姓的距离也拉大了。这就可以解释为什么在周初时,周文王可以与民同有园林,而数百年之后的齐宣王就做不到了。

不论是与民同乐还是与民同有,出发点都是孟子的"仁政"思想和"保民"思想,哪个国君能够实行"仁政",他就能够与民同乐;哪个国君能够拿出自己的园林与民同有,他就做到了"保民"。

【典例阐幽】

民犹以为大

唐朝统一以后,唐太宗李世民励精图治,唐朝的国力大大提升,成为一个繁荣而强盛的帝国。

唐朝长安城是当时唐朝富裕强盛的标志。

唐都长安在隋都大兴城的基础上扩建、修缮形成。城郭呈长方形,东西较长,约九千七百米;南北较短,约八千六百米。周长近三十七公里,面积达八十四平方公里。为我国历史上最为宏大的帝王都城。

唐朝国力强盛,长安城宫苑壮丽。大明宫北有太液池,池中蓬莱山独踞,池周建回廊四百多间。兴庆宫以龙池为中心,围有多组院落。大内三苑以西苑为最优美。苑中有假山,有湖池,渠流连环。长安城东南隅有芙蓉园、曲江池,并在一定时间内向公众开放,实为古代一种公共游乐地。

空前绝后的唐长安城是和国力的强盛分不开的,大唐盛世的时候,世界各地的人来长安参观、居住、做生意等等,长安城的宏大在那个时候是唐朝人的骄傲,所以人们不会"犹以为大"的。

三

【原文】

齐宣王问曰:"交邻国有道乎?"

孟子对曰:"有。惟仁者为能以大事小,是故汤事葛①,文王事昆夷②。惟智者为能以小事大,故太王事獯鬻③,勾践事吴④。以大事小者,乐天者也;以小事大者,畏天者也。乐天者保天下,畏天者保其国。《诗》云:'畏天之威,于时保之。'⑤"

王曰:"大哉言矣!寡人有疾,寡人好勇。"

对曰:"王请无好小勇。夫抚剑疾视,曰:'彼恶敢当我哉!'此匹夫之勇,敌一人者也。王请大之!

"《诗》云:'王赫斯怒⑥,爰整其旅⑦,以遏徂莒⑧,以笃周祜⑨,以对于天下。'此文王之勇也。文王一怒而安天下之民。

"《书》曰:'天降下民,作之君,作之师。惟曰其助上帝宠之。四方有罪无罪惟我在,天下曷敢有越厥志?'⑩一人衡行于天下⑪,武王耻之。此武王之勇也。而武王亦一怒而安天下之民。今王亦一怒而安天下之民,民惟恐王之不好勇也。"

【注释】

①汤事葛:详见《滕文公下》第五章。葛,商的邻国。

②昆夷:又作"混夷",周朝初年的西戎国名。

③太王事獯鬻:详见本篇第十五章。太王,即周部族首领古公亶父;獯鬻,即猃狁,当时北方的少数民族。

④勾践事吴:越王勾践败于吴王夫差,向吴国求和,本人为吴王服役,后终于灭吴。

⑤于时:于是。引诗见《诗经·周颂·我将》,是一篇祭祀上天和周文王的诗。

⑥王:指周文王。

⑦爰:于是。

⑧以遏徂莒:遏,阻止。莒,《诗经》作"旅",指密人入侵阮和共的部队。

⑨笃:厚,指增添。祜:福。以上引诗见《诗经·大雅·皇矣》,这首诗主要写文王伐崇、伐密的功绩。

⑩见《尚书·泰誓》。

⑪一人:指商纣王。

【译文】

齐宣王问道:"与邻国交往有讲究吗?"

孟子答道:"有。只有仁爱的人能以大国服侍小国,所以商汤服侍葛伯,文王服侍昆夷。只有聪明的人能以小国服侍大国,所以太王服侍獯鬻,勾践服侍吴王。以大国服侍小国的,是乐安天命的人;以小国服侍大国的,是敬畏天命的人。乐安天命者保有天下,敬畏天命者保有自己的国家。《诗经》说:'敬畏上天的威严,于是保有这国家。'"

王说:"高明啊这话!我有个毛病,我喜爱勇武。"

孟子答道:"王请不要喜爱小勇。按剑瞪眼说道:'他怎敢阻挡我呢!'这是匹夫的勇,只能敌得住一个人。王请把它扩大。

"《诗经》说:'文王勃然大怒,于是整肃部队,阻止不义之师,增添周人福祉,来报答天下仰望之心。'这是文王的勇。文王一发怒而安定天下人民。

"《尚书》说:'上天降生了民众,又为他们降生君王,又为他们降生师傅,他们只是帮助天帝爱护人民。四方之内,有罪的我去征讨,无罪的我来爱护,责任都在我一人,天下有谁敢越过本分为非作歹?'有一个人横行于天下,武王以为奇耻大辱。这是武王的勇。武王也是一发怒而安定天下人民。假如现在王也是一发怒而安定天下人民,人民唯恐王不喜爱勇武呢。"

【评析】

宣王询问与邻国相处之道。孟子从儒家的立场出发,提出仁、智的外交原则,认为仁者能够以大国侍奉小国,智者能够以小国侍奉大国。其中"以大事小者,乐天者也;以小事大者,畏天者也"几句中的"天"含义较为抽象,大致而言,可以理解为主宰之天或者义理之天,即天是世间的最高主宰或者价值原则。天生育万物,无所不覆,无所不养,体现着仁爱的价值原则,所以真正的仁者不会恃强凌弱,以大欺小,而是"修文德以来之",这是因为他自觉地尊奉天的意志或原则,侍奉葛国的商汤,侍奉昆夷的文王即是代表。同时,天高高在上,代表一种尊严与秩序,智者认识到这一点,便会以小侍大,敬畏天的意志或原则,侍奉獯鬻的周太王,侍奉吴国的勾践即是代表。喜好天命的仁者可以行王道,保有天下,而敬畏天命的智者只能保住国家。仁者高于智者。

宣王虽然认为孟子讲得好,但又提出好勇,实际是想把逞强好勇作为对外邦交的原则。面对宣王的发问,孟子回答得好:大王不要好匹夫之勇,而应好文王、武王之勇。用在对外邦交上,就是不要因个人的私欲恃强凌弱,而应为民众的利益诛罚不道。

【典例阐幽】

匹夫之勇

韩信是秦朝末年的大军事家。他起初在项羽部下，没有被重用，便改投刘邦。经过萧何的竭力推荐，被刘邦拜为大将军。刘邦一心想向东发展，消灭主要的对手项羽，统一全国，于是请韩信分析形势。韩信直截了当地对刘邦说："目前争夺天下的主要对手，不就是项羽吗？"

刘邦说："是啊！"

韩信便反问道："您认为自己在勇猛和仁义两方面与项羽相比如何？"

刘邦沉默不答，好半天才说："我都不及他。"

韩信拜道："不错，我也觉得您不如他。不过，我曾做过他的部下，我相当了解他。项羽之勇，一声呼喝，可以压倒几千人，但是他不善于任用贤能的将领，只能算是'匹夫之勇'；说到仁，项羽对人还比较关心，然而也只能略施小恩小惠，不能顾及大体。而且分封地盘不公，诸侯都有意见，军队扰害地方，百姓怨恨在心，人们并没有向着他，不过怕他一时的威势而已。所以他目前虽然强，其实很快就会弱的。"

刘邦听了非常高兴，就向东进军，终于打败项羽，建立了汉朝。

四

【原文】

齐宣王见孟子于雪宫①。王曰："贤者亦有此乐乎？"

孟子对曰："有。人不得，则非其上矣。不得而非其上者，非也；为民上而不与民同乐者，亦非也。乐民之乐者，民亦乐其乐；忧民之忧者，民亦忧其忧。乐以天下，忧以天下，然而不王者，未之有也。

"昔者齐景公②问于晏子③曰：'吾欲观于转附、朝儛④，遵⑤海而南，放⑥于琅邪⑦；吾何修而可以比于先王观也？'晏子对曰：'善哉问也！天子适诸侯曰巡狩。巡狩者，巡所守也。诸侯朝于天子曰述职。述职者，述所职也。无非事者。春省耕而补不足，秋省敛而助不给。夏谚⑧曰：'吾王不游，吾何以休？吾王不豫⑨，吾何以助？一游一豫，为诸侯度⑩。'今也不然，师⑪行而粮食⑫，饥者弗食，劳者弗息。睊睊胥谗⑬，民乃作慝⑭。方命⑮虐民，饮食若流；流连荒亡，为诸侯忧。从流下而忘反谓之流，从流上而忘反谓之连，从兽无厌谓之荒，乐酒无厌谓之亡。先王无流连之乐、荒亡之行。惟君所行也。'

"景公悦，大戒⑯于国，出舍于郊，于是始兴发补不足。召大师⑰曰：'为我作君臣相说之乐！'盖《徵招》《角招》⑱是也。其《诗》曰：'畜⑲君何尤⑳？'畜君者，好君也。"

【注释】

①雪宫：齐宣王的行宫，在今山东临淄。

②齐景公：春秋时期的齐国国君，名杵白。

③宴子：即晏婴，齐国贤臣。

④转附、朝儛：皆山名，转附疑即今芝罘山，朝儛疑为今山东荣成市东之召石山。

⑤遵：沿着。

⑥放：至，到达。

⑦琅邪：山名，在今山东诸城市东南。

⑧夏谚：夏代的谚语。

⑨豫：通"游"。

⑩度：法度。

⑪师：众，众人，指从王所游之众人。

⑫粮食："粮"是名词，即粮食；"食"是动词，意为吃、食用。

⑬睊睊胥谗：百姓都心生愤怒，怨恨国君。睊睊，侧目怒视的样子。胥，相。谗，毁谤。

⑭慝：恶，奸恶之事。

⑮方命：违反天命。方，违反。命，天命。

⑯戒：备，准备。

⑰大师：即"太师"。古代乐官之长。

⑱《徵招》《角招》：两乐名，即太师承名所作之乐。徵、角为古代五音中的两个。招，同"韶"。

⑲畜：爱，好。

⑳尤：过失，错误。

【译文】

宣王在雪宫之中接见孟子。宣王说："贤人也以此为乐吗？"

孟子回答说："是的。如果他们得不到这种快乐，他们就会埋怨自己的君王了。自己得不到这种快乐却要埋怨君王，这是不对的；作为百姓的君主却不能与百姓共享此乐，这也是不对的。君王把百姓的快乐作为自己的快乐，百姓也会以君王的快乐作为自己的快乐；君王把百姓的忧愁作为自己的忧愁，百姓也会以君王的忧愁作为自己的忧愁。与天下人同乐，与天下人同忧，这样还不能使天下百姓归附，是不可能的。

"从前齐景公问晏子道：'我想到转附、朝儛两山去游玩，然后沿着海岸一直向南走，一直到达琅邪山，我该怎样做才能和古代圣明君王的巡游相比拟呢？'晏子回答说：'您问得好啊！天子到诸侯那里去巡查叫作巡狩。巡狩的意思就是巡查诸侯所守卫的疆土。诸侯朝见天子叫做述职。述职的意思就是报告自己的职务状况。这些都是自己分内的事情。春天巡查耕作情况，并且对有困难的施以补助。秋天巡查收成情况，并且对缺少粮食的施以补助。夏代有谚语这样说：'我们的大王不来巡游，我们怎么能得到休息？我们的大王不来巡查，我们怎么能得到补助？大王的巡游和巡查，足以作为诸侯的法度。'但是现在的情况却不是这样，随国君出行的众人，消耗了大量的粮食，饥饿的人却吃不到东西，劳苦的人也得不到休息。百姓心生愤怒，怨恨国君，于是他们就会无恶不作了。违反天命，虐待百姓，耗费的粮食如同流水一般；流连荒亡之事，为国君带来了无边的忧愁。从上游向下游游玩而乐不思蜀叫作流，从下游向上游游玩而乐不思蜀叫作连，毫无厌倦地一味狩猎叫作荒，毫无厌倦地一味吃喝叫作亡。古代的圣明君王是没有这种流连荒亡的行为的。大王您要怎么做，还是您自己看着办吧。'

"景公听完之后非常高兴，在都城之内做了充分的准备，然后驻扎在郊外，开始拿出钱粮，赈济生活无助之人。并且叫来乐师说：'给我创作一支君臣同乐的乐曲。'这大概就是《徵招》《角招》两支乐曲的由来。其歌词中有：'爱戴自己的君王有什么过错呢？''畜君'就是爱戴君王的意思。"

孟子在这一章里论述的核心问题还是与民同乐,已经是他第三次与齐宣王讨论与民同乐的问题了,但是与之前对这一问题的论述相比,角度不同了,道理也更深刻了。

在这一章里,孟子不仅说到乐,而且还从乐说到忧,第一次提到"乐民之乐者,民亦乐其乐;忧民之忧者,民亦忧其忧。乐以天下,忧以天下"。这体现了孟子的民权主义思想和"为民"思想,是百姓真实愿望的深刻反映。

后来,孟子"乐以天下,忧以天下"的思想被宋代的范仲淹发展为"先天下之忧而忧,后天下之乐而乐"。但在对这个问题的认识上,孟子与范仲淹还是有一定差别的:孟子是对国家的最高决策者提出了这一要求,范仲淹仅仅是对知识分子和官僚集团提出了这一要求。相比之下,孟子的意义和作用要大过范仲淹的。但是,从"乐以天下,忧以天下"到"先天下之忧而忧,后天下之乐而乐",体现了以孟子和范仲淹为代表的知识分子更强烈的使命感和自我牺牲精神,能更深刻地感染人。

【典例阐幽】

乐以天下,忧以天下

北宋诗人王禹偁,巨野人,字符之,出生在清贫的农家,父亲做过磨工。

王禹偁从小就热爱学习,聪颖过人。有一次替父亲到齐州府去送面粉。齐州府有个小官正在衙前教子弟对课。王禹偁到近前去听,哪知这个小官见他穿着破烂,一副土里土气的样子,便念出了一句上联:"鹦鹉能言宁比凤?"

王禹偁一听这小官出言不逊,嘲笑自己出身贱微,于是毫不客气地回敬下联道:"蜘蛛虽巧不如蚕!"那小官被他刺得张口结舌,无话可说。三十五岁时,王禹偁被拜为左司谏,担任给皇帝起草诏书的知制诰,并曾任右拾遗、翰林学士等职。由于他为人正直刚毅,在朝堂上勇于直言讽谏,先后被贬放商州和滁州。宋真宗咸平元年(998 年)还京,复任知制诰。王禹偁修《太祖实录》,因为直书赵匡胤篡周而得天下,得罪了朝廷,第二年又被贬出京城,去了黄州。

但王禹偁是个乐以天下,忧以天下的人,他并没有因为自己被贬官而后悔,反而因为自己直言而欣慰。他在描写自己命运的《三黜赋》里是以这样的语句表明自己的道德志向的："屈身兮不屈道，任百谪而何亏！吾当守正直兮佩仁义，期终身以行之。"

五

【原文】

齐宣王问曰："人皆谓我毁明堂^①，毁诸？已乎^②？"

孟子对曰："夫明堂者，王者之堂也。王欲行王政，则勿毁之矣。"

王曰："王政可得闻与？"

对曰："昔者文王之治岐^③也，耕者九一^④，仕者世禄，关市讥而不征^⑤，泽梁^⑥无禁，罪人不孥^⑦。老而无妻曰鳏，老而无夫曰寡，老而无子曰独，幼而无父曰孤。此四者，天下之穷民而无告者。文王发政施仁，必先斯四者。《诗》云：'哿矣富人，哀此茕独^④。'"

王曰："善哉言乎！"

曰："王如善之，则何为不行？"

王曰："寡人有疾，寡人好货。"

对曰："昔者公刘^⑨好货，《诗》云：'乃积乃仓，乃裹餱粮，于橐于囊。思戢用光。弓矢斯张，干戈戚扬，爰方启行。'^⑩故居者有积仓，行者有裹粮也，然后可以爰方启行。王如好货，与百姓同之，于王何有？"

王曰："寡人有疾，寡人好色。"

对曰："昔者太王好色，爱厥妃。《诗》云：'古公亶父，来朝走马，率西水浒，至于岐下，爰及姜女，聿来胥宇。'^⑪当是时也，内无怨女。外无旷夫。王如好色，与百姓同之，于王何有？"

【注释】

①明堂：古代帝王宣明政教的场所，凡朝会、祭祀等重大典礼都在明堂举行。这里是指泰山明堂。

②已：止，不。

③岐：地名，在今陕西岐山一带。

④耕者九一：指井田制。把耕地划成井字形，每井九百亩，周围八家各一百亩，

属私田,中间一百亩属公田,由八家共同耕种,收入归公家,所以叫九一税制。

⑤讥而不征:只检查言行而不抽税。讥,检查言行。征,征税。

⑥泽梁:在流水中拦鱼的装置。

⑦孥:本指妻子、儿女,这里不孥即指不牵连妻子、儿女。

⑧哿矣富人,哀此茕独:哿,可。茕,孤独。以上引诗见《诗经·小雅·正月》。

⑨公刘:人名,后稷的后代,周朝的创业始祖。

⑩乃积乃仓……爰方启行:候粮,干粮。橐,无底的口袋。囊,有底的口袋。思:语气词,无义。戢,通"辑",和睦。用,因而。光,发扬光大。干,盾。戈,平头戟。戚:斧。扬,举起。爰,于是。方,开始。以上引自《诗经·大雅·公刘》。

⑪古公亶父……聿来胥宇:古公亶父,即周文王的祖父周太王。来朝,清早。走马,驱马快跑。率,沿着。水,指漆水。浒,水边。爰,语首词,无义。姜女,指古公亶父的妻子太姜。聿,语首词,无义。胥,视察。宇,屋宇。聿来胥宇,指修建宫室之前查看地势。以上引自《诗经·大雅·绵》。

【译文】

齐宣王问道:"别人都建议我拆掉明堂,究竟是拆好呢?还是不拆好呢?"

孟子回答说:"明堂是大王的殿堂,您如果想施行王政,就请不要拆掉它吧。"

齐宣王说:"可以给我说说什么是王政吗?"

孟子回答说:"从前周文王治理西岐的时候,对农民的税率是九分抽一,做官的人是给予世代承袭的俸禄,在关卡和市场上只维持秩序而不征税,任何人到湖泊捕鱼都不禁止,处罚罪犯不牵连妻子儿女。年老而没有妻子的叫鳏夫,年老而没有丈夫的叫寡妇,没有儿女的老人叫作独老,失去父亲的儿童叫作孤儿。这四种人,是天下最穷苦无靠的人。文王实行仁政,一定最先考虑到他们。《诗经》说:'富人是可以过得去了,可怜那些孤单的人吧。'"

齐宣王说:"说得好!"

孟子说:"大王如果认为说得好,为什么不这样做呢?"

齐宣王说:"我有个毛病,我爱财。"

孟子说:"从前公刘也爱财。《诗经》说:'谷粮装满仓,备好充足的干粮,橐里囊里都装满。安定团结,民心和顺。张弓带箭备齐武装,举起盾戈斧铆,出发前进。'因此,留在家里的人有谷,行军人的囊里有干粮,然后才能够率领军队前进。

王如果喜爱钱财,就和百姓共同拥有,这有什么困难呢?"

齐宣王说:"我还有个毛病,我爱女色。"

孟子回答说:"从前周太王也喜爱女色,非常爱他的妃子。《诗经》里写道:'古公亶父,一大早赶马出发,沿着河岸到岐山下,带着妻子姜氏,勘察建新居的地形。'那时,没有嫁不出去的姑娘,也没有找不到妻子的男人。大王若喜爱女色,能想到老百姓也喜爱女色,这对施行王政有什么影响呢?"

【评析】

这段话写孟子告诉齐宣王什么是"王政"(仁政)。

孟子认为,像周文王治理岐周时那样,赋税很轻,老百姓都能自由生产,过上好日子,处罚罪犯而不株连无辜,无依无靠的鳏寡孤独者得到照顾,这便是实行"王政"了。

孟子认为,齐宣王"好货"(喜欢钱财)、"好色"都不是毛病,而是人的正常需求。但齐王应该认识到,老百姓同样"好货""好色",他们的正当需求也应该得到尊重和满足,因此齐王应"与百姓同之",这就是实行"王政"了。

【典例阐幽】

鳏寡孤独

汉朝庞仲达做汉阳太守的时候,郡里有个叫任棠的人,非常有气节,他隐居在乡下,以教学自乐。庞仲达求贤若渴,酷爱人才,一到任就去拜访任棠。

任棠那天正在堂屋读书,见太守来了,他也不与太守打招呼、交谈,只是拿了一大把薤,并端了一盆水放在门内屏风前面,然后自己抱起孙子蹲在门边和孩子逗趣。跟太守一道来的侍从很生气,对太守说:"这个人太傲慢了!"但庞仲达却高兴地说:"他并不是傲慢,而只是暗示我做官的道理罢了,他的用意是很好的!"

庞仲达沉思着说:"任棠并非无礼,而是在晓谕本太守呀!一盆清水,是要我为官清正;拔出一大棵菜,是要我严惩横行乡里的强势宗室;抱孩子挡住门户,是要我体恤鳏寡孤独呀!"

庞太守感叹不已地回府了,以后在施政过程中根据任棠的暗示,压制豪强,扶持贫弱。后来由于施行仁爱、宽厚的政策他得到老百姓的爱戴。

内无怨女,外无旷夫

公元134年,春季和夏季连续干旱,汉顺帝下诏大赦天下,并且亲自到德阳殿东厢庭院中,露天而坐,祈求上天降雨。

如同以前发生自然灾害时一样,顺帝要求官员们提出意见。尚书周举才学兼优,顺帝特地就此征询他的意见。周举回答说:"陛下废弃文帝、光武帝所建立的朴素节俭传统,而因袭导致秦朝灭亡的骄奢淫逸的做法,使宫廷内增加了许多美女。宫外却有许多娶不到媳妇的男子。自从发生大旱以来,整整过去一年了,而没有听说陛下有改过的做法,现在以至尊之体露坐风尘,祈求缓解干旱,不过是在问题的表面上下功夫,而不去寻找它的实质所在,于事无补。"

顺帝问他应该怎么办,周举回答说:"应该诚心诚意地革除弊政,遵守先王制定的规章制度,改变目前奢侈腐化的混乱局面,省去御膳房制作奢侈菜肴的费用。同时放走未曾召幸过的宫女,使内无怨女,外无旷夫。《易传》上说:'天子为善一日,上天立刻以善来回报。'请陛下圣意裁夺!"

六

【原文】

孟子谓齐宣王曰:"王之臣有托其妻子于其友而之楚游者,比①其反也,则冻馁②其妻子,则如之何?"

王曰:"弃之。"

曰:"士师③不能治士,则如之何?"

王曰:"已之。"

曰:"四境之内不治,则如之何?"

王顾左右而言他。

【注释】

①比:及,等。

②馁:饥饿。

③士师：古代主管司法的官员。

【译文】

孟子对齐宣王说："假如大王有个臣子，把妻子儿女托付给朋友照顾，自己到楚国去游历，等他回来的时候，妻子儿女却在受冻挨饿，那么，对这样的朋友该怎么办？"

宣王说："不再和他交往。"

孟子说："假如士师不能管理好他的下级，那该怎么办呢？"

宣王说："把他罢免掉。"

孟子说："如果国家治理不好，那该怎么办呢？"

宣王左顾右看，说起了其他的事情。

【评析】

这一章短小而精湛，其中的"王顾左右而言他"一句已经成了人所共知的名言。在这一章里，齐宣王再次领教了孟子的雄辩能力：采用层层推进的论证法，从生活琐事入手，最后推论到齐宣王身上，给了他一个大难堪。齐宣王毫无退路，而且尴尬无比，只好回顾左右，转移话题。

在这里，孟子提到的都是同一类的事情，然后逐步由小到大，层层推进，最后直指齐宣王的失职之罪。这本身已经足够精彩了，然而更令人叫绝的是，结论并不是由孟子自己说出的，而是由齐宣王说出来的，这不仅更能警醒齐宣王，而且也让齐宣王更难堪，最后只好"王顾左右而言他"，不理孟子以了事。孟子的这种"说大人则藐之，勿视其巍巍然"的气概和掀天撼地的气魄，使齐宣王顿时失去了作为国君的声威，很驯服地听他的指责和教训。

有人认为，孟子的这一行为比较过分，已经远远超出了对国君的讽谏，达到了指斥的地步，甚至还有弹劾和罢免国君的意思。其实，这也有些言过了。孟子本身并不是想要齐宣王出丑，也没有指斥和弹劾他的意思，只是因为齐宣王总是寻找各种借口，拒绝施行仁政，所以孟子才出言逼他，迫使他下决心施行仁政罢了。

可以看出，孟子的政治理论不是权利型的，而是义务型的，他主张的不是权利责任和政治责任，而是一种道义责任。所谓道义责任，就是不论是国君，还是各级官员，都要做到忠于职责和勇于任事，否则就应该被罢免，或者引咎辞职。这与一千多年以后西方一些政治学家们的主张不谋而合。

七

【原文】

孟子见齐宣王,曰:"所谓故国①者,非谓有乔木②之谓也,有世臣③之谓也。王无亲臣矣,昔者所进④,今日不知其亡⑤也。"

王曰:"吾何以识其不才而舍之?"

曰:"国君进贤,如不得已,将使卑逾尊,疏逾戚,可不慎与?左右皆曰贤,未可也;诸大夫皆曰贤,未可也;国人皆曰贤,然后察之。见贤焉,然后用之。左右皆曰不可,勿听;诸大夫皆曰不可,勿听;国人皆曰不可,然后察之。见不可焉,然后去之。左右皆曰可杀,勿听;诸大夫皆曰可杀,勿听;国人皆曰可杀,然后察之。见可杀焉,然后杀之。故曰国人杀之也。如此,然后可以为民父母。"

【注释】

①故国:指历史悠久的国家。

②乔木:久经年代的高大树木。

③世臣:世代建立功勋的和国家有密切关系的大臣家族。

④进:进用。

⑤亡:去位,去国。

【译文】

孟子拜见齐宣王,说:"我们所说历史悠久的国家,并不是指那个国家有高大的树木,而是指有世代建立功勋的大臣。可大王您现在却没有亲信的臣子了,过去所任用的一些人,现在也不知到哪里去了。"

齐宣王说:"我应该怎样去识别哪些人是没有才能的从而不用他呢?"

孟子回答说:"国君选择贤才,在不得已时,甚至会把原本低位者提拔到高位者之上,把原本关系疏远的提拔到关系亲近的人之上,这能够不谨慎吗?左右亲信都说某人好,不可轻信;众位大夫都说某人好,不可轻信;全国的人都说某人好,然后去考察他,发现他是真正的贤才,再任用他。左右亲信都说某人不好,不可轻信;众位大夫都说某人不好,不可轻信;全国的人都说某人不好,然后去考查他,发现他真不好,再罢免他。左右亲信都说某人该杀,不可轻信;众位大夫都说某人该杀,还是不可轻信;全国的人都说某人该杀,然后去考查,发现真该杀,再杀掉他。所以说,是全国人杀的他。这样做,才可以做老百姓的父母官。"

【评析】

在阐述国君重用官员、罢免官员和处死罪犯时,孟子提出,国君不能只听信左右近臣和朝廷官员的意见,而要以百姓的意见为准则,只有全国上下的百姓都支持,国君才可以大胆行事。

的确如此,左右近臣只是极少数的几个人,而且还不一定能保证意见的公允;与全国的百姓相比,朝廷官员也是少数,不能代表大部分人的意见。只有让全国的百姓都发言,才能保证意见的正确和公允。

孟子的这个主张反映了他的民主意识,是人类早期的民主思想。但是,从操作层面来看,孟子的这一主张还是很难操作的,因为,从事实上来说,就某一个情况,不大可能听到全民一致的意见,甚至连全民都能保证发表意见都不可能。因此,孟子所说的"国人皆曰"也只是相对的。并不是绝对的。在实际操作中,只要我们把握住"多倾听群众的意见"这一精神实质就够了。

孟子提出的"进贤必慎"是他"尊贤使能"的思想在选用人才上的进一步完善。对于选拔和任用人才,孟子强调"慎"。所谓"慎",就是说,在选拔和任用一个人之前,要认真而详尽地考察他,这个考察不是听信左右亲信的意见,也不是听信朝廷官员的意见,而是听取百姓的意见。这种"进贤必慎"的谋略体现了两条重要原则:一是主张"兼听",尊重绝大多数人的意见;二是强调审察,尊重事实。是符合唯物主义认识论的,也和他的"民为邦本"的思想相一致。

从实质上看,孟子主张"进贤必慎"就是在主张"任人唯贤",听取百姓的意见,并实践考察他,目标都在于鉴别他是否是贤能的。但是,尽管孟子主张"进贤必慎",他也没有完全否定"任人唯亲",因为说"国君进贤,如不得已,将使卑逾尊,疏逾戚"。从总体上看,尽管有"任人唯亲"的一面,但主导方面仍然是"任人唯贤"。

【典例阐幽】

左右皆曰贤,未可也

战国时的齐威王,为了振兴齐国,决心从治吏入手,便向他的左右了解地方官吏的政绩口碑,左右亲近的都说阿大夫的好话,即墨大夫的坏话。

齐威王听了后亲自深入到各地明察暗访、向老百姓调查了解,其结果与左右说的截然相反,事实是即墨大夫管理的即墨地区"田野辟,民人给,官无留事,东方以宁"。而阿大夫管理的阿地却是"田野不辟,民贫苦。"(《史记·田敬仲完世家》)那么,为什么左右瞒报实情,颠倒黑白,把好的说成坏的,把坏的说成好的?

原来,即墨大夫为人很正直,一心为人民办事,不善结纳朝廷的左右近臣,所以大官们都说即墨大夫不好。而阿大夫善于用贿赂手段买动人情,巴结朝廷左右大臣,因此朝廷大官们都说阿大夫是好官。

当然。兼听则明,偏听则暗,作为领导者还应该有从谏如流的雅量,齐威王为了求谏,下过一道求谏令:"群臣和百姓有当面指责寡人之过错的人,授上等奖赏;上书规劝寡人的,授中等奖赏;在公共场合议论我的过失被我听到的人,授下等奖赏。"这一诏令一下,收到了极好的效果,一年以后人们已经无话可说了,其他诸侯国纷纷派使节前来齐国朝拜。齐国也因此在一段很长的时间内,国泰民安。

八

【原文】

齐宣王问曰:"汤放桀①,武王伐纣,有诸?"

孟子对曰:"于传有之。"

曰:"臣弑其君,可乎?"

曰:"贼②仁者谓之'贼',贼义者谓之'残';残贼之人谓之'一夫'。闻诛一夫纣矣,未闻弑君也。"

【注释】

①汤放桀:汤指商汤,商朝的开国之君。商汤曾讨伐夏桀,并将夏桀流放于南巢。

②贼:动词,残害,败坏。

【译文】

齐宣王问道:"商汤流放夏桀,武王讨伐商纣,有这些事吗?"

孟子回答道:"典籍上确实有这些事的记载。"

宣王问:"做臣子的杀害自己的君主,这样可以吗?"

孟子说:"败坏仁的人叫'贼',败坏义的人叫'残';残、贼这样的人叫'独夫'。我只听说杀了独夫纣罢了,没听说臣子杀害君主啊。"

【评析】

在这一章里,孟子又理直气壮地说出了一句千古不朽的至理名言:"闻诛一夫纣矣,未闻弑君也。"这一论述不仅成了历朝历代无数次改朝换代的理论依据,而且也无数次鼓舞了百姓们举行武装起义的勇气。

由于身份的特殊性,同样作为国君的齐宣王从自身的立场出发,认为汤流放桀和周武王伐纣是人臣弑君的行为,但是孟子不仅轻轻松松的驳倒了齐宣王,而且从此以后,但凡听到了孟子这番言论的人,都不敢再有跟齐宣王一样的看法了。

可以看出,孔孟所主张的儒家思想,原本并不纯粹是为维护封建统治服务的,相反,在那个时代,真正为封建国君效劳的其实是法家,这一点在秦国的发展历史上表现得极为明显:秦国是通过法家学派的代表人物商鞅的改革才走上富国强兵之路的,而秦嬴政"一扫六合,统一中国",建立秦王朝,又离不开法家的另两位重要人物韩非和李斯的辅佐。甚至,在秦朝建立以后,儒家学派也没能为维护封建制度出一点儿力,反而被"焚书坑儒",大加压制。一直到汉武帝时期,儒家代表人物董仲舒提出"罢黜百家,独尊儒术"的主张开始,儒家思想才成了为封建统治服务的工具。这些都是后话了。

秦始皇在建立秦朝以后,认为自己就此开创了万世之业,于是想从始皇开始,一直传到

秦始皇

二世、三世。那么,孟子的"诛一夫纣矣,未闻弑君"的观点自然就引起秦始皇的讨厌了,所以他才要"焚书坑儒",免得儒家思想扫他的兴。可是,秦始皇毕竟是个像商纣一样的暴君,自然也逃不过像商纣那样的命运,于是,他的大秦王朝刚刚勉强传了两代就灭亡了。

不管怎么说,孔孟所主张的早期儒学与封建专制暴政是不相容的。这一点是可以肯定的。

九

【原文】

孟子见齐宣王曰:"为巨室,则必使工师求大木①。工师得大木,则王喜,以为能胜其任也。匠人斲而小之②,则王怒,以为不胜其任矣。夫人幼而学之,壮而欲行之,王曰:'姑舍女所学而从我'③,则何如? 今有璞玉于此④,虽万镒⑤,必使玉人雕琢之。至于治国家,则曰:'姑舍女所学而从我',则何以异于教玉人雕琢玉哉?"

【注释】

①工师:管理工匠的长官。

②斲:砍削。

③女:通"汝",你。

④璞玉:在石中未经加工的玉。

⑤镒:二十两为一镒。

【译文】

孟子对齐宣王说:"建造巨大的宫室,就一定要派工师去找大木料。工师找到大木料,王就高兴,认为他能胜任。工匠把这木料砍小了,王就动怒,以为他不能胜任。有那么一种人,从小学习一种本事,长大后要把它来实践,王说:'姑且扔掉你所学的,听从我',这可怎么办呢? 假如现在这里有一块璞玉,就算它价值二十万两,您一定会让玉匠雕琢它。至于治理国家,却说:'姑且扔掉你所学的,听从我',这同教导玉匠雕琢玉石又有什么区别呢?"

【评析】

盖大房子一定要大木头,如果工匠把它砍削得太小,木头就难以胜任了。

一些人从小就学了本事,成长为国家的栋梁,长大了想运用实行,为国效力,齐宣王却叫人家"舍女(汝)所学",这无异于把参天大树砍削成小巧的树木,也无异于把万镒璞玉雕琢成小巧的玩意儿。

孟子的意思是,国家需要的是栋梁,而不是只会讨国君高兴的宠臣。齐宣王不用人才之长,而把人才都变成宠臣,齐国就没有栋梁,就没有希望。

【典例阐幽】

教人生木造屋

有一位叫高阳应的宋国人,打算盖一座房子。

他请来了很多的工人去砍树,刚砍回来的树木堆在院子里,他就对木匠说,"现在要用的木材已经齐了,你可以动工了。"

木匠说:"不行啊!这些木材都是刚刚伐回来的,还没有干,如果把泥抹上去,一定会被压弯,房子会垮的。"

高阳应听了工匠话以后说:"照你所说,不就是存在一个湿木料承重以后容易弯曲的问题吗?然而你并没有想到湿木料干了会变硬,稀泥巴干了会变轻的道理。等房屋盖好以后,过不了多久,木料和泥土都会变干。那时的房屋是用变硬的木料支撑着变轻的泥土。怎么会被压垮呢?"

工匠们无话可答。只好遵照高阳应的吩咐去做。很快一幢新房就造好了。

高阳应的新屋子刚建造好的那段日子看起来很好,可是没有过多久,高阳应的这幢新屋越来越往一边倾斜。高阳应一家怕出事故,从这幢房屋搬了出去。没几天,这座房子出现裂缝,又过了一段时间倒塌了。

✛

【原文】

齐人伐燕,胜之。宣王问曰:"或谓寡人勿取,或谓寡人取之。以万乘之国伐万乘之国,五旬而举之,人力不至于此。不取,必有天殃。取之,何如?"

孟子对曰:"取之而燕民悦,则取之。古之人有行之者,武王是也①。取之而燕民不悦,则勿取。古之人有行之者,文王是也②。以万乘之国伐万乘之国,箪食壶浆③以迎王师,岂有他哉?避水火也。如水益深,如火益热,亦运④而已矣。"

【注释】

①武王是也:指武王伐纣。

②文王是也:指文王已三分天下有其二,但仍臣服于殷商而没有造反。

③箪食壶浆:箪,盛饭的竹筐。食,饭。浆,米酒。

④运:转换。

【译文】

齐国攻打燕国,大获全胜。齐宣王问道:"有人劝我不要吞并燕国,有人又劝我吞并它。我觉得,以一个拥有万辆兵车的大国去攻打一个同样拥有万辆兵车的大国,只用五十天就打下来,光凭人力是做不到的呀。如果我们不吞并它的话,一定会有天灾。吞并它,怎么样?"

孟子回答说:"吞并它而使燕国的老百姓高兴,那就吞并它。古人有这样做的,周武王便是。吞并它而使燕国的老百姓不高兴,那就不要吞并它。古人有这样做的,周文王便是。以齐国这样一个拥有万辆兵车的大国去攻打燕国这样一个同样拥有万辆兵车的大国,燕国的老百姓却用饭筐装着饭,用酒壶盛着酒浆来欢迎王您的军队,难道有别的什么原因吗? 不过是想摆脱他们那水深火热的日子罢了。如果您让他们的水更深,火更热,那他们也就会转而去寻求其他的出路了。"

【评析】

齐宣王五年(公元前315),齐国的近邻燕国发生了一件大事。燕王哙受当时广泛流行的禅让思想影响,接受谋臣鹿毛寿等人的建议,让国与国相子之,结果引起燕国的一场内乱。齐国趁机出兵,几乎没有遇到抵抗便大获全胜。于是宣王向孟子询问,是否要趁机吞并燕国。孟子从他一贯的民本主义立场回答:如果燕国百姓欢迎,便吞并;如果燕国百姓不欢迎,便不吞并。

【典例阐幽】

箪食壶浆

三国时期,曹操率兵攻打张绣时,恰逢麦熟季节,沿途行军时老百姓不去割麦纷纷逃避。曹操知晓后便严申军法："大小将校一律不准践踏麦田，违者斩首。"

曹军将士不敢违抗军令，皆下马步行。不料，曹操乘马正行，忽然麦田中飞起一只斑鸠，惊动了坐骑，曹操的马蹿到麦田中，践踏坏了一大块麦田。

曹操下马后，叫来随军主簿，要求主簿定他践麦之罪："我的马踩坏了麦苗，违反禁令，请按军法议。"

主簿说："您是一军的主帅，怎能治罪？"

曹操说："制定法令的人，自己违犯了法令，如果不治罪，又怎能带领部下呢？"

于是拔剑就要自刎，众人急忙把他拉住。

主簿说："法令是针对一般将士的。按照古书《春秋》定的礼规，对尊贵的人是不上刑的，况且将军是因战马受惊而误入麦田，我看就不必议罪了。"曹操说道："既然主簿不肯议罪于我，那让我自己来执行法令吧。"

说完，拔出佩剑，将自己的头发割下一绺扔到地上，"割发代首"。曹军军纪因此更加严明，对百姓秋毫无犯。沿途所过之处，百姓都箪食壶浆在道边相迎。

十一

【原文】

齐人伐燕，取之。诸侯将谋救燕。宣王曰："诸侯多谋伐寡人者，何以待之？"

孟子对曰："臣闻七十里为政于天下者，汤是也。未闻以千里畏人者也。《书》曰：'汤一征①，自葛始。'天下信之，东面而征，西夷怨②；南面而征，北狄怨，曰：'奚为后我？'民望之，若大旱之望云霓也③。归市者不止，耕者不变，诛其君而吊其民，若时雨降，民大悦。《书》曰：'徯我后④，后来其苏。'今燕虐其民，王往而征之，民以为将拯己于水火之中也，箪食壶浆以迎王师。若杀其父兄，系累其子弟⑤，毁其宗庙，迁其重器⑥，如之何其可也？天下固畏齐之强也，今又倍地而不行仁政⑦，是动天下之兵也。王速出令，反其旄倪⑧，止其重器，谋于燕众，置君而后去之，则犹可及止也。"

【注释】

①一征：始征，初征。

②西夷：古时我国西方少数民族的泛称。下文的北狄，是古时我国北方少数民

族的泛称。

③霓:虹的一种。

④徯:等待。后:王。

⑤系累:捆绑。

⑥重器:宝器。

⑦倍地:指齐国吞并燕国后,增一倍之地。

⑧旄:通"耄",指老人。倪:幼儿,指小孩。

【译文】

齐国攻打燕国,吞并了它。其他诸侯国谋划救助燕国。宣王说:"诸侯国多有谋划来攻打我,要怎么对待他们?"

孟子答道:"我听说过凭借纵横七十里的土地就能在天下实行统治,商汤就是。没听说过凭借纵横一千里的土地来使天下畏惧的。《尚书》说:'汤的征伐,从葛国开始。'天下人都信任他,当他向东面征伐时,西边各族的百姓就抱怨;当他向南面征伐时,北边各族的百姓就抱怨,说:'怎么把我们放在后面?'老百姓盼望他,就像大旱时盼望乌云虹霓一样。汤的征伐,一点也不惊扰百姓,做生意的照样行商,种庄稼的照样下地,汤杀掉暴君而抚恤百姓,就像降了及时雨,老百姓很高兴。《尚书》说:'等着我们的王,王来了我们就复活。'如今燕国虐待它的百姓,您前往征讨,老百姓以为您将把他们从水火中拯救出来,于是用箪盛着饭,用壶盛着酒浆来迎接您的部队。可是您却杀掉他们的父兄,捆绑他们的子弟,毁坏他们的宗庙,搬走他们的宝器,这怎么行呢?天下人本来就害怕齐国强大,如今齐国又增加了一倍的土地却不实行仁政,这就是惊动天下军队与您作对的原因。王赶快下命令,让老少俘虏回家,停止搬运宝器,与燕国的群众计议,择立一位燕王,然后自己从燕国撤出,这样还来得及使各国停止用兵。"

【评析】

齐国攻占燕国后,诸侯谋划要救助燕国,齐宣王问计于孟子。

孟子告诉宣王,当年商汤开始征讨夏桀时,从葛国开始。天下人都相信他,他向东边出征,西边的百姓就怨他来晚了;向南边出征,北边的百姓就怨他来晚了,他们都说:"为什么把我们放到后边呢?"老百姓盼望商汤,就像久旱盼甘霖一样。

商汤征讨夏桀时,到集市做买卖的、耕田种地的一仍其旧,不受影响,商汤只是诛杀暴君而抚慰其百姓而已。

但齐军攻占燕国后,却杀掉他们的父兄,掳掠他们的子弟,毁坏燕王的祖庙,搬走他们的国家宝器,这怎么可以呢?

孟子建议齐王赶快发令,遣返燕国俘虏,停止搬运燕国宝器,与燕人协商择立燕君,然后齐军从燕国退兵,这样还来得及制止诸侯对齐用兵。

本卷前十一章均记孟子晚年答齐宣王问。

【典例阐幽】

毁其宗庙,迁其重器

明末农民起义军领袖李自成进京的时候,人民箪食壶浆以迎王师,可是没过多久,由于官员将士只顾敛财导致腐化,这种"毁其宗庙,迁其重器"的做法怎么能行呢?

后来,吴三桂带领清军进关作战,以前勇不可当的大顺军,却溃不成军。李自成兵败后,撤离京城,向南溃逃,被清朝大军追到湖北九宫山时为地主武装所杀。

如果李自成能够纵观大局,不纵兵抢掠,不贪眼前的财货,严明军纪,顺应民心,那么便可以扭转局势,真正的称王于整个天下,而不是亡命于天下。

十二

【原文】

邹与鲁哄[①]。穆公[②]问曰:"吾有司[③]死者三十三人,而民莫之死也。诛之,则不可胜诛;不诛,则疾[④]视其长上之死而不救,如之何则可也?"

孟子对曰:"凶年饥岁,君之民老弱转[⑤]乎沟壑,壮者散而之四方者,几千人矣;而君之仓廪实,府库充,有司莫以告,是上慢而残下也。曾子曰:'戒之戒之!出乎尔者,反乎尔者也。'夫民今而后得反之也。君无尤[⑥]焉!君行仁政,斯民亲其上,死其长矣。"

【注释】

①邹与鲁哄:邹,周代的一个小国;哄,吵闹。这里指交战。

②穆公:指邹穆公。

③有司:有关官吏。

④疾:憎恨。

⑤转:弃尸的意思。

⑥尤:动词,责备、归罪。

【译文】

　　邹国与鲁国交战。邹穆公对孟子说:"我的官吏死了三十三个,百姓却没有一个为他们而牺牲的。杀他们吧,杀不了那么多;不杀他们吧,又实在恨他们眼睁睁地看着长官被杀而不去营救。到底怎么办才好呢?"

　　孟子回答说:"灾荒年岁,年老体弱的老百姓弃尸于山沟,年轻力壮的四处逃荒,差不多有上千人吧;而您的粮仓里堆满粮食,货库里装满财宝,官吏们却从来不向您报告,这是他们对上怠慢对下残暴的表现。曾子说:'小心啊,小心啊! 你怎样对待别人,别人也会怎样对待你。'现在就是老百姓报复他们的时候了。您不要归罪于老百姓吧! 只要您施行仁政,老百姓自然就会亲近他们的领导人,肯为他们的长官而牺牲了。"

【评析】

　　这一章实际上说的还是君与民、官与民的关系。孟子认为,百姓看到国家干部战死而不救虽然是理无可恕的,但也情有可原。为什么呢? 根源还是出在国家干部身上。作为国家干部,在灾荒年月和兵荒马乱时节,看到百姓饿死或乞讨时,却麻木不仁,见死不救,久而久之,百姓自然是心生怨言,产生报复心理,那么,看着国家干部战死,也就没有什么感觉了。因为官与民之间的感情已经被国家干部伤害透顶了。同样。话说回来,如果在平日里,这些国家干部们能施行仁政,关心百姓,当他们遇到危险了,百姓一定会鼎力相救的。自己手下的官员如此,邹穆公有什么可埋怨百姓的呢?

　　在这一章里,还提到了"出乎尔者,反乎尔者"这一句名言,后来逐渐演变成"出尔反尔",这一成语,用来形容言行前后矛盾和反复无常。其实,这句话的原意接近于"以其人之道还治其人之身"。

　　孟子的回答,既显示出其睿智的机锋,又不失理直气壮和义正词严,既当邹穆公的面揭露和驳斥了不顾百姓疾苦死活的国家干部,又为百姓讨回了公道,时至今

国学经典文库

孟子诠解

《孟子》原典解读

图文珍藏版

日,读来仍能感到回荡在天地间的一股凛然正气。

【典例阐幽】

出尔反尔

洪武九年(1376年)秋闰九月,五星运行失度,朱元璋下诏令求直言。山西平遥的训导叶伯巨响应皇帝的号召,写了一本著名的奏章,批评朱元璋"分封太侈。用刑太繁,求治太速",大意主要是批评用刑太重,最后还指出给诸藩的权力太大,恐出现汉之七国、晋之诸王的叛乱。

未曾想到这一下子触到朱元璋的痛处,刘基劝他要轻刑省法。他不高兴地拒绝了,而现在又出来个小小的训导也这样说。朱元璋气得也不顾什么出尔反尔了,大骂:"这个叫叶伯巨的是要离间我们父子之间的感情,快去把他抓来,我要亲手射死他。"

最后,叶伯巨被逮捕到诏狱之中,乱棍打死。自此以后,再没有人敢于直言谏诤了。但是朱元璋这一出尔反尔的做法,却无法改变叶伯巨预言的正确性。朱元璋一死,燕王朱棣就在建文元年(1399年)七月打起"清君侧"的旗号,消灭了建文帝,自己做了皇位。

十三

【原文】

滕文公①问曰:"滕,小国也,间于齐、楚。事齐乎?事楚乎?"

孟子对曰:"是谋非吾所能及也。无已,则有一焉:凿斯池也,筑斯城也,与民守之,效死而民弗去,则是可为也。"

【注释】

①滕文公:滕国国君。滕国是周代小国,在今山东滕州市附近。

【译文】

滕文公问道:"滕国是个小国,夹在齐国和楚国的中间,是侍奉齐国呢,还是侍奉楚国呢?”

孟子回答道:“这样的谋划我力不能及。如果您一定要我说,那就只有一个办法:深挖护城的沟池,筑牢城墙,与百姓共同守卫,百姓宁可献出生命也不逃离,这样就有办法了。”

【评析】

这是孟子第二次路过滕国时,滕文公请教孟子的问题。

滕文公认为,滕国国小力薄,正好又处在南面的楚国和东面的齐国两大强国之间,“两大之间难为小”,得罪自然是得罪不起,但侍奉吧,又不知道该侍奉谁,如果一时糊涂,站错了队,后果也是很悲惨的。

面对这种情况,相信作为“亚圣”的孟子也是感到既头疼又无可奈何,就算孟子是个无所不能的“巧妇”,但滕国却穷得连一颗米都没有,这饭怎么个做法,自然是难上加难。好在孟子毕竟学问高深,而且巧言善辩,仍然解决了这个问题。

孟子告诉滕文公,“两大之间能为小”,并在具体策略里指出,自立自强是小国图存的基本国策。这反映了人受主观能动性的转化,只要不将这种转化庸俗化和绝对化,还是有积极意义的。孟子认为。小国要图生存图发展,就不能尽做怨天尤人、摇尾乞怜这种没有任何作用的举动;只有自立自强,坚持不丧失国格人格,修明内政,振奋民族精神,并决心誓死抵御侵略和侮辱,才是明智之举。

因此,可以看出,自强自立是解决“两大之间难为小”的根本出路。作为国家是这样,作为个人也是这样,只有坚持自主自强,才能争取到生存的机会——这一点,在弱肉强食的自然界表现得尤其明显。

十四

【原文】

滕文公问曰:“齐人将筑薛①,吾甚恐,如之何则可?”

孟子对曰:“昔者大王居邠②,狄人③侵之。去,之岐山之下居焉。非择而取之,不得已也。苟为善,后世子孙必有王者矣。君子创业垂统,为可继也。若夫成功,则天也。君如彼何哉? 强④为善而已矣。”

【注释】

①薛：原是周代诸侯国，在今山东滕州南，后被齐国所灭。

②邠：同"豳"，在今陕西旬邑、彬县一带。古公亶父尝率周族人居此，由于受到狄人的侵扰，后迁至岐山脚下。

③狄人：指猃狁。

④强：勉励，劝勉。

【译文】

滕文公问道："齐国将要修筑薛城，我非常害怕，该怎么办才好呢？"

孟子回答道："从前太王居住在邠，常常受到狄人的侵扰。他便离开，迁到岐山下居住。他并不是主动选择去那里居住，只是迫不得已罢了。如果能施行善政，后代子孙中必定会有能使天下归附的。君子创立基业，传给后世，是为了能够继承下去。至于能否成功，那就由天命决定了。您怎样对付齐国呢？只有勉励自己推行善政了。"

【评析】

在春秋和战国这样的乱世，弱小的国家随时都有被大国吞并的可能。正当滕文公担忧于"两大之间难为小"的问题时，他的邻国——弱小的薛国就被齐国占领了。铁的事实，血的教训，容不得不信。

那么，作为一国之君，面对这种随时都有可能亡国的危险，该做什么选择呢？是要抛弃自己的百姓，准备随时逃命呢？还是要顶住压力，尽好一个国君的职责，努力施行仁政，施恩于民、保民为民呢？孟子给滕文公指出的是第二条路，因为他认为"苟为善，后世子孙必有王者"。这是有道理的，并不是哪个国家生来就是弱小的，更不是哪个国家生来就是强大的，都有一个变化的过程，是变强还是变弱，就要看国君选择哪条路了。

所谓"苟为善，后世子孙必有王者"的例子也是很多的，比方周王朝本身就是这样的。起初，由于受到匈奴人的威胁，带着百姓迁移到岐山脚下居住，后来，周文王、周武王果然成就了王者霸业。

强为善而已矣

齐桓公即位以后,为了报鲁庄公扶持公子纠争位之仇,亲率大军伐鲁,鲁军节节败退。齐军长驱直入到了离鲁国国都只有五十里的地方,鲁庄公派使者向齐桓公说,鲁国愿意以齐军驻扎的地方为界,像齐国的大臣一样,臣服齐国。齐桓公非常高兴答应了鲁庄公的要求,并要他三天后和自己会盟。

会盟前一天,曹刿对鲁庄公说:"大王你愿意死而又死了,还是生而又生呢?"鲁庄公不解其意说:"先生什么意思呢?"

"您如果听从我的话,国土必然会扩大,您自身也会安乐,您如果不听微臣所言,国家必定灭亡,你个人也将受到耻辱,这就是死而又死。"

鲁庄公听罢说:"我愿意生而又生。"

于是曹刿告诉鲁庄公如此这般。

第二天鲁庄公和曹刿都暗藏宝剑来到会盟地点,齐桓公已经到了很久了。

鲁庄公到达后乘其不备,拔出宝剑抓住齐桓公,大声说道:"鲁国封地本来就小,这回被你们霸占得只剩下五十里了,没有土地就没有办法生存了,这就如同与人拼命一样,就让我死在你的面前吧!不过在我死之前,我要……"

齐桓公根本没有想到会这样,只盼望管仲和鲍叔牙能够救他。

管仲和鲍叔牙想冲上土坛,这时曹刿拔出剑来拦住了他们说:"不许上来,不然我就先把齐桓公杀掉了。"

鲁庄公再次大声说道:"汾水封土为界就可以了,不然的话。我就和你鱼死网破,你我都活不了。"

管仲听到此话,马上在坛下说:"君主你的安危比所有的领土都重要,你还是答应了吧。"

齐桓公只好答应了,两国在汶水之南封土为界,并签订盟约。

鲁国得到了失去的土地。

其实,按当时的情况来说鲁庄公也是"强为善而已矣!"

十五

【原文】

滕文公问曰:"滕,小国也。竭力以事大国,则不得免焉,如之何则可?"

孟子对曰:"昔者大王居邠,狄人侵之。事之以皮币[1],不得免焉;事之以犬马,不得免焉;事之以珠玉,不得免焉。乃属其耆老而告之曰[2]:'狄人之所欲者,吾土地也。吾闻之也:君子不以其所以养人者害人。二三子何患乎无君?我将去之。'去邠,逾梁山[3],邑于岐山之下居焉。邠人曰:'仁人也,不可失也。'从之者如归市。或曰:'世守也,非身之所能为也。'效死勿去。君请择于斯二者。"

【注释】

①币:缯帛。

②乃属其耆老而告之曰:属,召集。耆老,指老人。耆,六十岁的人。老,七十岁的人。

③梁山:在今陕西省乾县西北。

【译文】

滕文公问:"滕国,是个小国,即使尽心尽力侍奉大国,也不免受到压迫。怎么办才好呢?"

孟子回答说:"从前周太王居住在邠地,狄人侵犯他,太王给他进贡动物皮毛和丝绸布帛,仍免不了被侵犯;进贡狗和马,仍免不了被侵犯;进贡珠玉宝贝,仍被侵犯。于是召集当地的老人,告诉他们:'狄人想要的,是我们的土地。我曾听说过:君子不会拿用来养活人的东西去害人。你们何必担心没有君王呢?我要离开这里。'于是离开邠地,越过梁山,在岐山下筑城定居。邠地的百姓都说:'他是仁德的人,不能失去他。'跟从他迁徙的人如同赶集一样。也有人说:'这是我们世代相守的土地,是否放弃不是自己可以做主的。'他们宁死也不离开。王请在这两种做法中选择吧。"

【评析】

在这一章里,孟子再次详细列举了周太王的例子,向滕文公说明了两个问题:

一味地卑躬屈膝苟且求生不是办法；只要施行仁政，百姓就愿意跟着你，有百姓就有国家。

孟子说，当初外敌侵犯周太王的领地，周太王"事之以皮币，不得免焉；事之以犬马，不得免焉；事之以珠玉，不得免焉"，后来终于发现，敌人想要的是他的土地，于是，周太王为了不让百姓遭受战乱之苦，只好"事之以土地"。孟子举这个例子，当然不是奉劝滕文公尽力满足入侵者的所有要求，而是想告诉滕文公，想要苟且求生是不可能的，退让只有死路一条。

孟子还说，当初，周太王独自一人搬到岐山脚下居住，"邻人曰：'仁人也，不可失也。'从之者如归市。或曰：'世守也，非身之所能为也。效死勿去。'"当周太王原先的百姓听说周太王又找到了落脚地之后，纷纷像赶集似的投奔于他。周太王再次拥有了自己的国家和百姓。百姓们再次投奔周太王的理由是周太王施行仁政，是个不可失去的仁人。通过这个例子，孟子想告诉滕文公：一定要施行仁政，因为仁政可以赢得民心，有民心就有国家。

通过一个故事，孟子给滕文公讲了两个道理，又提供了两条方案，滕文公再做出选择就容易多了。

【典例阐幽】

国土不是用来交换的

秦王派使者对安陵君说："我想要用方圆五百里的土地交换安陵，安陵君一定要答应我！"

安陵君说："大王给予恩惠，用大的交换小的，很好；即使如此，但我从先王那里接受了封地，愿意始终守卫它。不敢交换！"秦王不高兴。

于是安陵君派唐雎出使到秦国。

秦王对唐雎说："我用方圆五百里的土地交换安陵，安陵君不听从我，这是为什么呢？况且秦国已经灭了韩国，亡了魏国，而安陵君却凭借方圆五十里的土地幸存下来。是因为我把安陵君当作忠厚的长者，所以才不打他的主意。现在我用十倍于安陵的土地，让安陵君扩大领土，但是他违背我的意愿，难道不是轻视我吗？"

唐雎回答说："不，不是像你说的这样。安陵君从先王那里接受了封地并且保卫它，即使是方圆千里的土地也不敢交换，何况仅仅五百里呢？"

秦王勃然大怒,对唐雎说:"您曾听说过天子发怒吗?"唐雎回答说:"我未曾听说过。"秦王说:"天子发怒,百万具尸体倒下,使血流千里。"唐雎说:"大王曾经听说过普通平民发怒吗?"秦王说:"普通平民发怒,也不过是摘掉帽子赤着脚,用头撞地罢了。"唐雎说:"这是平庸无能的人发怒,不是有才能有胆识的人发怒。那专诸刺杀吴王僚的时候,彗星的尾巴扫过了月亮,聂政刺杀韩傀的时候,一道白光直冲到太阳;要离刺杀庆忌的时候,苍鹰突然扑击到宫殿上。这三个人都是出身平民的有胆识的人,心里的怒气还没发作,上天就降示了征兆。现在,专诸、聂政、要离同我一起将要成为四个人了。如果有才能和胆识的人一定要发怒的话,就要使两具尸体倒下,使血只流五步远,天下百姓都是要穿孝服,今天就是这样。"于是拔出宝剑起身做要同归于尽状。

秦王变了脸色,直身而坐向唐雎道歉说:"先生请坐!何必如此呢!我明白了:为什么韩国、魏国灭亡,而安陵却凭借五十里的土地幸存下来,只是因为有先生啊!"

十六

【原文】

鲁平公①将出,嬖人②臧仓者请曰:"他日君出,则必命有司所之。今乘舆已驾矣,有司未知所之,敢请。"

公曰:"将见孟子。"

曰:"何哉,君所为轻身以先于匹夫者,以为贤乎?礼义由贤者出,而孟子之后丧逾前丧。君无见焉!"

公曰:"诺。"

乐正子③入见,曰:"君奚为不见孟轲也?"

曰:"或告寡人曰'孟子之后丧逾前丧',是以不往见也。"

曰:"何哉,君所谓逾者?前以士,后以大夫;前以三鼎,而后以五鼎与④?"

曰:"否,谓棺椁衣衾⑤之美也。"

曰:"非所谓逾也,贫富不同也。"

乐正子见孟子,曰:"克告于君,君为⑥来见也。嬖人有臧仓者沮⑦君,君是以不果来也。"

曰:"行,或使之;止,或尼⑧之。行止,非人所能也。吾之不遇鲁侯,天也。臧氏之子焉能使予不遇哉?"

【注释】

①鲁平公:鲁国国君,景公之子,名旅。

②嬖人:受宠信的小臣。

③乐正子:即乐正克,孟子弟子。

④"前以士"以下诸句:在孟子为父母办丧事的时候,他的官爵前后不同。其父死时,孟子的身份是士,故要行士礼,用三鼎。其母死时,孟子已为大夫,需用大夫之礼,用五鼎。

⑤棺椁衣衾:内棺称棺,外棺称椁。衣衾,装殓死者的衣被。此处代指装殓死者的器物。

⑥为:将。

⑦沮:止,阻止。

⑧尼:阻止,停止。

【译文】

鲁平公将要外出,他所宠信的小臣臧仓来请示说:"您往日外出的时候,总是将要去的地方告诉给有关官员。现在车马都已准备好了,官员还不知道您要去哪儿,因此冒昧请示。"

鲁平公说:"我要去见孟子。"

臧仓说:"您降低自己的身份主动去见一个普通人,是为什么呢? 是认为他是个贤人吗? 贤人所做之事都是合乎礼义的,然而孟子为母亲办的丧事,超过了先前为父亲办的丧事。您别去见他了吧!"

鲁平公说:"好吧。"

乐正子前来朝见鲁平公,问道:"您为什么不去见孟子呢?"

鲁平公说:"有人告诉我说'孟子为母亲办的丧事超过了为父亲办的丧事',所以我不去见他。"

乐正子说:"您所说的超过,是指什么呢? 是指先前为父亲办丧事用士礼,后来为母亲办丧事用大夫之礼;先前办丧事用三个鼎,后来用五个鼎吗?"

鲁平公说:"不是的,是指装殓之物的华美。"

乐正子说："这不叫超过，是前后贫富不同的缘故。"

乐正子去见孟子，说："国君告诉我，他本打算来见您。有个叫臧仓的宠臣阻止他，所以国君最终没有来。"

孟子说："一件事情，行得通，有某种力量促使它；行不通，有某种力量阻挠它。行和不行，不是人力所能决定的。我不能见到鲁君，是天意。臧仓怎么能阻止得了呢？"

【评析】

有人认为，孟子之所以没有得到鲁平公的接见和重用，是由于小人臧仓的进谗和阻挠。而臧仓之所以要阻挠鲁平公接见孟子，是因为他嫉妒孟子的才能和高尚品德。但看上去似乎不是这样，至少这样的成分不是很大。

臧仓认为，孟子的某个言行有不妥当之处，因此算不上是品德高尚的贤者，这固然有些言重，但依照后来孟子的反应来看，臧仓挑的孟子的这个毛病还是不错的，因此并不算是谗言。再者，由臧仓坚持要求鲁平公告诉有关官员自己要去干什么，可以看出，臧仓是一个忠于职守，并能秉公办事的人，这样的人是不是小人值得商榷。

因此，孟子之所以没有见到鲁平公并得到重用，并不能怪罪于臧仓。而且孟子也说，鲁平公见他与否，不是人力所能阻止的。

那么，鲁平公为什么不接见孟子和重用孟子呢？这其实应该怪鲁平公本人：一方面，他在没有见到孟子的时候，就因为近臣的一个建议，不假思索地就放弃了自己原先的主意，由此可以看出，鲁平公是个缺乏主见的人；另一方面，鲁平公没有详细考察近臣的建议是不是正确的，就信以为真，并一本正经地当成是自己不见孟子的理由，由此可见，鲁平公是个偏听偏信的人。

也许，对于孟子而言，一个既没有主见，又偏听偏信的国君不见也罢。所以，他的反应才如此平静。

【典例阐幽】

臧仓小人

公元 805 年，唐宪宗李纯在内忧外患中登上了皇帝宝座。当时唐朝的藩镇割据已经影响了政令的畅通。李纯登位后很想有一番作为,以图振兴唐室。元和四年(809年),朝廷开始讨伐河朔三镇中的成德,虽然无功而返,却使得三镇中的魏博开始归顺朝廷。元和九年(814年),唐宪宗又开始讨伐淮西地区,经过三年艰苦的战争,成功攻克蔡州,活捉淮西节度使吴元济。元和十四年(819年),河朔三镇中的成德和卢龙也迫于压力归顺朝廷,唐宪宗的削藩战争取得了巨大的胜利。

唐宪宗在对藩镇作战时,开始起用宦官监军,而且根本就不承认宦官会诬陷大臣,他说:"宦官怎么敢诬陷大臣? 即使有一些藏仓小人进谗言,我也不会听的。"他又得意扬扬地说:"宦官不过是家奴,为了方便,差使他们奔走而已。如果违法乱纪,除掉他们跟拔掉一根毫毛一样容易。"

唐宪宗在取得一系列成功之后,进取心开始减弱。后追求长生不老。开始服食丹药,服药后变得性情暴烈,动辄对身边的宦官责打。元和十五年(820年)正月,唐宪宗李纯被心怀怨恨的宦官陈志宏所杀。

【本篇总结】

这一篇重在阐述与民同乐的道理。孟子认为诸侯应该以仁道治理国家,关注民生,把百姓的快乐作为自己的快乐,把百姓的忧愁作为自己的忧愁,与百姓共同分享治世太平的快乐,从而赢得百姓的拥戴。反之,如果诸侯不念百姓的意志,只顾骄奢淫逸,对内不修国政,置百姓于水深火热之中,对外不忧思敌国外患,一味争强好胜,则会重蹈史上败亡的覆辙。

【古代事例】

乔致庸儒商风范

孟子在与齐宣王的对话中提到,与少数人分享快乐,不若与多数人快乐,而王者的快乐应当源自百姓的安居乐业,若庖有肥肉,厩有肥马,而民有饥色,野有饿殍,则难免重蹈桀、纣覆亡的教训。晚清时期的晋商乔致庸就一直把自己的快乐建立在与百姓分享自己事业成就的基础上,其儒商风范,令人叹服。

在近代中国发展史上,晋商曾做出过巨大的贡献,也产生过极大的影响。这当中有笃奉儒家思想,积极进取,诚信经营,并以此构建自己的财富王国,同时又心系天下盛衰,与百姓同欢乐、共患难、同呼吸、共命运,具有非常高贵的品德。乔致庸就是这样一位颇具儒商风范的人。

乔致庸（1818—1907年），字仲登，号晓池，山西祁县乔家堡人，是晚清著名的晋商领袖。

熟知包头（今属内蒙古）历史的人，都知道这样一句老话："先有复盛公，后有包头城。"所谓的"复盛公"就是乔致庸祖先在包头创办的产业，复盛公在包头创建之初，包头只是西北边陲的无名小村落。这句老话足以说明乔家的经济实力和社会影响。不过，乔致庸虽生于商贾世家，却淳厚好学，待人宽厚仁慈。他本想借助科举考试进入仕途，谁知刚刚得中，抚育他长大的兄长亡故，家中的生意亦陷入破产的危局。乔致庸临危受命，不得不继承祖业，打理生意，放弃在仕途上的发展。

乔致庸

乔致庸性情恬淡，打点生意非其所愿，更非其所长，然而他却能如带着镣铐跳舞一般，把乔家的生意做到晋商中的顶峰。乔致庸饱读诗书，笃信圣人之道，他为人低调，心胸开豁，为人处世都具古风，完全没有一般生意人油嘴滑舌，尔虞我诈的习气。

乔致庸主张"人弃我取，薄利广销，维护信誉，不弄虚伪"的经营理念，十多年来，开辟多条商路，足迹遍布天下。他在祖业"复盛公"的基础上又开设复盛全、大德通等几个商号。业务也由最初的粮草、杂货生意扩大到票号、当铺、茶叶等多种，几乎垄断整个包头市场。其中，大德通的票号生意分布在全国各地的商埠、车站、码头，影响之大，自不待言。

乔致庸并不为自己的成就沾沾自喜，克勤克俭，纯朴之心，本于至诚。他对子弟的教育也非常用心，反复告诫他们莫忘祖宗筚路蓝缕的创业艰辛，万不可坐享其成，坐吃山空；言行之中当忌"骄、贪、懒"三字；经营之道，应讲求信义，讲究公平公正，永远不要把利益放在追求的第一位。正是这种不刻意的追求，利益就像是无心插柳柳成荫，不求自来，给乔家带来巨大利润的同时，亦为乔家带来极大的社会声望。

乔致庸还非常热心国事民生，以天下兴亡为己任。光绪三年（公元1877年），祁县遭受特大旱灾,颗粒无收,哀鸿遍野,饿殍遍地。乔致庸出巨资赈灾,拯救无数人,清朝政府对乔致庸的义举亦予以嘉奖,乔致庸的嘉言善行为晋商树立起极为光辉的形象。

【评述】

在孟子的观念中,能与大家分享的快乐才是真正的快乐。齐宣王的苑囿方圆四十里,杀其麋鹿者罪同杀人,以致外国士大夫入齐后先问齐国的禁令,以免遭遇牢狱之灾,百姓唯恐避之不及,因为齐宣王只顾自己的安乐。文王的苑囿方圆四十里,百姓尤嫌小,因为文王与民同乐。乔致庸虽是一介商人,却始终不把盈利放在首位,有着忧以天下,乐以天下的博大胸怀,所以复盛公的事业能够得到人们的支持,乔致庸亦得到朝廷和百姓的爱戴。

陈李济的经营之道

撑起房屋的是栋梁,同样,能撑起一个历史悠久的国家的是有道德,有才干,与国家的命运休戚相关的世臣。而能够撑起一家历史悠久企业的是灵活的经营理念和产品创新。广州的陈李济就是这样一家具有四百多年历史的老字号药店。

俗话说,北有同仁堂,南有陈李济。陈李济以灵活务实的经营理念使其从创办至今已有四百余年的历史,堪称中医药发展史上的一个奇迹。

明朝万历年间,南海县(今属广东南海区)商人陈体全带着货银在赶往广州(今属广东)的途中,匆忙间不慎将银包落在船上。同船的郎中李升佐拾得这包巨款后,毫无独占贪昧之心,在岸边苦苦等待一天后,终于将银包原封未动地交还给前来寻找的陈体全。陈体全本已无望找回,深为李升佐的义举感动,欲以厚金相赠,被拒之后,转而把一半货银合资到李升佐开在广州的药店。

陈、李两人合约记载"本钱各出,利益均沾,同心济世,长发其祥",李升佐的药店更名为"陈李济",以示两家同心济世,荣辱与共。在商业的运作过程中,陈、李两家尊重多数人的意见,依据才干推任贤者,使其选为主管,相互监督,一同撑起陈李济事业的天空。这种具备较为原始的合资制度的经营方式给陈李济带来巨大的社会效应和经济效益。

三百多年前,陈李济有一项非常重要的工艺引发中药界的包装革命,即用蜂蜡和木蜡做成软硬适中的药壳包裹中药,中药的品质多年不变。这项发明使得陈李济所生产的中药能够在岭南潮湿的环境下长期保存,北京、江浙等地的药商纷纷效仿,沿用至今。当时很多出往海外的商船上都备有陈李济的蜡壳丸药,以备不时之需,陈李济的利润也如东来的紫气般,挡也挡不住。

每逢科场开考,陈李济必会在士子云集的地方推销自己的产品,把这些与达官显贵只有一步之遥的读书人作为自己的销售对象。此时,陈李济并不把赚取利润作为首要目标,而重在扩大自己的声名和影响。或赠或卖,方式灵活,还向考生赠送印有广告的纸扇。若服用过陈李济丸药的人得中,他们还会大加宣扬药效的神奇。

清代后期,同治皇帝偶然风疾,求医问药,无济于事,在服用陈李济的"追风苏合丸"之后才逐渐转好。同治皇帝龙颜大悦,把"杏和堂"的封号赐给陈李济。陈李济的名声更是由此名扬天下,在云贵偏远之地,一颗陈李济丸药能卖到一块银圆。

此外,陈李济至今长盛不衰,与诚信经营是分不开的。陈李济用以制作成药的药材都是取自原产地。有一个奇特的现象是,陈李济虽处在闹市区,却从不销售中药材,原因就在于避免使人产生用卖不掉的劣质药材制作成药的疑惑,以此取信于人。

八十年代初,联合国教科文组织曾以陈李济蜡壳丸药制作工艺为专题拍摄专门的电视录影片向世界推荐。

【评述】

孟子认为一个国家要想长久地存在,靠的是为国家累建功勋的世臣。同样的道理,一家历史悠久的商铺靠的是独特的管理经验和先进的发明创造。陈李济的两位投资人齐心协力,悬壶济世,创造出很多影响巨大的新工艺,在经营理念上也敢尝天下鲜,它的成功留给后人很多宝贵的商业智慧。

【现代事例】

美联社的新闻品位

孟子肯定齐宣王好货、好色的欲望,认为这些与先王之政并不矛盾,只是要做到与民同享,才能上下和洽,因为音乐、田猎等耳目之欲也是人自然而然、与生俱来的欲望,所以诸侯应与民同欲,尽量满足百姓这方面的欲望。美联社的新闻多从读者的品位出发,这种定位恰好符合社会现实,因而受到人们广泛的关注。

美联社(Associated Press,AP)是由多家报业、广播媒体组成的新闻联合组织,历史悠久,规模宏大。美国报业第一夫人凯萨琳·葛拉汉女士(Katharｉne Graham,1917—2001年)就曾出任过美联社第一位女董事。

美联社拥有覆盖全球的通讯网络,不仅向美国的新闻媒体提供服务,还向世界一百一十五个国家和地区的近万余家新闻媒体提供各种服务,与法国的路透社几乎各自分享全球百分之五十的国际新闻占有率。美联社从不接受政府资助或入股,这种自负盈亏的经营方式使其能在新闻报道时坚持自己的观点和品位。

美联社为适应观众口味与兴趣的变化不断调整自己的报道方式和手段,以使观众更好地了解自己所关注的新闻。俗话说,工欲善其事,必先利其器。随着科学技术的进步,美联社紧跟时代潮流,总是率先采用各种新技术和新手段。比如率先租借永久性的新闻电报线路(1875年),率先采用卫星传送新闻(1980年),率先为记者配备数码相机(1994年)等等。尽管美联社在设备上的投入十分惊人,但丰厚的利润也是同样惊人的。美联社的新闻总是因为提前采用先进的技术手段而生动形象,丰富多彩,既迎合新闻观众的口味,满足其好奇心和探求欲,又能迅速提升自己的品位和权威性,两全其美。

众所周知,在对新闻事件报道的时效上,传统的印刷、出版已经跟不上网络的迅捷,美联社在这种情况下又迅速开辟多种媒体渠道。采用多种战略保持自己的活力。比如,美联社启动全球多媒体整合供稿技术,把文字、摄影等新闻内容在采访的时候一同完成;又如,开通即时数据库,向个人的新闻定制提供多种服务;又如,与微软MSN(Windows Live Messenger)合作,开通线上视频网络,并提供多种适应性很强的娱乐形式,不断扩大自身的影响力和覆盖范围。

正是由于这些努力所铸就的强大实力,美联社在世界品牌实验室(World Brand Lab)编制的二〇〇六年度"世界品牌五百强"排行榜中名列第二十二位。

【评述】

孟子从人的本性出发,肯定人都有正常的耳目之欲,国君不可独自享有,应与百姓一同分享其中的快乐。同样的道理,"与民同乐"的孟子智慧在商业上就表现为"与民同欲"。美联社根据读者的探究欲和求知欲,不是在唱独角戏般地自娱自乐，而是从读者兴趣和时代要求出发，不断调整自己的新闻品位和传媒方式，制定新的发展战略，以适应新闻业务和自身发展的要求。

《读者文摘》的"两分钱"策略

孟子肯定人都存在正常的愿望，但是要在日常生活中涵养自己的性情，通过道德路径来满足自己的欲望。如今风靡全球的《读者文摘》就以其大众文化倾向与读者共同分享阅读的快乐，其推销战略表现着精明的智慧和淳厚的道德力量，因而得到很多人的认同。

一九二二年二月五日，在美国明尼苏达州圣保罗，具有非凡缩写天才的年轻人德威特·华莱士(Dwight wallance)和妻子创办出一种专门刊载报刊文章的杂志，开始征求读者订阅。这就是今天风靡世界，拥有四十八种版本，以十九种语言在全球发行的《读者文摘》。这种月刊内容丰富，几乎涵盖人们的日常生活，比如健康、生态、政府、国际事务、体育、旅游、科学、商业、教育以及幽默笑话等，在世界品牌实验室编制的二〇〇六年度"世界品牌五百强"排行榜中位居第一百零八位。

《读者文摘》的成功主要得益于"两分钱"信函策略。一九五〇年，《读者文摘》发行部主任法兰克·赫伯特(Frank Herbert)将一封简短的信函寄给读者，信中说："一位古波斯诗人曾写着：如果你有两分钱，一分钱买面包，另一分钱为了你的灵魂去买风信子。"这封信函将人的消费活动分为基本生存消费和精神消费两种，引导人们在满足基本的物质需求之后别忘记在精神生活上的消费。这种观念得到读者的普遍认同，而且这项本不被寄予盈利希望的活动，却获得巨大的成功，进而拥有世界上最大的读者群。

《读者文摘》上刊载的每篇文章都精心挑选，具有多样化的风格，简明易懂，饶有风趣，富含恒久的价值。《读者文摘》致力于为各年龄层、各行业领域和各种文化背景的读者提供资讯，以读者感兴趣的东西吸引更大的读者群，开拓人们的视野，使人们在阅读中陶冶身心，激发创造美好人生和成功事业的进取心。这种大众文化倾向，迎俗却不媚俗，浅易的文章并不缺乏阳春白雪的风韵。

在网络迅速发展的今天，《读者文摘》采用 Ema 订行销策略，在征得用户事先允许的前提下，通过电子邮件向用户传递有价值的广告资讯。在电子邮件中，《读者文摘》为吸引用户的阅读兴趣，常常在正文后附加一些有趣的小游戏，或者采用有奖激励的方式，使用户有机会赢得丰厚的奖品。这种活动产生很好的效果，用户常常通过 Email 关注自己喜爱的产品,进而转化为实际的消费行为。

如今,阅读《读者文摘》已经成为很多人休闲生活中必不可少的一部分。

【评述】

孟子提出的通过正道来满足欲望的理念恰好符合"君子爱财,取之有道"这一俗语。《读者文摘》遵循大众化的文化倾向,推行"两分钱"信函策略。"两分钱"信函从读者的角度出发,以优美的语言向读者展示出人类的生活除了基本的物质生活之外,还应该有更高层次的文化追求,而不是通过华而不实的广告宣传。仅在这一点上,《读者文摘》就已经得到读者的信赖和认同。

【名言录】

名言:乐民之乐者,民亦乐其乐;忧民之忧者,民亦忧其忧。——《梁惠王(下)》

古译:以民之乐为乐者,民也以其乐为乐;以民之忧为忧者,则民也以其忧为忧。

今译:以民众之乐为乐,那么民众也以其乐为乐;以民众之忧为忧,那么民众也以其忧为忧。

现代使用场合:一位负责人,应当是一个知冷知热、嘘寒问暖之人。他应该时刻把员工的事当作自己的事;把他们的欢乐当作自己的欢乐,把他们的痛苦当作自己的痛苦,用自己的心去体验他们的感受。这样,才能以真心换真心,当他自己有困难时,才能得到员工的关心与帮助。

卷三 公孙丑上

【题解】

本篇9章,从内容上可以大致分为两组。其一、三、四、五是一组,论述仁政的问题。这部分对于当时各诸侯国的暴政有所揭露,并认为这样的形势正是推行仁政的大好时机,因为必能得到人民的热烈拥护,从而实现统一天下的"王道";与此相反的"霸道",则是靠武力征服,那是不能使人心悦诚服的。至于仁政的具体措施,在第五章里提出了五项政策,大意是尊贤使能、减免赋税、实行井田制。另一组则论及个人修养以及人性论方面的问题,包括其二、六、七、八、九各章。第二章从"不动心"说起,最后涉及对孔子的评价,是《孟子》一书中极重要的篇幅。所谓"不动心",指的是不因处境、待遇等外部条件的变化而改变心态,达到这种境界的两个环节,一是"知言",二是培养"浩然之气"。"知言"是思想认识能力的表现,"浩然之气"尽管是一种正大刚毅的道德情感,仍然是道义原则指导下的日积月累的道德实践的成果。知言则不惑,气盛则意志坚定,所以是"不动心"的条件。第六章提出的"四端说",意谓仁、义、礼、智等品质在人的天性中有其基础,集中概括了孟子在人性问题上的主张。七、八两章,分别谈到"反求诸己"和"与人为善"的修养方法。第九章批评伯夷气量小,柳下惠不严肃。二者既然各有所偏,在出处问题上,合理的态度应当如何? 可以参见本篇第二章对于伯夷、伊尹和孔子的评论一节。从中可见孟子的用世心切,从而主张在坚持原则的同时根据具体条件调整应对的措施,这也可以看作是对"不动心"的一个补充说明。

———

【原文】

公孙丑①问曰:"夫子当路②于齐,管仲、晏子③之功,可复许④乎?"

孟子曰:"子诚齐人也,知管仲、晏子而已矣。或问乎曾西⑤曰:'吾子⑥与子路孰贤?'曾西蹴然⑦曰:'吾先子⑧之所畏也。'曰:'然则吾子与管仲孰贤?'曾西艴然⑨不悦,曰:'尔何曾⑩比予于管仲? 管仲得君如彼其专也,行乎国政如彼其久也,功烈如彼其卑也。尔何曾比予于是?'"曰:"管仲,曾西之所不为也,而子为⑪我愿之乎?"

曰:"管仲以其君霸,晏子以其君显。管仲、晏子犹不足为与?"

曰:"以齐王,由反手也。"

曰:"若是,则弟子之惑滋⑫甚。且以文王之德,百年而后崩⑬,犹未洽⑭于天下;武王、周公继之,然后大行。今言王若易然,则文王不足法与?"

曰:"文王何可当也。由汤至于武丁⑮,贤圣之君六七作,天下归殷久矣,久则难变也。武丁朝诸侯,有天下,犹运之掌也。纣之去武丁未久也,其故家遗俗,流风善政,犹有存者;又有微子、微仲、王子比干、箕子、胶鬲⑯,皆贤人也,相与⑰辅相之,故久而后失之也。尺地，莫非其有也；一民，莫非其臣也；然而文王犹方百里起，是以难也。

"齐人有言曰：'虽有智慧，不如乘势，虽有镃基[18]，不如待时。'今时则易然也。夏后、殷、周之盛，地未有过千里者也，而齐有其地矣；鸡鸣狗吠相闻，而达乎四境，而齐有其民矣。地不改[19]辟矣，民不改聚矣，行仁政而王，莫之能御也。且王者之不作，未有疏于此时者也；民之憔悴于虐政，未有甚于此时者也。饥者易为食，渴者易为饮。孔子曰：'德之流行，速于置邮[20]而传命。'当今之时，万乘之国行仁政，民之悦之，犹解倒悬[21]也。故事半古之人，功必倍之，惟此时为然。"

【注释】

①公孙丑：孟子弟子，齐人。

②当路：当政，当权。

③管仲、晏子：都是齐国贤人。管仲辅佐齐桓公成为春秋首霸，晏子乃齐景公时的贤臣，两人都为齐国建立了很大的功业。

④许：期许。

⑤曾西：曾参之子，即曾申，字子西。

⑥吾子：对对方的敬称。

⑦蹴然：不安的样子。

⑧先子：古人对自己已逝长辈的敬称，这里是指曾西的父亲曾参。

⑨艴然：愤怒的样子。

⑩曾：竟。

⑪为：通"谓"。

⑫滋：益，更。

⑬百年而后崩：古代传说文王年寿很高，近百岁。

⑭洽：遍，周遍。

⑮武丁：殷王，称高宗。商汤至武丁的贤君有汤、太甲、太戊、祖乙、盘庚、武丁六人，故孟子说"贤圣之君六七作"。

⑯微子、微仲、王子比干、箕子、胶鬲：皆殷商之贤臣。微子即微子启，商纣王的庶兄，后被封于宋，继承商祀。微仲，微子之弟，名衍，后继承其兄之位。王子比干，商纣王的叔父，后因屡次进谏，被纣王剖心。箕子，也是纣王叔父，比干被杀之后，

他假装疯癫,被纣王囚禁,武王克商之后,将其释放,并归附于周。胶鬲,原为殷臣,后归附于周,在武王克商的过程中发挥了极其重要的作用。

⑰相与:共同。

⑱镃基:即锄头。

⑲改:更,再。

⑳置邮:古代驿站的统称。车马传递叫置,步行传递叫邮。

㉑解倒悬:意即解救百姓于水火之中。

【译文】

公孙丑问孟子说:"假如先生您在齐国主持政事,那么管仲和晏子的功业,是不是可以再次出现在齐国呢?"

孟子回答说:"你真是个齐国人啊,只知道管仲、晏子而已。有人曾经问曾西说:'先生您和子路相比,谁更贤能呢?'曾西很不安地说道:'子路是先父最敬畏的一个人啊。'那人又说:'那先生您和管仲相比,谁更贤能呢?'曾西听后很不高兴,说:'你怎么拿我和管仲相提并论呢?管仲得到齐桓公如此专一的信任,在齐国主持了如此久的政事,但是功业却是如此的卑小。你怎么能拿我跟他相提并论呢?'"孟子继续说道:"连曾西都不愿意和管仲相比,你觉得我会愿意那样做吗?"

公孙丑说:"管仲使得齐桓公称霸天下,晏子使齐景公声名远扬。管仲和晏子还不值得学习吗?"

孟子说:"以齐国的实力来统一天下,简直易如反掌。"

公孙丑说:"如果这样的话,那么弟子的疑惑就更加厉害了。即便是像文王那样的德行,活了将近百岁,但是他还不能将仁政行遍天下。武王和周公继承文王,然后才使仁政大行于天下。现在你把王道说得如此简单,难道文王也不足效法吗?"

孟子说:"文王怎么能行呢?从商汤到武丁,贤明的君主出了六七个,天下归顺殷朝很久了,久了就难以改变。武丁使诸侯来朝于殷,统治天下,就像将东西放在手掌中转动一样容易。商纣距武丁的时代不算长,勋旧世家遗留的习俗,及当时流行的良好风气和仁政措施,还有留存下来的,又有微子、微仲、王子比干、箕子、胶鬲这些贤臣一起辅佐他,所以过了很长的时间才失掉天下。没有一尺土地不是他的疆土,没有一个人不是他的臣民,这样文王要依靠方圆百里的地方兴起,还是很困难的。

"齐国人有句谚语说：'虽然有智慧，不如趁时势；虽然有锄头，不如等农时。'现在的形势要使天下归附还是很容易的。夏、殷、周三朝兴盛时，土地没有超过方圆一千里的，而现在齐国有那么大的地方了；鸡鸣狗叫之声，一直传到四周的边境，齐国已经有那么多的百姓了。土地不必再扩大，百姓不必再招聚，施行仁政称王天下，没有人能阻挡得了。况且，仁德的君王不出现，没有比现在隔的时间更长的了；百姓受暴政折磨的痛苦，没有比现在更厉害的了。饥饿的人什么都可以吃，干渴的人什么都可以喝。孔子说：'德政的流行，比驿站传递政令的速度还要快。'当今这个时候，拥有万辆兵车的大国施行仁政，百姓对此感到喜悦，就像在倒悬着时被解救下来一样。所以，只要付出古人一半的功劳，就能收到成倍的功效，只有现在才是这样。"

【评析】

在这一章里，孟子对比历史，认为要施行仁政，当前是最有利的时机。同时，孟子还认为，管仲、晏子用最有利之条件完成了微小的霸业，失去了统一天下的大好时机。

的确，在春秋战国时期，诸侯割据，群雄纷争，社会秩序动荡，百姓夹在战乱的缝隙里，命运极其悲惨。根据当时的社会局势和百姓的心理，孟子认为，已经到了施行仁政的大好时机。他进一步认为，如果实力强大的国家能不失时机地施行仁政，只需做古人一半的事，就能收获比古人多一倍的功效，有序局面也能很快形成。

当公孙丑问"夫子当路于齐，管仲之功可复许乎？"时，孟子很不高兴，尽管管仲"九合诸侯，一匡天下，管仲之功也，民到于今受其赐"，但时代不同了，一切就要从头说起了。当时，周王室衰弱，霸业不能救天下，作为大国的齐国有足够的条件统一天下，但齐国却没有这样做。

因此，孟子认为，如果能通过施行仁政而统治天下，那就没有人能抵挡了。而现在正是饥饿的人不挑剔食物、口渴的人不选择饮料的时候，正是施行仁政的大好时机，如果一个大国施行仁政，那百姓的高兴就像一个倒挂着的人被解救下来一样。

孟子很重视施行仁政的时机，因为"待时而动，事半功倍"，只有掌握恰当的时机和机遇，才能收到事半功倍的效果。尊重客观规律和客观形势，这体现了孟子的朴素的唯物主义思想倾向。所谓"赶得早不如赶得巧",这其实就是强调抓住时机和捕捉机遇的重要性。在某种意义上说,个人智慧的确不如时势造英雄,很多人怨天尤人,实际上就是没有抓住时机。只有主动出击,才能抓住时机。

俗话说"识时务者为俊杰",要想乘势待进,也离不开智慧。有智慧才能正确分析错综复杂的情况,然后抓住时机,收到事半功倍的效果。

【典例阐幽】

解民倒悬

解民倒悬这个成语,比喻把受苦难的人民解救出来。

617年,隋炀帝派了唐国公李渊到太原去当留守。

李渊有四个儿子。第二个儿子李世民那时候刚十八岁,是个很有胆识的青年,平时喜欢结交有才能的人。人们也觉得他慷慨好客,都喜欢跟他打交道。李世民看到隋朝的统治快灭亡了,心里开始有了起兵的打算。李世民的朋友刘文静对他说:"现在皇上远在江都,到处有人造反,李密逼近东都,天下大乱,民不聊生。我可以帮您聚集十万人马,您父亲手下还有几万人。如果用这支力量起兵打进长安,号令天下。不出半年便可夺得天下。"

可是李渊胆小怕事,只想守着自己的太原过一辈子。于是李世民就买了一个漂亮的婢女,派人送给李渊,李渊果然十分宠幸那位漂亮的婢女。

过了一段时间以后,那个婢女得到了李渊的信任,就找一个机会对李渊透露说:"当今天子无道,二郎为解民倒悬,正在招兵买马,怕如果事败满门抄斩,就让我来问问大人的意见。"

李渊到这个时候只得硬着头皮竖起反旗,自称大将军,任李建成和李世民分别做左右领军大都督,刘文静做司马,又把兵士都称为"义士",带领三万人马离开晋阳,向长安进军。

由反手也

由反手也,易如反掌的意思。

白居易是唐代著名诗人,他五六岁就开始学写诗。在他十五六岁那年,他父亲白季庚在徐州做官，让他到京城长安去见见世面。

当时，长安有一个文学家顾况，很有点才气，但性格高傲。白居易听到顾况的名气，就带了自己的诗稿，到顾况家去请教。顾况听说白居易是个官家子弟，不好不接待。白居易拜见了顾况，送上名帖和诗卷。顾况瞅了瞅这个小伙子，又看了看名帖，看到"居易"两个字，就打趣说："近来长安米价很贵，只怕要居住下来很不容易呢！"

顾况说的也是实情。当时正是朱批叛乱之后，关中一带的生产力遭到很大的破坏，到处闹粮荒，长安米价飞涨，百姓的日子很不好过。

白居易被顾况挖苦了几句，但是并不在意，仍恭恭敬敬地站在旁边请求指教。顾况拿起诗卷随手翻着翻着，他的手忽然停了下来，眼睛盯着诗卷，脸上流露出兴奋的神色。马上站起来拉住白居易的手，热情地说："啊！能够写出这样的好诗，在长安住下来也就易如反掌了。刚才跟您开个玩笑，您别见怪。"

从那以后，顾况逢人就说白居易的才华了得，白居易很快在长安出了名。唐宪宗听说了白居易的名气后，提拔他做翰林学士，后来又派他担任左拾遗。

二

【原文】

公孙丑问曰："夫子加齐之卿相，得行道焉，虽由此霸王，不异矣。如此，则动心否乎？"

孟子曰："否。我四十不动心。"

曰："若是，则夫子过孟贲①远矣。"

曰："是不难，告子②先我不动心。"

曰："不动心有道乎？"

曰："有。北宫黝之养勇也，不肤挠③，不目逃，思以一豪挫于人，若挞之于市朝，不受于褐宽博④，亦不受于万乘之君；视刺万乘之君，若刺褐夫，无严⑤诸侯，恶声至，必反之。孟施舍之所养勇也，曰：'视不胜犹胜也；量敌而后进，虑胜而后会⑥，是畏三军者也。舍岂能为必胜哉？能无惧而已矣。'孟施舍似曾子，北宫黝似子夏⑦。夫二子之勇，未知其孰贤，然而孟施舍守约也。昔者曾子谓子襄⑧曰：'子好勇乎？吾尝闻大勇于夫子⑨矣。自反而不缩⑩，虽褐宽博，吾不惴焉；自反而缩，虽千万人，吾往矣。'孟施舍之守气，又不如曾子之守约也。"

曰："敢问夫子之不动心与告子之不动心，可得闻与？"

"告子曰：'不得于言，勿求于心；不得于心，勿求于气。'不得于心，勿求于气，可；不得于言，勿求于心，不可。夫志，气之帅也；气，体之充也。夫志至焉，气次焉；故曰：'持其志，无暴其气。①'"

"既曰'志至焉，气次焉'，又曰'持其志，无暴其气'，何也？"

曰："志壹则动气，气壹则动志也。今夫蹶者趋者，是气也，而反动其心。"

"敢问夫子恶乎长？"

曰："我知言，我善养吾浩然之气。"

"敢问何谓浩然之气？"

曰："难言也。其为气也，至大至刚，以直养而无害，则塞于天地之间。其为气也，配义与道。无是，馁也。是集义所生者，非义袭②而取之也。行有不慊③于心，则馁矣。我故曰：告子未尝知义，以其外之也。必有事焉而勿正④，心勿忘，勿助长也。无若宋人然：宋人有闵其苗之不长而揠⑤之者，芒芒然⑯归，谓其人曰：'今日病⑰矣！予助苗长矣！'其子趋而往视之，苗则槁矣。天下之不助苗长者寡矣。以为无益而舍之者，不耘⑱苗者也；助之长者，揠苗者也，非徒无益，而又害之。"

"何谓知言？"

曰："诐辞知其所蔽，淫辞知其所陷，邪辞知其所离，遁辞知其所穷⑲。生于其心，害于其政；发于其政，害于其事。圣人复起，必从吾言矣。"

"宰我、子贡⑳善为说辞，冉牛、闵子、颜渊善言德行㉑，孔子兼之，曰：'我于辞命，则不能也。'然则夫子既圣矣乎？"

曰："恶！是何言也！昔者子贡问于孔子曰：'夫子圣矣乎？'孔子曰：'圣则吾不能，我学不厌，而教不倦也。'子贡曰：'学不厌，智也；教不倦，仁也。仁且智，夫子既圣矣乎。'夫圣，孔子不居，是何言也！"

"昔者窃闻之：子夏、子游、子张㉒皆有圣人之一体，冉牛、闵子、颜渊则具体而微。敢问所安？"

曰："姑舍是。"

曰："伯夷，伊尹㉓何如？"

曰："不同道。非其君不事，非其民不使；治则进，乱则退，伯夷也。何事非君，何使非民；治亦进，乱亦进，伊尹也。可以仕则仕，可以止则止，可以久则久，可以速则速,孔子也。皆古圣人也,吾未能有行焉。乃所愿,则学孔子也。"

"伯夷、伊尹于孔子,若是班㉔乎?"

曰:"否!自有生民以来,未有孔子也。"

曰:"然则有同与?"

曰:"有。得百里之地而君之,皆能以朝诸侯,有天下;行一不义,杀一不辜,而得天下,皆不为也。是则同。"

曰:"敢问其所以异。"

曰:"宰我、子贡、有若㉕,智足以知圣人,污不至阿其所好。宰我曰:'以予观于夫子,贤于尧、舜远矣!'子贡曰:'见其礼而知其政,闻其乐而知其德,由百世之后,等㉖百世之王,莫之能违㉗也。自生民以来,未有夫子也!'有若曰:'岂惟民哉?麒麟之于走兽,凤凰之于飞鸟,太山之于丘垤㉘,河海之于行潦㉙,类也。圣人之于民,亦类也。出于其类,拔乎其萃,自生民以来,未有盛于孔子也!'"

【注释】

①孟贲:卫国人,当时著名的勇士。

②告子:名不害,与孟子同时但长于孟子,曾受教于墨子。中国战国时期的思想家。

③挠:退却。

④褐宽博:指卑贱的人。褐,粗布衣服。宽博,宽大的衣服。都是卑贱人的衣服。

⑤严:畏惧。

⑥会:交战。

⑦曾子、子夏:曾子,指曾参,孔子的弟子。子夏,卜商,孔子的弟子。

⑧子襄:曾子的弟子

⑨夫子:指孔子。

⑩缩:直。

⑪暴:乱。

⑫义袭:指义偶然从外进入内心。袭,偷袭。

⑬慊:满意。

⑭正:中止。

⑮揠：拔。

⑯芒芒然：疲倦的样子。

⑰病：疲倦。

⑱耘：除草。

⑲诐辞知其所蔽，……遁辞知其所穷：诐，偏颇。蔽，遮蔽。淫，过分。陷，沉溺。邪，不正。离，背离。遁词：指搪塞而不敢正面回应的言论。遁，逃走。"诐""淫""邪""遁"，是表现于言辞中的弊病，"所蔽""所陷""所离""所穷"，则分别从思想认识方面揭示这些弊病所产生的根源。

⑳宰我、子贡：孔子的弟子。

㉑冉牛、闵子、颜渊：孔子弟子。

㉒子游、子张：孔子弟子。

㉓伊尹：商汤的贤臣。

㉔班：等同

㉕有若：孔子的弟子。

㉖等：指分出等次。

㉗违：指违背"见其礼而知其政，问其乐而知其德"的规律。子贡的意思是，凭着可见、可闻的礼和乐，可以对百世以来君王的政治与德行做出评价。他在此处强调了评价依据的可靠性，因此使下文对于孔子的赞叹更有说服力。

㉘垤：小土堆。

㉙行潦：路上的积水。

【译文】

公孙丑问道："先生您要是担任齐国的卿相大官，得以推行您的主张，即使由此成就霸业，也并不奇怪。如果这样，您会动心吗？"

孟子说："不，我四十岁后就不再动心了。"

公孙丑说："这么说，先生比孟贲要强多了。"

孟子说："这并不难，告子比我还要先做到不动心。"

公孙丑问："做到不动心有什么诀窍吗？"

孟子说："有，北宫黝培养勇气的方法是，肌肤被刺破不退却，眼睛被戳也不转睛，觉得即使有一根毫毛被别人伤害，也犹如在大庭广众下遭到鞭打一样，他不受贫贱的人的侮辱，也不受大国的君主的侮辱。在他看来，刺杀大国君主同刺杀普通平民是一样的。他不畏惧诸侯王，受到辱骂必然要回去。孟施舍培养勇气的方法是：'把不能取胜的情况看成可以取胜。如果估量敌方的强弱而后前进，思虑胜败后才交锋，就是害怕敌方的军队。我怎么能做到必胜？我只要无所畏惧就行了。'孟施舍像曾子，北宫黝像子夏。这两个人的勇气，不知道谁更大些，然而孟施舍所守的却能抓住重点。从前曾子告诉子襄说：'你崇尚勇敢吗？我曾经听先生说过什么是大勇：自我反省发现正义不在我，那么即使是卑贱的人，我也不能恐吓他；反省而发现正义在我，即使有千万人，我也前往。'"孟施舍所保持的勇气，又不要如曾子能把握要领。

公孙丑说："请问先生的不动心与告子的不动心，可以说来听听吗？"

孟子说："告子说：'言论上有所不通，不必到内心去寻求原因；心中有所不安，不必求助于意气。'心中有所不安，不必求助于意气，是可以的；言论上有所不通，不必到内心去寻求原因，却不可以。意志是感情的统帅；感情是充满体内的力量。意志到哪里，感情就跟着到哪里。所以说：'要坚定自己的意志，但也不要感情用事。'"

公孙丑问："既然说：'意志到哪里，感情就到哪里。'又说：'要坚定自己的意志，但也不要感情用事。'为什么呢？"

孟子说："意志专一，则会调动感情跟随着它，感情专一也会影响意志。比如跌倒，奔跑，这是下意识所动，但也能反过来乱了心志。"

公孙丑又问："请问先生的长处是什么呢？"

孟子说："我懂得言辞，我善于修养我的浩然之气。"

公孙丑说："请问什么叫作浩然之气？"

孟子说："这很难讲清楚。这种气，最伟大、最刚强，用正直去培养它而不损害它，那就会充满于天地之间。作为一种气，是合乎义和道的。若不是，就会泄气了。它是日积月累的正义所生出来的，而不是偶然从外而入获得的。所作所为有一件不能让心意满足，它就泄气了。所以我说，告子不懂得义，就因为他把义当作外在的东西。浩然之气的养成，一定要有所为而不中止，心里不要忘记它，但也不要有意帮助它。不要像那个宋国人一样：宋国有一个担心禾苗长不快而把它拔高的人，之后非常疲倦地回去，告诉他的家人说：'今天累坏了，我帮助了禾苗长高。'他儿子跑过去看到禾苗都枯萎了。天下不拔苗助长的人很少见啊。说到浩然之气，认为培养它没有用而放弃的,是不为禾苗锄草的人;有意帮助它生长的,是拔苗的人。不仅无益,而且有害。"

公孙丑问:"什么叫懂得言辞呢?"

孟子说:"听了偏颇不正的言辞就知道其有所隐蔽,听了过分的言辞就知道其有所沉溺,听了邪恶的言辞就知道其有所偏离,听了搪塞的言辞就知道他理屈词穷的地方。言辞的过失产生于思想,就会危害于政治;体现于政令措施,就会妨害事情的办理。倘若圣人再次出现,也会同意我的话的。"

公孙丑又问:"宰我、子贡善于言辞,冉牛、闵子、颜渊善于阐述德行,孔子则兼而有之。可他还说:'我对于辞令,是不擅长的。'那么先生您已经是圣人了吧?"

孟子说:"哎呀!你这是什么话呢?从前子贡向孔子问道:'先生是圣人吗?'孔子说:'圣人我是做不到的,我只是学而不厌烦,教育上不怠倦罢了。'子贡说:'学习上不厌烦,是智慧;教育上不怠倦,是仁爱。既有爱又有智,先生就是圣人了!'圣人,孔子都不敢自居,你的话说到哪儿去了?"

公孙丑又问:"从前我听说,子夏、子游、子张有圣人的部分特点,冉牛、闵子、颜渊具备圣人的所有特点但是还微浅,请问您属于哪一种?"

孟子说:"暂时不谈这些吧。"

公孙丑又问:"伯夷、伊尹这两个人如何?"

孟子说:"与孔子不同。不是他理想的君主不侍奉,不是他理想的百姓他不使唤;天下太平就进取,天下大乱就隐退,这是伯夷。侍奉不理想的君主有什么关系,使唤不理想的百姓又有什么关系;天下太平能进取,天下大乱也能进取,这是伊尹。可以做官就做官,可以不做就不做,可以长久在任就长久在任,可以迅速离任就迅速离任,这是孔子。他们都是古代的圣人,我没有能做到他们那样;至于我的愿望,则是向孔子学习。"

公孙丑又问:"伯夷、伊尹和孔子是一样的吗?"

孟子说:"不,自有人类以来,没有孔子这样的人。"

公孙丑说:"那么,他们之间有相似之处吗?"

孟子说:"有。得到方圆百里的土地做君主,使诸侯来朝见而统一天下;做一件不义之事,杀一个无辜的人来得到天下都是他们不愿的。这就是他们的共同之处。"

公孙丑又问:"那么他们之间又有什么不同之处呢?"

孟子说:"宰我、子贡、有若的智谋足以了解孔子,即使有所夸大,也不至于阿谀奉承他们所敬爱的人。宰我说:'依我对先生的观察,其贤能大大超过尧、舜了。'子贡说:'见其礼制就可知其政务如何,听其音乐就知其道德风气。即使百代之后来给百代君王排等级,也没有人能违背这个规律。我认为自有人类以来,没有像先生这样的人。'有若说:'难道只是人有高下之分吗?麒麟对于走兽,凤凰对于飞鸟,泰山对于土堆,河海对于水塘,都是同类。圣人对于人,也是同类。在同类中突出,超越群体,自从有人类以来,没有谁比孔子更加伟大的了。'"

【评析】

这一章是全书最重要的部分之一,宋代的理学大师程颐曾说《孟子》此章"扩前圣所未发,学者所宜潜心而玩索也"。

这一章篇幅长,内容多,涉及四个方面的问题:一是"行勇"的问题,孟子认为只有"恃义"才能行勇,也就是孔子讲的"大勇";二是"知言"的问题,即通过别人说的话掌握他的内心世界,这需要有"不动心",需要"沉得住气"才能做到;三是孔子的地位问题,孟子认为,孔子是古之圣贤中"出于其类,拔乎其萃"的杰出人物,"自有生民以来,未有盛于孔子也";四是养至大至刚的"浩然之气"的问题,孟子认为"志,气之帅也;气,体之充也",要做到"持其志,勿暴其气",才能心志不乱。这四个问题里,养"浩然之气"的问题最为重要。

千百年来,孟子提出的"养气"问题究竟是指什么,学者们有很多不同的见解,甚至有学者认为这是气功方面的问题。其实,这指的是"意志"的培养问题,属于伦理学中的"理性凝聚"方面的问题。也就是说,这不是一般的"精气""血气",而是充满正义和仁义的正气、骨气,是属于人类的精神范畴的气贯长虹、气冲霄汉的"气","说大人则藐之,勿视其巍巍然"靠的是这种气,"富贵不能淫,贫贱不能移,威武不能屈"同样靠的也是这种气。

根据孟子的理论,"浩然之气"是集"义"和"道"而生成的,是从内心生成的,人生禀受的"气"是自身具有的,并非告子所说的"义在外",因此,要顺道而养,既不能有拔苗助长的性急之举,也不能"以为无益而舍之"。

孟子养"浩然之气"的理论是对儒学的重大发展,也是对中国文化思想的重大贡献。

浩然之气

唐代宗时,郭子仪的儿子郭晞率兵协助邠州节度使白孝德,以防外蕃入侵。但是郭晞麾下的兵士大都纪律松弛,大白天成群结队在街上为非作歹,抢掠街上的商铺。邠州节度使白孝德是郭子仪的老部下,不愿去管郭家的人。邠州邻近的泾州刺史段秀实听到后,自愿前来担任都虞侯,管理地方治安。

不久后,郭晞军中的兵士在街上酒店里酗酒闹事,刺伤主人。段秀实不徇情面,立即把十七名酗酒闹事的人统统就地正法。消息传到郭晞军营,兵士们都穿戴好盔甲,准备去找段秀实算账。段秀实解下佩刀,选了一个跛脚

郭子仪

的老兵替他拉着马,一起到了郭晞军营中。郭晞的卫士们杀气腾腾地拦住段秀实,但看到段秀实一身浩然正气,谁也不敢轻举妄动,于是报告郭晞。郭晞连忙请段秀实进来。

段秀实见了郭晞,说:"郭令公立了那么大的功劳,大伙都敬仰他。现在您却纵容兵士横行不法。这样不大乱才怪呢!如果国家再发生大乱,你们郭家的功名也就完了。"

郭晞猛然惊醒,回过头对左右兵士说:"快去传我的命令,全军兵士一律卸下盔甲,回自己营里休息。再敢胡闹的一律处死!"

具体而微

汉文帝登位后,陈平说:"高祖皇上在的时候,我的功劳比周勃大;但是这次消灭诸吕,周勃的功劳比我大,所以请让周勃居第一位吧。"

于是汉文帝就让周勃做右丞相,位居第一,而让陈平做左丞相,在周勃之下。过了一阵子,汉文帝开始了解朝政,问周勃:"天下每年处死多少犯人?"周勃谢罪,

说："我不知道。"

文帝于是又问："天下每年收入多少钱粮？"周勃又谢罪说不知道，顿时汗流浃背。于是汉文帝问陈平，陈平从容答道："各有主管的人。如果问刑罚上的事情，可以问廷尉，如果问钱粮，可以问内史。"汉文帝有点生气地问："各人有各人主管的事务，那你是管什么的呢？"陈平仍然不慌不忙地回答："主管大臣。丞相的作用不是管理那些具体而微的小事情，而是协助君王主管大臣，让各位大臣各司其职。"汉文帝对这个回答十分满意。

出来以后，周勃愤愤不平地质问陈平："你为什么不把这些事情告诉我？"陈平笑笑说："你在这个位置上，哪能够不知道要做些什么啊？如果陛下问你长安城中的盗贼数目，你是不是也要强作回答呢？"于是周勃知道自己远远比不上陈平，过两天就辞职了，陈平成了唯一的丞相。

出乎其类，拔乎其萃

唐代宰相刘晏的女儿嫁给了礼部侍郎潘炎，生下了儿子潘孟阳。后来，潘孟阳当上了户部侍郎，但是他母亲担心他不能胜任，经常对他说："以你的才干担任侍郎这一级别的官职，我怕你会管不住下属而出问题啊！"

潘孟阳不以为然。于是他母亲说："明天你把你的同僚都请来，我为你看一看你在部里的发展会怎样。"

于是，潘孟阳就把部里的大小官员请到家里做客。客人到了以后，他母亲在帘子后面仔细地观察这些人。酒宴结束后，他母亲高兴地对他说："这些人才干与你不相上下，你不必过于担心他们。不过，坐在最外面的那个穿绿色衣服的少年是什么人？"

潘孟阳想了想回答说。那是候补官员杜黄裳。这个人生活上雅澹宽仁，修养极好。但是在政治上态度却十分强硬。母亲郑重地对他说："这个人和你的其他同事都不一样，一定是个出乎其类、拔乎其萃的人物，将来必然位至三公，你一定要好好与他交往。"

不出潘母所料，杜黄裳后来果然出任宰相。他一反过去朝廷对藩镇的软弱姑息的态度。在短时间内即平定西川和夏绥诸处叛乱，使唐朝出现了著名的元和中兴。

揠苗助长

宋代时,金溪有户百姓世代以种田为业,生了个儿子,取名方仲永。方仲永五岁的时候。还未曾见过任何笔墨纸砚,有一天忽然哭着向父亲要这些东西。他父亲对此感到非常惊异。就从邻近人家借来给他,他当即写了四句诗,并且题上自己的名字。

这首诗以赡养父母、团结家族为主要内容,文笔流畅,立意不俗。他父亲拿给乡里的秀才观赏,大家都十分惊奇。从此有人指定事物叫方仲永写诗,他都能一挥而就,文采和构思都有值得欣赏的地方。当地的人渐渐地经常请方仲永和他父亲去做客,并给予钱财和礼物求方仲永写诗。方父认为那样有利可图,而且能够炫耀儿子的才能,便每天带着儿子四处拜访同县的人,参加各种应酬。

但是他没有想到,这样做只是对儿子揠苗助长,扼杀了儿子的才华。到了宋明道年间,方仲永已经十二三岁了。人们再叫他写诗,他的诗已经不能和以前相比了。再过了六七年,方仲永的诗文才能完全消失,已经和普通人没有多大区别了。

三

【原文】

孟子曰:"以力假仁者霸,霸必有大国;以德行仁者王,王不待大。汤以七十里,文王以百里。以力服人者,非心服也,力不赡①也;以德服人者,中心悦而诚服也,如七十子之服孔子也②。《诗》云:'自西自东,自南自北,无思不服。'③此之谓也。"

【注释】

①赡:足。

②七十子:指孔子弟子。相传孔子有弟子三千人,通六艺者七十二人。

③思:语助词。以上引诗出自《诗经·大雅·文王有声》。

【译文】

孟子说:"倚仗实力,假借仁义之名而统一天下的叫作'霸',要称霸,一定得有强大的国力;依靠道德,推行仁义而统一天下的叫作'王',要称王,不一定得有强大的国家。商汤凭借的仅是纵横七十里的土地,文王凭借的仅是纵横百里的土地。倚仗实力来使人服从的,并不是真心服从,只不过力量不足相敌罢了;依靠道德来使人服从的,却是心悦诚服,就像七十个弟子服从孔子一样。《诗经》说:'从西从东,从南从北,无不心悦诚服。'说的就是这个意思。"

【评析】

在这一章里,孟子提出了"以德服人"的"感化谋略"。这一谋略的适用范围很广,大到国家的内政外交方面,小到个人的为人处世方面。历史上也有很多因"以德服人"而得到好处的事例。

公元前606年,楚庄王平定了国内斗越椒的叛乱,为了庆祝这场胜利,他宴请文武百官。文武百官都来赴宴,宴会一直举行到日落西山,但众人依然兴犹未尽。于是,楚庄王命令继续掌灯夜宴。

当文武百官都带有几分醉意时,楚庄王让自己最宠爱的妃子许姬为他们敬酒。正在这时,突然刮起一阵大风,吹灭了堂上的蜡烛。席间一人见许姬貌美,于是竟然趁着黑暗扯她的裙子,不料却被许姬顺势揪下了帽缨。许姬很生气,她快步走到楚庄王跟前,附耳说道:"刚才,群臣中有人对我无礼,妾揪下了他的帽缨,请大王快命人点亮蜡烛,看看这个人是谁。"

楚庄王听罢,急命掌灯者道:"不要急着掌灯,我要和诸卿开怀畅饮!诸卿请统统摘下帽缨,我们喝个痛快!"

当文武百官们都莫名其妙地摘下帽缨之后,楚庄王才让人点亮了蜡烛。于是,那个调戏许姬的人便被遮掩过去了。

散席后,许姬问楚庄王:"男女之间界限严格,况且我是大王的妃子。有人竟敢当着大王的面调戏我,这是对大王的侮辱。大王不仅不察不问,还替他打掩护,这怎么能肃上下之礼,正男女之别呢?"

楚庄王笑着说:"这你就不懂了。你想,今天是我宴请文武百官,他们从白天喝到晚上,都带了几分醉意,酒醉出现狂态也不足为奇。如果我按你的要求把那个人查出来,显示你的贞节,却冷了场,让文武百官不欢而散,便失去了我举办宴会的意义。"

许姬听了楚庄王的话,十分佩服楚庄王。从此以后,人们便把这个宴会称为

"绝缨会"。

楚庄王这种容人之量，收到了意想不到的效果。不久之后，楚军讨伐郑国，将军唐狡，自告奋勇率百余人充任先锋。由于唐狡的力战，楚军攻无不克，战无不胜，节节胜利。于是，楚庄王提出要厚赏唐狡，唐狡不好意思地说道："我怎么还敢讨赏呢？'绝缨会'上非礼许姬的那个人就是我啊！蒙大王不杀之恩，我舍命相报也是应该的。"

楚庄王感叹道：如果当时治了他的罪，今天怎么会有人效力杀敌呢？

【典例阐幽】

心悦诚服

三国时期，南中益州郡一带部族的领袖孟获起兵反抗蜀汉。诸葛亮亲自南征。他了解到孟获不但打仗骁勇，而且在南中地区各族群众中威望很高。诸葛亮决心把孟获争取过来。他下了一道命令，只准活捉孟获，不能伤害他。诸葛亮善于用计谋，蜀军和孟获军队交锋的时候，蜀军故意败退下来。孟获仗着人多，一股劲儿追了过去。很快就中了蜀兵的埋伏。南兵被打得四处逃散，孟获本人也被活捉过去。

孟获被押到大营，心里想，这回一定没有活路了。没想到进了大营，诸葛亮立刻叫人给他松了绑，好言好语劝说他归降。但是孟获不服气，说："我自己不小心中了你的计，怎么能叫人心服？"

诸葛亮也不勉强他，陪着他一起骑马在大营外兜了一圈，让他看看蜀军的营垒和阵容。然后让他回去好好准备再打。众将都感到不理解，诸葛亮笑了笑说："我要捉他，就像在口袋中取东西一样容易，但只有使他心悦诚服，南方才会真正归顺平定。"

孟获被释放以后，回到自己部落，重整旗鼓，又一次进攻蜀军。但是他本是一个有勇无谋的人，哪里是诸葛亮的对手，第二次又被活捉了。诸葛亮劝他，见孟获还是不服，又放了他。像这样又放又捉，一次又一次，一直把孟获捉了七次。到了孟获第七次被捉的时候，诸葛亮还要再放。孟获却不愿意走了。他流着眼泪说："丞相七擒七纵，待我可说是仁至义尽了。我打心底里敬服。从今以后，不敢再反了。"

孟获回去以后说服各部落全部投降，南中地区又重新归蜀汉控制了。

四

国学经典文库

孟子诠解

《孟子》原典解读

图文珍藏版

【原文】

孟子曰:"仁则荣,不仁则辱。今恶辱而居不仁,是犹恶湿而居下也。如恶之,莫如贵德而尊士,贤者在位,能者在职。国家闲暇①,及是时,明其政刑。虽大国,必畏之矣。《诗》云:'迨天之未阴雨,彻彼桑土,绸缪牖户。今此下民,或敢侮予?'②孔子曰:'为此诗者,其知道乎!能治其国家,谁敢侮之?'今国家闲暇,及是时,般乐怠敖③,是自求祸也。祸福无不自己求之者。《诗》云:'永言配命,自求多福。'④《太甲》曰:'天作孽,犹可违。自作孽,不可活。'⑤此之谓也。"

【注释】

①闲暇:指国家安定无内忧外患。

②迨天之未阴雨,……或敢侮予:引自《诗经·豳风·鸱鸮》。迨,趁着。绸缪,缠结。牖户,窗门,这里指巢穴洞口。下民,指树下的人。

③般乐怠敖:般,乐。怠,怠惰。敖,通"邀",指出游。

④永言配命,自求多福:永,长。言,语助词,无义。配命,配合天命。引诗出自《诗经·大雅·文王》。

⑤《太甲》:《尚书》中的一篇。

【译文】

孟子说:"实行仁政就光荣,不实行就会受辱。现在既厌恶耻辱却又居于不仁的境地,这就好像既厌恶潮湿却又居于低洼的地方一样。假如厌恶它,不如崇尚道德而尊敬士人,使有贤德的人处于一定的官位,有才能的人担任一定的职务。趁国家无内忧外患的时候,修明政治法律制度。这样做了即使是大国也会畏惧你。《诗经》说:'趁着天没下雨,剥些桑树根上的皮,结牢靠巢穴的口。从此树下的人们,有谁还敢欺侮我。'孔子说:'写这首诗的人很懂道理啊!能治理好自己的国家,谁还敢欺侮他呢?'如今国家没有内忧外患,却趁着这个时候游乐怠惰,这是自己找祸害。祸和福无不是自己找来的。《诗经》说:'长久配合天命,自己寻求多福。'《太甲》说:'上降的灾害还可以躲避,自己造成的灾难可就无处可逃了。'说的就是这个意思。"

【评析】

本章论诸侯要行仁政,不能行暴政,而天下之病,是人人厌恶暴政,而诸侯们却都在行暴政,这是"自作孽,不可活。"

本章很短,引用了不少《诗经》《尚书》里的话,以方便说理,这是春秋战国时代人们的习惯。孔子曾说:"不学《诗》,无以言",《左传》曾说:《诗》《书》,义之府也",可见当时人说话引用《诗经》《尚书》是十分常见的事。

【典例阐幽】

自求祸也

南北朝时期,宋国有位大将名叫檀道济,他曾跟随宋武帝刘裕北伐,屡建战功,官至太尉参军。

宋文帝刘义隆即位后,檀道济因为名声太高,左右部将又都骁勇善战,他的几个儿子也都掌管兵权,所以皇帝很不放心。加上朝中一些大臣的挑拨,宋文帝遂起了除掉檀道济的心思。

宋文帝便把他捕捉下狱,罪名是图谋造反。接着他的儿子和部将也全部被杀戮。

檀道济被杀是宋朝皇帝自求祸也,临刑前檀道济又气又恨,说:"乃坏汝万里长城。"

后来,北魏人听说檀道济等几位能征善战的名将都被杀,便无所畏惧地进攻宋国,直到宋都建康。

此时宋文帝才后悔杀了檀道济等几位名将,意识到军队确实犹如长城般重要。他登城叹曰:"假若檀道济在的话,何至于如此呀!"

五

【原文】

孟子曰:"尊贤使能,俊杰在位,则天下之士皆悦,而愿立于其朝矣;市,廛而不征^①，法而不廛，则天下之商皆悦，而愿藏于其市矣；关，讥而不征，则天下之旅皆悦，而愿出于其路矣；耕者，助而不税，则天下之农皆悦，而愿耕于其野矣；廛^②，无夫里之布^③，则天下之民皆悦，而愿为之氓矣^④。信能行此五者，则邻国之民仰之若父母矣。率其子弟，攻其父母，自有生民以来未有能济者也。如此，则无敌于天下。无敌于天下者，天吏也。然而不王者，未之有也。"

【注释】

①廛：公家所建供商人租用的货仓。这里指抽取货仓税。征：抽取货物税。

②廛：这里指民居。

③夫里之布：指夫布和里布。因故不能服徭役者，需出钱雇役，雇役钱叫作夫布。宅有空地而不种植桑麻，由国家抽取惩罚性的地税，叫作里布。

④氓：侨民。

【译文】

孟子说："尊重有德行的人，任用有才能的人，优异杰出的人处于官位，那么，天下的士人都会高兴，而乐意在他的朝廷做官了；做生意的，只抽取货仓税而不征货物税，或竟连货仓税也不收，那么，天下的商人都会高兴，而乐意把货物存放在他的市场上了。关卡，只稽查而不征税，那么天下旅行的人都会高兴，而乐意从他的道路经过了。种田的人，只需助耕公田而不征地税，那么天下的农夫都高兴，而乐意在他的田野上耕种了。人们居住的地方，不收雇役钱和惩罚性地税，那么，天下的老百姓都会高兴，而乐意到那里侨居了。一个君王如果能实行这五项措施，那么邻国的老百姓就会仰望他像仰望父母一样了。率领子女，来攻打他们的父母，这种事情自从有人类以来，没有能够成功的。这样，就能无敌于天下。无敌于天下的人，就是天所派遣的官吏。这样还不能统一天下的，还从来没有过。"

【评析】

这一章是孟子和齐宣王的谈话中关于"发政施仁"内容的进一步展开，归纳起来就是任人唯贤和"保民"政策。这个问题始终是孟子关注的重点，有不少篇章都谈到了这个问题。

在君主制国家和所有的专制国家，由于采取的是人治而非法治的政治政策，统治者的能力决定了政治环境和百姓生活的好坏。这样一来，强调任人唯贤的精英政治便是一个很重要的问题。因此，生活在君主制时代的大思想家孟子提出了"尊贤使能"的思想。

其实，孟子"尊贤使能"的思想源于孔子的"举贤才"思想，但孟子把"尊贤使能"提高到了更高的高度，认为"尊贤使能"是实现仁政的一项重要措施。孟子认为，"尊贤"才能"使能"，才能让德才出众的人身居相应的位置为国出力。如果能做到这一点，就算是实行了仁政，那么国君不仅能聚集一大批人才，也能达到称王天下的目的。

那么，怎样才算是"尊贤"呢？这里有个例子。

秦昭王一心招揽贤能之士，于是，范雎便来到了秦国。秦昭王早就听说了范雎的大名，便立即召见了他。范雎到来后，秦昭王立即屏去左右侍从，单独接见范雎。

这时，秦昭王居然向着范雎跪下道："请问先生要教给我什么呢？"

秦昭王用跪表达了他的求贤之诚和对贤之敬，"何以幸教"则表达了希望范雎不吝赐教和自己领教的急切心情。言行之中透露出诚恳之情。

然而范雎却支支吾吾，欲言又止。

于是，秦昭王再次跪倒在地，问道："先生要教给我什么呢？"

秦昭王的态度越来越恭敬了，但范雎还是支吾不言。

于是，秦昭王便第三次跪下，问道："先生还是不愿意指教我吗？"

范雎见秦昭王敬贤之心这么诚恳，已经是深受感动了，于是便说出了自己不愿进言的真正原因。

针对范雎的顾虑，秦昭王再次跪倒在地恳请范雎，他说道："秦国地处偏远的西方，我又非常愚笨，幸亏先生愿意忍受耻辱到我这里来，这是天意要我凭借先生的恩惠成就大业。我能领受先生的教诲，是上天可怜我的结果，先生为什么还不肯教我呢？不论大小事物，甚至包括我的家事和国家大事，先生都可以尽情教导我。"

秦昭王的这番意思是在鼓励范雎想说什么就说什么，不必有所顾虑，他一定用心领教。

即使如此，范雎还是没敢贸然进言，为了进一步试探秦昭王的心思，他说道："大王现在的政策有很多的错误。"

秦昭王听了，不仅没有生气，反而立即再次跪下，说道："请先生详细教我，我的政策在哪里错了？"

这已经是秦昭王的第五次下跪了。范雎终于被秦昭王的诚恳打动，从此以后全力辅佐秦昭王，为秦国日后统一中国打下了坚实的基础。

【典例阐幽】

天下之民皆悦，而愿为之氓矣

勾践被吴王夫差所败。

在会稽山上面会群臣后，勾践被迫率领三百多人去服侍夫差。

几年后，勾践被吴国放回，实行了一系列的养民爱民的政策，深得人民的爱戴。于是，国之父兄请战说："昔者夫差耻吾君于诸侯之国，今越国亦节矣，请报之！"

后来发兵出征，国人都互相劝勉。父亲鼓励儿子，兄长鼓励弟弟，妻子鼓励丈夫，可谓天下之民皆悦，而愿为之氓。勾践先在囿地打败吴国，又在没地打败吴国，最后在吴国首都的郊外打败吴国。后来夫差自杀，吴国灭亡。

六

【原文】

孟子曰："人皆有不忍人之心①。先王有不忍人之心，斯有不忍人之政矣。以不忍人之心，行不忍人之政，治天下可运之掌上。所以谓人皆有不忍人之心者，今②人乍③见孺子将入于井，皆有怵惕恻隐④之心——非所以内交⑤于孺子之父母也，非所以要誉⑥于乡党朋友也，非恶其声而然也。由是观之，无恻隐之心，非人也；无羞恶之心，非人也；无辞让之心，非人也；无是非之心，非人也。恻隐之心，仁之端⑦也；羞恶之心，义之端也；辞让之心，礼之端也；是非之心，智之端也。人之有是四端也，犹其有四体⑧也。有是四端而自谓不能者，自贼者也；谓其君不能者，贼其君者也。凡有四端于我者，知皆扩而充之矣，若火之始然⑨，泉之始达⑩。苟能充之，足以保四海；苟不充之，不足以事父母。"

【注释】

①不忍人之心：指同情、怜悯之心。

②今：假设连词，犹"若"。

③乍:突然,忽然。

④怵惕侧隐:怵惕,惊惧。侧隐,同情,怜悯。朱熹集注:"恻,伤之切也。隐,痛之深也。"

⑤内交:结交。内,同"纳"。

⑥要誉:博取名誉。要,通"邀",求。

⑦端:开端,源头。

⑧四体:四肢。

⑨然:同"燃"。

⑩达:冒出地面。《诗经·周颂·载芟》:"驿驿其达,有厌其杰。"郑玄笺:"达,出地也。"

【译文】

　　孟子说:"每个人都有不忍别人遭受痛苦的心。先王有不忍人遭受痛苦的心,所以就有不忍人遭受痛苦的政治。用不忍人遭受痛苦的心,施行不忍人遭受痛苦的政治,那么治理天下就像在手掌中转动一样容易。之所以说每个人都有不忍人遭受痛苦的心,假如有人忽然看到一个孩子要掉到井里。都会有惊恐恻隐之心——不是想与孩子的父母攀交情,不是想在乡邻朋友中博取名誉,也不是厌恶孩子的哭喊声。由此看来,完全没有恻隐之心,不是人;完全没有羞恶之心,不是人;完全没有辞让之心,不是人;完全没有是非心之心,不是人。恻隐之心是仁的开端,羞恶之心是义的开端,辞让之心是礼的开端,是非之心是智的开端。人拥有四端,就像拥有四肢一样。拥有四端却自认为不能实行的,是自暴自弃的人;认为国君不能实行的,是残害国君的人。凡自身拥有四端,知道扩充它们,像火刚刚燃起,泉水刚刚涌出。如果能扩充它们,就可以保有天下;如果不能扩充它们,就连侍奉父母也做不到。"

【评析】

　　本章继续讨论仁政,提出仁政的基础在于每个人都具有的"不忍人之心",将性善论与仁政结合在一起,是孟子思想的重要篇章。孟子开宗明义提出,每个人都有不忍人之心,先王将这种不忍人之心运用到政治上,便有了不忍人之政,也就是仁政。何以见得每个人都有不忍人之心呢?孟子举例说,假如有人看到一个孩子要掉到井里,必定会惊恐恻隐,伸手援助,他这样做并不是出于某种外在的目的,比如讨好孩子的父母、博得乡人的赞誉等等,而一定是有内在原因,也就是有内在不忍人之心的存在。需要说明的是,孟子这里所举,乃是一个"示例",而非一个例证。孟子举出此例,其目的是让每个人置身其中,设身处地,反省到自己亦必生"怵惕恻隐之心",并援之以手,更进一步反省到自己以往的生活中亦有过众多类似的经历,从而洞见不忍人之心的存在。假如有人经过反省,认为自己从来没有恻隐之心、羞恶之心、辞让之心、是非之心,那他一定不是严格意义上的人了。孟子正是在这个意义上讲,没有恻隐、羞恶、辞让、是非之心的,就不是人了。

在肯定了人有不忍人之心,也就是恻隐、羞恶、辞让、是非之心后,孟子又讨论了恻隐、羞恶、辞让、是非四端之心,与仁义礼智四德的关系。他认为恻隐之心是仁的开端,羞恶之心是义的开端,辞让之心是礼的开端,是非之心是智的开端。"端"字本作"耑","上象生形,下象其根也"(《说文解字》)。换言之,"端"即事物的萌芽、开始。"端"表明恻隐、羞恶、辞让、是非不是一种既定、完成的东西,从恻隐、羞恶、辞让、是非之心到仁、义、礼、智有一个生长、发展的过程,正如树苗到树木有一个生长、发展的过程一样。所以人虽然拥有四端,还需扩而充之,使其由星星之火发展成燎原之势。由汩汩泉水汇聚成大江大河。他进而指出,如果能扩充四端,便可以保有天下;如果不扩充四端,连家室也保不住。所以,孟子虽然肯定人有良知、良能,有先天的四端之心,但更强调对其扩而充之、后天培养,这是理解孟子性善论的关键。

七

【原文】

孟子曰:"矢人①岂不仁于函人②哉?矢人唯恐不伤人,函人唯恐伤人。巫匠亦然③。故术不可不慎也。孔子曰:'里仁为美。择不处仁,焉得智?'④夫仁,天之尊爵也,人之安宅也。莫之御而不仁⑤,是不智也。不仁、不智,无礼、无义,人役也。人役而耻为役,由弓人而耻为弓⑥,矢人而耻为矢也。如耻之,莫如为仁。仁者如射,射者正己而后发;发而不中,不怨胜己者,反求诸己而已矣。"

【注释】

①矢人:造箭的人。

②函人,造铠甲的人。

③巫匠亦然:巫,巫医。匠,匠人,这里特指做棺材的木匠。巫医愿自己巫术显灵,治病有效;木匠愿死的人多,好使棺椁畅销,所以说"巫匠亦然"。

④术:这里指选择职业。引文见《论语·里仁》。

⑤御:阻挡。

⑥由:通"犹",好像。

【译文】

孟子说:"造箭的人难道比造铠甲的人残忍吗?造箭的人唯恐自己造的箭不能够伤害人,造铠甲的人却唯恐伤害了人。巫医和木匠也是这样。所以,选择职业不可以不谨慎。孔子说:'同仁共处是好的。自己选择而不自处于仁,怎么能说是明智呢?'仁,是上天所设的最尊贵的爵位,是人间最安逸的住宅。没有人阻挡却不选择仁,是不明智。不仁、不智,无礼、无义的人,只能被别人所奴役。被别人奴役却耻于服役,就像造弓的人耻于造弓,造箭的人耻于造箭一样。如果真的以为耻,那就不如好好实行仁。实行仁就好像射箭,射手先端正自己的姿势然后才放箭;如果没有射中,不能埋怨比自己射得好的人,而是反过来找自己的原因才行。"

【评析】

在这一章里,孟子阐述了他的认识论的哲学基础,即所谓"恻隐之心,仁之端也;羞恶之心,义之端也;辞让之心,礼之端也,是非之心,智之端也"。无论是在论述政治、伦理道德时,还是在论述百姓、诸侯甚至圣贤时,孟子都是以这一基础为出发点的。

通过观察世界和人生、历史和现实,孟子得出的结论认为,人人都有仁、义、礼、智这"四端",从这一点上来看,无论是圣贤还是国君,都和一般的普通百姓一样处在同一个起点上,他们的人性和人格是平等的,没有贵贱、等级的差别。孟子的这一认识有着极不寻常的意义。根据这一认识,孟子否认了"天才"和"天纵英明"之说,否定绝对的君权,也否定了"神""佛"降世的愚民说教。

那么,孟子所主张的君臣关系,或者说君民关系是怎样的呢?孟子认为,君臣之间的关系是平等的,没有绝对君权,也没有绝对臣服的"愚忠"。他说"君之视臣如手足,则臣视君如腹心;君之视臣如犬马,则臣视君如国人;君之视臣如土芥,则臣视君如寇仇"。

在以上认识的基础上，孟子确立了儒家的"性善论"思想。"性善论"认为，人们后天学习的目的实际上就是保持和充实仁、义、礼、智这"四端"。孟子这一思想有着明显的先验性质，在很大程度上，这些都建立在"仁之端"的恻隐之心上，成了"性善论"思想的基础和支柱。

孟子进一步将政治政策和伦理道德联系起来，指出"有不忍人之心，斯有不忍人之政"。也就是说，孟子认为，仁政可以由人本身固有的"不忍人之心"推广而来。由于"不忍人之心"是人本身固有的，因此，孟子进而认为，施行仁政是天经地义的。

孟子进行这一番推导的目的是为了推行他的施行仁政的理想，但儒家学说却一直有政治和伦理道德融合在一起的传统，这形成了儒家所谓的"德治"。虽然"德治"使政治具有了宽容性，但在"德治"的框架内，法治就不能被严格地建立起来了。

孔子说"性相近也，习相远"，但孔子没有说"相近的人性"是什么，也没有就此展开论述，而孟子不仅展开了论述，还指出那"相近的人性"是"不忍人之心"，而且还举了例证论证"不忍人之心"是人所固有的。从这个角度来说，孟子的人性理论的确是主观唯心主义的"先验论"，因为他把仁、义、礼、智这些带有社会性质的道德观念说成是人所固有的，带有明显的生理性色彩。

与孔子相同的是，孟子也不否认后天的培养作用。他认为"恻隐""羞恶""辞让""是非"之心，只是仁、义、礼、智的发端，还需要扩充才能发扬光大。而所谓扩充就是后天培养，也就是孔子说的"习相远"。

总而言之，联系孟子所处时代的社会状况，孟子主张"人性本善"，强调"道德天赋"，以及宣扬"不忍人之政"，这些都有积极的意义。

【典例阐幽】

反求诸己

有一天，石屋禅师所住的屋子里，闯进了一个小偷。禅师从容地问他："你是谁呢？"

对方老老实实地回答："我是小偷！"

石屋禅师笑了，问他："那么你一共偷了几次？"

小偷回答:"不计其数!"

禅师问:"每偷一次,你可以快乐多久呢?"

小偷回答:"顶多可维持几天而已,因为快乐不久,所以我必须再出去偷。"

禅师说:"你为什么不好好地偷一次,以后长久享受快乐?"

小偷十分惊讶地问:"难道你也曾经偷过吗?"

禅师沉默了一会儿,回答道:"我只偷了一次,就终身受用无穷。"

小偷大喜过望,急切地问道:"你能教我吗?"

禅师让小偷走到自己的跟前,然后一把抓住小偷的胸口,大声说:"这是宝藏所在,我便是从这里下手的!"

被禅师一抓吓得惊魂未定的小偷,闻言一下子觉悟了,向外索取本来是一种痴妄,最终所获甚少,真正的快乐只能反求诸己。他扑通一声跪在了禅师的面前,愿洗心革面,皈依佛门,跟从石屋禅师开始学禅。

八

【原文】

孟子曰:"子路,人告之以有过,则喜。禹①闻善言,则拜。大舜有②大焉,善与人同③,舍己从人,乐取于人以为善。自耕稼、陶、渔至为帝,无非取于人者。取诸人以为善,是与人为善④者也。故君子莫大乎与人为善。"

【注释】

①禹:儒家推崇的古代先王,曾奉舜命治理洪水,后成为夏朝开国君主。

②有:同"又"。

③善与人同:朱熹集注:"公天下之善而不为私也。"同,犹"共"。

④与人为善:朱熹集注:"与,犹许也,助也。取彼之善而为之于我,则彼益劝于为善矣,是我助其为善也。"与,帮助,赞许。

【译文】

孟子说:"子路,别人指出他的过错,他很高兴。禹听到有教益的话,就拜谢。伟大的舜更了不起,善于与他人达成一致。舍弃自己的不是。接受他人的是,乐于吸取别人的优点来行善。从农夫、陶工、渔夫一直到成为天子,没有一项优点不是从别人那里吸取来的。吸取别人的优点来行善,就是偕同别人一起行善。所以对于君子,没有比偕同别人一起行善更好的了。"

【评析】

本章讨论君子修养。子路闻过则喜,禹闻善言则拜,大舜则更进一步,他"善与人同",善于听取不同意见,吸取别人的优点。子路、禹和大舜虽然不是生活在民主制度下,但他们身上都体现着一种民主作风,这种民主作风乃是君子修养的一个重要内容。

【典例阐幽】

闻过则喜

三国时期,蜀汉丞相诸葛亮去世,蒋琬接掌大局。他冷静如昔,既无威容,也无喜色,一切行止和平日无异,逐渐获得群臣的信任。蒋琬个性温和,思考冷静,从不情绪化,协调能力极佳。东曹掾杨戏素性简略,不喜辩论,蒋琬向他问话时,也常静默不答。因此有人向蒋琬表示:"公与杨戏问话,杨戏默而不答,这样傲慢,是不是太过分了?"蒋琬却笑着回答道:"人心不同,各如其面;表面遵从而背后却有意见,才是古人最不耻的行为。杨戏大概是认为赞成我的意见,可能非其本意,当场反驳我的看法,又显出是我错了,所以他才静默不答,这不正是杨戏的可贵之处吗?"

有一次,督农杨敏曾在背后批评蒋琬道:"做事没有把握,一点也比不上前任。"有人以此向蒋琬打小报告,请处治杨敏不敬之罪。但是蒋琬却表现出闻过则喜的君子之风,坦然地承认道:"他说得一点没错。我的确不如前人,所以做起事来比较没有把握啊!"

后来,杨敏犯刑事系狱,大家都认为他死定了。但蒋琬反而免其重罪,只处以轻刑。其审慎、温良、谦恭的一面,比诸葛亮有过之而无不及。

九

【原文】

　　孟子曰:"伯夷①,非其君不事,非其友不友。不立于恶人之朝,不与恶人言。立于恶人之朝,与恶人言,如以朝衣朝冠坐于涂炭。推恶恶之心,思与乡人立②,其冠不正,望望然去之③,若将浼焉④。是故诸侯虽有善其辞命而至者,不受也。不受也者,是亦不屑就已⑤。柳下惠不羞污君⑥,不卑小官;进不隐贤,必以其道;遗佚而不怨⑦,厄穷而不悯⑧。故曰:'尔为尔,我为我,虽袒裼裸裎于我侧⑨,尔焉能浼我哉?'故由由然与之偕而不自失焉⑩,援而止之而止。援而止之而止者,是亦不屑去已。"孟子曰:"伯夷隘,柳下惠不恭。隘与不恭,君子不由也⑪。"

【注释】

　　①伯夷:周时孤竹君的长子,与其弟叔齐因反对武王伐纣,隐居于首阳山,采薇而食,饿死。

　　②思:语助词,无义。

　　③望望然:羞愧的样子。

　　④浼:污。

　　⑤不屑:不以……为洁。屑,洁。

　　⑥柳下惠:春秋时鲁国大夫,姓展名禽,字季。

　　⑦遗佚:指被弃不用。佚,隐遁,不为世用。

　　⑧厄穷:困穷。悯:忧愁。

　　⑨袒、裼、裸、裎:均露身之意。

　　⑩由由然:高兴的样子。

　　⑪由:用。

【译文】

　　孟子说:"伯夷,不是他理想的君主,不去服侍,不是他理想的朋友,不去结交。不在坏人的朝廷做官,不同坏人讲话。在坏人的朝廷做官,同坏人讲话,就像穿着上朝的礼服,戴着上朝的礼帽坐在泥土和炭灰上。他把厌恶坏人的心情扩充开来,于是，同乡下人站在一起，假如那人帽子不正，他就羞愧地避开，好像会弄脏了自己似的。因此诸侯王尽管有好言好语来请他做官，他也不接受。他不接受，这是因为他以为接近他们就不干净了。柳下惠不以服侍污浊的君主为羞愧，不以当小官为卑微；入朝做官，不隐藏他的贤能，一定依照他的原则办事；被弃不用，他不埋怨，处境困穷，他不发愁。所以他说：'你是你，我是我，即使在我身边赤身露体，你怎么能玷污我呢？'因此他能高高兴兴地与任何人相处而不丧失自己，让他留下他就留下。让他留下他就留下，这是因为他不把避开当作高洁。"孟子又说："伯夷气量小，柳下惠不严肃。气量小和不严肃，君子是不这样做的。"

【评析】

在这一章里，孟子通过评论伯夷和柳下惠二人的品行，发表了他对清高的看法。

孟子认为，虽然伯夷表现得很清高，但却反而反映出了他狭隘的一面。因此，孟子借此认为，尽管有的人自视清高，但却器量狭小，容不得别人的"不清高"，而且因为态度太僵硬而很难与人和睦相处，因为缺乏权变而容易陷入拘泥不化。这样的人虽然不值得君子们效仿，但也有他们的好处，那就是：坚持原则，不会轻易妥协和投降；嫉恶如仇，不会与人同流合污。

在否定伯夷"狭隘的清高"的同时，孟子又举了另一个相反的例子，并肯定了这种清高的优点。举出的这个跟伯夷相反的例子就是柳下惠。孟子认为，与伯夷相比，柳下惠走入了另一个极端，就是清高的太随便，这样虽然有头脑灵活、容易与人相处和善于灵活权变的优点，但也有被人怀疑为逢场作戏和投机于世的缺点。

说到底，孟子对伯夷和柳下惠的这两种清高的评价只有一句话，就是"君子不由也"，因为他们不是正确的处世之道，所以不能效仿。

【本篇总结】

在这一篇中，孟子继续讨论王道与霸道的问题。战国中后期群雄逐鹿，战乱纷扰，民心向往王道。诸侯若能审时度势，推行王道，将会事半功倍。统一天下易如反掌。孟子对于成就王霸之业，毫不动心，以集义而生的浩然之气，保持王道理想和自身原则，可以出仕则出仕，不可出仕则决不勉强。因为推行王道，实施仁政，应像文王那样，以德而王才能无敌于天下。孟子的这种精神对商界人士来说，有很多值得借鉴的地方。

张巡守睢阳

孟子善养浩然之气，其气至大至刚，充塞天地之间，以道义培育则不会有丝毫的损害。当人达到这一境界时，则敢于坚持真理和正义，与世间的邪恶凛然对抗，从不屈服。这种精神砥砺着中华民族坚强不屈的风骨，在危难之中支撑着我们民族的脊梁。唐代安史之乱最为惨烈的睢阳之役中，张巡苦守睢阳，就表现出这样流风千古的高贵气节。

宋末文天祥（1236—1283年）的《正气歌》曾以豪迈之情历数古代秉持气节的英烈们的嘉言懿行，其中有"为张睢阳齿，为颜常山舌"两句，句中的张睢阳即是安史之乱（755—762年）时坚守睢阳（今河南商丘）的将领张巡（708—757年）。睢阳之役是唐代历史上最为悲壮惨烈的战役，惊天地，泣鬼神。

唐玄宗天宝十四载（755年。据《资治通鉴》，唐纪年"年"改称为"载"，从玄宗天宝三载正月到肃宗至德三载正月废止，共历时十四年又一月），安禄山（703—757年）、史思明（703—761年）兴兵叛乱，天下动荡，惊破长安深宫的《霓裳羽衣曲》。翌年正月，叛军一路南下，攻城陷地，锐不可当。安、史部将张通晤先后攻陷宋州（今河南商丘）、曹州（今山东曹县西北）等地以连通江淮，开辟进攻长安的线路。当兵临谯郡（今安徽亳州）城下时，谯郡太守杨万石慑于叛军威势，打算献城迎降。杨万石逼迫张巡以长史的身份迎接贼军入城。张巡拒不受命，率兵吏哭祭玄元皇帝祠，誓师讨贼，从者千人。

此时，单父（今山东单县）县尉贾贲也率兵抵抗，击败张通晤后，进兵雍丘（今河南杞县）与张巡军会师，组成两千人的部队。

雍丘县令令狐潮举县投降，倒戈攻打王师。被令狐潮抓住的士兵杀死看守，开城迎贾贲、张巡军队，将令狐潮拒之门外，令狐潮失去老巢。不久，令狐潮援引叛军

图片说明：文天祥

攻打雍丘，贾贲战死，张巡孤军奋战。此后，令狐潮在雍丘城周围修造百余座与城墙等高的木楼，四面环攻。不过，这难不住张巡，他率军向木楼投掷火把，木楼为之不存。张巡就这样与叛军相持六十余日，大小数百战，每战必胜，令狐潮总是无功而返。

后来已经沦为孤城的雍丘存粮不多，四下无援，形势危急。无奈之下，张巡率众南退，与睢阳太守许远(709—757年)、城父(今安徽亳州东南)县令姚訚会师，据守军事要冲睢阳。

唐肃宗至德二载(757年)，安禄山被其子安庆绪杀死，安庆绪部将尹子琦率领同罗、突厥、奚等部族的劲兵，与叛将杨朝宗组成十余万兵力合力攻打睢阳。张巡、许远率众拒敌，士气不衰，大败贼军，获车马牛羊无数。

当年七月，叛军再次围城。睢阳城中士兵只剩下千余人，且每人一天仅能分到一勺米，以致无力弯弓射箭，兵士纷纷饿死。无奈之下，张巡派部将南霁云(712—756年)向据守临淮(今江苏泗洪)的贺兰进明求援，却被拒绝。叛军不断增加兵力急遽攻城，势单力薄的张巡坚守三个月后无力再战。睢阳城最终还是被攻破，张巡、许远、雷万春、南霁云、姚訚等将领被俘。

叛将尹子琦审问张巡说："听说足下督战，大声呼叫，眼角崩裂，血流满面，咬紧的牙齿皆碎，足下何至于此呢?"张巡怒目圆睁，骂道："我只想把你们这帮叛贼生吞活剥!"尹子琦大怒，以刀捅开张巡口，只见口中只存三四颗牙齿。尹子琦叹服张巡的气节，打算将他释放，在部下的劝说下才不得不放弃这个念头。张巡等人英勇就义。

张巡、许远等人固守睢阳，率兵与叛军大小四百余战，杀敌十二万，有效地拖住叛军南下的步伐，为朝廷调兵遣将迎战叛军赢得足够的喘息时间。

【评述】

正如孟子所说，浩然之气，集义而生，若反躬自问，正义在我，虽对千军万马，亦会勇往直前。这才是真正的大勇。张巡在睢阳之役中，以浩然正气，面对源源而来的叛军，没有丝毫的畏惧，奋勇杀敌，凛凛气概，丰功伟绩，标榜千古。商界人士的浩然之气则在于在激烈的竞争之中，不畏艰难，涵养道德，知难而进，会吸聚大批仁人志士，共同创建不朽之大业。

陈寔谕梁上君子

大国假借"仁"的名义来实现霸业，不是没有可能；而以道德教化来统一天下，则不一定只有大国才能完成，当初商汤就以七十里壮大，文王以百里壮大。因为以霸力征服别人，不能使人心服，只是无力对抗而已；若以德服人，士民无不心悦诚服。东汉末年的陈寔以德退盗，留下一个"梁上君子"的有趣故事。

陈寔（104—187 年），字仲弓，东汉颍川许（今河南长葛、许昌一带）人，出身卑微，而聪敏好学，或坐或立，无不持卷诵读。

汉桓帝（132—167 年）时，党锢之祸起，宦官依仗皇权四处搜捕党人，陈寔也因此事受到牵连。很多稍有瓜葛的人都害怕灾祸纷纷逃避，只有陈寔壮怀激烈，向众人说道："如果我不入牢狱，众人就会没有依靠。"说完，陈寔就主动入狱，从而激起更多的士人继续进行反抗。直到天下大赦，他才重得自由。

汉灵帝（156—189 年）初年，陈寔在大将军窦武门下做幕僚。当时，中常侍张让权倾天下，朝野上下无不侧目而视。张让的父亲死后，归葬颍川，几乎全郡的人都前往吊唁。颍川的名士们都以跟张让交往为耻辱，皆未参加。张让觉得颍川士人在故意羞辱他，怀恨在心，总想寻求机会报复。唯有陈寔敢冒天下之大不韪，独自去吊唁张让之父。也正因为这个缘故，使得当时名士许劭（150—195 年）到颍川时，尽与当地名士交游，唯独不拜访陈寔。有人询问个中缘由，许劭说："陈寔的交游之道非常广，广则难以周全，所交之人中难免会有不值得交往的。"（典故"太丘道广，广则难周"）陈寔的这种做法尽管不合清议，不过这使他能在宦官疯狂反扑时因张让的护宥而幸免于难。

当时宦官与外戚专权。飞扬跋扈，以致岁收荒殆，日用俭乏，民不聊生。有一天夜间，一个盗贼潜入陈寔家中，躲在房梁上伺机作案。陈寔发现梁上有动静，觉察出上面躲藏的盗贼，却依旧装作不知道，自顾起身整装，唤出子孙，正色训导他们说："人不可以不自勉。行为不善的人性情未必本来都是坏的，都是习染渐久才会为非作歹，藏在梁上的君子就是这样的人啊！"盗贼听后大惊，慌忙之中，自投于地，向陈寔跪拜请罪。陈寔赶忙拉他起身，心平气和地规劝说："审视足下的形貌，并不像恶人，足下应该深深反省，改过迁善。我想足下铤而走险，恐怕是生活不济吧。"说完，陈寔令家人送给梁上君子两匹绢作为周济。此后，全县境内不再有盗窃之类的事情（典故"梁上君子"）。

太尉杨赐、司徒陈耽等人常常感慨陈寔广有嘉名，而未登显位，以至于羞愧抢先陈寔一步。后来党禁松弛，大将军何进、司徒袁隗派人敦促陈寔入居高位。陈寔辞谢来使说："我久绝人事，愿以平民终了此生。"当时，三公之位每有空缺，议者都把陈寔作为首选之人。

中平四年（187年），八十四岁的陈寔寿终正寝，有三万余人前来赴丧。

【评述】

正如孟子所说，以德服人才能令人心悦诚服。陈寔发现梁上的盗贼后，没有把他抓下来痛打一顿，而是在他面前勉励家人讲述"祸福无不自求"的道理，梁上君子为陈寔的风度折服。陈寔这种委婉的方式很容易令人接受。商界人士当涵养以德服人的风度，能够站在别人的立场之上审视别人的错误，复杂的问题也许会简单很多。

【现代事例】

丰田与客户心心相印

孟子说能无敌于天下的人。是代表天意，使士、农、工、商都能安居乐业的"天吏"。对于商家来说，能在自己的产品和服务中反映出客户的意志和愿望，那商业的运作必是成功的。日本丰田从其初入美国市场时的惨痛经历中，吸取教训，重新调整发展战略，几年后，丰田汽车重返美国市场，立即大获成功。

丰田汽车在销售量、销售额、知名度方面都属世界一流，以先进的技术和优良的品质备受世人青睐。一九八九年十月，丰田（TOYOTA）在创立五十周年之际发布一款新的标志，这款新标志是由三个交织在一起的椭圆构成，最大的椭圆寓意地球，它中间包含着两个互相垂直的椭圆，合成字母 T，寓意丰田公司。椭圆具有两个中心，寓意丰田与顾客心心相印，互相信赖。整款标志象征着丰田依靠技术进步立足于未来，对未来充满信心。

丰田与客户心心相印可以从它的美国战略中清晰地展露出来。

一九五七年，有二十年历史的丰田羽翼渐丰，迫不及待地开辟美国市场以赢得更为宏大的发展远景。但令丰田料想不到的是，在美国寻求发展并非期待的那样简单，丰田生产的皇冠汽车发动机无法适应美国公路系统的标准，到一九五九年底，丰田只在美国售出二百八十七辆汽车。一九六〇年，丰田不得不暂停向美国出口轿车。

出师不利的丰田在暗中积蓄力量,直到一九六五年开发出一款美国味十足的——可乐娜才再次重返美国市场。这款轿车吸取皇冠在美国败北的教训,驾驶空间尽可能地做大以适应美国人高大雄壮的体形特点,使美国人在驾驶过程中不至于有被压迫之感,同时也改进发动机的性能,实现人车一体化,通过先进的控制技术,让轿车在驾驶者的意愿下运行自如。

一九九二年一月,外部环境急遽变化,"丰田与客户心心相印"还体现在一系列的丰田基本理念中,这些理念也与时俱进。不断完善。这些理念包括,遵守国内外法律法规,以公开公正的企业活动赢得国际社会的信赖;入乡随俗,尊重当地的风俗习惯,结合当地情况,促进当地的经济建设和社会发展;提供利于环保的安全型产品,为创造更舒适美好的生存空间和更为富裕的社会努力;不断研发最尖端的科学技术,根据顾客的需求,为其提供充满魅力的产品和服务;劳资双方相互信赖、共同承担,最大限度地发挥员工的创造力和团队凝聚力;通过全球化的创造性经营努力实现与社会的协调发展;为客户提供开放性的业务,相互切磋,建立与客户共生共存、长期稳定发展的良好关系。

无疑,丰田与不同客户的这些适应性互动为其带来巨大的成功,丰田汽车也成为象征着人们品位和身份的符号。

【评述】

在孟子看来,管理者和民众之间的关系是互动的,管理者只有考虑到民众的意愿,才会使管理更为顺利。丰田在美国本土由适应到成功的过程,恰是对"丰田与客户心心相印"这一理念的完美诠释。其实就任何一种商品和服务来说,客户用得顺手才意味着成功。

以德服人的上好佳董事长施恭旗

孟子通过三位贤者来说明与人为善的道理:子路听到别人指出自己的过失会很高兴,禹听到直言会欣然拜谢。与子路和禹相比,舜又比两人更高一层,不仅在于能够吸取别人的优点,还乐于取他人之长来完善自己。我们今天讲与人为善,更多地强调给予他人帮助,与人为善成为一种高尚的人格魅力。上好佳的董事长施恭旗就有着这种吸引人的魅力。

一九四六年，闯荡南洋的福建华人施阁头与李梅芬夫妇在菲律宾马尼拉开办一家包装和销售淀粉、咖啡的小型家庭手工作坊，到一九六六年发展成为菲律宾晨光有限公司（Liwayway Marketing Corp.）。经营范围亦随之扩大。

一九七四年，继任的施天赐董事长转而致力于休闲食品的开发，开创出自己的品牌Oishi，并在休闲食品行业中取得领先的地位。祖业的接力棒递到施恭旗手上后，企业实力壮大，资产雄厚，在亚洲的几个国家建立起海外生产基地，并开辟出广阔的国际市场。施恭旗为自己的产品取名为"上好佳"，含"非凡品质，上好口味"的意蕴。

俗话说："无商不奸。"不过施恭旗算是这种传统理念中的例外，他谦和宽厚，从不锱铢必较，他的成功被人称为"温和主义"的成功。

施恭旗笃信万事和为贵的理念，很多生意中的麻烦都被他谦逊温和地解决掉。施恭旗最初在海外的合作并不顺利，甚至遭到员工的抵触和反对，亏损甚多，人心浮动。很多人都劝他放弃，但他总想再坚持一下。为改善与员工的关系，凝聚公司的向心力，他几乎每天都亲自到工厂与员工交流。谁知，员工并不买账，对他不理不睬，不温不火，但他并不计较，总是以诚相待。慢慢地，宛如春雨润物一般，在这种温和交流中，员工们亦深深感动并开始反省自己的行为，被他宽厚的处世风格所折服。施恭旗还在公司财政陷入僵局的情况下，为员工提高薪资。众人合心，其利断金，员工的力量凝聚起来，自然没有做不好的事。

谁知，这个麻烦刚刚解决，一个更为棘手的麻烦等着他。一九九三年，合作方打算以合作的品牌另立门户，出现自己人相互竞争的局面。麾下的谋士们劝他与合作方对簿公堂，通过法律途径制止这种侵权行为。但出乎意料的是，施恭旗不仅没有这样做，反而出资赞助合作方另立新厂，以使合作继续开展下去。合作方最终为他的精诚所感动，顿时取消另立门户的念头。

无论是在菲律宾，还是在海外，上好佳的员工无一不对施恭旗的人品赞不绝口，因为他把以人为本的观念确切落实。施恭旗为员工考虑得很多，从员工的饮食寝居到工资福利，都能根据各自的职位使人满意。若有些员工不幸身患重症，施恭旗也会给予长期的关怀。施恭旗的人格魅力让员工们爱厂敬业，使"在其位、谋其职、尽其能、获其利"成为每位员工的工作准则。

【评述】

在孟子看来，与人为善不仅意味着以善意对待别人，给别人无私的帮助，而且也意味着自身道德境界的开豁,这些都关乎事业规模的大小。在尔虞我诈的商业竞争环境中,商界人士若能以低调的姿态,宽广的胸怀,与人为善,则会累积很广的人脉,有力地帮助化解困难。施恭旗的温和主义,将本来令人恼火的麻烦轻而易举地解决掉,可谓大智者。

【名言录】

名言:仁则荣,不仁则辱。——《公孙丑(上)》

古译:仁则致荣,不仁则致辱。

今译:为仁则会带来荣耀,不为仁则会带来羞辱。

现代使用场合:一位行仁政的人,会受到社会尊敬和拥护,相反,飞扬跋扈的人,只会受到别人疏远,成为势单力薄之人。人是群居的动物,人的发展需要周围人的支持和帮助,只有为"仁",才能为自己带来荣耀,才能踏着基石,迈向成功。

名言:贤者在位,能者在职。——《公孙丑(上)》

古译:贤者在位,能者在职。

今译:有贤能的人处在重位,有能力的人担当要职。

现代使用场合:有贤能的人就应该让他发挥出来,各在其位,各司其职。在现代管理人才的过程中,负责人就应当充分考虑到人才的特殊性与共通性,为每个人量身打造一个特别的空间,才能使他们的才能得以充分发挥。

名言:尊贤使能,俊杰在位,则天下之士皆悦而愿立于其朝矣。——《公孙丑(上)》

古译:尊贤任能,俊杰在位,则天下士人都悦于立于朝堂。

今译:尊重贤者,使用能人,杰出的人都有官位,那么天下的能人都会高兴并愿意效力于朝堂。

现代使用场合:尊重有贤能的人,才能使贤者充分发挥自己的优势,创造出更多的价值。所以在现实生活中,负责人对有贤能的人往往是很尊重的。现代经济是知识经济,有知识的人最有发言权,他们就应该受到负责人的尊重。受到负责人的尊重,他们才能竭力地在自己职位上发挥才能。

名言:祸福无不自己求之者。——《公孙丑(上)》

古译:祸福无不是自求而来。

今译:祸福没有不是自己求来的。

现代使用场合:许多祸患都是人为造成的,有些困难是可以通过一定的方式避免的。在现代社会生活中,我们要把目光放得长远一些,及时总结以往过失中的经验教训,尽量避免问题造成的损失。

卷四　公孙丑下

【题解】

本篇共 14 章。主要内容是记述了孟子在齐国的言论和活动,反映了孟子的思想品德和政治主张。

在第一章中,他论述了对战争胜负起决定作用的因素不是天时、地利,而是人和。他指出,"天时不如地利,地利不如人和","得道多助,失道寡助",行仁政,得人心,就多助;不行仁政,不得人心,就寡助,表现出孟子民本思想的一个侧面。

第二章以下,多记述孟子在进退去就方面的言行,以及待人接物的事迹。孟子到齐国活动,不仅是为了宣传自己的学说和主张,同时也是极力想找一个能够重用自己,施展自己抱负的地方。他说:"五百年必有王者兴,其间必有名世者。由周而来,七百有余岁矣。以其数则过矣,以其时考之则可矣。夫天,未欲平治天下也,如欲平治天下,当今之世舍我其谁也? 吾何为不豫哉?"遗憾的是,齐国的统治者不能礼贤下士,对老百姓横征暴敛,且不断地发动战争,施行兼并和征伐。这一切都是和孟子的学说、主张背道而驰的,于是孟子终于离开了齐国,同时他的行为也显示了其独立不羁的傲骨。

第六章所记对王驩的态度,同样可见孟子的耿介作风。第五章、第十二章所记孟子与蚳鼃(蛙)、尹士的对话,则透露出孟子行为处事的灵活性,他的解释说明,既然有平治天下的大抱负,就不能以小节自限。既有原则性,又有灵活性,所以孟子在待人接物时既严于义利之辨,又不屑于气量褊狭、自命清高的"小丈夫"。

一

【原文】

孟子曰:"天时不如地利①,地利不如人和②。三里之城③,七里之郭④,环而攻

国学经典文库

孟子诠解

《孟子》原典解读

图文珍藏版

之而不胜。夫环而攻之,必有得天时者矣;然而不胜者,是天时不如地利也。城非不高也,池非不深也,兵革非不坚利也⑤,米粟非不多也;委而去之⑥,是地利不如人和也。故曰:域民不以封疆之界⑦,固国不以山谿之险⑧,威天下不以兵革之利。得道者多助,失道者寡助。寡助之至,亲戚畔之⑨;多助之至,天下顺之。以天下之所顺,攻亲戚之所畔;故君子有不战,战必胜矣。"

【注释】

①天,时:指对于战争发生影响的阴晴寒暑等气候条件。地利:指有利于战争取胜的地理条件。

②人和:指人心的拥护和团结。

③城:内城。

④郭:外城。

⑤兵:兵器。革:皮革,指甲胄。

⑥委:弃。

⑦域:界限。

⑧谿:山间的河沟。

⑨畔:通"叛"。

【译文】

孟子说:"天时不如地利,地利不如人和。内城每边只有三里长,外城每边只有七里长,围攻它而不能取胜。既然围攻它,一定有得天时的机会;然而不能取胜,这就是天时不如地利了。城墙不是不够高,护城河不是不够深,兵器甲胄不是不够锐利坚实,粮食不是不够多;却弃城而逃,这就是地利不如人和了。所以说:留住人民不靠国家的疆界,保卫国家不靠山川的险阻,威震天下不靠兵器的锐利。占据道义者帮助他的人就多,失去道义者帮助他的人就少。帮助的人少到极点,连亲戚都背叛他;帮助的人多到极点,全天下都顺从他。凭着全天下都顺从的力量,来攻打连亲戚都背叛他的人;所以君子或者不打仗,如果打仗一定会胜利。"

【评析】

本章论仁者无敌。

本卷各章内容,似均记孟子晚年出仕齐宣王朝的经历,而且这些文字中提到齐宣王时，只称"王"而不称"宣王"，与第一卷第七章，第二卷一至七章称"宣王"的做法不同，齐宣王去世只比孟子晚几年，由此可大体推定：（一）本卷文字是孟子师徒离开齐国以后不久写的，当时齐宣王尚在世，故仅称"王"而不称谥。（二）一二两卷的文字，或许也作于离开齐国不久，文中开始也当称"王"，齐宣王死后，当由孟子弟子万章之徒改而用谥。至于为什么第四卷不改而别卷改，则不得而知了。

【典例阐幽】

得道多助，失道寡助

春秋初年，郑武公去世后，太子寤生即位，就是郑庄公。但他的地位却受到生母和胞弟的威胁。郑庄公的母亲武姜偏爱郑庄公的胞弟共叔段，要求郑庄公把制邑封给共叔段。制邑是军事要塞，郑庄公没有同意，武姜又替共叔段要求易守难攻的京城。郑庄公答应了。

共叔段一到京城，就加高加宽城墙。郑国大臣们对此议论纷纷，对郑庄公说："各种等级都邑城墙的高度，先王都立有规定。如今共叔段不按规定修城墙，您应及时阻止他。以免后果难以收拾。"

郑庄公说："我母亲希望这样，我又有什么办法呢？"

共叔段看哥哥没有对自己采取限制措施，便更加放肆起来，下令让西部、北部的军队听命于自己，并私自接收了周围的城邑来作为自己的封地。公子吕对郑庄公说："应及早下手制止他，否则周围的战略要地都会慢慢被他掌握！"郑庄公还是不紧不慢地说："用不着。得道多助，失道寡助，他对君不义，对兄不亲，这样不仁不义的事做多了，即使占据再多的地方，也会自取灭亡。"

共叔段看到哥哥没有其他动静，更加放手聚集粮草，聚敛钱财，扩充部队，准备攻打郑庄公。共叔段治下的百姓对此都十分不满，纷纷跑到郑庄公的地盘上。

这时，郑庄公说："时机到了！"他派人探听到共叔段起兵的日期后，派公子吕率领两百辆战车攻打共叔段，共叔段只好逃亡。

天时不如地利，地利不如人和

元朝末年，南方各反元势力取得初步胜利后，朱元璋同自立为汉帝的陈友谅的矛盾日益突出。至正二十年(1360年)闰五月初一,陈友谅率水军十万越过朱元璋占据的池州,攻占太平,夺取采石,并派人和张士诚联系,企图上下夹击,一举吞灭朱元璋。朱元璋闻讯后于七月初六亲率舟师二十万救援洪都,十六日进至鄱阳湖口。陈友谅移师鄱阳湖迎战,两军在康郎山水域相遇。

陈军虽然占据天时地利,但是却连连败退,左、右金吾将军见大势已去,相继投降朱元璋,陈军士气更趋低落。朱元璋趁机致书陈友谅进行劝降。陈为泄愤,杀光俘虏。朱元璋则放还全部俘虏,并医治伤残的、悼念死去的,从而大得人心。

八月二十六日,陈军因粮食奇缺,将士饥疲,遂冒险向湖口方向突围,又陷入朱军的包围。朱军趁机四面猛攻,陈军慌乱溃逃,在泾江口复遭朱军伏兵截击,陈友谅中箭身死。平章陈荣于次日率残部五万余人投降,太尉张定边同陈友谅之子陈理逃回武昌,于次年二月投降。

鄱阳湖之战成为中国水战史上以少胜多的著名战例,为朱元璋统一江南,进而建立明王朝奠定了基础。

二

【原文】

孟子将朝王①,王使人来曰:"寡人如②就见者也,有寒疾,不可以风。朝,将视朝③,不识④可使寡人得见乎?"

对曰:"不幸而有疾,不能造⑤朝。"

明日,出吊于东郭氏⑥。公孙丑曰:"昔者辞以病,今日吊,或者不可乎?"

曰:"昔者疾,今日愈,如之何不吊?"

王使人问疾,医来。

孟仲子⑦对曰:"昔者有王命,有采薪之忧⑧,不能造朝。今病小愈,趋造于朝,我不识能至否乎?"

使数人要⑨于路,曰:"请必无归而造于朝!"

不得已而之景丑氏⑩宿焉。

景子曰:"内则父子,外则君臣,人之大伦也。父子主恩,君臣主敬。丑见王之敬子也,未见所以敬王也。"

曰:"恶!是何言也!齐人无以仁义与王言者,岂以仁义为不美也?其心曰,

'是何足与言仁义也'云尔,则不敬莫大乎是。我非尧、舜之道。不敢以陈于王前,故齐人莫如我敬王也。"

景子曰:"否,非此之谓也。礼曰:'父召,无诺⑪;君命召,不俟驾⑫。'固将朝也,闻王命而遂不果,宜⑬与夫礼若不相似然。"

曰:"岂谓是与?曾子曰:'晋、楚之富,不可及也。彼以其富,我以吾仁;彼以其爵,我以吾义。吾何慊⑭乎哉?'夫岂不义而曾子言之?是或一道也。天下有达尊⑮三:爵一,齿一,德一。朝廷莫如爵,乡党莫如齿,辅世长民莫如德。恶得有其一以慢其二哉?故将大有为之君,必有所不召之臣,欲有谋焉,则就之。其尊德乐道,不如是,不足与有为也。故汤之于伊尹,学焉而后臣之,故不劳而王;桓公之于管仲,学焉而后臣之,故不劳而霸。今天下地丑⑯德齐,莫能相尚,无他,好臣其所教,而不好臣其所受教。汤之于伊尹,桓公之于管仲,则不敢召。管仲且犹不可召,而况不为管仲者乎?"

【注释】

①王:指齐王。

②如:应该,应当。

③朝:第一个"朝",清晨;第二个"朝",朝廷,视朝即在朝廷处理政务。

④不识:不知。

⑤造:到,上。

⑥东郭氏:齐国的大夫。

⑦孟仲子:孟子的堂兄弟,跟随孟子学习。

⑧采薪之忧:有病不能去打柴,引申为生病的代词。薪,柴草。

⑨要:拦截。

⑩景丑氏:齐国的大夫。

⑪父召,无诺:《礼记·曲礼》:"父命呼,唯而不诺。"意思是,父亲有招呼,应该以"唯"应答,而不是"诺"。"唯""诺"都是表示应答,但"唯"恭敬些。

⑫君命召,不俟驾:君王召见时,臣子不等到车马备好就立刻动身。

⑬宜:义同"殆",大概,恐怕。

⑭慊:憾,少。

⑮达尊:公认为尊贵者。达,通。

⑯丑：类似，相同。

【译文】

孟子准备去朝见齐王，王派人转达说："我本应来看您，但是感冒了，不能吹风。明早我将上朝办公，不知道能让我见到您吗？"

孟子回答说："不幸的是我也病了，不能上朝廷去。"

第二天，孟子要到东郭家吊丧。公孙丑说："您昨天托辞生病拒绝了齐王的召见，今天却又去东郭家里吊丧，这或许不太好吧？"

孟子说："昨天生病，今天好了，为什么不可以去吊丧呢？"

齐王派人来问候孟子的病，并且带来了医生。

孟仲子应付说："昨天王有令来时，他正生着病，不能上朝廷去。今天病稍好了一点，已经上朝廷去了，我不知道到了没有？"

孟仲子又立即派人到回家的路上去拦孟子，告孟子说："请您无论如何不要回家，赶快上朝廷去！"

孟子不得已，到景丑的家里去住宿。

景丑说："在家庭里有父子，在家庭外有君臣，这是最重要的伦理关系。父子之间以慈恩为主，君臣之间以恭敬为主。我只看见齐王尊敬您，却没看见您尊敬齐王。"

孟子说："哎！这是什么话！在齐国人中，没有一个与齐王谈论仁义的。难道是他们觉得仁义不好吗？他们心里想的是：'这个人哪里配和他谈论仁义呢？'这才是对齐王最大的不恭敬。至于我，不是尧、舜之道就不敢拿来跟齐王说。所以，齐国人没有谁比我更对齐王恭敬了。"

景丑说："不，我不是说的这个方面。礼经上说过：'父亲召唤，答"唯"而不答"诺"；君王召唤，不等到车马备好就起身。'可您本来就准备朝见齐王，听到齐王的召见却反而不去了，这似乎和礼经上所说的不大相合吧。"

孟子说："是这个道理吗？曾子说过：'晋王和楚王的财富，没有人赶得上。他倚仗他的财富，我倚仗我的仁；他倚仗他的爵位，我倚仗我的义。我有什么不如他的呢？'不义的话，曾子会说吗？应该是有道理的吧。天下公认最尊贵的三样东西：一是爵位，一是年龄，一是德行。在朝廷上最尊贵的是爵位，在乡里是年龄，至于辅助君王治理天下统治人民没有什么比得上德行。他怎么能够凭爵位就来怠慢我的年龄和德行呢？所以，大有作为的君主一定有他不能召唤的大臣，如果他有什么需要，就亲自去臣子那里。他尊重德行喜爱仁道，达不到这个程度，就不足以和他一道有所作为。因此商汤对于伊尹，先向他学习，然后才待他当作臣子，于是不费大力气就统一了天下；桓公对于管仲，也是先向他学习，然后才待他当作臣子，于是不费大力气就称霸于诸侯。现在，天下各国的土地都差不多大小，君主的德行也都不相上下，相互之间谁也不能高出一等，没有别的原因，就是因为君王们只喜欢用听他们的话的人为臣，而不喜欢用能够教导他们的人为臣。商汤对于伊尹，桓公对于管仲，就不敢召唤。管仲尚且不可以被召唤，更何况连管仲都不愿做的人呢？"

【评析】

在这一章里，孟子提出了"贤才不可招"的主张，意思是很明确的：真正的贤才不是可以招之即来、挥之即去的。相反，国君们应该像商汤对待伊尹、周文王对待姜子牙那样礼贤下士，甚至要主动放低自己的身份延请贤才，贤才才会来辅佐他。

孟子"贤才不可招"的主张是儒家在用人方面的重要思想之一。孔子和孟子一生都在宣扬这种主张，尽管由于所处时代的特殊原因，他们本身没有受到这种待遇，但这一主张对后世却产生了极其深远的影响，最典型的事例就是三国时期蜀汉的开国皇帝刘备三顾茅庐请诸葛亮出山的故事。

回到这一章的具体内容上，可以看到，齐宣王和孟子本来约好了要见面，但齐宣王临时改变了主意，说请孟子明天到朝堂上去见他，这自然惹恼了孟子。其实，齐宣王没有听到在《公孙丑·上》里记载的孟子和公孙丑的谈话，否则他也许就绝不敢这样对待孟子这个连管仲都不放在眼里的人。

孟子是自视很高的，所以，哪怕你是一个泱泱大国的国君，孟子也不愿意被你呼来唤去的，因此，他才躲着不见齐宣王。不仅孟子有这种经历，根据《论语·阳货》的记载，孔子也有这样的经历。然而，在那个年代，没有多少人能理解孔子和孟子的这种做法，他们只会简单地认为这是书生们自以为是的迂腐行径，对孔子和孟子就没有多少好感，而孔子和孟子自己也不肯妥协，因此才有周游列国而不被重用的结果。那么，没有这份清高怎么样呢？在春秋战国时代。纵横家是没有"清高之气"的，比如苏秦和张仪，结果却是能够"身配六国相印"，在事业上不能不算是取得了成就。

这样说来，我们就很难理解了，难道孔子和孟子都错了，难道不愿被国君呼来喊去也错了？其实不然，老子和孟子呼唤和需要的不是自命清高，而是国君们对贤才的尊重，这是没有错的。有句话说："将大有为之君，必将有所不召之臣。"儒家认为，当时孟子在齐国的地位是"亦宾亦师"，既是客人，又是老师，那么自然就不应该"以奉命趋走为恭"了，相反应该"以责难陈善为贵"。所以，当齐宣王拿出国君的架子时，孟子当然就可以不理睬他了。

不理睬国君，并不是在"还以颜色"，也不是在耍清高，而是在维护一种尊严，这种尊严说大了是贤才的尊严，说小了是孟子个人的尊严。

尽管在众人看来，孟子的行为是极其不妥的，但在孟子看来却很妥当，因为每个人的人性都是相同的，人格也是平等的，齐宣王和他是平等的。

尽管有刘备"三顾茅庐"的事例，但这并不意味着在后来的历史中，国君们能够按照孟子的要求对待贤才。事实上，孟子的一些观点，就是在两千多年后的今天来看，也仍然能让人感到就好像"乌托邦"一样。

回到孟子的观点上来，既然对于国君而言，礼贤下士是如此困难，真正的贤才也是如此难遇，那么作为真正的贤才，有一点的清高和傲气应该无妨吧！

和孔子一样，孟子的一生不断地周旋于各诸侯国之间，尽管处处都不被重用，尽管时刻都在争取做人的尊严，但他藐视国君的权威的所言所行，依然为后世树立了楷模，值得后人学习。

综上所述，我们不能简单地认为孟子对齐宣王表示"不能造朝"是"书呆子"式的迂腐和清高，相反应该肯定他的骨气。

【典例阐幽】

采薪之忧

战国时，楚顷襄王病重。楚太子却正在秦国当人质。陪同太子在咸阳的黄歇于是请求范雎代向秦王说情，允许太子返回楚国去。范雎转告了秦王，秦王说："让太子的老师先去看看楚王病的情况，回来再做商议。"黄歇与楚太子想出一条计策，太子换上车夫的衣服，趁着来报信的楚国使者离开咸阳的时机，装扮出城。与此同时，黄歇守在馆舍的门口，告诉所有前来探望太子的人说："太子有采薪之忧，谢绝来访。"

他估计太子已经出了秦境后，才去告诉秦王："楚国太子已经归国，走得很远了。我黄歇情愿领受死罪。"

秦王勃然大怒,准备杀了黄歇。范雎劝道:"黄歇作为臣下,献身救他的主子,如果楚太子即位,一定会重用黄歇。我们不如赦黄歇无罪放他回去,以与楚国结好。"

秦王听了劝告,放走黄歇。黄歇回到楚国,三个月后,楚顷襄王去世,太子即位为楚考烈王,任命黄歇为国相,把淮河以北的领地封给他。黄歇就是历史上的春申君。

三

【原文】

陈臻①问曰:"前日于齐,王馈兼金一百②而不受;于宋,馈七十镒而受;于薛,馈五十镒而受。前日之不受是,则今日之受非也;今日之受是,则前日之不受非也。夫子必居一于此矣。"

孟子曰:"皆是也。当在宋也,予将有远行,行者必以赆③,辞曰:'馈赆。'予何为不受?当在薛也,予有戒心④,辞曰:'闻戒,故为兵馈之。'予何为不受?若于齐,则未有处也。无处而馈之,是货⑤之也。焉有君子而可以货取乎?"

【注释】

①陈臻:孟子弟子。

②兼金一百:好金一百镒(即两千两,古时一镒二十两,为一金)。兼金,好金,上等金,因其价兼倍于常者,故日兼金。

③赆:临别时赠送的财物。

④戒心:当时有人欲加害于孟子,故孟子有戒备之心。

⑤货:贿赂,收买。

【译文】

陈臻问孟子说:"之前在齐国的时候,齐王送给您上等金一百镒,您没有接受;在宋国的时候,送给您七十镒,您却接受了;在薛地的时候,送给您五十镒,您也接受了。如果过去不接受是对的,那么现在的接受就是不对的;如果现在的接受是对的,那么从前的不接受就是错的。这两者之中,总是只有一种做法是对的。"

孟子回答说:"都是对的。在宋国的时候,我将要远行,对远行的人一定要赠送盘缠,他们说:'送您一些盘缠。'我为什么不接受呢?在薛地的时候,我有戒备之心,他们说:'听说您需要戒备,送些钱给您做兵费吧。'我为什么不接受呢?至于在齐国的时候,就没有这样的缘由,没有缘由而要送给我财物,这是要收买我。君子怎么可以用钱财来收买呢?"

【评析】

在这一章里,学生陈臻发现,在对待同一件事情上,孟子采取了两种截然不同的做法,于是据此以为,两种做法里必然有一种是对的,有一种是错的,即所谓"二者必居其一"。于是,他得意扬扬地要求孟子"请直接回答是或者不是",很有孟子雄辩的风范。

作为先生,孟子当然不能被学生问倒,于是做出了跳出陈臻"两难推论"的局限的回答。总体来说,陈臻的"两难推论"虽然看似很有道理,但实际上却局限于形式逻辑之中,缺乏辩证逻辑的灵活性,不能解决具有特殊性的问题。孟子的回答则恰恰相反,能具体问题具体分析,不同情况区别对待。用孟子自己的话说,这就叫"通权达变"。

据《论语·雍也》篇的记载,当公西华被孔子派去出使齐国时,冉有想为公西华多要一些安家的口粮,而孔子则认为,公西华做了使节,就有的是钱财口粮,所以就没有多给。后来,原思做孔子的总管,他觉得自己的俸禄太高了,孔子却劝他不要推辞。从表面看,孔子的这个行为与孟子的行为没有什么区别,都令人不解。但是,孔子和孟子之所以这样做,还是有自己的一番道理的。

那么道理何在呢?孔子说过:"富与贵,人之所欲也,不以其道得之,不处也。"这句复杂的文言文用我们现在常说的一句话解释,就是"君子爱财,取之有道",从理论上看,这可以理解为"既能坚持原则,又能通权达变"。

在儒家思想里,通权达变是很重要的一个主张,不仅孔子和孟子在解决自己遇到的问题时要懂得通权达变,而且每个人在立身处世时,也应该懂得通权达变。

再回到文章本身,我们可以看出,究竟是否接受别人赠予的钱财,孟子的基本原则是"焉有君子而可以货取乎?",这句话的意思就是说,君子不拿不明不白的钱。如果这个钱赠予得有充足而合理的理由,就是明明白白的,那么该接受就大胆接受,否则,理由不充分不合理,就是不明不白的,就必须推辞掉。到底接受与否,要根据实际情况权衡,如果把不该接受的接受下来,那就是不对的,不是君子所为。从这一点上,可以看出,孟子又何止只是"富贵不能淫"的一个人呢!

【典例阐幽】

列子不受禄

战国时期,思想家列御寇,人们尊称他为列子。

列子家庭贫困,有一次家中缺粮,已经有好些天没吃过一顿饱饭了。靠着他的妻子挖野菜充饥,夫妻二人饿得面黄肌瘦。

列子挨饿的事被郑国宰相子阳的一个门客知道了。这个门客对郑相子阳说:"列御寇是个有道术的贤人,居住在相国您执政的郑国都城里,却穷困不得志,饿得面黄肌瘦,相国您就要落个不重视贤才的名声了!"

当时的社会风气,各国的掌权人都千方百计争取笼络有才能的人士。郑相子阳也不甘落后,他听到门客说了列子挨饿的事,虽然并不了解列子的为人如何,也要博取一个重视贤才的美名。于是,郑相子阳就派官吏给列子家送去一车粮食。

列子

列子听到有车马的声音,出来一看是位官吏带着一车粮食停在门口。列子问明官吏的来意,就拜了两拜,谢绝郑相子阳赠送的粮食。官吏只好把粮车带回去,向郑相子阳报告。

官吏走后,列子回到屋里。他的妻子捶胸顿足地埋怨他说:"我听说当了有道术人的妻子,都过得安逸快乐。现在您饿得面黄肌瘦,相国关心您,赠送给您粮食。您却谢绝相国的好意,不接受粮食,难道不是命里注定要受穷挨饿吗?"

列子笑了笑,对妻子说:"郑相并不了解我。因为听了别人的话而赠送给我粮食,到他怪罪我的时候,也会因为听信别人的话而整治我。这就是我不接他馈赠的原因啊!"

妻子并不理解列子的意图，又唠唠叨叨地说："看你的穷命样，从来也没有发达过。人想巴结相国还巴结不上呢，你却把相国的一番好意拒绝了！"

列子说："接受人家的馈赠，当人家有难时，你不以死报效，是不义的人；如以死报效他，是为无道义的人而死，这难道是讲道义吗！"

后来，人民果然起来造反，杀死了郑相子阳，列子因为没有受郑相子阳的收买，免掉了一场杀身之祸。

四

【原文】

孟子之平陆①，谓其大夫曰②："子之持戟之士③，一日而三失伍④，则去之否乎⑤？"

曰："不待三。"

"然则子之失伍也亦多矣。凶年饥岁，子之民，老羸转于沟壑，壮者散而之四方者，几千人矣。"

曰："此非距心之所得为也⑥。"

曰："今有受人之牛羊而为之牧之者，则必为之求牧与刍矣。求牧与刍而不得，则反诸其人乎？抑亦立而视其死与？"

曰："此则距心之罪也。"

他日，见于王曰："王之为都者，臣知五人焉。知其罪者惟孔距心。"为王诵之。

王曰："此则寡人之罪也。"

【注释】

①平陆：齐国边境邑名，故城在今山东汶上北。

②大夫：这里指邑宰，即邑的长官。

③持戟之士：指战士。戟，一种兵器。

④失伍：掉队或擅离岗位。

⑤去之：杀之。

⑥距心：即本章对话中平陆邑宰之名。

【译文】

孟子到平陆去,对当地的邑宰说:"先生的士卒,如果一天失职三次,你会杀了他吗?"

邑宰说:"不必等到三次。"

孟子说:"那么,您失职的地方可就多了。饥荒年岁,您的百姓,年老体弱的辗转死于沟壑,年轻力壮的四散逃荒,几乎有一千人啊。"

邑宰说:"这不是我距心力所能及的。"

孟子说:"假如现在有个接受别人牛羊而替人放牧的人,他一定会替人去找牧场和草料。找不到牧场和草料的话,是把牛羊还给人家呢?还是站着眼看它们死掉呢?"

邑宰说:"这么说是我距心的罪过了。"

过些日子,孟子朝见齐王,说:"王的都邑长官中,我认识五个人。明白自己的罪过的,只有孔距心一人。"接着为齐王讲述了与孔距心的对话。

王说:"这么说是我的罪过了。"

【评析】

齐国平陆的地方长官孔距心,荒年不知救助饥民,致使老弱抛尸于沟壑,青壮年逃散到四方,差不多上千人。经过孟子一番启发,他才认识到这是自己的罪过。而大多数地方官却认识不到自己的罪过。

孟子说服孔距心,用类比论证法:一用战士犯错必受处分,类比论证孔距心当受处分。当孔氏不服时,孟子又以放牧为例,说明孔氏这个"牧人"有责任为"牛羊"找到牧场和牧草,无权力眼睁睁看着"牛羊"死去。

【典例阐幽】

西门豹治邺

战国时,魏王派西门豹去当邺城的县令。西门豹到了邺县,看到那里人烟稀少,人民穷苦。经过调查后得知,当地的巫婆和官绅勾结,以每年给河伯娶亲为借口,每年都要找一个百姓家的女孩投到境内的河里,谁家如不把女儿交出来就要缴纳很多钱,以此欺骗敲诈搜刮老百姓的钱财。很多老百姓被逼得家破人亡,有的走投无路逃到外地去了。

西门豹清楚巫婆和官绅的行为以后,首先惩治了巫婆和几个为首的当地官绅。

西门豹接着就征发老百姓开挖了十二条渠道,把黄河水引来灌溉农田,田地都得到灌溉。

从那以后,邺城的老百姓生活渐渐富裕起来,人口也开始兴旺起来。

西门豹励精图治的治邺故事也千古流传下来,西门豹本人也成为后世地方官员的楷模。

五

【原文】

孟子谓蚳鼃曰①:"子之辞灵丘而请士师②,似也,为其可以言也。今既数月矣,未可以言与?"

蚳鼃谏于王而不用,致为臣而去③。

齐人曰:"所以为蚳鼃则善矣,所以自为则吾不知也。"

公都子以告。④

曰:"吾闻之也,有官守者,不得其职则去;有言责者,不得其言则去。我无官守,我无言责也,则吾进退,岂不绰绰然有馀裕⑤哉?"

【注释】

①蚳鼃:齐国大夫。鼃,即今"蛙"字。

②灵丘:齐国边境邑名。

③致为臣:交还官职,这里指辞职。致,还。

④公都子:孟子的弟子。

⑤绰绰然有馀裕:绰绰然,宽松的样子。裕,宽裕。

【译文】

孟子对蚳鼃说:"你辞去灵丘地方长官的职务而请求担任狱官,似乎是有道理的,因为可以进谏了。现在你做狱官已经几个月了,还不可以进谏吗?"

蚳鼃向齐王进谏而不被采纳，便辞官而去。

齐国有人议论说："孟子替蚳鼃出的主意是很好，怎么为自己考虑，我就不知道了。"

公都子把这话告诉了孟子。

孟子说："我听说过，有固定官职的人，如果不能尽责，就辞职；有进谏责任的，无法尽到进谏的责任就辞职。我既没有固定的官职，又没有进谏的责任，那么，我的行动进退，难道不是宽宽松松，大有回旋余地吗？"

【评析】

蚳鼃做了四个月的治狱官，却没有向齐王进言。在孟子的劝说下，蚳鼃向齐王进谏，齐王不听，他便辞官而去。齐国人对此颇有微词。孟子则认为，有官职、有言责，才需进言；自己没有官职，没有言责，便无需进言。孟子的主张，实际源自孔子的"不在其位，不谋其政"（《论语·泰伯》）。孔、孟虽主张相同，但二人何以一生栖栖惶惶，周游列国，不断试图对君主进言，对政治发表批评、议论呢？盖孔、孟是"谋道"也，而非"谋政"也。"谋道"是无条件的，用孔子的话说，是"笃信好学，守死善道"（《论语·泰伯》）；而"谋政"则是有条件的，不在其位，则不谋其位之政。

六

【原文】

孟子为卿于齐，出吊于滕①，王使盖②大夫王驩③为辅行④。王驩朝暮见，反齐滕之路，未尝与之言行事也。

公孙丑曰："齐卿之位，不为小矣；齐滕之路，不为近矣，反之而未尝与言行事，何也？"

曰："夫既或治之，予何言哉？"

【注释】

①出吊于滕：当时滕文公死，故孟子去为其吊丧。

②盖：齐国邑名，在今山东沂水县西北。

③王驩：人名，盖邑大夫。

④辅行:副使。

【译文】

孟子做齐国的卿,到滕国去吊丧,齐王派盖大夫王驩为副使与孟子同行。其间,王驩与孟子经常见面,在往返于齐滕两国的路途中,都未曾和孟子谈过公事。

公孙丑说:"齐国卿的爵位,也不算小了;齐、滕两国之间的道路,也不算近了,但往返一回都未尝和您谈过公事,为什么呢?"

孟子说:"他既然什么事都独断专行了,我跟他还有什么好说的呢?"

【评析】

这一章主要记述了孟子对小人的态度。

孟子奉命出使,齐宣王的宠臣王驩只是他的副手,而且职位比孟子低,理应事事都请示孟子之后再处理;然而王驩在齐宣王的宠爱下,目无法纪,目中无人,事事都是习惯性地独断专行。

对于孟子来说,处理这种小人的行径似乎有些棘手:一方面,如果跟他理论,禁止他独断专行,就会被别人看成是孟子在和王驩争权。孟子不愿意争权,更不愿意与小人争权,肯定也不愿意让别人在背后这样评价他。另一方面,在常人看来,王驩的行为实在可气,根本就是目中无人,不把孟子当领导,如果不整治一下,面子上实在气不过。

孟子不愧是"亚圣",处理方式果然与常人不同——或者可以说,孟子在经过权衡以后,"两害相权取其轻",宁可让这种小人不把他当领导,也不愿与他发生争执,以免降低自己的品行。所以,孟子的态度是听之任之,姑且由之。但孟子并不是不生气,也不是对王驩没有意见,只是他表达生气和意见的方式又与众不同,就是不再与他谈论公务,不再与他说话。

尽管孟子的态度是严厉的,但言语上却很谨慎。这符合孔子所说的"邦无道,危行言逊"的处事态度。但孟子并非一直都采取这样的态度,有时候,孟子抨击时政的言论也很不逊。那么,孟子的言论什么时候"谦逊",什么时候"不逊"呢?这有一定的规律和界限,即:当他从政为官时,言论是很谦逊的,当他的身份是没有官职的士人时,就变得言语犀利,得理不让人了。这既有身份和地位的因素,也有社会条件的因素。

【典例阐幽】

刘备一意孤行

刘备是东汉末帝汉献帝的族叔,经过群雄逐鹿后与曹操、孙权三分天下。

后来刘备的义弟关羽,大意失荆州后送了性命。刘备为了给关羽报私仇,不从众愿,不听从赵云等多位将士及手下重要谋臣诸葛亮的劝告。诸葛亮劝不住刘备后,唯有慨叹一句:若法孝直不死,定能阻。而后不再劝阻。

于是,刘备一意孤行,兴七十五万人马大举伐吴。结果被吴中陆逊火烧七里连营。最后落得剩下百余名败军逃到了白帝城。此战使蜀国元气大失,国力也大不如前。

七

【原文】

孟子自齐葬于鲁,反于齐,止于嬴①。

充虞请曰②:"前日不知虞之不肖,使虞敦匠事。严③,虞不敢请。今愿窃有请也:木若以美然④。"

曰:"古者棺椁无度,中古⑤,棺七寸,椁称之。自天子达于庶人,非直为观美也,然后尽于人心。不得,不可以为悦;无财,不可以为悦。得之为⑥,有财,古之人皆用之,吾何为独不然?且比化者无使土亲肤⑦,于人心独无恔乎⑧?吾闻之,君子不以天下俭其亲。"

【注释】

①嬴:齐国邑名,故城在今山东莱芜西北。

②充虞:孟子弟子。

③严:急。

④以:太。

⑤中古:指周公制礼的时候。

⑥为：用。

⑦比：为。化者：死者。

⑧惬：满意。

【译文】

孟子从齐国到鲁国埋葬母亲，回到齐国，在嬴邑停下来。

充虞请问道："前些日子承您错爱，让我管木匠的事。当时事情急迫，我不敢请教。现在愿有所请教：棺木似乎太好了。"

孟子说："古时候，棺椁没有固定的尺寸，中古，规定棺厚七寸，椁与之相称。从天子到老百姓，讲究棺椁，不只是为了美观，而是因为这样才能尽人的孝心。因礼制限定而不能用，不能算如意；没钱，也不能如意。礼制规定可以用，又有钱，古人都这样用了，为什么就我不行？而且为死者考虑，不使泥土挨着肌肤，对于孝子来说不是可以少点遗憾吗？我听说过，君子不会因为天下的缘故而在父母的身上节俭。"

【评析】

从这一章的内容可以看出，孟子非常重视丧葬之事。这是因为儒家一向提倡以"忠、孝、仁、义、礼、智、信、廉、悌"为核心的伦理道德，而孝又被称为"百善之首"。

然而，虽然孟子很重视丧葬之事，但丧葬之事并不是孝道的全部内容。曾子曾经说过"生，事之以礼；死，葬之以礼，祭之以礼，可谓孝矣"的话，由此可知，完整的孝道包括生前的奉养和死后的安葬两个方面的内容。

如果说到孝道的起源的话，历史就更早了。据有关文献记载，早在孔子之前的两千年，从尧舜时代开始，孝道就已经是社会的一种普遍道德了，而孔子和孟子所做的，只是把实际存在于生活中的孝道提高到了理论的高度，使其更系统化和更具文化性。

不仅在《孟子》里有许多关于孝道的主张和思想，在《论语》里也记载了不少孔子和学生关于孝道问题的主张，其中尤其是孔子在《八佾》篇里的说法与本章所讨论的问题关系最为密切。孔子说道："与其易也，宁戚。"也就是说，与其铺张浪费于丧葬之事，还不如尽情地表达悲伤之情。由此看出，孔子反对在物质方面过分的铺张和厚葬，而是更重视内在的真情流露。孔子的这一主张在后来发生了变化，一时间厚葬之风盛行,原因无非是时代不同了,人们的地位和经济状况都发生了变化,有能力举行铺张浪费的厚葬。

尽管孟子非常重视丧葬之事,但与后来的儒家不同的是,孟子并不提倡厚葬。孟子认为,只要竭尽自己的力量,就是尽到了孝道,没有必要必须追求厚葬,所以,他说:"亲丧,固所自尽也。"那么,是不是就可以因此而节俭从事呢?当然也不是,因为孟子虽然不主张厚葬,但更反对薄葬。

从有关的史料记录上,如《列女传》等书籍上,人们还可以看到很多关于孟子的母亲的一些记录,孟子的母亲是一位很懂得教育孩子的母亲,可以这么说,如果没有她的教育,孟子能否成为儒家的"亚圣"还不得而知呢。那么,在孟子的母亲过世以后,孟子是怎样丧葬她的呢?根据这一章的记载,可以看出,孟子是以很厚葬的方式埋葬了他的母亲,就连他的学生都觉得实在是厚葬了。但是,无论从哪一点上看,这都是无可厚非的。

通过这一章,孟子想要表达的观点是:在安葬父母的问题上,只要制度和经济两方面都允许,就应该尽力做到最好,正所谓"君子不以天下俭其亲",说的就是这个道理。

但是,不管怎么说,有一点是肯定的,那就是丧葬是孝心的重要体现。如果有孝心的话,什么样的丧葬之礼都是符合孝道的要求的,否则,一旦失去了孝心,再丰厚的葬礼也没有任何意义。

李密

【典例阐幽】

李密侍亲

李密是魏晋时代人,以前为蜀汉的大臣,后降魏。他自小父母双亡,经受了无人可亲近的痛苦,而祖母则是唯一照顾他,把他抚养长大的人。因此,在晋武帝一再征召他的情况下,他写下了千古名篇《陈情表》。

李密在《陈情表》中陈述了当祖母韶华不再,只能病卧床榻之时,侍奉祖母也就成了他必尽的责任。他不能尽忠尽孝两全,希望皇帝明白他的处境和拳拳之心。

并且表明，"陈尽节于陛下之日长，报刘之日短。""乌鸟私情，愿乞终养。"既然忠孝不能两全，但是"圣朝以孝治天下"，人皆有父母，李密希望皇帝能够以人之常情揣度，并表达了想先尽孝后尽忠的意思。《陈情表》终于感动了皇帝，李密也成了天下孝子的典范。

八

【原文】

沈同①以其私问曰："燕可伐与？"

孟子曰："可。子哙不得与人燕，子之不得受燕于子哙②。有仕于此③，而子悦之，不告于王而私与之吾子之禄爵，夫士也，亦无王命而私受之于子，则可乎？何以异于是？"

齐人伐燕。

或问曰："劝齐伐燕，有诸？"

曰："未也。沈同问'燕可伐与'，吾应之曰，'可'。彼然而伐之也。彼如曰：'孰可以伐之？'则将应之曰：'为天吏，则可以伐之。'今有杀人者，或问之曰：'人可杀与？'则将应之曰：'可。'彼如曰：'孰可以杀之？'则将应之曰：'为士师，则可以杀之。'今以燕伐燕，何为劝之哉？"

【注释】

①沈同：齐国大臣。

②子哙、子之：子哙，即燕王哙。子之，燕相。

③仕：通"士"。

【译文】

沈同以个人名义问道："燕国可以讨伐吗？"

孟子说："可以。子哙不可以把燕国给子之，子之也不可以从子哙那里接受燕国。比方说这里有个士人，您喜欢他，就不必禀告君王而私自把自己的俸禄、爵位让给他，那个士人也不经君王同意，私自从您那里接受俸禄和爵位，这样行吗？燕国的事同这又有什么两样呢？"

齐国攻打燕国。

有人问道:"您鼓励齐国攻打燕国,有这回事吗?"

孟子说:"没有。沈同问'燕国可以征伐吗',我答复他说'可以'。他认同这个说法便去征伐燕国。他如果问'谁能去征伐燕国',那我将答复他说:'奉了上天使命的人就可以去征伐。'就好比这里有个杀人犯,如果有人问我:'这个人可以杀吗?'我会回答说:'可以。'他如果再问:'谁可以去杀这个杀人犯?'那我就会回答他:'作为狱官的就可以杀他。'如今让一个跟燕国一样无道的国家去征伐燕国,我为什么要鼓励它呢?"

【评析】

读了这一章的很多人都觉得,孟子在这里其实是玩了一个文字游戏,甚至是在为自己"不仁"的言论开脱、搪塞。这都是表面上的。

从深层次来看,孟子的意思很明确:不是说不义的诸侯不能被讨伐,但如果出兵讨伐者也只是一个诸侯,那这种讨伐就是错的,本身也是不义之举,因为它"违法"了。根据分封制的规定,讨伐不义诸侯的人要有一定的资格,必须是周天子才行。孟子怕别人不理解,又举了一个很浅显的例子,如果一个人犯了杀人的罪过,必然是要被杀死的,这是法律规定的,所以说是"可以"杀的,但并不是人人都有资格杀他的,杀他的人必须是法官。

试想一下,如果每个人都有鞭打或者诛杀有罪之人的权力,那么天下是变得更有法制了呢,还是更混乱了?肯定是后者。"人人得而诛之"只是一句号召,只是一个用来形容某个人罪不容恕的形容词,在真正讲法制的社会是不可能这样的。真正的法制社会,应该是即使是讨伐不义,即使是诛杀罪犯,都得有规矩、有秩序。

从整章的论述来看,孟子的上述意思是明白无误的,之所以被人误解为他支持齐国出兵讨伐燕国,一是因为当沈同问及此事的时候,孟子着重阐述了燕国应该被讨伐的原因,并没有明确说明该由谁讨伐;二是因为战国时代已经不是一个法制社会了,连"只有天子才可以讨伐不义诸侯"这样的规定都被齐国君臣忽略了。这不仅是一个王权衰微的时代,更是一个法制混乱的时代。这一切都不能怪罪于孟子。

【典例阐幽】

不以暴伐暴

曹操官渡之战打败袁绍,得到了一份在战前通敌的名册,曹操取出来封条还没有打开,看都没有看就付之一炬。这虽然是笼络人心,其实也巩固了自己的势力。试想,敌人已经攻破,知道这个名单已经没有了作用! 如果因为一时愤怒而把所有的通敌的人都抓起来。那人心会惶惶,军士会分崩离析;而曹操这招不以暴制暴的手法,让所有那些提心吊胆的军士,放下心来,踏实起来,他们能不诚心实意的归附曹操,为曹操所用吗?

曹操的这招不但使得魏国一时人才济济,也为日后夺取整个天下打下了基础。

九

【原文】

燕人畔。王曰:"吾甚惭①于孟子。"

陈贾②曰:"王无患③焉。王自以为与周公孰仁且智?"

王曰:"恶! 是何言也!"

曰:"周公使管叔监殷,管叔以殷畔④。知而使之,是不仁也;不知而使之,是不智也。仁智,周公未之尽也,而况于王乎? 贾请见而解⑤之。"

见孟子,问曰:"周公何人也?"

曰:"古圣人也。"

曰:"使管叔监殷,管叔以殷畔也,有诸?"

曰:"然。"

曰:"周公知其将畔而使之与?"

曰:"不知也。"

"然则圣人且有过与?"

曰:"周公,弟也;管叔,兄也。周公之过,不亦宜乎? 且古之君子,过则改之;今之君子,过则顺⑥之。古之君子,其过也,如日月之食,民皆见之;及其更也,民皆仰之。今之君子,岂徒顺之,又从为之辞⑦。"

【注释】

①惭:愧,羞愧,愧对。因孟子曾劝说齐王停止对燕国施暴,齐王不听,终于招致燕国的反抗,因此齐王感到羞愧。

②陈贾:齐国大夫。

③患:担忧。

④周公使管叔监殷,管叔以殷畔:周公曾派管叔、蔡叔、霍叔为三监,监督居于殷商故地的纣子武庚,后来三监联合武庚叛周。

⑤解:解释。

⑥顺:有过而不改。

⑦辞:托词,辩解。

【译文】

燕国人反抗齐国。齐王说:"对于孟子,我感到很羞愧。"

陈贾说:"大王您不要担心。大王自以为与周公相比,谁更加仁而且智呢?"

齐王说:"哎呀! 这是什么话啊!"

陈贾说:"周公曾经派管叔去监督殷民,但是管叔却联合殷民叛周。周公明知管叔会反叛还要任用他,这是不仁;如果不知道他会反叛而任用他,这就是不智。仁和智,周公都未能完全做到,更何况是大王您呢? 请大王允许我去见孟子并向他解释清楚。"

陈贾见到孟子,说道:"周公是什么人呢?"

孟子回答:"周公是古代的圣人。"

陈贾说:"周公派管叔去监督殷人,但是管叔却联合殷人反叛,是这样的吗?"

孟子说:"是这样的。"

陈贾说:"周公明知管叔会反叛还派他去的吗?"

孟子说:"周公不知道。"

陈贾说:"既然这样,那岂不是圣人也会有过错吗?"

孟子说:"周公是弟弟,管叔是兄长,周公的过错,不也是情有可原的吗? 况且,古代的君子,犯了过错就改正;现在的君子,犯了过错却照样犯下去。古代的君子,他的过错就像日食月食一样,人民都能看到;等他改正后,人民都仰望着他。现在的君子,岂止是坚持错误,竟还为错误做辩解。"

【评析】

齐国占领燕国时,孟子曾向齐宣王建议,帮助燕国立一个新的国君,然后撤出军队,齐宣王不听。齐国攻占燕国后的第二年,燕国人拥立燕王的庶子太子平为国君。齐军由于没有得到燕国百姓的支持,被迫撤了回来。因为孟子在齐国战胜燕国之初就提醒齐宣王说,如果不在燕国施行仁政,就不能保证可以长久地占领燕国。此时,齐宣王想到孟子的这些话,追悔莫及,觉得有愧于孟子。然而,令人遗憾的是,齐宣王总是个"好了伤疤忘了疼"的人,别看他现在说得这么好听,但最终还是没有重用孟子。

事情的重点不是齐宣王的悔过情绪,而是陈贾与孟子的对话。通观全书,似乎只有陈贾幻想通过"圣人也有过失"的理由说服孟子,这种恶劣的态度理所当然地遭到了孟子的驳斥。

根据文章的记载,陈贾自告奋勇去面见孟子,跟孟子举例说,周公曾经也出现过失误,言下之意是,即使圣贤如周公者,也不能避免犯错,更何况是齐宣王呢?他的目的很明显,就是为齐宣王的一意孤行寻找借口,以求开脱罪责。针对陈贾举的周公的例子,孟子认为,古代如周公等品德高尚的圣贤之所以能成为圣贤,就是因为可以做到有错就改;而现在如齐宣王这样的国君,明知自己错了,不但不改正错误,还要千方百计寻找借口,开脱自己的罪责,企图得到别人的谅解。和圣贤的行为相对比,这显然是应该被唾弃的。陈贾无言以对,只好悻悻而去。

在这一章里,孟子提出了"有过则改"的主张。这个主张包括两个方面的含义:一是正如陈贾所言,人都难免犯错,即使是古代的圣贤、君子也难免犯错,否则孟子也就不说"古之君子,过则改之"了;二是犯了错以后的应对之策。孟子提出两种可能的对策:一是承认错误,然后立即改错;二是将错就错,想方设法寻找借口推脱。很显然,孟子是主张立即改错。如果犯了错,任其继续发展,将会铸成更大的错误;相反,如果能及时承认并改正错误,才能保证以后不再犯错。

关于这一主张,孔子也说过:"过而不改,是谓过矣。"如果有了错误而不改,这本身就是个错误,所以还是改掉为好。

过则改之

有一次,唐太宗下令,想把洛阳破败了的乾元殿修饰一番,以备作为到外地巡视的行宫。

可是,有一个小官张玄素,却上了一道奏折,痛陈此举不妥。他说,修了阿房宫,秦朝倒了;修了章华台,楚国散了;修了乾元殿,隋朝垮了。这都是历史的教训。现在,我们唐朝百废待兴,国力哪里比得上当年的隋朝? 陛下在国家的破烂摊子上,继续役使饱受战乱之苦的百姓,耗费亿万钱财,大兴土木。陛下没有继承前代帝王的长处,继承的却是百代帝王的弊端。如果从这一点看,陛下的过失远远超过了隋炀帝。

小小的张玄素,竟敢把英明的君主唐太宗比作昏聩的暴君隋炀帝,冒犯天威。假如不是唐太宗,而是别的皇帝,看到这一大不敬的奏折,当即会雷霆震怒,不仅张玄素人头落地,而且还会株连九族。

但是,唐太宗就是唐太宗。他不仅没有怪罪张玄素,反而下令召见他。此时的唐太宗想进一步地试一试张玄素的胆量,就直问道,卿说我不如隋炀帝,那么,我和夏桀、商纣相比,怎么样呢? 要知道,夏朝的桀王和商朝的纣王,都是历史上臭名昭著的暴君。唐太宗这样问,自有深意。不承想,这个张玄素却直截了当地答道,如果陛下真的修了乾元殿,那就和夏桀、商纣一样昏乱。听到这句答语,唐太宗不仅没有发怒,反而被深深地感动了。他想,一个小官,敢于冒死直谏,为了什么,还不是为了他的江山社稷? 因此,唐太宗收回了他的谕旨,停止重修乾元殿。并且表扬了张玄素,同时赏给他 500 匹绢。

对此事一直关注的魏征,听到了这个完满的结局,颇为感触地叹道,张公论事,有回天之力。这也充分地说明了唐太宗知错就改,善于虚心纳谏。

十

【原文】

孟子致为臣而归。王就见孟子,曰:"前日愿见而不可得,得侍同朝,甚喜。今又弃寡人而归,不识可以继此而得见乎?"

对曰:"不敢请耳,固所愿也。"

他日,王谓时子^①曰:"我欲中国^②而授孟子室,养弟子以万钟^③,使诸大夫国人皆有所矜式^④。子盍为我言之!"

时子因陈子^⑤而以告孟子,陈子以时子之言告孟子。

孟子曰:"然。夫时子恶知其不可也?如使予欲富,辞十万而受万,是为欲富乎?季孙^⑥曰:'异哉子叔疑^⑦!使己为政,不用,则亦已矣,又使其子弟为卿。人亦孰不欲富贵?而独于富贵之中有私龙断^⑧焉。'古之为市也,以其所有易其所无者,有司者治之耳。有贱丈夫焉,必求龙断而登之,以左右望而罔^⑨市利。人告以为贱,故从而征之。征商自此贱丈夫始矣。"

【注释】

①时子:齐王的臣子。

②中国:国都之中,指临淄城。

③万钟:指万钟粮食。一钟六石四斗,万钟则为六万四千石,约为今日一万三千石。钟,古代量器。

④矜式:敬重,效法。矜,敬重。式,效法。

⑤陈子:即孟子的学生陈臻。

⑥季孙:孟子的弟子。

⑦子叔疑:人名。

⑧龙断:即"垄断"。原意是指高而不相连的土墩子,后逐渐引申为把持市集、牟取高利。

⑨罔:这里是搜集、罗致的意思。

【译文】

孟子辞官准备回乡。齐王去看孟子,说:"从前希望见到您没有机会,后来终于可以在一起共事,我很高兴。现在您又将抛弃我而回乡了,不知我以后还能见到您吗?"

孟子回答说:"我不敢请求罢了,这本来就是我的愿望。"

过了几天,齐王对时子说:"我想在都城中给孟子一幢房子,再用万钟粮食供养他的学生,使我们的官吏和人民都有学习的楷模。您何不替我向孟子谈谈呢!"

时子便托陈子把这话转告给了孟子。

孟子说："嗯。那时子哪里知道这事做不得呢？如果我是贪图财富的人，辞去十万钟俸禄的官不做却去接受一万钟的赏赐，这是想发财吗？季孙曾经说过：'子叔疑真奇怪！自己要做官，别人不用他，那也就算了，却又让自己的子弟去做卿大夫。谁不想做官发财呢？可他却想在这做官发财中独自垄断。'正如古代的市场交易，本来不过是以有换无，有关的部门进行管理。有一个卑鄙的汉子，一定要找一个独立的高地登上去，左顾右盼来网罗整个市集的利益。人人都觉得这人卑鄙，因此向他抽税。征收商业税也就从这个卑鄙的汉子开始了。"

【评析】

古人认为，决定君子是否愿意做官的因素，不是利益的大小，而是自己的理想能否在当前这个社会上实现。因此，尽管孟子在齐国做到了客卿的高位，但他还是决定离开齐国，原因就在于齐宣王不能理解和采纳他的主张，更别提重用他，让他实现理想了。事实也是如此，根据《孟子》的记载，尽管相比于在魏国的遭遇，孟子在齐国的待遇已经非常不错了，尽管在很多问题上孟子都有机会发表自己的意见，但作为乱世诸侯的齐宣王却始终不肯施行孟子的仁政主张。

尽管齐宣王不打算切实地采纳孟子的建议，但他也不愿意让孟子离开齐国，于是对孟子许以重利，幻想用财富留住孟子。但是，前文已经说过了，决定君子是否愿意做官的因素，不是利益的大小，所以孟子依然拒绝了。不仅如此，孟子还再一次教训了齐宣王，他责备齐宣王虽然垄断了国家财富，却依然不打算施行仁政，纯属贪得无厌。

归纳一下孟子的一番道理，可以看出，孟子主要表达了两层意思：一是他的理想无法在齐国实现。前文也已经说过，决定君子是否愿意做官的因素，是自己的理想能否在当前这个社会上实现。所以，孟子认为，既然在齐国无法实现他的理想，那就应该及早离开，这没有什么多说的，哪怕是拥有富甲天下的财富，也没有留下来的意义。二是孟子鄙弃了官场的垄断行为。所谓的官场垄断，在这里是说，既然已经认为没有必要再当官了，就不必再继续滞留在官场，抢别人的饭碗。所以，孟子拒绝了继续为官的请求。

官场的垄断行为和垄断市场商人的行径没有什么不同，相比之下，孟子的这种大丈夫行为真让历朝历代那些靠阿谀贿赂、买官卖官而混迹官场的人惭愧万分。

自古以来,官场便有裙带关系,就像孟子列举的子叔疑,自己做官不算,还要让自己的子弟都做上官。不过,话说回来,世袭制度本身就是一种垄断制度,即便不是世袭的科举制度,垄断现象也是非常严重的。孟子指出的官场垄断现象是意义深远的。尤其具有超前意义的是,在指出官场垄断现象的同时,孟子还指出了市场垄断现象。孟子认为,征收商业税就起源于这种市场垄断行为。

就孟子的本意而言,"贱丈夫"的寓言是为了配合说明官场和市场一样,也存在着垄断,这种垄断也是干扰孟子说服齐宣王施行仁政的因素之一,一心只想称霸于天下的齐宣王体会不到这些,就算他体会到了,能不能真正采纳孟子的建议,能不能施行以道德来统一天下的仁政,这些都还是两说呢。更重要的是,孟子已经对齐宣王不抱希望了。

【典例阐幽】

垄断朝纲

公元前74年,汉宣帝刘询即位。因宣帝年幼,一切大权实际上都操纵在大将军霍光手中。霍光凭着迎立宣帝之功,把自己的亲朋一一安置在朝廷担任要职。任意发号施令。几乎垄断了朝纲。

霍光家此时已是一门三侯,显贵至极。但霍光的妻子霍显仍然不满足,她为了使小女儿成为皇后,巩固霍家地位,竟然勾结御医淳于衍毒死了许皇后。身为大将军的霍光不但没有揭发,反而利用权势袒护了淳于衍。

不久,霍光病死,御史大夫魏相建议汉宣帝逐渐削弱霍氏的权力。宣帝采纳了他的建议。这时,霍显毒杀许皇后的事情败露,宣帝断然采取措施,免去了霍氏的爵位,拜魏相为丞相。霍氏一家对魏相恨之入骨,暗地密谋先杀魏相再废掉许后所生的太子。这事不久又被宣帝知道了,于是宣帝大怒,下令诛灭了霍家。

十一

【原文】

孟子去齐,宿于昼①。有欲为王留行者,坐而言。不应,隐几②而卧。

客不悦曰："弟子齐宿③而后敢言,夫子卧而不听,请勿复敢见矣。"

曰:"坐!我明语子。昔者鲁缪公④无人乎子思⑤之侧,则不能安子思;泄柳、申详⑥无人乎缪公之侧,则不能安其身。子为长者⑦虑,而不及子思;子绝长者乎?长者绝子乎?"

【注释】

①昼:齐国邑名,在临淄西南。

②隐几:靠在小桌上。隐,靠,凭。几,小桌。

③齐宿:先一日斋戒。齐,通"斋"。

④鲁缪公:鲁国国君,名显,前409年至前377年在位。

⑤子思:孔子之孙,名伋。鲁缪公尊敬子思,常派人在子思身边伺候致意,使子思安心留下。

⑥泄柳、申详:同为鲁缪公时贤人。泄柳亦称子柳;申详,孔子弟子子张之子,他们二人认为,如果没有贤者在君主身边,自身就感到不安。

⑦长者:指孟子自己。

【译文】

孟子离开齐国,在昼地过夜休息。有人想要为齐王挽留孟子,端庄地坐着跟孟子说话。但是孟子却不回应,靠在小桌边休息。

那个人不高兴地说:"我斋戒了一天才敢来跟您说话,但是先生您却不听我说,我以后再也不敢和您相见了。"

孟子说:"坐下!我明白地告诉你。从前鲁缪公如果没有人在子思身边传达尊贤之意,就不能使子思安心留下;泄柳、申详,如果没有贤人在鲁缪公身边,也不能使自己安心。你替我着想,但是却连子思怎么被鲁缪公对待都不知道。那么是你和我诀别呢,还是我和你诀别?"

【评析】

孟子辞去齐卿之位后,离开齐国,回老家去,中途在昼县过夜。这时有一说客为齐宣王挽留孟子,孟子不搭理他,靠在几上打瞌睡。说客不满,说,听说您要来,我昨天就斋戒,您这样无礼,以后不敢见您了。说罢,起身要走。

孟子说,我明白告诉你吧,当年鲁穆公十分敬重子思,也比较敬重泄柳、申详。

你为我老头子想想,齐王说是敬重贤人,但我得到的敬重还赶不上子思!是你与我老头子决绝呢?还是我老头子与你决绝呢?

看来,孟子对齐宣王是真有意见。

十二

【原文】

孟子去齐。尹士语人曰①:"不识王之不可以为汤武,则是不明也;识其不可,然且至,则是干泽也②。千里而见王,不遇故去,三宿而后出昼,是何濡滞也③?士则兹不悦。"

高子以告④。

曰:"夫尹士恶知予哉?千里而见王,是予所欲也。不遇故去,岂予所欲哉?予不得已也。予三宿而出昼,于予心犹以为速,王庶几改之!王如改诸,则必反予。夫出昼,而王不予追也,予然后浩然有归志⑤。予虽然,岂舍王哉!王由足用为善⑥,王如用予,则岂徒齐民安?天下之民举安。王庶几改之!予日望之!予岂若是小丈夫然哉?谏于其君而不受,则怒,悻悻然见于其面⑦,去则穷日之力而后宿哉?"

尹士闻之,曰:"士诚小人也。"

【注释】

①尹士:齐国人。

②干:求。泽:恩泽,指俸禄。

③濡滞:久留。

④高子:齐国人,孟子弟子。

⑤浩然:水流不止的样子。

⑥由:通"犹"。足用:足以。

⑦悻悻然:形容气量狭小的样子。

【译文】

孟子离开齐国。尹士对人说:"不知道齐王不能够做商汤、武王,那是不明智;

知道他不能,但还是来了,那是来求富贵。千里迢迢来见王。不能投合而离开,歇了三宿才出昼邑,怎么这样慢腾腾的? 我对这种情况不高兴。"

高子把这些话告诉了孟子。

孟子说:"那尹士哪能了解我呢? 千里迢迢来见王,是我所希望的。不能投合而离开,难道是我所希望的? 我不得已啊。我歇了三宿才出昼邑,在我心里还认为太快了,我心想,王也许会改变态度的! 王如果改变了态度,就一定会让我回去。出了昼邑呢,王还不追我回去,我这才有了断然回乡的念头。我尽管这样,难道舍得王吗! 王还是足以做正事的,王假如用我,那何止是齐国的百姓得到太平? 天下的百姓都能得到太平。王也许会改变态度的! 我天天盼望! 我难道像那种小气的汉子吗? 向君王进谏而不被采纳,就发怒,气呼呼地表现在脸上,一旦离开,就走上一整天,没力气了才歇下?"

尹士听到这些话,说:"我真是个小人呀!"

【评析】

孟子纵观历史,由"从尧舜至商汤、从商汤至周文王,其间皆相隔约五百年"的依据,得出了"五百年必有王者兴,其间必有名世者"的结论。接着,他又认为,从周文王到现在已经相隔了有七百年,已经超过了相隔五百年的规律,再结合当前的社会态势看,应该是到了"必有名世者"的时代了。

那么,即使到了"必有名世者"的时代,与孟子又有何干呢? 原来,孟子强烈希望在这一历史进程中,成为一位"名世者",能辅助明君成就大业——孟子所谓的大业,自然是以仁政治天下。有幸生活在这样一个历史时期,就能有机会施展自己的才能,这是一件令孟子十分兴奋的事。对于自己的前景,孟子充满了自信,甚至认为,能担任这一历史重担的人只有他孟子,所以他霸气十足地说道:"当今之世,舍我其谁?"谁说孟子不动心? 此时孟子的心已经是蠢蠢欲动了。

然而,令人遗憾的是,尽管中国的历史确实是在一治一乱中不断交替着演绎的,但此后的规律根本就没有听孟子的话按照"五百年必有王者兴"的间隔周期重演。孟子等待的"伟大的时刻"一直没有来临,孟子的希望落空了,心情极其复杂,据说甚至流露出了告老还乡和解甲归田的意图。幸亏他的学生充虞深知先生的心情,于是就用先生说过的"不怨天,不尤人"的话来安慰先生。听了学生的安慰,孟子的心情还是不能释怀,于是只好表示,时代不同了,老师也动心了。由此可见,离开齐国对孟子是个不小的打击,毕竟当时的齐国是诸侯国中数一数二的强国,是孟子实现人生理想的最好平台。

在承认自己也"情绪化"了之后,孟子向学生解释了自己不愉快的原因,他再次拿出了"五百年必有王者兴,其间必有名世者"的说法。跟前文所述一样,按照孟子总结的这个规律推算,这个时候是应该有"王者"兴起了,可孟子走遍天下,却没有遇到像商汤、周文王这样的王者。既然没有遇到王者,孟子也就做不成"名世者"了。虽然做不成"名世者"了,但孟子却分明觉得自己就是"名世者"。梦想的美好和现实的残酷让孟子如此惆怅和失落,孟子又怎能"不怨天、不尤人"呢?

即使如此,孟子也得再次找个理由让自己的心情能再次平衡吧,于是,他又说"夫天未欲平治天下也",老天不想让天下归于太平,这就是孟子找到的理由。找到了安慰自己的理由,孟子还是觉得不甘心,于是又继续自我安慰道:"如欲平治天下,当今之世,舍我其谁也?"这样一想,也就没有什么不快乐了。于是,孟子算是迈过了这道坎。

孟子的"当今之世,舍我其谁也"这句话是以天下为己任的社会责任感和使命感作为底蕴的。然而,孟子之后的千百年来,有人欣赏他的这句话和这种精神,也有人以此为借口批判孟子,认为他狂妄到了极点。想要揭示其真正的思想含义,只有结合当时特定的历史环境和文化背景才行。

【典例阐幽】

萧何月夜追韩信

秦末,淮阴有位父母双亡的穷青年,他就是后来大名鼎鼎的韩信。

起初韩信只知读书练武,连自己的生活也无法维持。经常穿着破烂,带着一把剑,四处流浪。

实在没办法,他只得到一位当亭长的亲戚家去找饭吃。只住了几个月,就被亲戚指桑骂槐气走了。出来后,有一次竟几天没吃一口饭,饿晕倒在路边,幸得一位洗衣妇女把自己带来充饥的饭,给他吃了,才得救了。

后来,韩信投奔项梁,当了个军士,有了衣食的基本保证。项梁死后,项羽也只是让他当了个执戟郎中。韩信几次向项羽献计,都没有被采纳。

韩信在项羽那里待了些时间,知道项羽不可能是成大气候的人,于是他又投奔到刘邦的部下。结果,刘邦也只是给了他一个小官做。

一天,韩信与几位伙伴喝了酒,大发牢骚,消息传给刘邦,刘邦以为他们要叛逃,就命令将他们斩首。韩信说:"你刘邦要夺天下,怎能斩壮士呢?"刘邦知道后,将他放了,并与他谈了一次话,还升了他一级官,但还是没有重用他。

萧何深知韩信是位帅才,这时刘邦正想找人担当大将的职位,萧何向刘邦建议由韩信担任,刘邦根本不听。萧何推荐韩信的次数多了,刘邦才答应要重用韩信,但却没有一点实际表示。

韩信见刘邦无重用之心,决定离开刘邦,于是一个人离开了部队。萧何知道后,急忙带了几个随从追去,直追到月亮高悬半空,才将韩信追上。后人根据这段材料,专门编了"萧何月下追韩信"的戏剧,十分受欢迎。

萧何追上韩信,东劝西劝,才将他劝回汉营。回来后,萧何又向刘邦推荐韩信,说:"你要夺天下,非用韩信不可!"

刘邦终于听信了萧何的劝告,决定拜韩信为大将。拜将那天,跟随刘邦多年、战功显赫的将军,都以为自己会被拜大将,结果拜的是毫无名声、一点战功也没有的韩信,大家都愣住了。

后来,韩信因战功卓著,被封为齐王,刘邦还将齐地作为封地授给他。饱受饥寒交迫的韩信,得到封王的优厚待遇,便死心为刘邦打天下,立下了巨大功劳。

萧何"萧何月下追韩信"的重视人才之举,也成为美谈。

十三

【原文】

孟子去齐,充虞路问曰:"夫子若有不豫①色然。前日虞闻诸夫子曰:'君子不怨天,不尤人。②'"

曰:"彼一时,此一时也。五百年必有王者兴,其间必有名世者③。由周而来,七百有馀岁矣。以其数,则过矣;以其时考之,则可矣。夫天未欲平治天下也,如欲平治天下,当今之世,舍我其谁也?吾何为不豫哉?"

【注释】

①豫:快乐,愉快。

②不怨天,不尤人:引用自孔子,见《论语·宪问》。孟子曾引此语教导弟子。尤,责怪,抱怨。

③名世者:闻名于世的人。这里指有名望可辅佐君王实现王道的人。

【译文】

孟子离开齐国,充虞在路上问道:"老师似乎不高兴。以前我曾听老师您讲过:'君子不抱怨上天,不责怪别人。'"

孟子说:"那是一个时候,现在又是一个时候。每五百年一定会出现一位圣君,其中必定还有名望很高的贤人。从周武王以来,到现在七百多年了。从年数来看,已经超过了五百年;从时势来考察,也该出现了。大概老天不想天下太平吧,如果想使天下太平,在当今这世界上,除了我还有谁呢?我为什么不高兴呢?"

【评析】

读这段文字,我们才可以真正知道孟子的抱负,和他所认定的"仁政"的伟力。

"五百年必有王者兴",这是殷纣王灭亡时,殷遗民的一个预言,认为五百年后,殷族当出"王者"。到孔子那时,殷人认为孔子是应运而生的"王者",后来孟子、司马迁、韩愈都认为自己是拯救天下的"王者"或贤臣("名世者")。

孟子认为,从周武王以来有七百多年了,论年数超过了五百,论时势则是出圣君贤臣的时候。孟子认为:"天未欲平治天下也,如欲平治天下,当今之世,舍我其谁也?"这是何等的伟大抱负,何等的英雄气概!

此章当与十四卷三十三、三十四、三十八章合读。

【典例阐幽】

此一时,彼一时

秦朝末年,带领农民起事的陈胜攻占了一些城邑以后,就在陈县自称为王,国号"张楚"。

陈胜做了楚王,过去曾经和他在一起种田的朋友纷纷前往投靠,想沾点故友的光。他们结伴到王宫拜访陈胜,谈论起以前的一些往事。

但是,此一时,彼一时,陈胜已经不是那个与他们亲密无间的朋友了。陈胜身边的侍臣看到大王的脸色越来越难看，于是就趁机对他说："这几个乡巴佬在这里胡说八道，有损大王您的威严，一定是秦朝派来的奸细。"陈胜也认为他们丢了自己脸面，下令把他们全部用酷刑处死。陈胜又任命朱防为中正，胡武为司过，专门督察群臣的过失。众将领攻城略地到达目的地，凡有不听从陈胜命令的，即被抓起来治罪。陈胜的愚蠢与残暴不下于胡亥。

陈胜的岳父也来拜访，可是陈胜见了自己的岳父，也只是拱一拱手作见面礼，并不下拜。老人生气地说："你依仗着叛乱，逾越本分自封为王，而且对长辈傲慢无礼，必然不能长久！"说完拂袖而去，再也没有找过陈胜。

从此以后，陈胜昔日的亲友都远远地离开他，从此再也没有亲近他的人了。

十四

【原文】

孟子去齐，居休①。公孙丑问曰："仕而不受禄，古之道乎？"

曰："非也。于崇②，吾得见王，退而有去志，不欲变，故不受也。继而有师命③，不可以请。久于齐，非我志也。"

【注释】

①休：地名，在今山东滕州北，距孟子家百里。

②崇：齐国地名，不详。

③师命：战事，师旅之命。

【译文】

孟子离开齐国，停住在休地。公孙丑问道："做了官却不接受俸禄，这是古时的规矩吗？"

孟子回答道："不是的。在崇地，我见到了齐王，回来后就有了离开齐国的想法，我不想改变这个想法，所以不接受俸禄。接着齐国有战事，不便请求离开。长时间待在齐国，并不是我的意愿。"

【评析】

孟子多次劝说齐王不果，早有去齐之意，但因齐燕战事起，不便离去，又拖了一些时日。但这时孟子不再接受俸禄,因为他内心已不承认出仕齐国。此章反映了孟子的出仕观,需细加体会。

【本篇总结】

这一卷的重点在于记述孟子离开齐国的缘由和心路历程。在开篇的一章中,孟子以短短十四字提出一个震撼人心的道理:"天时不如地利,地利不如人和。"在战国时期,利兵坚甲不是使国家长治久安的筹码,如果失却人心,照样难免覆亡。因为"得道者多助,失道者寡助"。在战国的诸侯中,齐宣王与孟子论道最多,但他不仅无法在礼节上尊奉孟子,更不能真正地奉行孟子的大道。孟子怏怏地离开齐国,在齐国的不愉快并没有打击孟子的信心,反而使他更为坚定地涵养"当今之世,舍我其谁"的豪迈之气。因此,商界人士读此篇,当知人和、尊士和自信。

【古代事例】

失却民心的变法

对诸侯来说,坚固的城墙,深险的城壕,锋利的戈矛,丰足的粮草,都不是对抗敌人的制胜法宝,真正的力量在于团结的人心,诸侯若能获取民心,得到百姓的支持,则会征无不克,战无不胜。"得道多助,失道寡助"的道理在历史上一次次地被印证。王安石变法的失败,最主要的原因在于它一开始就失却人心。

宋代方勺的《泊宅编》中有这样一个有趣的故事:欧阳修(1007—1072年)在翰苑任职期间曾宴请宾客,待席散客去之后,特意留下来的苏洵(1009—1066年)向他询问席上蓬头垢面的人是谁,欧阳修很惊异地说:"他就是当今有才能、有品行的王安石(1021—1086年),难道您没有听说过吗?"苏洵回答说:"依我来看,他若能得志,日后必将惑乱天下,即使聪慧明睿的君主也难免被迷惑,您又何必与他交游呢?"也许我们能从苏洵的《辨奸论》中找到此话的缘由:脸脏不忘洗,衣脏不忘涤,这本是人之常情,而有的人却穿着俘虏般的衣服,吃着猪狗般的粝食,蓬头垢面,终日哭丧着脸却口诵诗书,这哪是人真实的一面呢?

熙宁元年(1068年),雄姿英发的宋神宗(1048—1085年)力排众议,任用王安石变法,全面推行新政。王安石的新政出发点是恢复上古三代(夏、商、周)之治,富国、富民、强兵,从而一统天下。但由于用人不当,许多官吏从中谋取暴利,使得民不聊生,众议沸腾,神宗皇帝的书案上每天都堆满朝廷内外反对新法者的奏疏。

有一次。王安石和群臣议事,因与群臣意见不合气得面色通红,刚想发作,就被站在一旁的程颢(1032—1085 年)徐言劝道:"天下事并非是足下自家的私事,愿足下平心静气地听取众人意见。"此后八九个月,程颢又劝王安石说:"明睿的智者应当像大禹治理水患,引导水往低下平坦的地方流,如果把水向高峻滞阻的地方疏导,则算不上明智。古今多少事,没有臣民都说行不通而能办成的,况且时下虽倡议

王安石

新政,足下却排斥忠良,阻塞言论,以邪犯正,这哪有成功之理呢?"王安石听后虽未深怒,却为此事把程颢赶出朝廷到地方任职。类似的事情还有很多,如欧阳修、苏轼、司马光等耿介之臣也被纷纷逐出朝堂。

熙宁六年(1073 年),天下久旱,田地龟裂,禾苗枯死。忧心忡忡的神宗收到小官郑侠(1041—1119 年)所绘的一幅《流民图》和一道奏疏。郑侠以这样的方式向神宗讲述在城门上所看到的情形:灾民填满大道,贩卖妻、子,变卖家财者无数,疾苦的情境,数不胜数。神宗为之心动,一夜辗转未眠,开始认真反思新政流弊,第二天便下诏暂停青苗、保甲等八项新政。谁知诏书刚刚下达就甘霖普降,持续十个月的旱情得到缓解。

新政就这样在巨大的阻力和压力之下艰难地进行着。此前,王安石曾向神宗进言"天变不足畏,人言不足恤,祖宗之法不可守",新法依旧艰难地维持数年。神宗死后,九岁的哲宗皇帝赵煦(1076—1100 年)继位,宣仁太皇太后(1032—1093年)专国,所有的新政也就此被废除。

从现代的视角来看,王安石虽是权臣,却非是奸佞。苏洵的言辞在很大程度上失于偏激,但也向我们呈现出一位真实的王安石。这种特立独行的性格虽使他得君行道,同时也使他所宣导的变法因失却人心而最终被罢止。

【评述】

孟子说,得道者多助,失道者寡助。寡助之人,众叛亲离;多助之人,天下归顺。

王安石想要改弦更张,变易古法,推行新政,举动很大,却摒弃众议,以致朝臣反对,天下百姓因新法所累,苦不堪言,最终只能以失败收场。商业活动的开展亦应吸聚人心,群策群力,才会尽量避免不必要的损失和失败。

祢衡击鼓骂曹

孟子在齐国时一直都在期待得到尊敬和重用,而齐宣王无法如古代圣王那样优礼贤者,屡屡以借口推辞不亲自就教,因为齐宣王只喜欢训导臣子,却不喜欢接受臣子的训导。这使得孟子非常失望,遂有离开齐国之心。东汉末年的曹操虽历来有纳贤之名,若从他对待祢衡的态度来看,傲慢之情,溢于言表,气愤不过的祢衡,最终演绎出一场"击鼓骂曹"的千古传奇。

祢衡(公元173—198年),字正平,平原般(今山东临邑)人,少有才辩,素有嘉名。汉献帝建安(196—220年)初年,曹操挟天子以令诸侯,大力营建许都(今河南许昌),一时间贤士大夫,四方来集。祢衡怀揣一份写好的名片来到许都,想通过投奔名流走入仕途,但很长时间都没有遇到满意的人,以致名片上的字迹被身上的汗水浸渍得模糊难辨。

祢衡不把朝中的重臣和天下的名士放在眼里,唯心仪孔融(公元153—208年)和杨修(公元175—209年),他常对人说:"我的大儿子是孔文举(孔融的字),小儿子是杨德祖(杨修的字)。其他人碌碌无为,毫不值得称数。"其实,当时的祢衡也不过二十出头,孔融则已逾不惑之年。孔融听说这件事后,不仅没有生气,反而胸怀雅量,深爱其才,并不认为祢衡狂放无礼,而与他结为挚交。

后来,孔融向汉献帝推荐祢衡,并多次在曹操(公元155—220年)面前称述祢衡的才德。曹操也早就听说过祢衡的声名,经孔融一推荐,更想见一见。谁知,祢衡素来轻鄙曹操的为人,自称狂病,不愿前往,还在公开场合多次贬抑曹操。后来,在孔融的反复敦促下,祢衡才迫不得已去见曹操。曹操心中怀忿,不以礼数相待,祢衡的不悦之色当即形于脸上,当面称数曹操托名汉相,实为汉贼的本实。曹操因祢衡素有嘉名,不好拖出去就地正法。正无计可施的时候,曹操忽然想到祢衡善于击鼓,于是让他充任击鼓吏,以趁此羞辱他一番。祢衡没有推辞。

第二天,曹操大会宾客,令众人逐一单独击鼓助兴。所有击鼓的人都要脱去自己的衣服,换上统一的制服。轮到祢衡击鼓的时候,他身着破衣,毫不顾念更换制服的规定,径直走到鼓前,从容地击一曲《渔阳三挝》,声节悲壮,铿锵有金石之声。在座的人无不慷慨悲壮。一曲击毕,皂吏呵斥祢衡说:"你身为鼓吏为何不改换制服?"祢衡毫不畏惧,不紧不慢地脱去身上的破衣,裸身而立,取来制服——穿上,又击一通《渔阳三挝》。曹操心中怀着十分的怒气,痛骂祢衡的无理取闹。好不容易熬到击鼓结束,曹操脸上露出惨然一笑,向近臣说道:"我本想侮辱祢衡,谁知反遭他侮辱。"

孔融恐怕曹操有加害之意,多次从中斡旋劝解,辩说祢衡对曹操的崇敬之意,只是因为精神恍惚才会如此反常,祢衡对自己的行为非常后悔,愿亲自到曹营负荆请罪。曹操听孔融这么一说,心中的不快顿时涣然冰释,露出喜悦之色,传令看门人,只要祢衡一来就立即通禀。曹操在营帐内等到很晚都未见祢衡的影子,正要生气的时候,看门人火速地跑来禀报说,祢衡衣衫不整地坐在曹营前,手里拿着一根三尺长的木杖,一边不停地用木杖捶地,一边大骂曹贼飞扬跋扈。曹操大怒,对孔融说:"祢衡竖子,我杀他就像杀死燕雀老鼠一样容易。不过此人素有虚名,若杀他,远近诸臣会说我不能容忍别人的缺点,阻断天下士人归心的念想。今将祢衡打发到荆州(今属湖北)刘表那里,看他做如何区处。"

祢衡到荆州不久,遂遭到刘表(公元142—208年)部将黄祖借故杀害,享年才二十六岁。曹操借刀杀人的企图也因此而实现。

【评述】

孟子说,国君尚贤不仅应以礼相待,而且还要吸纳他人的意见。祢衡的狂放自不待言,曹操不能折节相待,一味地想着如何羞辱他,非是待士之礼,因此也得不到他的敬重,以致祢衡徒有满腔报国热情,却无从施展,最终死于非命。商界管理者对有才之士当有宽厚之心,尤其是其中的狂放者,更要懂得交往的艺术,才能使其最终为你的诚心所动而愿意为你发挥自己的聪明才智。

【现代事例】

路易·威登(LV)白领的象征

孟子认为人的力量是无穷的,得人心者能得天下。商业活动更是如此,一件商品或一项服务,若能赢得用户的信赖,然后口耳相传,形成美妙的口碑,无疑会为企业带来巨大的无形资产。法国的路易·威登,经过一百多年的发展历程,就具备这样的好名声。

路易·威登(Louis Vuitton,以下简称LV)系列箱包以其完美过硬的品质一直享有很好的口碑。LV一直是很多社会名流首选品牌,他们往往都会指着身上的皮夹或皮包得意地说,用来用去还是LV最好。据说,从泰坦尼克(Titanic)号沉船中打捞上来的一只LV硬型皮箱在海水的长期浸泡下竟未渗进半滴海水。

一八五四年,专为名流贵族出游收拾行装的捆工路易·威登(LouisVuitton,1821年—1892年),在巴黎创办一家以自己名字命名的箱包店铺,经销一种由圆顶皮箱改良而成的平顶皮箱。路易·威登创造的这种新样式一时间风靡整个欧洲。在一八六七年的巴黎万国博览会上,法国社会名流对LV品质形成一致的高度认同,使LV设计者及其品牌广为人知。一八九六年,路易·威登的儿子乔治·威登(Georges Vuitton)用父亲姓名的简写L和V配合花朵图案设计出一款沿用至今的标志,并将行李箱多样化,推出可挂衣服的皮箱、鞋箱和帽具箱等多种款式。一战以后,LV获得世人的青睐,跻身高级奢侈品的行列。

一百五十多年来,世界经历沧海桑田,在无数的变化中走到今天,人们的审美观念和品位追求也随着时代的巨潮而此起彼伏,但LV依旧声誉卓然,始终保持着无与伦比的魅力,这其中的原因就在于LV通过保持与时俱进的独特设计理念,在高端箱包行业中建立起强大的竞争优势。在庆祝交织字母标志诞生一百周年之际,路易·威登的总裁圣·卡斯利(Yves Carcelle)经过三年的慎重考虑,决定邀请阿泽蒂纳·阿莱亚(Azzedine Alaia)、莫罗·伯拉尼克(Manolo Blahnik)等七位闻名世界的杰出设计师设计多款新型箱包款式。这些设计者具有敏锐的流行时尚感知力,凭着对LV品牌历史和品位的理解,发挥各自的想象力和创造力,设计出七款可用于旅游、休闲或高雅社交、工作场合的箱包新品。

除经久耐用和款式新颖外,LV屹立不倒的另一重要原因还在于它一开始就将产品定位在皇室及贵族市场,并以此来保持其传奇、经典、高贵的价值观念。使用LV的人常常借此显示自己的品位不凡。

在行销策略上,LV皮具从不在任何百货公司采用降价打折的促销方式来提高销量。这种策略虽显死板,却能坚定顾客购买LV产品的决心。LV还控制顾客数量并提倡排队购物,使每一位顾客都能有受到尊重和平等对待的感觉。LV还限制每位顾客只能购买某一款式的一件货品,以避免该款产品被同样的人搜括一空。

【评述】

孟子劝说诸侯得到人心的办法是施行仁政,推行王道,来吸引民众,积聚国力。LV则是以完美的品质征服用户,形成美好口碑的方法。商界人士当借鉴这一智慧,让用户以使用你的商品或享受你的服务是一种荣誉,企业的生命必会蒸蒸日上。

箭牌融入生活每一天

孟子在离开齐国的路上,弟子问他为何面露忧色。孟子答道,五百年必有王者兴,期间必有以德业闻望名于世者,如果有王者能平治天下,则当今之世,舍我其谁? 可见,孟子豪气英迈,从容自信,从不放弃自己的理想。商界人士更当有这种成就大业的霸气。箭牌公司的创始人小威廉·瑞格理所一手创建的企业,有着辉煌的过去,如今更有着"箭牌融入生活每一天"的愿景。

箭牌公司(Wrigley)有个愿景:"箭牌融入生活每一天。"而一百多年前的箭牌公司只是一家毫不起眼的小企业。

一八九一年春,二十九岁的小威廉·瑞格理(WilliamWrigley Jr.)携妻带子,怀揣三十二美元来到芝加哥,以经销父亲生产的"瑞格理"牌香皂为生。小威廉·瑞格理以苏打粉作为赠品来提高肥皂的销量。小威廉·瑞格理没有想到的是,苏打粉竟比香皂更为紧俏。他立即改行做起苏打粉生意,并以口香糖作为商家的赠品。尽管当时的口香糖行业刚刚兴起不久,但独具慧眼的小威廉·瑞格理又发现这个行业比苏打粉则更具市场潜力。

小威廉·瑞格理遂以自己的名字作为品牌,开始经销口香糖,在一八九三年推出黄箭和白箭两款口香糖。但黄箭和白箭并没有给小威廉·瑞格理的公司带来多大起色,这两款口香糖始终无人问津。一八九九年,六家口香糖生产企业组成名为"口香糖联盟"的垄断组织,将小威廉·瑞格理推向生死存亡边缘。但他并未因此放弃自己的事业,决心以智慧在夹缝中求得生存。

小威廉·瑞格理继续采用赠品作为促销战略,赠品的范围也随之扩大,因为每个人都有不用付钱就可获得一些小东西的心理期望。他还在车站、广场、公路等公共场所以广告的方式向路人推销箭牌口香糖,即使在一九〇七年经济大萧条的情况下,他都没有放弃这一想法,因为这时很多公司为节省开支,大幅削减广告投入,很多品牌从人们的视野中消失,箭牌公司刚好可以利用这个机会吸引人们的目光。在这两种方式的结合下,箭牌公司取得巨大成功,其产品也一跃成为美国人最为钟爱的品牌。

箭牌公司一直抱着这样一种理念,口香糖虽小,品质却不可忽略。二战期间生产口香糖的优质原料供不应求,箭牌公司不但没有采用替代原料维持生产规模,反而将白箭、绿箭和黄箭撤出市场,全部用来供应美国的海外驻军。箭牌公司依旧一如既往地开展品牌宣传。战争结束后,这种做法不但没有使箭牌公司的产品失去市场,反而比战前更受欢迎。

箭牌公司的创始人小威廉·瑞格理提起自己成功的秘诀时说,要有不轻易放弃的坚决心态,对人要有礼貌,有耐心,不要与人做无谓的争论,并且不要忘记对客户表达真诚的谢忱。小威廉·瑞格理的这些经营法宝是永远都不会过时的。

【评述】

尽管孟子在齐国四处碰壁,但他始终没有放弃自己的理想和信念,继续寻找时机将自己继承的大道用于平治天下的伟大功业上。小威廉·瑞格理从送口香糖的销售中,看到巨大商机,最后认准这一行当,创业路途十分艰难。就在"口香糖联盟"这一垄断组织成立之后,小威廉·瑞格理并未因此而放弃对事业的追求,而是以优异的品质和巧妙的战术最终赢得市场。因此,商界人士遇到事业的波折时,应保持着这种自信和霸气,以坚强的毅力克服困难,运用智慧寻求出路,万不可轻易放弃。

【名言录】

名言:得道者多助,失道者寡助。寡助之至,亲戚畔之,多助之至,天下顺之。——《公孙丑(下)》

古译:得道者多助,失道者少助。少助之至,亲戚叛之,多助之至,天下顺之。

今译:行仁政的人会有很多人帮助,不行仁政的人很少有人帮助。帮助的人少到极致,则亲戚都会背叛他,帮助他的人多到极致,天下人都会归顺他。

现代使用场合:得道多助,失道寡助。官场、商场上的兴衰成败,关键在于民心向背。一个有仁有义的负责人,他的周围自然会聚集很多贤德之士,帮助他渡过重重难关;倘若他为人不仁不义,则有才之士都会离他远去,失败自然离他不远。要想在激烈的竞争中有所突破,"得道"才是根本的原则。

名言：天时不如地利，地利不如人和。——《公孙丑(下)》

古译：天时不如地利，地利不如人和。

今译：天时不如地利，地利不如人和。

现代使用场合：相比于天时、地利，人和才是事关成败的最重要因素。有和谐的人际关系，才能在事业中如鱼得水，随心所欲。不过，最优质的环境当然是集天时、地利、人和与一身，有这三者的辅助，成功近在咫尺。

名言：君子不怨天，不尤人。——《公孙丑(下)》

古译：君子不怨天，不尤人。

今译：君子不会抱怨上天，不会责怪他人。

现代使用场合：人难免会犯错，而在犯错的同时还能做到不怨天尤人，这实在是难能可贵。《论语》中"不迁怒，不二过"也是强调人在受挫折时不应该迁怒于人，不要再犯同样错误。君子以此来修身养性，自然不会怨天尤人。

卷五　滕文公上

【题解】

　　本卷共五章。前三章记录了孟子对滕文公的开导。其中第一章勉励滕文公学习圣人之道，第二章就丧礼之事要求滕文公以身作则。这两章或坐而论道，或就事论事，无不体现了"行仁由己"的原则，强调个人蹈行礼义的自觉性和主动性。第三章所记是在滕文公准备实施仁政的时候，孟子提出来的一系列主张，特别是实行田井制、兴办学校。接下来的最后两章，分别记录了与农家和墨家的学派交锋，在《孟子》一书中有特殊的价值。

一

【原文】

　　滕文公为世子①，将之楚，过宋而见孟子。孟子道性善，言必称尧、舜。

　　世子自楚反，复见孟子。孟子曰："世子疑吾言乎？夫道一而已矣。成覸②谓齐景公曰：'彼，丈夫也；我，丈夫也；吾何畏彼哉？'颜渊曰：'舜，何人也？予，何人也？有为者亦若是。'公明仪③曰：'文王，我师也；周公岂欺我哉？'今滕，绝长补短，将五十里也，犹可以为善国。《书》曰：'若药不瞑眩④，厥疾不瘳⑤。'"

【注释】

①世子：即太子。"世"和"太"古音相同，古书常通用。

②成覸：齐国的勇士。

③公明仪：曾子学生，鲁国贤人，

④瞑眩：眼睛昏花看不清楚。

⑤瘳：病愈。此句引自《尚书·说命上》。这里是为呼应上文"世子疑吾言乎"，比喻真理总是先使人产生疑惑，然后才能成为安身立命的依据。

【译文】

滕文公做太子时，要到楚国去，经过宋国时拜访了孟子。孟子给他讲人性本善的道理，言语间不离尧、舜。

太子从楚国回来，又来拜访孟子。孟子说："太子不相信我的话吗？道理只有一个而已。成覸对齐景公说：'他是个男子汉，我也是个男子汉，我为什么怕他呢？'颜渊说：'舜是什么人，我是什么人，有作为的人也会像他那样。'公明仪说：'文王是我的老师，周公难道会欺骗我吗？'现在的滕国，假如把疆土截长补短也有将近方圆五十里吧，还可以治理成一个好国家。《尚书》说：'如果药不能吃得人头昏眼花，那病是治不好的。'"

【评析】

公元前327年（宋君偃后元二年），因为听说宋君偃欲推行仁政，孟子来到宋国。孟子在宋国时，还是太子的滕文公出使楚国，往返两次经过宋国国都，均与孟子相会。孟子"道性善，言必称尧舜"，深深打动了年轻的滕文公。后滕文公即位，派人将孟子接到滕国，开始了孟子在滕国的一段经历。

孟子在本章提到性善的主张，但还没有展开充分的论述。性善论是孟子思想的核心，是王道、仁政的哲学基础，内含较为丰富。从本章的内容看，孟子主要强调的是人格的尊严与平等，这是孟子性善论的一个重要内容。

取长补短

清代书法家钱泳著的书《履园丛话》中,讲述了一个成衣工匠的故事。当时北京城里有个成衣匠。是浙江宁波人,裁缝手艺十分高明,官员富户多愿意请他缝制衣服。他替人裁衣、量尺寸时不但注意穿衣者的身材,而且对于其性格、年龄、相貌特征等,也都注意观察,甚至连何时中举也都要细细打听。

有人觉得奇怪。就问他:"你打听这些做什么,难道这些跟衣服的尺寸有什么关系吗?"他说:"当然有关! 光从衣服的长短来说:少年中举的,难免骄傲一些,走路一定挺胸凸肚,衣服因此要前长后短,穿起来才合身;至于老年中举的,大多意气消沉。弯腰曲背,他们的衣服就要前短后长。胖子的衣服,腰部应宽些,瘦的就不妨窄些。性子急的人,衣服宜短,性子慢的就可以长些……"

这个高明的成衣匠,他不仅能按照身材尺寸来裁制衣服,而且善于掌握穿衣者不同的身份和性格特点,据此对衣服进行取长或者是补短。

二

【原文】

滕定公薨①。世子谓然友曰②:"昔者孟子尝与我言于宋,于心终不忘。今也不幸至于大故③,吾欲使子问于孟子,然后行事。"

然友之邹,问于孟子。

孟子曰:"不亦善乎! 亲丧,固所自尽也④。曾子曰:'生,事之以礼;死,葬之以礼,祭之以礼,可谓孝矣。'⑤诸侯之礼,吾未之学也。虽然,吾尝闻之矣。三年之丧,齐疏之服⑥,饘粥之食⑦,自天子达于庶人,三代共之。"

然友反命,定为三年之丧。父兄百官皆不欲⑧,曰:"吾宗国鲁先君莫之行⑨,吾先君亦莫之行也,至于子之身而反之,不可。且《志》曰:'丧祭从先祖。'"曰:"吾有所受之也。"

谓然友曰:"吾他日未尝学问,好驰马试剑。今也父兄百官不我足也,恐其不能尽于大事^⑩,子为我问孟子。"然友复之邹问孟子。

孟子曰:"然。不可以他求者也。孔子曰:'君薨,听于冢宰^⑪。歠粥^⑫,面深墨,即位而哭,百官有司莫敢不哀,先之也。'上有好者,下必有甚焉者矣。君子之德,风也;小人之德,草也。草尚之风^⑬,必偃。是在世子。"

然友反命。世子曰:"然。是诚在我。"

五月居庐^⑭,未有命戒。百官族人可,谓曰知。及至葬,四方来观之,颜色之戚,哭泣之哀,吊者大悦。

【注释】

①滕定公:滕文公的父亲。薨:侯王之死称"薨"。

②然友:滕文公做太子时的师傅。

③大故:大事。这里指父丧。

④自尽:指主动地尽孝心。

⑤"曾子曰"数语:见《论语·为政》,本来是孔子对弟子樊迟说的话,这里引为曾子所说,大概曾子曾经以此教导弟子。

⑥齐疏之服:粗布所制,缝了衣边的丧服。齐,缝衣边。疏,粗,指粗布。

⑦饘:同"馕",稠粥。粥:稀粥。

⑧父兄:指与滕文公同姓的老臣。百官:指与滕文公不同姓的百官。

⑨宗国:宗主国。滕国和鲁国的始封祖分别是叔绣、周公,都是文王之子,而周公为长,所以滕国称鲁国为宗国。

⑩其:指自己。

⑪家宰:百官之长。

⑫歠:饮。

⑬尚:加。

⑭庐:专供居丧时所住的房子,形制简陋。

【译文】

滕定公死了。太子对然友说:"从前,孟子曾在宋国和我交谈过,我心里始终没有忘记。现在不幸得很,父亲逝世了,我想请先生去问问孟子,然后才办丧事。"

然友到邹国,去问孟子。

孟子说:"不错呀。父亲的丧事是该主动尽孝的。曾子说:'父母生前,按照礼来服侍他们；死后，按照礼来埋葬他们，按照礼来祭祀他们，这样可以称得上孝了。'诸侯的礼，我没学过；尽管如此，我还是听说过的。守孝三年，穿着粗布缝边的丧服，喝着粥，从天子到平民百姓，夏、商、周三代都是一样的。"

然友回去复命，太子决定实行守孝三年的丧礼。父老百官都不愿意，说："我们的宗国鲁国的历代君主都没这么办，我国历代的君主也没这么办，到了您这里却违反规矩，不行的。况且《志》上说：'丧礼、祭礼遵循祖宗的成例。'"他们又说："我们是有所根据的。"

太子对然友说："我以前没做过学问，喜欢跑马舞剑。现在父老百官对我不满意，担心我不能办好丧事。先生再替我去问问孟子！"

然友又到邹国去问孟子。

孟子说："是啊。但这是不能要求别人的。孔子说：'君主死了，政务听命于冢宰，太子只得喝粥，面色深黑，就临孝子之位便哭，大小官吏没有人敢不悲哀，这是因为太子带了头。'上面爱好什么，下面一定爱好得更厉害。尊贵者的德行，像风；卑微者的德行，像草。草上有风吹过，一定随之扑倒。这事全在太子怎么做。"

然友回去报告。

太子说："是。这事确实全在我怎么做。"

太子在丧庐住了五个月，没有发布任何政令。百官和族人都赞成，称道太子懂礼。到了举行葬礼的时候，四方宾客都来观礼，太子容色的凄惨，哭泣的悲哀，使吊丧的人大为满意。

【评析】

古代的礼制为什么要规定父母过世以后，儿女要守丧三年呢？针对"守丧三年"的礼制，孟子认为是没有必要的，因此他说："亲丧，固所自尽也。"也就是说，在办丧事期间，子女要尽力表达哀思就够了。守丧三年确实很长，人生能有几个三年能被浪费在为死人守丧的事情上呢？因此，严格说来，这是陈规陋习。

既然是陈规陋习，那古人为什么还要这样规定，为什么还有人这样照做呢？宋朝的理学大师朱熹认为："子生三年，然后免于父母之怀；故父母之丧，必以三年也。"也就是说，一个人从出生之日算起，有整整三年的时间是不能离开父母的怀抱的，因此父母死后，子女要守丧三年，以便报答父母为他付出的三年。很多人都认可这个解释，认为是合理的。

那么,"守丧三年"这一制度是怎样发展和演变的呢?按照孟子"守三年之丧,自天子达于庶人,三代共之"的说法,可见这种制度的起源非常早。由时间推断,大概是早期氏族部落时代流传下来的风俗,春秋战国时期又被孔孟加以宣扬;汉代以后,由于儒家思想居于统治地位,因此守丧三年的风俗也一直传延了下来,一直到清末才销声匿迹。

自朱熹所在的宋代以后,"守丧三年"古制变得更加严格。据说,当时的朝廷官员一旦得知父母过世,就要立即放下手头工作,回家乡"丁忧"三年,三年之后才能复职。哪怕这个官员手头的事有多么重要和紧急,都得如此照办,否则就会因此丢掉官职。到了后来,这一制度的形式主义味道更加浓重,但还是得严格遵守。

【典例阐幽】

上有所好,下必甚焉

从前,楚灵王喜欢在上朝时看到臣子们如杨柳般婀娜多姿的细腰身,他认为只有这样才叫赏心悦目,能使满堂生辉。有些生得苗条柔弱的大臣还因此受到了楚灵王的赞美、提拔和重用。所谓上有所好,下必甚焉。满朝的文武大臣们为了赢得楚灵王的欢心和宠幸,便千方百计地减肥,拼命使自己的腰围变小。

他们不约而同地注意节制饮食。有的不沾油腥,有的节食,强迫自己一天只吃一餐饭,为此经常饿得头昏眼花也在所不惜;有的大臣更是摸索出了一套快速减肥的绝招,那就是在每天早晨起床穿衣时,首先做几次深呼吸,挺胸收腹,然后将气憋住,再用宽带将腰部束紧。

经过这样一番折腾之后,许多人渐渐失去了独立支撑身体的能力,往往需要扶住墙壁才能勉强站立。如此这般,经过整整一年的减肥运动以后,楚国的满朝文武官员们全都变得形容枯槁、弱不禁风,这又怎么能担当得起治理国家、保卫疆土的重任呢?因此朝政也变得一片混乱。

三

【原文】

滕文公问为国①。孟子曰:"民事②不可缓也。《诗》云:'昼尔于茅,宵尔索绹;

亟其乘屋，其始播百谷③。'民之为道也，有恒产者有恒心，无恒产者无恒心。苟无恒心，放辟邪侈④，无不为已。及陷乎罪，然后从而刑之，是罔⑤民也。焉有仁人在位罔民而可为也？是故贤君必恭俭礼下，取于民有制⑥。阳虎曰：'为富不仁矣，为仁不富矣。'

"夏后氏五十而贡⑦，殷人七十而助，周人百亩而彻，其实皆什一⑧也。彻者，彻⑨也；助者，藉也⑩。龙子⑪曰：'治地莫善于助，莫不善于贡。'贡者，按⑫数岁之中以为常。乐岁，粒米狼戾⑬，多取之而不为虐，则寡取之；凶年，粪⑭其田而不足，则必取盈焉。为民父母，使民盼盼然⑮，将终岁勤动⑯，不得以养其父母，又称贷而益之⑰，使老稚转乎沟壑，恶在其为民父母也？夫世禄⑱，滕固行之矣。《诗》云：'雨我公田，遂及我私⑲。'惟助为有公田。由此观之，虽周亦助也。

"设为庠序学校以教之。庠者，养也；校者，教也；序者，射⑳也。夏曰校，殷曰序，周曰庠；学则三代共之，皆所以明人伦也。人伦明于上，小民亲于下。有王者起，必来取法，是为王者师也。

"《诗》云：'周虽旧邦，其命惟新。'㉑文王之谓也。子力行之，亦以新子之国！"

使毕战问井地㉒。

孟子曰："子之君将行仁政，选择而使子，子必勉之！夫仁政，必自经界㉓始。经界不正，井地不钧㉔，谷禄㉕不平，是故暴君污吏必慢㉖其经界。经界既正，分田制禄可坐而定也。

夫滕，壤地褊小㉗，将为君子㉘焉，将为野人㉙焉。无君子，莫治野人；无野人，莫养君子。请野九一而助㉚，国中什一使自赋㉛。卿以下必有圭田㉜，圭田五十亩；余夫㉝二十五亩，死徙㉞无出乡。乡田同井，出入相友，守望相助，疾病相扶持，则百姓亲睦。方里而井，井九百亩，其中为公田。八家皆私百亩，同养公田；公事毕，然后敢治私事，所以别野人也。此其大略也；若夫润泽㉟之，则在君与子矣。"

【注释】

①为国：治理国家。

②民事：治理百姓的事。

③"昼尔于茅"诸句：诗出《诗经·豳风·七月》。尔，助词。于，取。茅，茅草。宵，晚上。索，把几股绳子搓在一起，使更加结实。绹，绳子。亟，急忙。乘屋，修缮房屋。乘，整，治；也有人理解为"升"，指登上房屋。

④放辟邪侈:肆意作恶。放、侈,放纵。辟、邪,不正派,不正当。

⑤罔:通"网",网罗,陷害。

⑥制:节制。

⑦贡:与下文"助""彻"皆为古代赋税制度。

⑧什一:即"十一",十分之一的意思,指夏商周三代都是实行十分之一的税率。

⑨彻:通,通行。"彻者,彻也"是说这种税制在周朝是天下通行的。

⑩藉:借,借助。借助民力来耕种公田。

⑪龙子:古代贤者。

⑫挍:同"校",比较。

⑬粒米狼戾:稻米撒得满地都是,形容粮食收成好。狼戾,即"狼藉"。

⑭粪:为田地施肥。还有一种观点把"粪"理解为"扫除、清除"。全句意思是"即使把落在田里的粮粒扫起来凑数,也不够交税"。

⑮盻盻然:勤苦不休息的样子。

⑯将终岁勤动:将,而,却。动,作。

⑰称贷而益之:称,举。贷,借贷。益,补充,补益。

⑱世禄:指古代实行的世禄制度,贵族世代享有前代的爵位和俸禄。

⑲雨我公田,遂及我私:语出《诗经·小雅·大田》。雨,降雨。公田,指西周井田制中的公田。遂,遍,遍及。私,指井田制中的私田。

⑳射:通"绎",陈列。引申为陈列人伦关系的教导。

㉑周虽旧邦,其命惟新:语出《诗经·大雅·文王》。命,天命。

㉒毕战:当时滕国的大臣。井地:井田。

㉓经界:指田界。经,也是界限的意思。

㉔钧:通"均"。

㉕谷禄:古代官员的俸禄都是谷米,所以叫谷禄。

㉖慢:通"漫",意思是打乱原来的田界。

㉗褊小:狭小。

㉘将为君子:将,且。为,有。君子,指统治者,在高位者。

㉙野人:庶民,百姓。

㉚野九一而助:野,郊外。九一,九分之一。助,劳役租赋制度,以私田助耕公田。

㉛国中什一使自赋：国中，指郊野之内，靠近都城的地方。对于这些地方抽税十分之一。

㉜圭田：古代卿、大夫、士供祭祀用的田地。圭，洁，洁净。

㉝余夫：指古代法定的受田人口之外的人。

㉞死徙：死，死者埋葬。徙，迁徙，搬家。

㉟润泽：指对制度的调节、修饰。

【译文】

滕文公向孟子请教治理国家的问题。孟子说："百姓的事情是不可怠慢的。《诗经》上说：'白天去割茅草，晚上把绳搓好；赶紧上房修屋，就要播种百谷。'老百姓都适用这样一条准则：有稳定财产的人才能有恒定的道德行为准则，而没有稳定财产的人就不能形成一定的道德行为准则。如果没有恒定道德行为准则的话，那么那些放纵违法、为非作歹的事，就没有不去干的了。等到了他们犯罪的时候，然后再施以刑罚，这就是陷害百姓。哪里有仁人在位而去陷害百姓的呢？所以贤明的君主必定要恭敬、节俭，以礼对待臣下，向百姓征收赋税一定要有所节制。阳虎曾说：'要发财就顾不上仁爱，要仁爱就不能发财。'

"夏朝每家五十亩地而实行贡法，殷代每家七十亩地而实行助法，周代每家一百亩地而实行彻法，但是他们的实质都是十分之一的税率。'彻'是'通'的意思，'助'是'借'的意思。龙子说过：'管理土地的这些税法，没有比助法更好的，没有比贡法更差的。'贡法就是比较若干年的收成，取平均数作为常数，按常数征收赋税。丰年，粮食多得满地狼藉，多征些粮也不算暴虐，而相对来说贡法却征收得少；荒年，即使把落在田里的粮粒扫起来凑数，也不够交税，而贡法却非要足数征收。国君作为民之父母，却使百姓一年到头劳累不堪，结果还不能养活父母，还得靠借贷来补足赋税，使得老幼辗转死于沟壑，这样的国君哪能算是百姓的父母呢？做官的世代享受俸禄，滕国早已实行了。《诗经》上说：'雨下到我们的公田里，于是也下到我们的私田里。'只有助法才有公田。由此看来，就是周朝也要实行助法的。

"在此基础上，设立学校、庠序来教化他们。'庠'是教养的意思；'校'是教导的意思；'序'是陈列的意思。夏代称'校'，商代称'序'，周代称'庠'；至于中央的学校，三代共用一个名称，都是用来教人懂得人伦道德的。在上位者懂得人伦道德，在下位者就会亲近他们。如果有圣王出现，必然会来效法，这样就成为圣王的老师了。

"《诗经》上说:'周代虽然是一个古老的邦国,但是它继承的天命却是新的。'说的就是文王。国君你应该尽力而行,这也是为了使自己的国家气象常新。"

滕文公派毕战来问井田的问题。

孟子说:"你的国君想要施行仁政,派你到我这里来,你一定要勉励行之啊。施行仁政,一定要从划分确定田界开始。如果田界不能确定,田地分配得不均匀,那么用来做俸禄的田租的征收就不合理,于是那些暴虐的君主和贪官污吏就会肆意打乱田界。田界一旦确定,分配井田和俸禄的工作就可以轻而易举地办妥了。

"滕国土地狭小,但也要有官员,也要有老百姓。没有官员,就不能治理百姓;没有百姓,就不能供养那些官员。我建议在郊野实行九分抽一的助法,在国中实行十分抽一的税赋。卿以下的官吏一定要有可供祭祀用的五十亩田地,对家中未成年的男子,另给二十五亩田地。百姓丧葬迁居都不离乡。乡里土地在同一井田的各家,出入相互结伴,守卫防盗相互帮助,有病相互照顾,那么百姓之间就亲近和睦。一里见方的土地定为一方井田,每一井田九百亩地,中间一块是公田。八家都有一百亩私田,共同耕作公田;公田农事完毕,才敢忙私田上的农活,这就是使君子和农夫有所区别的办法。这是井田制的大概情况;至于如何改进完善,那就在于国君和你的努力了。"

【评析】

在这一章里,滕文公派大臣毕战来请教孟子关于井田制的问题。那么,什么是井田制,井田制究竟是什么性质的制度呢?

根据史料记载可知,井田制从商朝就开始实行了。所谓井田制,就是"平均授田制",跟孙中山提出的"平均地权"的主张没有什么差别。之所以会出现井田制,是因为从尧、舜时期开始,中国就进入了农业社会,因此,在几千年来,农业和农民的问题始终是被关注的重点,即使没有井田制,也会有其他的土地制度。井田制之所以如此受关注,是因为它能够解决"平均地权"的问题。

前文已经说过,"平均地权"是由孙中山提出来的,而孟子也很关心井田制的问题。虽然孟子和孙中山在世的时间相隔两千多年,所处的时代不同、历史条件不同,但他们都在设法解决一个社会不公的问题,这个问题就是由于土地兼并严重,出现了严重的贫富分化,占有大量田地的人,即使不耕种也能过上锦衣玉食的生活,而田地不多或者干脆没有田地的人的生活极其悲惨。为消除这种不公平,为了实现"耕者有其田",孟子和孙中山提出了井田制或"平均地权"的主张。

孟子所处的时代,所谓"普天之下,莫非王土",全国的土地都归国君所有,国君只是把对土地的居住权、经营权等授予大臣或者百姓。正是因为土地归国君所有,因此诸侯们才不断发动战争以争夺更多的土地。因此,在土地已经高度集中的战国时代,重新实行井田制这一平均授田的制度,相当于是重新分配土地,这必然遭到以拥有大量土地的大贵族、大官僚和大地主为代表的权势集团的激烈反对。如果国家没有雄厚的经济实力,或者国君没有足够的能力控制政治局势,这种是很难成功的。

此外,在滕文公亲自向孟子请教治国之道时,孟子提到发展教育的主张。孟子说道:"设为庠序学校以教之。"其中,庠、序、校都是古代乡学的名称,学是国学的名称。"庠"有养老的意思,"序"有习射的意思,"校"有教民的意思。这表明,古代学校的教育对象比较广泛,教学内容也比较丰富,教育的重点是要教学生明白为人处世的道理,因为这才能让学生用学成的知识正确地服务社会。

孟子关于"设学相教,以明人伦"的思想在《孟子》一书中曾多次出现。这表明,孟子的教育思想继承和发展了孔子"培养笃信好学、守死善道的君子"的教育思想。孟子第一次明确提出办教育的目的在于"明人伦",这是很有意义的。不仅如此,孟子本人也十分热爱教育事业,在《尽心·上》中,他把"得天下英才而教育之"列为"君子三乐"之一,由此可见他是一个"以教为乐"和"好为人师"的人。

尽管孟子提出的"设学相教,以明人伦"的育人谋略的直接目的是为统治制度服务的,但也蕴涵着重视教育的思想,值得肯定和提倡。

【典例阐幽】

无恒产者无恒心

东汉灵帝时,有位见识超常、深得民心的官员刘陶。

157年,即汉桓帝永寿三年,有人上书说:"人民所以贫困,原因在于钱币的重量太轻,厚度太薄,应该改铸大钱。"奏章交付给大将军、太尉、司徒、司空等四府的官吏,以及太学中有见解的人共同讨论。当时还是太学生的刘陶上书说:"现在的问题不在于货而在于饥,老百姓们在饿肚子。连年以来,茂盛的庄稼,都被蝗虫和蝗虫吃光了；民间所织的布匹，都被朝廷和官吏搜刮一空。民无恒产则无恒心，即令当前能把沙砾化作南方出产的黄金，把瓦片变成卞和发现的白玉，而让百姓渴了没有水喝，饿了没有饭吃，也无法阻止祸患的产生。如果现在有个人登高远呼，愁怨之民纷纷响应，方寸之钱，怎么能救？"

此份奏章一上，刘陶的意见即被采纳，结果没有铸钱。

后来刘陶曾任县令、侍御史、尚书令，转任侍中，又任京兆尹、谏议大夫。

汉灵帝

当他从顺阳县令任上因病辞官时，当地的官吏百姓都很思念他，大家就编了几句歌词传唱起来："悒然不乐，思我刘君。何时复来，安此下民。"

四

【原文】

有为神农之言者许行①，自楚之滕，踵门而告文公曰②："远方之人闻君行仁政，愿受一廛而为氓③。"

文公与之处。

其徒数十人，皆衣褐④，捆屦、织席以为食⑤。

陈良之徒陈相与其弟辛负耒耜而自宋之滕⑥，曰："闻君行圣人之政，是亦圣人也，愿为圣人氓。"

陈相见许行而大悦，尽弃其学而学焉。

陈相见孟子，道许行之言曰："滕君则诚贤君也。虽然，未闻道也。贤者与民并耕而食，饔飧而治⑦。今也滕有仓廪府库，则是厉民而以自养也⑧，恶得贤？"

孟子曰："许子必种粟而后食乎？"

曰："然。"

"许子必织布而后衣乎？"

曰:"否。许子衣褐。"

"许子冠乎?"

曰:"冠。"

曰:"奚冠?"

曰:"冠素。"

曰:"自织之与?"

曰:"否。以粟易之。"

曰:"许子奚为不自织?"

曰:"害于耕。"

曰:"许子以釜甑爨⑨,以铁耕乎?"

曰:"然。"

"自为之与?"

曰:"否。以粟易之。"

"以粟易械器者,不为厉陶冶;陶冶亦以其械器易粟者,岂为厉农夫哉? 且许子何不为陶冶,舍皆取诸其宫中而用之⑩? 何为纷纷然与百工交易? 何许子之不惮烦?"

曰:"百工之事固不可耕且为也。"

"然则治天下独可耕且为与? 有大人之事,有小人之事。且一人之身,而百工之所为备,如必自为而后用之,是率天下而路也。故曰或劳心,或劳力;劳心者治人,劳力者治于人;治于人者食人,治人者食于人,天下之通义也。

"当尧之时,天下犹未平,洪水横流,泛滥于天下,草木畅茂,禽兽繁殖,五谷不登⑪,禽兽偪人⑫,兽蹄鸟迹之道交于中国。尧独忧之,举舜而敷治焉⑬。舜使益掌火,益烈山泽而焚之,禽兽逃匿。禹疏九河,瀹济、漯而注诸海⑭,决汝、汉,排淮、泗而注之江⑮,然后中国可得而食也。当是时也,禹八年于外,三过其门而不入,虽欲耕,得乎?

"后稷教民稼穑⑯,树艺五谷⑰。五谷熟而民人育。人之有道也,饱食、暖衣、逸居而无教,则近于禽兽。圣人有忧之,使契为司徒⑱,教以人伦:父子有亲,君臣有义,夫妇有别,长幼有叙,朋友有信。放勋曰⑲:'劳之来之⑳,匡之直之,辅之翼之,使自得之,又从而振德之。'圣人之忧民如此,而暇耕乎?

"尧以不得舜为己忧,舜以不得禹、皋陶为己忧㉑。夫以百亩之不易为己忧者㉒,农夫也。分人以财谓之惠,教人以善谓之忠,为天下得人者谓之仁。是故以天下与人易,为天下得人难。孔子曰:'大哉尧之为君!惟天为大,惟尧则之,荡荡乎民无能名焉㉓!君哉舜也!巍巍乎有天下而不与焉㉔!'尧、舜之治天下,岂无所用其心哉?亦不用于耕耳。

"吾闻用夏变夷者,未闻变于夷者也。陈良,楚产也,悦周公、仲尼之道,北学于中国。北方之学者,未能或之先也。彼所谓豪杰之士也。子之兄弟事之数十年,师死而遂倍之㉕!昔者孔子没,三年之外,门人治任将归㉖,入揖于子贡,相向而哭,皆失声,然后归。子贡反,筑室于场,独居三年,然后归。他日,子夏、子张、子游以有若似圣人,欲以所事孔子事之,强曾子。曾子曰:'不可,江汉以濯之,秋阳以暴之㉗,皓皓乎不可尚已㉘。'今也南蛮鴃舌之人㉙,非先王之道,子倍子之师而学之,亦异于曾子矣。吾闻出于幽谷迁于乔木者㉚,未闻下乔木而入于幽谷者。《鲁颂》曰:'戎狄是膺㉛,荆舒是惩㉜。'周公方且膺之,子是之学,亦为不善变矣。"

"从许子之道,则市贾不贰,国中无伪。虽使五尺之童适市㉝,莫之或欺。布帛长短同,则贾相若;麻缕丝絮轻重同,则贾相若;五谷多寡同,则贾相若;屦大小同,则贾相若。"

曰:"夫物之不齐,物之情也。或相倍蓰㉞,或相什百,或相千万。子比而同之,是乱天下也。巨屦小屦同贾㉟,人岂为之哉?从许子之道,相率而为伪者也,恶能治国家?"

【注释】

①神农之言:指农家学说。神农,上古传说中发明耒耜,教民稼穑的人物,农家托为宗师。

②踵:至,到。

③廛:民居。氓:从别处迁来的人。

④褐:麻制的短衣。

⑤屦:草鞋。

⑥陈良:楚国的儒家人物。耒耜:翻土的农具。耜是起土的部分,耒为其柄。

⑦饔飧:熟食。这里指做饭。饔,早餐。飧,晚餐。

⑧厉:病,残害。

⑨釜:无脚的锅。甑:陶制烹饪器。爨:做饭。

⑩舍:止,不肯。宫:室,房。

⑪五谷:指稻、黍、稷、麦、菽。稻即水稻,黍即黄米,稷即小米,麦即小麦,菽是豆类的总名。登:成熟。

⑫偪:即逼。

⑬敷:遍,全部。

⑭瀹:疏导。济、漯:二水名。

⑮决、排:都是去除障碍使水畅通的意思。

⑯后稷:名弃,周人的始祖,尧时为农师。

⑰艺:种植

⑱契:殷人的始祖。司徒:官名。

⑲放勋:尧的名。

⑳劳之来之:使他们勤劳。劳、来,都是勤劳的意思,这里用作动词。

㉑皋陶:舜时的司法官。

㉒易:治。

㉓荡荡:广大的样子。

㉔巍巍:高大的样子。引孔子语见《论语·泰伯》。

㉕倍:通"背"。

㉖任:担、负,指行李。

㉗秋:指周历七、八月,相当于夏历五、六月,正当盛暑。暴:晒。

㉘皜皜:洁白的样子。

㉙鴃舌:形容说话怪腔怪调像鸟叫一样。鴃,伯劳鸟。"南蛮鴃舌之人",指许行。

㉚出于幽谷迁于乔木:语出《诗经·小雅·伐木》:"伐木丁丁,鸟鸣嘤嘤。出自幽谷,迁于乔木。"

㉛膺:抵挡,防范。

㉜荆:楚国的别名。舒:楚的属国。引诗出自《诗经·鲁颂·閟宫》。

㉝五尺:大约相当于今天的三尺半。

㉞蓰:五倍。

㉟巨屦:粗糙的鞋。小屦:精细的鞋。

【译文】

有个做农家学问的人叫许行，从楚国来到滕国，上门对文公说："我这个大老远来的人听说您正在实行仁政，希望得到一个住所，成为侨民。"

文公给了他房屋。

他的门徒有几十个，都穿着麻衣，以编草鞋、织席子为生。

陈良的门徒陈相和他的弟弟陈辛，背着耒耜从宋国来到滕国，对文公说："听说您正在实行圣人的政治，这也是圣人了，我希望做圣人的侨民。"

陈相见了许行，十分高兴，完全抛弃以前的学问而向许行学习。

陈相见了孟子，引述许行的话说："滕君确实是个贤明的君主；尽管如此，他却不真懂得道理。贤人是和老百姓一同耕作，才吃饭，自己做饭，又治国理政。现在滕国有粮仓，有库房，这是残害人民来养活自己，这又怎能称得上贤明？"

孟子说："许子一定自己种庄稼才吃饭吗？"

陈相说："对。"

"许子一定自己织布才穿衣吗？"

陈相说："不。许子穿麻衣。"

"许子戴帽子吗？"

陈相说："戴。"

孟子说："戴什么帽子？"

陈相说："戴白帽子。"

孟子说："是自己织的吗？"

陈相说："不。是用粮食换来的。"

孟子说："许子为什么不自己织呢？"

陈相说："那会耽误耕种。"

孟子说："许子用釜甑做饭，用铁器耕田吗？"

陈相说："对。"

"是自己造的吗？"

陈相说："不。是用粮食换来的。"

"农夫用粮食交换农具和器皿，不算残害了陶匠和铁匠。陶匠和铁匠也用他们的农具和器皿交换粮食，难道这是残害了农夫吗？而且许子为什么不自己烧陶、打铁？不肯做到所有东西都是从自己家里取用？为什么忙忙叨叨地与各种工匠交换？为什么许子这么不怕麻烦？"

陈相说："各种工匠，本来就不能一边耕种一边又干他们的事情。"

"那么，难道治理天下可以一边耕种一边又干他们的事情吗？有官吏的事情，有平民的事情。而且一个人，就需要各行各业的产品。如果一定要自己造出来的才用，这是让天下人疲于奔命。所以说：有人劳动脑力，有人劳动体力；劳动脑力的管理人，劳动体力的被人管理；被人管理的养活人，管理人的被人养活。这是天下通行的道理。

"在尧的时候，天下还不太平，洪水不循水道地乱流，到处泛滥。草木长得又快又茂密，禽兽成群地繁殖，五谷不熟，禽兽害人。野兽的蹄印和飞鸟的踪迹，在中国纵横交错。尧一个人为此忧虑，选拔舜处理全部事务。舜命令伯益掌管火政，益在山野沼泽放火，烧掉草木，禽兽或逃跑或隐藏。禹又疏浚九条河道，疏导济水和漯水，使之入海；导引汝水和汉水，疏通淮水和泗水，使之流入长江，这样中国才可以种庄稼了。在那时候，禹在外八年，三次从家门口路过都没进门，即使他想耕种，可能吗？

"后稷教老百姓种庄稼，栽培五谷，五谷成熟而人民得到养育。人是有善良天性的，但吃饱了、穿暖了、住安逸了却不加教育，就和禽兽差不多。圣人又为此忧虑，让契做司徒，用伦理道德来教育人民：父子之间有慈爱，君臣之间有礼义，夫妇之间有区别，老少之间有等级，朋友之间有诚信。尧说：'敦促他们，纠正他们，帮助他们，使他们获得自己的本性，又加以栽培和引导。'圣人为老百姓忧虑，到了这种地步，还有闲工夫来种庄稼吗？

"尧把得不到舜作为自己的忧虑，舜把得不到禹和皋陶作为自己的忧虑。把百亩田地耕种得不好作为自己的忧虑，那是农夫。把钱财送给别人叫作惠，把善良教给别人叫作忠，为天下找到人才叫作仁。所以把天下让给别人是容易的，为天下找到人才是困难的。孔子说：'伟大啊，尧做君主！只有天最伟大，只有尧效法天，那宽广的气象，老百姓没办法用言语来形容！了不起的君主啊，舜呀！光明正大地统治天下而毫不利己！'尧、舜治理天下，难道无所用心吗？只不过不用于种庄稼罢了。

"我听说过中原改变落后的蛮夷，没听说过中原被蛮夷改变的。陈良，是楚国人，喜爱周公、孔子的学说，北上到中原来学习。北方的学者，没有人能超过他。他真是所谓豪杰之士啊。你们兄弟向他学习了几十年，老师死后就背叛他。从前，孔子去世，弟子们守丧三年以后，收拾行李准备回家，进门向子贡作揖告别，大家相对而哭，泣不成声，然后才各自回去。子贡回到墓地，在墓边的灵场盖了间房，又独自住了三年，然后才回去。过些时候，子夏、子张、子游认为有若像孔子，就想要像服侍孔子那样服侍他，强求曾子同意。曾子说：'不行的。老师就像在长江、汉水洗涤过，就像在夏天的烈日下暴晒过，光辉洁白得无以复加。'如今南方蛮族里讲鸟语的人，也来非难我们祖先圣王的学说，你竟背叛你的老师而向他学习，和曾子真不一样啊。我听说过飞出幽暗山谷而迁到高大树木的，没听说过飞下高大树木而进到幽暗山谷里去的。《诗经·鲁颂》里说：'戎狄是要防范的，荆舒是要严惩的。'周公尚且要防范他们，你却向他们学，真是不懂得用中国来改变蛮夷的道理啊。"

陈相说："如果听从许子的主张，就能做到市场上物价一致，国内没有欺诈行为。即使打发五尺高的小孩到市场去，也没人欺骗他。布帛的长短如果一样，价格就相同；麻线丝绵的轻重如果一样，价格就相同；谷物的多少如果一样，价格就相同；鞋的大小如果一样，价格就相同。"

孟子说："货物的品相质量各不相同，这是自然的；有的相差一倍五倍，有的相差十倍百倍，有的相差千倍万倍。你要只以大小轻重相比而使它们价格相同，这是扰乱天下。粗糙的鞋和精细的鞋价格一样，人难道肯干吗？听从许子的主张，就是带着大家做假，怎么能够治理好国家？"

【评析】

本章批驳农家许行、陈相等人否定社会分工的主张，阐述劳心与劳力的社会分工论。滕文公在孟子的帮助下推行仁政，一时在社会上产生很大反响，不少人闻风而至。农家学派的许行从楚国来到滕国后，属于儒家学派的陈相也从宋国来到这里。陈相见到许行后，被许行的学说所吸引，于是放弃了以前的主张，成为许行的门徒。陈相站在农家的立场与孟子进行了一场辩论，辩论的核心是如何看待社会分工，尤其是劳心与劳力也就是脑力与体力劳动的社会分工问题。

许行、陈相主张，贤明的君主应当同人民共同耕作，其本意是反对权力异化，反对统治者脱离民众，但其观点却存在着否定社会分工的不足。对于许行的观点，孟子没有从正面直接反驳，而是通过列举生活中大量存在的社会分工的事实，层层设问，步步紧逼，巧设机关，引人入彀。当陈相最后不得不承认，百工之事与耕田种地不能由一人同时承担,必须实行分工时,孟子马上反问,难道治理天下与耕田种地可以由一人同时承担吗?进而指出,社会分工不同,有劳心者,有劳力者,劳心者从事管理的工作,被人养活;劳力者从事耕作,被人管理,这是"天下之通义",没有什么不合理的。孟子还用铺陈的文字描写了尧舜禹治理天下,公而忘私的事迹,进一步说明许行主张君主与人民共同耕作,否定社会分工,是根本行不通的。孟子从社会分工的角度对许行的观点进行批驳,有合理的地方。但需要注意的是,"劳心"与"劳力"又不完全是一个社会分工的问题,它还涉及"治人"与"治于人"这样一个政治问题。对于后一个问题,孟子在本章没有展开讨论,没有回答什么样的人才有资格成为"治人者",以及"治人者"应以什么样的方式来"治人"等问题。对于这些问题,孟子是在其他地方通过"选贤与能""民本""仁政"做出讨论和说明的。所以,虽然孟子的社会分工理论较之许行的主张更为合理,代表了社会的进步。但我们却不能简单地将社会分工与统治关系混同起来,不能认为"治人"与"治于人"的差别,仅仅是一种社会分工关系。相反,只有结合了孟子的其他论述,才有可能更全面地认识、理解后一问题。

本章的最后,孟子又以用夏变夷论批评了陈相背弃师门,以产品交换论论证了自己的社会分工的主张。

【典例阐幽】

劳心者治人,劳力者治于人

宋朝初年,宋太宗赵光义命文臣李防等人编写一部分类百科全书。

这部书是在宋太平兴国年间编成的,故名为《太平总类》,它收集摘录了一千六百多种古籍的重要内容,分类归成五十五门,全书共一千卷。对于这么一部巨著,宋太宗规定自己每天至少要看两三卷,一年内全部看完,于是就把书更名为《太平御览》。宋太宗下定决心花精力翻阅这部巨著时,曾有臣子觉得不理解,如果说普通士人是出于"劳心者治人"的信念,希望通过读书获得一官半职,可是皇帝每天要处理那么多国家大事,为什么还要去读这么部大书呢?

于是,他们就去劝告宋太宗少看些,也不一定每天都要看,以免过度劳神。但宋太宗却回答说:"我很喜欢读书,从书中常常能得到乐趣,多看些书总会有益处,况且我并不觉得劳神。"于是,他仍然坚持每天阅读三卷,有时因国事忙耽搁了,他也要抽空补上,并常对左右的人说:"只要打开书本,总会有好处的。"

宋太宗由于勤于读书,学问十分渊博,处理国家大事也就得心应手。大臣们见皇帝如此勤奋读书,也纷纷效仿,所以当时读书的风气很盛,连平常不读书的宰相赵普,也孜孜不倦地阅读《论语》,有"半部论语治天下"之称。

五

【原文】

墨者①夷之因徐辟②而求见孟子。孟子曰:"吾固愿见,今吾尚病,病愈,我且往见,夷子不来!"

他日,又求见孟子。孟子曰:"吾今则可以见矣。不直,则道不见③,我且直之。吾闻夷子墨者,墨之治丧也,以薄为其道也。夷子思以易天下,岂以为非是而不贵也。然而夷子葬其亲厚,则是以所贱事亲也。"

徐子以告夷子。

夷子曰:"儒者之道,古之人若保赤子④,此言何谓也? 之则以为爱无差等,施由亲始。"

徐子以告孟子。

孟子曰:"夫夷子信以为人之亲其兄之子为若亲其邻之赤子乎? 彼有取⑤尔也。赤子匍匐将入井,非赤子之罪也。且天之生物也,使之一本,而夷子二本故也⑥。盖上世尝有不葬其亲者,其亲死,则举而委之于壑。他日过之,狐狸食之,蝇蚋⑦姑嘬之。其颡有泚⑧,睨⑨而不视。夫泚也,非为人泚,中心达于面目,盖归反虆梩⑩而掩之。掩之诚是也,则孝子仁人之掩其亲,亦必有道矣。"

徐子以告夷子。夷子怃然为间⑪,曰:"命之矣。"

【注释】

①墨者:墨家学派的人。

②徐辟:孟子的弟子。

③见:通"现"。

④若保赤子:语出于《尚书·康诰》。

⑤取:取譬,打比方。

⑥一本、两本：孟子的意思是人都是父母所生，这是上天所指定的唯一的根源；而墨家所主张的爱无等差，却将父母和路人等同起来，所以说是二本。

⑦蚋：蚊子。

⑧其颡有泚：颡，额头。泚，出汗的样子。

⑨睨：斜视。视，正视。

⑩蔂梩：蔂，盛土的笼。梩，锹、锸一类挖土的工具。

⑪怃然：惆怅迷惘的样子。

【译文】

墨家的夷子通过徐辟求见孟子。孟子说："我本来打算见他，可现在我还病着，等病好了，我将去见他，夷子不必来。"

过些时候，夷子又要求见孟子。孟子说："我现在可以见他了。如果不直言，真理就显现不出来；我就直截了当地说吧。我听说夷子是墨家信徒，墨家办丧事是以薄葬作为原则的。夷子想拿这个来改变天下的习俗，岂不是认为不薄葬就不值得称道吗？然而夷子却厚葬自己的父母，那么他是以自己所鄙薄的方式来对待双亲了。"

徐辟把孟子的话告诉了夷子。

夷子说："儒家认为，古代的圣人爱护百姓就像爱护新生的婴儿，这话什么意思呢？我认为，对人的爱是没有亲疏厚薄之别的，只是施行起来是从父母开始的。"

徐辟又把这话转告给孟子。

孟子说："夷子真认为爱自己的侄子就像爱邻居的婴儿一样吗？那句话只是打个比方而已。婴儿在地上爬，就要掉进井里了，这不是婴儿的错。而且天生万物，它们只有一个本源。然而夷子却认为有两个本源。大概上古曾有个不安葬父母的人，父母死了，就把尸体抛弃在山沟里。之后路过那里，看见狐狸在啃他父母的尸体，苍蝇、蚊虫叮吮着尸体。那人额头上出汗，只敢斜视不敢正视了。那汗，不是流给人看的，而是内心的悲痛表露在脸上，大概他就回家拿来篑箕和锹把尸体掩埋了。掩埋尸体是对的，那么孝子、仁人掩埋他们亡故的父母，也就必然有他的道理了。"

徐子把这番话转告给夷子。夷子怅然若失，过了一会儿，说："我受到教诲了。"

国学经典文库

孟子诠解

《孟子》原典解读

图文珍藏版

【评析】

本章记载孟子与墨家学者夷之的辩论，批驳了墨家的薄葬和"爱无差等"的爱人观。由于本章个别地方用语过于简略，甚至有跳跃、脱漏的地方，致使一些文句及概念不好理解，如"一本""二本"等。后世学者对此有不少解释，使本章内容大致可以读懂。墨家主张薄葬，而孟子认为"君子不以天下俭其亲"（4.7），二者的观点是对立的。但孟子在这里并没有就孰是孰非展开辩论，而是以子之矛攻子之盾，指出夷之曾厚葬自己的父母，与自己的主张并不一致，使其陷入矛盾之中。夷之于是引《尚书·康诰》"若保赤子"，以证明墨家"爱无差等"之说不误，因为儒家经典中也有认可。夷之这里所论，实际涉及儒家仁爱的一个重要特点，就是儒家既强调亲亲之爱，也突出普遍之爱，如孔子讲"入则孝，出则弟，谨而信，泛爱众，而亲仁"（《论语·学而》），孟子讲"亲亲而仁民，仁民而爱物"（13.45）等。但在儒家那里，由亲亲之爱到普遍之爱，是一个逐渐的扩充过程，亲亲与爱民是仁爱的两个方面。夷之只看到爱民的一面，而无视亲亲的一面，显然是以偏概全。至于他讲"爱无差等，施由亲始"，主张将无差等的爱由父母到他人普遍地推广开来，更是远离了儒家的思想。于是孟子提出，假如我们看到婴儿要掉到井里，每个人都会有怵惕恻隐之心，这是一种普遍的情感，孟子在别处也是以此来论证人有善性的。但孟子认为，"赤子将入于井"是一种极端的情景，它能使我们反省到善性的存在，但不能据此认为人与人之间是没有亲疏远近的，不能认为人们爱自己的侄儿与爱邻人之子是没有差别的。只有既尊重亲亲之爱，也肯定普遍之爱，才是最为合理的。天降生万物，使它们都有一个本源，人的本源就是父母，所以"爱"要由这个源头开始，然后推己及人，由近及远，"老吾老以及人之老，幼吾幼以及人之幼"，这比墨家没有亲疏远近之分的"兼爱"思想，显然更为合理；如果按墨家所说的"爱无差等"，那就是把别人的父母当作自己的父母看待，这就泯灭了人与人之间的亲疏之别，不就成了"二本"吗？最后，孟子讲了古代丧葬之礼的起源，说明古代的孝子掩埋父母的尸体，是根源于父母与子女之间的深厚血缘情感，这种深厚情感必定要有一定的表达形式，而这种形式是薄葬所不能承担的。

【典例阐幽】

我国历史上第一位提出"薄葬"的君王

我国自古以来厚葬是主流。汉朝更是达到了一个鼎盛的时期。当时的文化，以儒家为主，而儒家是重孝道的，所以，"孝莫重乎丧"，"以孝治天下"的统治者重视丧葬，也不全是为了满足自己的物质占有欲望。

东汉末年魏王曹操（死后谥封魏武帝）一反厚葬的传统，推崇薄葬，是我国的君王丧葬历史上的一个重要的转折点，后来他的儿子曹丕也跟随他简葬。这样，从魏晋以后，薄葬的君王逐渐多了起来。

【本篇总结】

这一篇主要记载孟子指导滕国如何推行仁政的言论。孟子认为滕国推行仁政，应在礼制上推行三年之丧，在经济上推行井田制，在社会上推行社会分工。孟子对许行、陈相等人主张的"贤者与民并耕而食，饔飧而治"理念进行批驳，提出社会应该有劳心者，有劳力者，他们各尽其职才能使百姓安居乐业，天下秩序井然。如果不考虑到人事、物类本身存在着差别，一味地讲究一刀切，将会导致天下大乱。

【古代事例】

汉高祖论功行赏

孟子说，有的人劳心，有的人劳力，劳心的人治人，劳力的人被人治理，这是天下的通义。这种分工的理念在战场上最明显不过。一个军队必须有发号施令的统帅，有披荆斩棘的将士，才能在你死我活的厮杀当中求得胜利。汉高祖刘邦初定天下的时候，将帅各司其职，齐心协力，最终打败楚霸王项羽而一统天下。

汉高祖五年（公元前202年），刘邦经过几年的征战终于打败项羽（公元前232—前202年），天下动荡的局面复归于一统。到论功行封的时候，群臣争功，一年下来都没有得到结果。

高祖认为萧何的功劳最大，就封他为赞阜侯，赏赐的食邑非常多。功臣知道以后，都非常生气地说："陛下，我们披坚执锐，在军前卖命，多的也经历百余战，少的也有数十回合，攻城略地，开疆拓土，立下无数汗马功劳。可是萧何止是手持文书笔墨，口出议论，从来没有参加过战斗，而功劳却在我们之上，这是为什么呢？"高祖语重心长地说："诸君都知道打猎吧？"争功的功臣们面露难色，疑惑地答道："知道。"高祖趁势说道："那你们知道猎狗在打猎时发挥的是什么样的作用吧？"功臣们又勉强答道："知道。"这时，高祖才具体地解释道："打猎的时候，追杀野兽的是猎狗，而发现野兽踪迹，并将其位置指示给猎狗的是猎人。如今，诸君就像是打猎时的猎狗一样只能捕获野兽，是猎狗般的功劳。而萧何呢，则如一位经验丰富的猎人，能发现野兽的踪迹并指示给你们，是猎人般的功劳。况且诸君大多只是单身一人追随我，多的也不过一家之内有两三人而已，而萧何的全宗全族数十人都在追随我，从未考虑到自家的得失。因此，萧何的功劳比诸将要大。"听到高祖的解释之后，群臣都不敢再对萧何的封赏提出任何异议。

列侯都受封之后，高祖又要群臣上奏臣子的位次。群臣都曰："平阳侯曹参身上有七十多处创伤，攻城略地，功劳最多，应居第一。"高祖听后未置一言，心中依然想把萧何放在首位。正在无计可施的时候，关内侯鄂君进言说："群臣的议论都有错误。曹参虽然有攻城略地的功劳，这只不过是一时的丰功伟绩罢了。当初陛下与楚霸王项羽对抗五年，常被项羽击败，军队离散，士卒逃亡，以致陛下多次逃身隐遁，萧何却常在陛下死生存亡的时刻从关中派遣军队弥补前线损失。再如，汉与楚在荥阳（今属河南）展开多年的拉锯战，军队中粮草匮乏，萧何通过车船从关中运往前线，连续供应，自此便无短缺。再如，陛下虽多次失去崤山以东的土地，萧何则能保全关中的地盘待陛下归来。这些都是万世不灭的功劳。当今即使没有百位曹参之类的人，对汉朝又有什么亏缺呢？汉朝即使得到也不一定能够保全至今日。怎么能够以一时的丰功伟绩加于万世不灭的勋劳之上呢？望陛下以萧何为第一，曹参次之。"

高祖很高兴地说："我听说能够向国家进贤者受上等封赏。萧何的功劳虽高，经鄂君的荐言后才能光大于天下。"于是高祖令萧何位居第一，赐他可带剑穿鞋上殿，入朝时不必小步疾跑，又封萧何父兄十余人，并赐予食邑。鄂君也由此晋封为安平侯。

【评述】

刘邦借用打猎的比喻非常巧妙地揭示出军事战争中分工的必要性及其必然

性。萧何虽未参与战斗，却有着如猎人一般的智慧，驱遣诸将寻找"猎物"。不难想象，如果没有萧何，诸将豕突犬奔，如乌合之众，不堪一击。孟子所说的，尧、舜虽然不亲自躬耕，却非是无所用心，他们的职责在于发现人才，教化百姓，忧虑天下怎样才能治理好。

正德皇帝的荒唐自封

孟子说，有大人之事，有小人之事，若要把所有生存的技能完聚在一人身上，每一件生活用品都要自己来做，将会引导国家走向衰败贫穷的道路。历史上就有一位这样的皇帝，位达至尊，富有四海，却一心固执地想做威风凛凛的大将军驰骋疆场，荒唐自封，引出一折折荒唐可笑的闹剧。他就是明代的正德皇帝。

与历史上很多通过弑君杀父而篡夺皇位的君王相比，明武宗正德皇帝朱厚照（1491—1521 年，1506—1521 年在位）也许算得上是其中的另类，他不仅不以手握皇权为乐，反而多次乐此不疲地自封为大将军。这样的事情不管于古于今，都非常滑稽可笑。

由于生母张皇后深得明孝宗宠爱，朱厚照两岁时就被立为太子，加上他明慧好学，自小便被百般珍视。然而令人痛惜的是，以刘瑾为首的太监们诱导太子逐日沉迷于骄奢淫逸的享乐之中，把东宫弄成花花世界，人称"百戏场"。即位后的正德皇帝，生活作风不但没有收敛，反而越来越离谱。在正德皇帝的别宫"豹房"里，他与喇嘛、江湖术士、宦官等人嬉戏作乐，通宵达旦，欢笑之声传于宫外。

朝中刚正廉洁的臣子，联名上书惩处以刘瑾为首的八个太监——"八虎"，但刚下决心除掉"八虎"的正德皇帝，在哭泣哀求故作可怜状的刘瑾等人面前心又软下来，下旨严惩率先进言的大臣，内阁大臣谢迁（1449—1531 年）、刘健（1433—1526 年）也被迫告老还乡离开朝堂，朝中冒死直谏之风沉寂。

正德十二年（公元 1517 年）鞑靼小王子拍彦蒙可统兵扰犯边境，正德皇帝不顾朝臣的坚决反对御驾亲征，并封自己为"威武大将军"。在塞北横刀立马，经历大小百余战之后，正德皇帝最终以六百多名士卒的代价取得杀死十六名鞑靼兵的"辉煌业绩"。翌年秋，正德皇帝再次不顾朝臣反对，命词臣草诏命令"威武大将军朱厚照"率兵巡视西北边境。在路上，正德又下旨封自己为"镇国公"，每年俸米五千石。到达西北之后，正德皇帝又下旨封自己为太师，居内阁大学士之首。

正德皇帝内不理朝政，外不修国事，使得宦官专权，天下政局危殆。正德十四年(1519年),早就蓄谋造反的宁王朱宸濠(1479—1521年),妄图效仿永乐皇帝夺取皇权,趁机在江西造反,先后攻陷南康、九江、安庆,直逼南京,势如破竹,大有挥戈北上之势,朝野震动。正德皇帝遂以威武大将军的身份御驾亲征。谁知行到半路,提督南赣军务右副都御史王守仁(1472—1529年)早以三十五天的时间平定叛乱,生擒朱宸濠,一场叛乱在谈笑间灰飞烟灭。这个消息颇使正德皇帝沮丧,他始终认为平叛之举应由皇帝来施行才能显示天威,遂命令王守仁将朱宸濠释放,由他自己亲自将他擒获。无奈之下,王守仁只好赶往钱塘,将朱宸濠交给太监,重新报捷,将平叛之功归于正德皇帝。至此,正德皇帝才宣告平叛大捷。

不过他并不急于还朝,而是逗留江南,恣意玩乐,直至落水惊风后才匆匆返京,自此便一病不起。

【评述】

孟子认为个人不可能自己生产所有的生存必需品,所以天下才会有各种各样的职业,百工各尽其职,社会物资才不会缺乏。同样的道理,天子的职责在于治理天下,提纲挈领,要而不繁;大将军的职责在于捍卫国土,平叛治乱,使金瓯无缺,天下太平。正德皇帝放弃天子的职责,将国之利器,授之于人,八虎趁机为非作歹,开启祸端而不知检省,可谓荒唐之极。后世治人者当深思,不可一味追求身兼数职,只要恪尽自己的职责即可。

【现代事例】

美国运通的分工

尧治理天下时,洪水横流。辅佐尧治理天下的舜,使益掌火,焚山泽,驱野兽;使禹疏导九河,治理洪水,天下大治;使后稷教百姓种植五谷,百姓生活,其乐融融;又使契为司徒,教化百姓,从此父子有亲,君臣有义,夫妇有别,长幼有序,朋友有信。这就是孟子向我们展现的古圣先王的职责分工。职责分工在现代企业制度下已经取得理性的发展,这种方式能优化资源配置,将效益做到最大化。美国运通在亚太区的部门分工就充分体现这一点。

美国运通公司(American Express)是一家开展旅游业务、金融服务、资讯处理等业务的巨型跨国公司,至今已有近一百六十年的历史。美国运通在亚太区、欧洲区、南美区和美国本土都设有运作中心。运作中心在地理空间上的分散设置,可以优化资源配置,降低成本,提高服务效率和服务品质,便于客户以当地语言进行沟通,劳动力价格也相对便宜。

比如,亚太区运作中心的分工体现出这样的优势。

亚太区的客户电话服务中心设在悉尼,覆盖整个亚太区的电话客服业务,但具体位置并不完全集中于一个地区。悉尼电话服务中心直接负责澳洲和新西兰的业务,香港、印度、新加坡、台湾等地的客服部门则设在当地。日本的客服部门则专门为当地的白金卡客户提供服务。如果悉尼的客服中心繁忙时,客户依然可致电给其他地点的客服部门,不至于让客户长时间地等待,既可以提高服务效率,还能最大化地利用现有资源。

尧帝

客服及后台支持部门为客户电话服务中心提供强有力的支持和保证,同时还接收和处理持卡人以邮寄或传真来的各种服务申请,对客户的书面资料进行前期的影像化处理,上传到以互联网为基础的公共影像化平台上,使来自不同地区的问题自动归入相应地区的争议解决小组中,如问题来自日本,则自动归入日本的争议解决小组的工作队列中。

在账单印制和卡片制作部门里,制卡中心为澳大利亚、新西兰、日本、马来西亚、印度尼、新加坡及香港等地制作卡片,对账单制作中心则采用条码技术为这些国家和地区制作对账单。除此之外,美国运通还制定一套十分严格的质量管理制度和检验程式确保高质量的服务。

美国运通就是在全球透过这样精细的分工和紧密的协作,及时、高效地处理世界性业务,可为公司职能部门设置的良好典范。

【评述】

孟子极其称赞尧舜时代的社会分工,因为分工带来的是井然有序的社会环境。美国运通公司在亚太区的这种部门精密分工,具有多重优势,既能优化资源配置,又能及时地解决客户问题。因此,一个企业若要运转良好,就必须科学、具体地确定职能分工,将现有的资源充分利用,达到效益最大化。

美国梅西百货薪酬制度带来效益

孟子在与陈相辩论到最后,说到物类不齐,品质不一,其间的差别或相差一倍,或相差十百,或相差千万,如果毫不考虑这些差别,就会导致天下大乱。同样的道理,在一家企业内部,从事不同工作的员工,在薪酬上也应体现出一定的差别。美国梅西公司的薪酬制度就很有特色。

一八四八年,南森·施特劳斯(Nathan Strarus,1848—1931年)出生在德国巴伐利亚的一个犹太家庭,后随家移居美国。由于家境窘迫,南森·施特劳斯在十四岁时就不得不辍学到纽约的一家杂货店谋生。聪明好学的南森·施特劳斯决心做一番大事业,白天谋生,夜间自学,以坚强的意志克服渡过各种难关。南森·施特劳斯的聪明伶俐得到老板的赏识和器重,经过在商店各部门的锻炼,他对零售工作谙熟于心,对市场的变化和规律也了如指掌。

一八九六年,南森·施特劳斯和哥哥开设一家小百货店,取名为"梅西"(Mays),并决心把它办成世界一流的百货公司。南森·施特劳斯认为市场的发展趋势是一种买方市场,美国经济发达,市场上商品种类繁多,供过于求,买者有广阔的选购余地,卖家必须在激烈的竞争中将产品尽可能多地卖出去才能从中谋利,因此,梅西百货应集中精力在市场推销商品,但单靠物美价廉的策略还远远不够,必须结合各种推销战略才能在竞争中脱颖而出。为此,南森·施特劳斯归纳出很多销售战略,要求员工多从顾客的立场和利益出发,向顾客介绍购买自己的商品会为其带来怎样的好处和方便。

根据这些分析,梅西公司施行一种独特的薪酬制度:对家具、男士服装、鞋类等与员工努力程度密切相关的商品部门,实行销售额提成制度,而对其他与员工努力程度关系不大的普通商品部门,则实行小时固定工资制度。因为采用销售额提成制度,员工的收入与产品的销售额密切相关,有利于调动家具、男士服装等部门的员工积极性,但不利于管理,容易造成员工收入悬殊,成本不稳定的情况。在普通商品部门采用固定工资制,虽不利于发挥员工的积极性,员工的收入却不与销售额挂钩,支出透明,便于管理。

梅西公司对员工实行不同薪酬制度的做法可以为我们提供很多可行性的示

范,这样既能保证推销日常生活用品的员工能有稳定的收益,又能使推销时尚用品的员工最大限度地发挥自己的聪明才智,两者相互搭配,可以在很大程度上降低劳动力成本,实现公司利益的最大化。

【评述】

孟子认为一双草鞋应该根据大小确定价值,如果不考虑大小的差异而标上统一价格,就不会有人愿意做大鞋子。同样的道理,梅西公司根据不同的工作性质而制定灵活薪酬制度的做法,既能发挥从事不同工作者的积极性,也能使员工充分开发自己的智慧,将销量提高。可以想象,如果梅西公司采用一刀切的薪酬制度,也许它会难以在激烈的竞争环境中脱颖而出。

【名言录】

名言:有恒产者有恒心,无恒产者无恒心。苟无恒心,放辟邪侈,无不为已。——《滕文公(上)》

古译:有定产者有恒心,无定产者无恒心。若无恒心,则放辟邪侈,为事无不为己。

今译:有稳定的财产收入的人才会有坚定的道德观念和行为准则,没有稳定财产收入的人就不会有坚定的道德观念和行为准则。如果没有坚定的道德观念和行为准则,就会胡作非为,违法乱纪,做的事情没有一样是不为自己的。

现代使用场合:要想使社会安定,就要使百姓各有所得,并保证这些收入是稳定的,以财产的稳定换取人心的稳定。现代企业中,稳定员工心态的一个重要途径就是给他们以稳定的收入,收入有保障,人心才不慌乱。

名言:民事不可缓也。——《滕文公(上)》

古译:关系民生之事不可迟缓。

今译:关系民生之事是不可延缓的。

现代使用场合:关心民情,体察民情,在古代是刻不容缓的,在现代同样也是不容延误的。认真把百姓问题解决后,才会得到百姓的拥护,认真把员工的问题解决后,才能得到员工的支持。

卷六　滕文公下

【题解】

　　本篇共十章,主要是孟子与弟子以及他人的一些对话。其中第一、三、四、七章主要讨论士人拜见诸侯的原则,出仕之道以及士人的待遇及社会作用等。第二章讨论"大丈夫"。第五、六、八章记载了孟子在宋国的活动,内容涉及小国可行"王政"、任用善士以及对宋国拖延施行仁政的批评。第九章记载孟子论"予岂好辩"以及对杨朱、墨翟的批判。第十章记载孟子在齐国时与匡章的对话,内容为对陈仲子的评价。

一

【原文】

　　陈代曰[①]:"不见诸侯,宜若小然。今一见之,大则以王,小则以霸。且《志》曰:'枉尺而直寻,'宜若可为也。"

　　孟子曰:"昔齐景公田,招虞人以旌[②],不至,将杀之。志士不忘在沟壑,勇士不忘丧其元。孔子奚取焉?取非其招不往也。如不待其招而往,何哉?且夫枉尺而直寻者,以利言也。如以利,则枉寻直尺而利,亦可为与?昔者赵简子使王良与嬖奚乘[③],终日而不获一禽。嬖奚反命曰:'天下之贱工也。'或以告王良。良曰:'请复之。'强而后可,一朝而获十禽。嬖奚反命曰:'天下之良工也。'简子曰:'我使掌与女乘。'谓王良。良不可,曰:'吾为之范我驰驱,终日不获一;为之诡遇[④],一朝而获十。《诗》云:"不失其驰,舍矢如破[⑤]。"我不贯与小人乘,请辞。'御者且羞与射者比,比而得禽兽,虽若丘陵,弗为也。如枉道而从彼,何也?且子过矣!枉己者,未有能直人者也。"

【注释】

　　①陈代:孟子弟子。

②招虞人以旌：古代君王有所召唤，视所召唤者的身份地位出示相应的信物，旌是召唤大夫所用，召唤虞人该用皮冠。虞人，守苑囿的吏。

③赵简子：晋国正卿赵鞅。王良：春秋末年善于驾车的人。奚：人名。

④诡遇：指不依法度驾御。

⑤舍矢：发箭。如：而。破：破的，指射中猎物。引诗见《诗经·小雅·车攻》。

【译文】

陈代说："不去谒见诸侯，似乎太小气了吧；如今去见一见，大可以行仁政使天下归服，小可以凭武力称霸中国。况且《志》说：'委曲一尺而伸张八尺'，好像是可行的。"

孟子说："从前齐景公打猎，用旌旗召唤管猎场的人，那人不来，齐景公要杀他。有志之士不怕弃尸沟壑，勇敢的人不怕丢掉脑袋。孔子赞同他什么？就是赞同这一点：违背礼的召唤，他不去。假如不等待人家的召唤就去，那算什么？况且所谓委曲一尺而伸张八尺，这是根据功利来说的。如果以功利为根据，那么，委曲八尺伸张一尺而有利，也可以做吗？从前赵简子命令王良为他的宠幸小臣奚驾车，一整天都没有猎获一只禽兽。小臣奚回去禀告说：'王良是个拙劣的驾车人。'有人把这话告诉王良。王良说：'请让我再来一次。'奚勉强同意了，一个上午就猎获了十只禽兽。小臣奚回去禀告说：'王良是个了不起的驾车人。'赵简子说：'我让他专门为你驾车。'就跟王良说。王良不同意，说：'我为他规规矩矩驾车，一整天打不着一只；为他不守规矩驾车，一个上午就打着了十只。《诗经》说：'跑起车来中规矩，发出箭去必破的。我不习惯为小人驾车，请允许我推辞。'驾车人尚且羞于跟坏射手合作；合作而猎获禽兽，即使是堆积如山，也不干。假如委曲真理而跟从诸侯，那又算什么？况且你错了！自己不正直的，从来没有能使别人正直的。"

【评析】

也许是由于自己的仁政思想迟迟不能在社会上实行，孟子又有些急躁了。于是，陈代给孟子出主意说"枉尺而直寻"，也就是说，先弯曲自己，哪怕显得只有一尺长，等有朝一日有了机会再实现抱负，那时候再全部伸开，就有八尺长了。

古人常说"大丈夫能屈能伸"，更何况按照陈代的说法，弯曲是为了更好地伸开，似乎这个主意也不错。那么孟子是什么态度呢？当然是坚决不同意。不仅不同意，孟子还提出了"志士不忘在沟壑，勇士不忘丧其元"的主张。

在文章里,孟子列举了齐景公和赵简子的事例,用以说明在安身立命这个问题上。君子绝对不能苟且求全,也不能搞投机主义。孟子为什么要这么说呢？因为孟子认为,投机主义是走不通的,原因是"枉己者,未有能直人者也"。这个道理很简单,自己都已经被扭曲了人格,不能正直了,怎么可能要求别人正直呢？

我们可以做个大胆的猜测,即孟子和孟子的思想主张之所以不能为世所用,或许就是因为孟子不肯委曲求全和太坚持原则了。如果真是这样的话,也许后人在敬佩他的这种精神的同时,也要替他感叹一番了。从另一方面来说,也许正是因为孟子不愿意委曲求全和放弃原则,才使得他的学说流传了一代又一代,使得他本人被后人称为"亚圣"。

孟子的很多观点和主张即使不是继承于孔子,也是来源于孔子,这一章的主张也是如此。根据《论语·子路》篇的记载,孔子说过"不能正其身,如正人何"这样的话,这与孟子所说的"枉己者,未有能直人者也"的意思大同小异,区别只在于两者的出发点不同。孟子的出发点前文已经说过了,就是反对投机取巧的投机主义思想。

虽然孔子和孟子都主张和提倡通权达变的思想,但在立身处世和对待必须要坚持的原则方面,他们却是不愿意"通权达变"的,因为这将意味着苟且求生和投机倒把。的确,原则问题本来就不容讨论。

【典例阐幽】

曹操断发正己

一次麦熟时节,曹操率领大军去打仗,沿途的老百姓因为害怕士兵,都躲到村外,没有一个敢回家收割小麦的。曹操得知后,立即派人挨家挨户告诉老百姓和各处看守边境的官吏:现在正是麦熟的时候,士兵如有践踏麦田的,立即斩首示众。曹操的官兵在经过麦田时,都下马用手扶着麦秆,小心地过,没一个敢践踏麦子的。老百姓看见了没有不称颂的。可这时,飞起一只鸟惊吓了曹操的马,马一下子踏入麦田,踏坏了一大片麦子。曹操要求治自己践踏麦田的罪行,官员说:"我怎么能给丞相治罪呢？"曹操说:"我亲口说的话都不遵守,还会有谁心甘情愿地遵守呢？一个不守信用的人,怎么能统领成千上万的士兵呢？"随即拔剑要自刎,众人连忙拦住。后来曹操传令三军:丞相践踏麦田,本该斩首示众。因为肩负重任,所以割掉自己的头发替罪。曹操断发守军纪的故事一时传为美谈。

二

【原文】

景春①曰："公孙衍②、张仪③岂不诚大丈夫哉？一怒而诸侯惧，安居而天下熄。"

孟子曰："是焉得为大丈夫乎？子未学礼乎？丈夫之冠④也，父命之；女子之嫁也，母命之，往送之门，戒之曰：'往之女家⑤，必敬必戒，无违夫子⑥！'以顺为正者，妾妇之道也。居天下之广居，立天下之正位，行天下之大道⑦；得志，与民由之；不得志，独行其道。富贵不能淫⑧，贫贱不能移，威武不能屈，此之谓大丈夫。"

【注释】

①景春：战国时纵横家。

②公孙衍：魏国人，号犀首，当时著名的说客。

③张仪：战国时纵横家的代表人物，主张连横，为秦扩张势力。

④冠：古时男子二十岁行加冠礼，表示已成人。

⑤女家：通"汝家"，指夫家。

⑥夫子：指丈夫。

⑦广居、正位、大道：广居，指"仁"。正位，指"礼"。大道，指"义"。

⑧淫：过分，指态度骄蛮狂躁。

【译文】

景春说："公孙衍、张仪难道不是真正的大丈夫吗？他们一发怒，诸侯就害怕，他们安居家中，天下就安然无战。"

孟子说："这哪里称得上是大丈夫呢？你没有学过礼吗？男子行加冠礼时，父亲训导他；女子出嫁时，母亲训导她，送她到门口，告诫她说：'到了你夫家，一定要恭敬，一定要谨慎，不要违背丈夫！'把顺从当作正理，是妇人家的原则。居住在天下最宽广的住宅'仁'里，站立在天下最正确的位置'礼'上，行走在天下最宽广的道路'义'上。得志之时，就同百姓一起走；不得志时，就独自行走。富贵不能使他骄狂,贫贱不能改变他的志向,威武不能使他屈服,这才叫作大丈夫。"

【评析】

这一章是围绕着"什么人才算是大丈夫"这个概念展开的。那么什么人才是大丈夫呢?纵横家的代表人物景春认为,"一怒而天下惧,安居而天下熄"的公孙衍、张仪算是大丈夫。这种观点看重一时的权威和气势。很显然,景春的这种观点是错的。如果参照景春的观点衡量的话,那么古往今来的所有暴君和战争狂人就可以算作是大丈夫了。这是极其荒谬的一个结论。

孟子很反对景春的观点,并对景春的观点一一做出批驳。比方说,景春认为,公孙衍、张仪能够左右诸侯,挑起国家之间的战争,算是了不起的大丈夫。孟子则认为,公孙衍、张仪靠摇唇鼓舌、曲意顺从诸侯的意思,奉行的是"妾妇之道",没有仁义道德和个人原则,因此根本谈不上是大丈夫,只不过是小人和女人罢了。

孟子的语言含蓄而幽默,通过言"礼"来说明女子出嫁时母亲的嘱咐,得出"以顺为正者,妾妇之道也"的结论。值得注意的是,古人认为,妻道如臣道,因此人臣对于国君应该和小妾对于丈夫一样顺从,但顺从的原则是以正义为标准,如果国君违背了原则,做人臣的就应该劝谏。妻子对丈夫也是这样,如果犯了错误,妻子就要劝他改正。这样看来,"妾妇之道"和"为妇之道"还是有很大的差别的。"妾妇之道"是实实在在的"小老婆之道"。

在批驳了景春的观点后,孟子又提出了自己对于大丈夫的观点。根据孟子的观点,要想被称为大丈夫,就要满足两个方面的要求,这两个方面分别是个人志向和个人操守。孟子认为,作为大丈夫,一是要有"行天下之大道"和"与民由之"的伟大志向,二是要有坚持这一伟大志向的"富贵不能淫,贫贱不能移,威武不能屈"的操守。如果能满足这两个方面的要求,才能被称为大丈夫。

自从孟子提出以个人志向和个人操守两方面为标准界定大丈夫以后,两千多年来,已经获得了广泛的认同。不仅如此,这一标准还成了优秀知识分子的一种人生价值取向。

怎样才能做到孟子所谓的大丈夫呢?按孟子的话说,首先要"居天下之广居,立天下之正位,行天下之大道",也就是要回到儒家一贯倡导的仁义礼智上;然后再树立"得志与民由之,不得志独行其道"的处世态度,就能成为真正的大丈夫了。

三

【原文】

周霄①问曰:"古之君子仕乎?"孟子曰:"仕。《传》曰:'孔子三月无君,则皇皇如也,出疆必载质。'②公明仪③曰:'古之人三月无君,则吊④。'"

"三月无君则吊,不以⑤急乎?"

曰:"士之失位也,犹诸侯之失国家也。《礼》曰:'诸侯耕助⑥,以供粢盛⑦;夫人蚕缫,以为衣服。牺牲不成,粢盛不洁,衣服不备,不敢以祭。惟士无田,则亦不祭。'牲杀、器皿、衣服不备,不敢以祭,则不敢以宴,亦不足吊乎?"

"出疆必载质,何也?"

曰:"士之仕也,犹农夫之耕也;农夫岂为出疆舍其耒耜哉?"

曰:"晋国亦仕国也,未尝闻仕如此其急。仕如此其急也,君子之难⑧仕,何也?"

曰:"丈夫生而愿为之有室⑨,女子生而愿为之有家⑩。父母之心,人皆有之。不待父母之命、媒妁⑪之言,钻穴隙相窥,逾墙相从,则父母国人皆贱之。古之人未尝不欲仕也,又恶不由其道。不由其道而往者,与钻穴隙之类也。"

【注释】

①周霄:人名,战国时魏人。

②"《传》曰"诸句:《传》,书名,已不可考。皇皇,惊恐,彷徨不安。疆,疆界,边界。出疆,越过边界,离开一个国家。质,同"贽""挚"。古人初次相见,均以一定的礼物表示敬意,这种礼品被称作"质"。士人一般用雉(野鸡)来做礼物。

③公明仪:人名,鲁国贤人。

④吊:安慰,抚慰。

⑤以:通"已",太,也。

⑥耕助:即"耕籍"。籍,籍田,天子、诸侯亲耕之田,一般天子千亩,诸侯百亩。古代每到开春时节,都有耕籍礼,以示重视农业。其礼先由天子亲耕,然后三公九卿诸侯大夫等依次亲耕。耕时,天子三推,三公五推,九卿诸侯大夫九推,都是象征性地推几下犁头。

⑦粢盛：指盛在祭器中供祭祀用的谷物。六种谷物（黍、稷、稻、粱、麦、菰）中，可以盛于器皿中的称"粢"，已经盛在器皿中的称"盛"。

⑧难：不轻易。

⑨室：家室，妻室。

⑩家：夫家，婆家。

⑪媒妁：说合婚姻的人。历来对媒、妁的理解有所不同，一种认为媒是谋合二姓的人，妁是斟酌二姓的人；另一种认为男方称媒，女方称妁。

【译文】

周霄问孟子："古代的君子也做官吗？"

孟子回答："做官。《传》上记载：'孔子三个月没有被君主任用，就惶惶不安；离开这个国家时，必定要带上谒见另一个国家君主的见面礼。公明仪说过：'古代的人如果三个月不被君主任用，那就要去安慰他。'"

周霄问："三个月不被君主任用，就要去安慰，不是有点太急切了吗？"

孟子说："士失掉了官位，就像诸侯失掉了国家一样。《礼》上说：'诸侯亲自耕种，用来供给祭品；夫人养蚕缫丝，用来供给祭服。祭祀的牛羊不肥壮，谷米不洁净，礼服不齐备，就不能用来祭祀。士失掉了官位就没有田地俸禄，也就不能祭祀。'祭祀用的牲畜、祭器、祭服都不齐备，不敢用来祭祀，也就不敢宴请，这还不该去安慰他吗？"

周霄问道："离开一国时，一定要带上谒见别的国君的见面礼，为什么呢？"

孟子说："士做官，就像农夫种田；农夫难道会因为离开一个国家就丢弃他的农具吗？"

周霄说："我们魏国也是个有官可做的国家，却不曾听说想做官这样急切的。君子如此急切地想得到官位，却又不轻易去做官，为什么呢？"

孟子说："男孩一出生，就愿给他找妻室；女孩一出生，就愿给她找婆家；父母的这种心情，人人都是有的。但如果不等父母同意、媒人说合，就钻洞扒缝互相偷看，翻过墙头与人相会，那么父母和社会上的人都会认为这种人下贱。古代的君子不是不想做官，但又厌恶不以正道求官。不以正道求官，是同钻洞扒缝之类的行径一样。"

【评析】

在这一章里,孟子表达了这样的观点:士人想通过做官实现自己的政治抱负和理想,这是很正当和合理的事情。

在魏国人周霄问道古代的读书人想不想当官的问题时,孟子回答得很干脆:当然想,而且想当官的心情非常迫切。接着,他列举了圣人孔子三个月不当官就惶惶不安的事例。还引用另一位贤人公明义的话,说明对士人而言,失去官职是很严重的事情,犹如一个国君做了亡国奴一样。

那么,古代的士人为什么很急切地想做官呢? 俗话说士、农、工、商,在古代,士人是一个地位很高的阶层,离上一级阶层很近,只要迈出出仕的这一步,就到达国家干部的阶层了。

尽管孟子认为士人想当官,甚至心情很迫切地求官是正常的和合理的,但是孟子同时也认为,君子想做官也要走正道,如果不走正道,利用下三烂的手段求官,是可耻的行为,真正的君子是不屑为之的。孟子把利用下三烂的手段求官同男女偷情看作是同样遭人唾弃的行为。有研究孟子的学者认为,孟子的这一观点实际上是在谴责依靠游说国君起家的纵横家们,认为他们就是不走正道和不择手段争取做官的人。这样理解也许太过片面了,毕竟在学说交流方面,儒家一向是主张"恕道"的。其实,孟子所说的"又恶不由其道"讲的道理跟"枉己者,未有能直人者"是相同的,是在劝诫士人不能以扭曲自己的人格为代价求取官职。

【典例阐幽】

父母之命,媒妁之言

苏东坡的第一任妻子王弗是他生活中很出色的助手。1054 年,就在进京赶考之前,十八岁的青年才子苏东坡娶了十五岁的王弗。

虽然这是一桩典型的"父母之命,媒妁之言"的婚姻,但是王弗却很快成为苏东坡生活中的好帮手。少年夫妻情深义重自不必说。更难得的是王弗蕙质兰心。明事理。她知道苏东坡勤读苦学,就陪伴他读书,"终日不去";对于书中记事,东坡偶有遗忘,她都能从旁提醒,东坡问她其他书籍,她也都能记得。

东坡往往把与之交往的每个人都当成好人,自称"眼前见天下无一个不好人"，于是王弗总是躲在屏风的后面屏息静听。有一天，一位客人走后，她问丈夫："这个人说话首鼠两端，他只是留心听你要说什么，你还费那么多工夫跟他说话干什么？"

苏东坡与王弗共同生活了十一年。1065 年 5 月 8 日，二十六岁的王弗不幸病逝。王弗去世后，东坡对她一直对她念念不忘。

四

【原文】

彭更问曰①："后车数十乘，从者数百人，以传食于诸侯②，不以泰乎？"

孟子曰："非其道，则一箪食不可受于人；如其道，则舜受尧之天下，不以为泰——子以为泰乎？"

曰："否！士无事而食，不可也。"

曰："子不通功易事，以羡补不足③，则农有馀粟，女有馀布；子如通之，则梓匠轮舆皆得食于子④。于此有人焉，入则孝，出则悌，守先王之道，以待后之学者，而不得食于子。子何尊梓匠轮舆而轻为仁义者哉？"

曰："梓匠轮舆，其志将以求食也；君子之为道也，其志亦将以求食与？"

曰："子何以其志为哉？其有功于子，可食而食之矣。且子食志乎？食功乎？"

曰："食志。"

曰："有人于此，毁瓦画墁⑤，其志将以求食也，则子食之乎？"

曰："否。"

曰："然则子非食志也，食功也。"

【注释】

①彭更：孟子弟子。

②传食：转食。

③羡：多余。

④梓、匠：即梓人、匠人，指木工。轮：轮人，制车轮的人。舆：舆人，制车厢的人。

⑤墁：墙壁上的涂饰。

【译文】

彭更问道:"跟随其后的车有几十辆,跟从其后的人有几百人,在诸侯之间转来转去找饭吃,这不是太过分了吗?"

孟子说:"如果不符合原则,那就一筐饭也不从别人那里接受;如果符合原则,那么,舜接受尧的天下,也不以为过分——你认为过分吗?"

彭更说:"不对的;士人不干活就吃饭,是不可以的。"

孟子说:"你如果不让各种行当互通有无,交换成果,用多余的来补充不足的,农民就有多余的粮食,妇女就有多余的布帛;你如果让他们互通有无,那么,木匠和车工就都可以从你那里得到吃的。这里有个人,在家就孝敬父母,在外就尊敬长辈,严守着古代圣王的道义,等待将来的读书人发扬光大,却不能从你那里得到吃的;你为什么尊重工匠和车工而轻视实行仁义的人呢?"

彭更说:"工匠和车工,他们的动机就是谋饭吃;君子实行道义,他们的动机也是谋饭吃吗?"

孟子说:"你为什么要论动机呢?如果他们对你有功劳,可以给吃的就给他们吃的好了。而且你是为了报答动机给饭吃?还是为了报答功劳给饭吃?"

彭更说:"报答动机。"

孟子说:"有人在这里,毁坏屋瓦,在新刷的墙上乱画,他的动机是谋饭吃,那你给他饭吃吗?"

彭更说:"不。"

孟子说:"那么,你不是为了报答动机给饭吃,而是为了报答功劳给饭吃。"

【评析】

这一章讲的仍然是社会分工的问题。值得一提的是,在这一章里,孟子所说的"小人"不再是个贬义词,而是对"农夫"和"百工之人"这一群体的称呼。

众所周知,一个健全的社会包括物质和精神两个层面,从事这两个层面的工作的人不仅是有一定的专长的人,而且还有着明确的分工。例如,从事精神层面的工作的是道德高尚、学问渊博的君子,他们的工作是看不见摸不着的;从事物质层面的工作的是农夫和百工之人,相比精神层面的工作,他们的工作是看得见摸得着的。应该说,这两个层面的工作是有很大的区别的,因此,这两个群体的人也是不能互相取代、缺一不可的。正如农夫不懂孟子懂得的大道理一样,孟子做农活也不如农夫专业。不过,不管他们在哪一个层面做什么工作,都是为促进社会的进步和文明的发展。

但是话虽这样说,实际上有人却认为,这两个群体的人,总有一个群体是重要的,一个群体是次要的。彭更就认为,农夫和百工之人应该得到报酬,而君子却不应该得到报酬。提倡社会分工的孟子当然反对彭更的说法,于是对他进行了一番教育。

孟子教育彭更的观点主要有两条:一是君子应不应该接受报酬的问题。其实,这是一个很难解决的问题,难度就在于怎样界定和区分该还是不该。君子该不该接受报酬? 其实,只要是正当的,不论多少都可以接受;同样,如果是不正当,不论多少都不应该接受。由谁来认定是该接受,还是不该接受呢? 也许没有人能说得清楚,只能借助自己的良心判断了。

在这一章里,孟子还谈到了动机与效果的关系问题。在这个问题上,孟子和彭更谈论得并不复杂。彭更认为,应该从动机上来分析问题和解决问题,实际上他也是这样做的。孟子则认为,应该从实际功绩和效果上来分析问题和解决问题,也就是说,不重视过程只重视结果,不听取汇报只考察成绩。然而,面对具体的情况时,我们不可能完全兼顾动机和效果两方面,因此大多数情况下还是看效果的。

有人说,如果把动机与效果的问题上升到理论高度,这就进入了哲学范畴。这时候,就不能把二者分别看待了,而是应该坚持二者的统一,也就是动机与效果的统一。也就是说,不论是什么动机,从效果上来看,错误的就是错误的,正确的就是正确的;同样,无论是什么结果,从动机上来看,动机不正确的就是错的,动机正确的就是对的。

【典例阐幽】

谁的功劳大

汉初,天下已定,刘邦准备论功封赏有功之臣。结果功劳簿出来以后,萧何功劳第一,很多跟随刘邦出生入死的将军就非常不满,他们的嚷嚷声惊动了刘邦。

刘邦就问:"怎么回事啊?"

众将军说:"我们跟随大王,辗转南北,大小仗无数,是我们冲锋陷阵,攻城略地,为大王打的天下。为什么身上没有一处伤,没有上过战场的萧何的功劳是第一呢？我们不服，请大王给个说法。"

刘邦笑着说："萧何是运筹帷幄之中，决胜千里之外，他虽然没有上过战场，就像打猎，追杀兽兔的的确是猎狗，但发命令、做决断的是人，你们的功劳如猎狗，萧何的功劳如猎人。况且，你们都是一个人跟着我打仗，萧何家中数十人都跟着我打仗。"众人不敢再说什么。

这时有人大臣出来说话，你们怎么能忘了萧何的功劳，皇上跟西楚霸王打了整整五年，在这五年中，多少次战败离散，是谁给你们增援后备军？是谁让你们吃穿无忧？是萧何！

这位大臣进一步质问："没有曹参，汉朝还会赢，没有萧何，情况会变怎样？"

五

【原文】

万章①问曰："宋，小国也，今将行王政，齐楚恶而伐之，则如之何？"

孟子曰："汤居亳②，与葛③为邻。葛伯放④而不祀。汤使人问之曰：'何为不祀？'曰：'无以供牺牲也。'汤使遗之牛羊。葛伯食之，又不以祀。汤又使人问之曰：'何为不祀？'曰：'无以供粢盛也。'汤使亳众往为之耕，老弱馈食。葛伯率其民，要其有酒食黍稻者夺之，不授者杀之。有童子以黍肉饷，杀而夺之。《书》曰：'葛伯仇饷。'此之谓也。为其杀是童子而征之，四海之内皆曰：'非富天下也，为匹夫匹妇复仇也。'汤始征，自葛载⑤，十一征而无敌于天下。东面而征，西夷怨；南面而征，北狄怨，曰：'奚为后我？'民之望之，若大旱之望雨也。归市者弗止，芸者不变，诛其君，吊其民，如时雨降。民大悦。《书》曰：'徯我后，后来其无罚！''有攸不惟臣，东征，绥厥士女，篚厥玄黄，绍我周王见休，惟臣附于大邑周。⑥'其君子实玄黄于篚以迎其君子，其小人箪食壶浆以迎其小人。救民于水火之中，取其残而已矣。《太誓》曰：'我武惟扬，侵于⑦之疆，则取于残，杀伐用张，于汤有光。'不行王政云尔。苟行王政，四海之内皆举首而望之，欲以为君，齐、楚虽大，何畏焉？"

【注释】

①万章：孟子弟子。

②亳：邑名，在今河南商丘市境内。

③葛：古国名，在今河南宁陵北。

④放：放纵。

⑤载：开始。

⑥有攸不惟臣，……惟臣附于大邑周：攸，古国名。惟，为。筐，盛放物品的竹制器具，这里指把物品装在筐内。玄黄，这里指代布匹。休，美。此句引自《尚书·武成》。

⑦于：古国名，即"邘"。

【译文】

万章问道："宋是个小国，如今打算施行仁政，齐楚两国憎恨它而出兵讨伐，怎么办？"

孟子说："汤居亳地，同葛国是邻国。葛伯放纵无道，不举行祭祀。汤派人问他：'为什么不祭祀？'（葛伯）说：'没有供祭祀用的牲畜。'汤派人送他牛羊。葛伯吃了牛羊，却不用来祭祀。汤又派人问他：'为什么不祭祀？'葛伯说：'没有供祭祀用的谷物。'汤派亳地的百姓去替他耕种，年老体弱的为他们送饭。葛伯带领自己的百姓拦截带有酒食的送饭者，进行抢夺，不给的就杀掉。有个孩子去送饭和肉，葛伯竟杀了孩子，抢走饭和肉。《尚书》上说：'葛伯仇视送饭的人。'就是说的这件事。汤因为葛伯杀了这个孩子而征讨他，普天下的人都说：'他不是为了天下财富，是为了给平民百姓报仇。'汤王征讨，从葛国开始。出征十一次而天下无敌。向东征讨，西面民族的百姓就埋怨；向南征讨，北面民族的百姓就埋怨，他们说：'为什么把我们放在后面？'百姓盼望他来，就像大旱之年盼望下雨一样。生意之人从未停止过，种田之人照常干活。汤杀掉当地的暴君，安抚百姓，就像及时雨从天而降，百姓很高兴。《尚书》上又说：'等待我们君王，君王来了我们不再受折磨。'又说：'攸国不肯臣服，武王向东征讨，安抚那里的男男女女，他们把黑色、黄色的布匹装在竹筐里，求见周王，得到光荣，称臣归附于周国。'当地官员用筐装满黑色、黄色的布匹迎接周王的官员，百姓抬着饭筐提着酒壶迎接士卒。周王解救百姓于水火，除掉他们的暴君。《太誓》说：'我军威武大发扬，攻入邘国疆土，除掉暴君，于是有伸张正义的杀伐，伟绩辉煌更胜成汤。'不行仁政便罢了，如果行仁政，四海之内的人都将仰起头来盼望他，想要让他做自己的君主，齐、楚两国纵然强大，有什么可怕的呢？"

【评析】

　　孟子在这一章里讲述"一傅众咻"的寓言,本意不是讨论教育和学习的关系,而是讽刺宋国国君行仁政的事。也就是说,虽然孟子在这里提出了一个与教育有关的寓言,但他的本意还是在政治方面。

　　通过说明周围环境对人的影响的重要性,孟子说明了国君应该注意对自己身边亲信和近臣的考察、选拔问题。孟子为什么要强调这个道理呢? 原因很简单,如果国君身边的亲信和近臣都是道德高尚的君子,那么国君在他们的影响下,也会变得道德高尚,一个道德高尚的国君不就是百姓们所希望的吗? 反过来也是一样的。其实,关于周围环境对人的影响的重要性问题,没有人比孟子更有发言权了。早在孟子小的时候,他的母亲为了让他受到好环境的熏陶,就流传下了"孟母三迁"的故事。所以说,孟子对此早就有了切身体会。

　　上面说的这个问题放在教育方面也同样适用。众所周知,儒家的教育思想历来强调客观的学习环境对人的教育影响作用。孟子指出,楚国人学习齐国话涉及的不单单是选择老师的问题,还有学习环境的问题。这其中的道理也很简单,如果有了齐国人做老师,可是学习环境却在楚国,这样,即使老师费尽心思教学生学齐国话,可是由于周围的人说的都是楚国话,学生受大环境的影响,也根本无法学好齐国话。相反,如果把上课的教室设在齐国人口稠密的地方,让学生置身于人人都说齐国话的环境中,那么,老师不用多么费劲,学生也能很快学会齐国话了。这个道理在今天的外语教学中尤其适用,这就是为什么中国人在中国的教室里学了好几年外语,却不如在外国留过一年学的人。在教育和学习的过程中,选择和创造有利于学习成长的客观环境是必要的。

六

【原文】

　　孟子谓戴不胜曰[①]:"子欲子之王之善与? 我明告子。有楚大夫于此,欲其子之齐语也,则使齐人傅诸? 使楚人傅诸?"

　　曰:"使齐人傅之。"

　　曰:"一齐人傅之,众楚人咻之[②],虽日挞而求其齐也,不可得矣;引而置之庄岳之间数年③,虽日挞而求其楚,亦不可得矣。子谓薛居州,善士也,使之居于王所。在于王所者,长幼卑尊皆薛居州也,王谁与为不善? 在王所者,长幼卑尊皆非薛居州也,王谁与为善? 一薛居州,独如宋王何?”

【注释】

①戴不胜:宋国的臣。

②咻:喧嚷。

③庄:齐都临淄的街名。岳:齐都临淄的里名。

【译文】

孟子对戴不胜说:“你要你的王学好吗? 我明白告诉你。假如有个楚国的大夫在这里,要他的儿子学会齐国话,那么,让齐国人教他? 还是让楚国人教他?”

戴不胜说:“让齐国人教他。”

孟子说:“一个齐国人教他,许多楚国人向他嚷嚷,即使天天鞭打他,逼他说齐国话,他也办不到;带着他到庄街岳里住上几年,即使天天鞭打他,逼他说楚国话,他同样也是办不到的。你说薛居州是个好人,让他住在王宫里。如果住在王宫里的人,不论老少尊卑都是薛居州,王和谁去做坏事? 如果住在王宫里的人,不论老少尊卑都不是薛居州,王和谁去做好事? 一个薛居州,能把宋王怎么样呢?”

【评析】

有研究《孟子》的学者指出,在这一章里,孟子引用的曾子和子路的话,都反映的是同一种行径,这就是虚伪。

从古至今,关于“虚伪”的话题都很复杂。一方面,不论是谁都对它深恶痛绝,把它当作最大的恶行口诛笔伐。这样看来,它似乎也不存在复杂了。另一方面,人们又觉得自己随时随地都生活在虚伪之中,无论是什么地方,不论是什么人,都没有不虚伪的。这样看来,它似乎确实复杂得需要研究一番。

正是因为如此,虚伪不仅令凡夫俗子们困惑不解,而且圣贤们也对他反复论述。孔子在《论语》中就反复三次说到虚伪的问题,而孟子在这里也说起了这个问题。

那么,孟子为什么也说这个问题了呢? 原来,公孙丑问孟子为什么不主动拜见诸侯国国君,在回答的时候,孟子就说了两种情况:一是过于清高和孤芳自赏。为了说明这个情况,孟子列举了段干木和泄柳的事迹,得出结论说,过于清高和孤芳自赏似乎没有必要。二是一心谄媚和阿谀奉承。为了说明这个情况,孟子引用了曾子和子路的话。有学者指出,孟子在这里暗指和批判的人,就是"纵横"于各国的纵横家们,孟子认为他们是最虚伪的人。由此也可见,孟子是痛恨纵横家的。

可以看出,在见不见诸侯这个问题上,不论是清高的段干木和泄柳,还是谄媚的纵横家,他们的表现不是太清高,就是太谄媚,走的是两个极端。但是,儒家一向都是反对走极端而主张恰如其分的中庸之道的。

虽然说"虚伪乃罪恶之源",但孟子教我们认清了这些,却没有告诉我们,我们该用什么来清除这罪恶之源,这是令人遗憾的。

【典例阐幽】

一傅众咻

司马遹是晋武帝司马炎的孙子,他五岁时。有一天皇宫失火,司马炎登上高楼远望,司马遹赶紧拉着司马炎的衣服,躲到昏暗的角落,说道:"夜里突然出事,敌暗我明,您不可以站在明亮的地方,让人看见您。万一有人意图不轨,岂不是将自己暴露于危险之中吗?"

司马炎从此对司马遹刮目相看。在群臣面前多次称赞他有司马懿之风。望孙成龙的司马炎还亲自挑选贤能的人担任司马遹的老师以及身边的臣属。但是小时聪颖的司马遹,长大后竟然只知和亲近的人嬉游玩乐。大臣江统看得忧心忡忡,上书给司马遹,劝他应经常面见师傅,请教为善之道。另一位臣属杜锡也时常规劝太子。

司马炎

但是一傅众咻。司马遹的身边围绕着的都是一些宦官,在他们的引诱纵容下,司马遹在沉迷玩乐之余,性格日趋傲慢,连每天早上问候父皇的活动,都忽略了。由于生母出身屠户,司马遹居然对买卖猪肉很感兴趣,在宫廷里扮作卖猪肉的老板,叫手下的人买卖酒肉,而他亲手拈分量,功力好到斤两无误。

大臣们的逆耳忠言,司马遹非但不听还当成耳边风,而且十分讨厌他们。有一次因为嫌杜锡啰唆,把针预先放在他常坐的毯子里,把他的屁股都扎出血来了。司马遹自毁前途,最后被废黜。

七

【原文】

公孙丑问曰:"不见诸侯何义?"孟子曰:"古者不为臣不见。段干木①踰垣而辟②之,泄柳③闭门而不纳,是皆已甚;迫④,斯可以见矣。阳货欲见孔子,而恶无礼。大夫有赐于士,不得受于其家,则往拜其门。阳货瞰⑤孔子之亡⑥也,而馈孔子蒸豚⑦;孔子亦瞰其亡也,而往拜之。当是时,阳货先,岂得不见?曾子曰:'胁肩谄笑⑧,病于夏畦⑨。'子路曰:'未同而言,观其色赧赧然⑩,非由之所知也。'由是观之,则君子之所养,可知已矣。"

【注释】

①段干木:人名,魏国贤者,孔子之徒子夏的弟子,曾经做过魏文侯的老师,但是不愿意出仕。

②辟:同"避",躲避。

③泄柳:人名,鲁缪公时的贤者。

④迫:指诸侯迫切想要见面。

⑤瞰:窥伺。

⑥亡:外出,不在家。

⑦豚:小猪。

⑧胁肩谄笑:耸起肩膀,露出笑脸。形容极其谄媚的样子。

⑨病于夏畦:病,疲惫,劳累。于,比。夏,夏天。畦,田地,此处代指田间劳作。

⑩赧赧然:因羞愧而脸红的样子。

【译文】

公孙丑问孟子说:"不主动去谒见诸侯是什么意思?"孟子说:"古时候的惯例,不是诸侯的臣子不去谒见诸侯。因此,段干木为了躲避诸侯越墙躲避,泄柳关上门不让诸侯进来，这些行为都已经很过分了；如果诸侯非常急迫地想见自己，这才可以谒见。阳货想要孔子来见他，又怕别人说自己不懂礼数。大夫馈赠礼物给士，士因故没能在家接受礼物，之后应该去大夫家答谢。于是阳货趁孔子不在家的时候，给孔子送了一只蒸猪。孔子也趁他不在的时候，前去他家里答谢。当时，阳货先送来礼物，孔子怎能不去见他呢？曾子曾经说过：'耸起肩膀，装出笑脸，去行谄媚之事，真比夏天在地里干活还难受。'子路说：'明明合不来还要交谈，看他脸色羞惭得通红的样子，这是我所不赞成的。'由此看来，君子所要培养的道德操守，就可以知道了。"

【评析】

在这一章里，孟子的学生问孟子道："人们都说先生喜欢辩论，先生为什么喜欢辩论呢？"孟子听了，有些恼火地回了一句"予岂好辩也哉！予不得已也"，哪里是我喜欢辩论啊？我是迫不得已，不辩不行啊！

不辩不行，真有这样的事吗？孟子生活的战国时代，既是诸侯割据争霸的时代，又是各种学说和思想"百家争鸣"的时代，作为儒家学派在战国时期的代表人物，如果孟子在辩论之风盛行的当时，保持沉默和退避，那么也许儒家的发展和影响就要大打折扣了。也的确不是孟子好辩，但为了捍卫儒学，他又被迫不得不通过辩论为儒家在社会思潮中赢得一席之地，所以他才说"予岂好辩也哉！予不得已也"。

然而，也正是由于孟子在"不得已"间被迫站出来，参与到"思想大辩论"之中，并凭借他的才华和能力，赢得了"外人皆称夫子好辩"的名声，儒家的声威才因此日渐大振。不仅如此，甚至有人认为，即使在遥远的汉代以后，儒家依然能在"百家争鸣"的局面中登上"独尊"的位置，都是因为孟子"好辩"的功劳。也有人认为，孔子和孟子虽然并列为儒家"二圣"，但却又各有所长：孔子是"述而不作"，而孟子则流传下许多鸿篇巨制，为儒家创造了许多珍贵的文字资料。在汉代以后的两千多年的时间里，儒家思想一直是中国的主导思想和主流文化，还在相当长的时间里影响了周边国家的文化和思想。

回到本章的内容，我们可以发现，在孟子说"予岂好辩也哉！予不得已也"这句话时，儒家学派也是到了进一步发展的关键时期。当时，杨朱学派和墨翟学派已经是影响力特别巨大的两大学派，不论是从系统上还是从理论上，都远远超过了儒家学派在社会上的影响。而反观儒家,除了孟子以外,再没有合适的人选能够抵挡住杨朱学派和墨翟学派的进攻。

那么,孟子和其他的儒家人物相比,有什么过人之处呢?孟子还真有三个过人之处:其一,孟子继承了孔子流传下来的儒家正统思想,这使他超越了几乎同一时代的儒家另一位代表人物荀子;其二,孟子学问根基深厚,能够代表儒家学派的最高水平;其三,孟子善于辩论,他的辩论技巧丰富多样,气势磅礴大气,不仅儒家少有对手,就是整个战国时代都鲜遇敌手。因此,抵挡其他学派的攻讦的任务便非孟子莫属了。事实证明,孟子也确实扛起了"闲先圣之道,距杨墨,放淫辞"和"正人心,息邪说,距诐行"的重任。

【典例阐幽】

不为五斗米折腰

陶渊明又名陶潜,是我国最早的田园诗人。

公元405年秋,他为了养家糊口,来到离家不远的彭泽当了县令。这年冬天,郡的太守派出一名督邮,到彭泽县来督察。督邮权位虽低,却喜欢仗势欺人。这次派来的督邮刘云,是个粗俗而又傲慢的人,以凶狠贪婪闻名远近,每年两次以巡视为名向辖县索要贿赂,每次都是满载而归,否则栽赃陷害,他一到彭泽,就差县吏去叫县令来见他。陶渊明平时蔑视功名富贵,不肯趋炎附势,对这种假借上司名义发号施令的人很瞧不起,但也不得不去见一见,于是他马上动身。

不料县吏拦住陶渊明说:"大人,督邮说了,'参见督邮要穿官服',束大带,不然有失体统。"

陶渊明本来就不愿去见督邮,这下终于忍不住了,于是,长叹一声,道:"我不能为五斗米向乡里小人折腰!"折身返回,挂冠而去,辞职归乡。

八

【原文】

戴盈之①曰:"什一,去关市之征,今兹②未能,请轻之,以待来年,然后已,何如?"

孟子曰:"今有人日攘③其邻之鸡者,或告之曰:'是非君子之道。'曰:'请损之,月攘一鸡,以待来年,然后已。'如知其非义,斯速已矣,何待来年?"

国学经典文库

【注释】

①戴盈之:宋国大夫。

②兹:年。

③攘:盗窃。

【译文】

戴盈之说:"地租实行十分抽一的税率,免去关卡和市场上的赋税,今年还办不到,就先减轻一些,等到明年再废止,怎么样?"

孟子说:"现在如果有个人天天偷邻居的鸡,有人告诉他说:'这不是君子的行为。'那人却说:'请允许少偷一些,每月偷一只鸡,等到明年再完全改正。'如果知道那种做法是不好的,就该赶快停止,为什么要等到明年?"

孟子诠解

【评析】

由于宋王对仁政缺乏诚意,孟子的许多主张并没有得到执行,特别是对孟子提出的实行什一税和免除关卡、市场征税,千方百计找借口拖延。孟子气愤至极,以偷鸡贼相喻,不久离开宋国。

《孟子》原典解读

【典例阐幽】

月攘一鸡

宋朝文学家苏辙,十九岁时和哥哥苏轼同登进士。

神宗时,王安石执政三司条例司,命苏辙为下属。王安石行青苗法,在条款的制订中,苏辙与吕惠卿因意见相左而发生争执,上诉于王安石,王安石赞同苏辙的意见,决定暂缓《青苗法》的出台,以俟准备工作更臻完善。就在这个当口,有人向王安石陈述了京东路黎庶渴望《青苗法》早日推行之状,并主动要求在京东路试行,使得王安石于一夜之间改变了态度,决定尽早推行《青苗法》。苏辙力陈不可,

图文珍藏版

结果被贬为河南推官。

王安石下台后，苏辙又被召入朝，先后担任右司谏，累迁御史中丞、尚书右丞、门下侍郎。1093年，宋哲宗亲政后，任用主张变法的大臣，对守旧派、中间派进行打击，恢复免役法、保甲法、青苗法等，苏辙上表大力反对说："自从熙宁年推行青苗和免役二法，至今已经二十余年，法例日益严苛，刑罚日益峻刻，但是盗贼却日益增加，国家收上来的谷帛日益减少。细数其害处，可谓不可胜言。现在免役之法已经取消。可是青苗法却因循旧例，稍加损益，难道是要慢慢地推行月攘一鸡之道吗？"

但是宋哲宗根本听不进去，把苏辙等人流放到岭南。此后十年间，苏辙终日默坐，不与外人相见，直至故去。

九

【原文】

公都子曰①："外人皆称夫子好辩，敢问何也？"

孟子曰："予岂好辩哉？予不得已也。天下之生久矣，一治一乱。当尧之时，水逆行，泛滥于中国，蛇龙居之，民无所定。下者为巢，上者为营窟。《书》曰：'洚水警余。'②洚水者，洪水也。使禹治之。禹掘地而注之海，驱蛇龙而放之菹③。水由地中行，江、淮、河、汉是也。险阻既远，鸟兽之害人者消，然后人得平土而居之。

"尧、舜既没，圣人之道衰，暴君代作。坏宫室以为污池，民无所安息；弃田以为园囿，使民不得衣食。邪说暴行又作，园囿、污池、沛泽多而禽兽至。及纣之身，天下又大乱。周公相武王诛纣，伐奄三年讨其君④，驱飞廉于海隅而戮之⑤，灭国者五十，驱虎、豹、犀、象而远之，天下大悦。《书》曰⑥：'丕显哉⑦，文王谟！丕承哉，武王烈！佑启我后人，咸以正无缺。'

"世衰道微，邪说暴行有作⑧，臣弑其君者有之，子弑其父者有之。孔子惧，作《春秋》。《春秋》，天子之事也。是故孔子曰：'知我者其惟《春秋》乎！罪我者其惟《春秋》乎！'

"圣王不作，诸侯放恣，处士横议⑨，杨朱、墨翟之言盈天下⑩。天下之言不归杨，则归墨。杨氏为我，是无君也；墨氏兼爱，是无父也。无父无君，是禽兽也。公明仪曰：'庖有肥肉，厩有肥马；民有饥色，野有饿莩⑪，此率兽而食人也。'杨墨之道不息，孔子之道不著，是邪说诬民，充塞仁义也。仁义充塞，则率兽食人，人将相食。

吾为此惧,闲先圣之道^⑫,距杨墨,放淫辞,邪说者不得作。作于其心,害于其事;作于其事,害于其政。圣人复起,不易吾言矣。

"昔者禹抑洪水而天下平,周公兼夷狄,驱猛兽而百姓宁,孔子成《春秋》而乱臣贼子惧。《诗》云:'戎狄是膺,荆舒是惩,则莫我敢承^⑬。'无父无君,是周公所膺也。我亦欲正人心,息邪说,距诐行,放淫辞,以承三圣者,岂好辩哉?予不得已也。能言距杨、墨者,圣人之徒也。"

【注释】

①公都子:孟子弟子。

②洚水警余;《尚书》逸篇里的话。

③菹:水草多的沼泽地。

④伐奄三年讨其君:这是周成王时的事。

⑤飞廉:传说中善跑的人,为纣王所用。

⑥《书》曰:以下所引,见今本《尚书·君牙》。

⑦丕:大。

⑧有:通"又"。

⑨处士:不做官而居家的士人。

⑩杨朱:战国时魏人,晚于墨翟,早于孟子。墨翟:战国时鲁人,或说宋人,学说具见《墨子》。

⑪莩:通"殍",饿死。

⑫闲:防御,捍卫。

⑬承:抵抗。引诗出自《诗经·鲁颂·閟宫》。

【译文】

公都子说:"别人都说先生喜欢辩论,请问这是为什么呢?"

孟子说:"我难道喜欢辩论吗?我是不得已啊。天下有人类以来很久了,太平一时,动乱一时。在尧的时候,水倒流,在中国泛滥,陆地成为蛇和龙的居所,使老百姓无处安身;低地的人在树上做巢,高地的人挖洞穴而居。《尚书》说:'洚水警告我们。'洚水就是洪水。尧让禹来治水。禹挖地而把水导流入海,把蛇和龙赶到多草的沼泽;水从大地上穿行而过,这就是长江、淮河、黄河、汉水。险阻远离了人类,害人的鸟兽消灭了,从此以后人才能在平地上居住。

"尧、舜死后,圣人之道衰落,暴君一代又一代地出现,他们毁坏房屋来造深池,老百姓无处安身;荒废农田来建园林,使老百姓得不到吃穿。这时又出现荒谬的学说、残暴的行为。园林、深池、沼泽一多,禽兽也跟着来了。到了纣的时候,天下又大乱。周公辅佐武王杀掉纣,又讨伐奄国三年,杀掉奄国的国君,把飞廉赶到海边杀掉了他。灭了五十个国家,把老虎、豹子、犀牛、大象赶到远方。天下人很高兴。《尚书》说:'伟大而显赫啊,文王的谋略!伟大的继承者啊,武王的功烈!庇佑我们,启发我们,直到后代,使大家都正确而没有错误。'

"时世衰落,道义微茫,荒谬的学说和残暴的行为又出现了,有臣子杀掉他的君主的,有儿子杀掉他的父亲的。孔子为此忧虑,写了《春秋》。《春秋》说的是天子的事情。所以孔子说:'了解我的可以只凭《春秋》这部书了!怪罪我的也可以只凭《春秋》这部书了!'

"从此圣王不曾出现过,诸侯放肆纵恣,一般读书人也乱发议论,杨朱、墨翟的学说充满了天下。天下种种议论,不是归附杨朱,就是归附墨翟。杨氏讲的是'为我'的道理,这叫不把君主当回事;墨氏讲的是'兼爱'的道理,这叫不把父亲当回事。目中无父,目中无君,这是禽兽啊。公明仪说:'厨房里有肥肉,马厩里有肥马,但是老百姓面有饥色,田野上有饿死的尸体,这是带领野兽吃人。'杨、墨的学说不消灭,孔子的学说就不能发扬,这就是荒谬的学说在欺骗百姓,堵塞了仁义的道路。仁义的道路被堵塞,就等同带领禽兽吃人,人们之间互相残杀。我为此忧虑,因而捍卫古代圣人的学说,抵制杨、墨,驳斥夸诞的言论,使发布谬论的人起不来。种种谬论从心里产生,就会妨害行动;妨害了行动,也就妨害了政治。如果圣人再起,也不会抛弃我的这番话。

"从前禹平息了洪水而天下太平,周公兼并了夷狄,赶跑了猛兽而百姓安宁,孔子作成了《春秋》而叛乱的臣子、作逆的儿子感到害怕。《诗经》说:'戎狄是要防范的,荆舒是要严惩的,那就没有人能抵御我。'目中无父、目中无君,是周公所防范的。我也要端正人心,抑制谬论,反对偏激的行为,驳斥夸诞的言论,来继承这三位圣人。我难道喜欢辩论吗?我是不得已啊。"能够用言论来反对杨、墨的,也就是圣人的门徒了。

【评析】

　　孟子有"好辩"之名,从逻辑推论、语言技巧、判断能力、应变策略诸方面看,孟子都称得上是辩论高手。孟子自称"我知言",认为能做到"诐辞知其所蔽,淫辞知其所陷,邪辞知其所离,遁辞知其所穷"。相信读过孟子书的人,都可以领略到孟子滔滔的辩才。不过孟子认为自己"好辩",乃是不得已,是出于批判杨朱、墨翟错误思想的需要。并将自己"距杨、墨",与大禹平治洪水、周公兼并夷狄、孔子作《春秋》相提并论,看作是关涉历史发展的大事。

孟子为何如此看重对杨、墨的批判呢?这就涉及他的历史观。在孟子看来,人类历史的发展是"一治一乱",每一次乱世出现时,都会有圣人挺身而出,兴利除弊,带领人民从乱世走向治世。孟子认为,自己的时代正是这样一种乱世,诸侯的暴虐无道、攻伐掠夺造成政治的混乱和无序,而杨朱、墨翟异端邪说的流行堵塞仁义,扰乱人心,给社会造成极大的危害。故孟子是抱着"五百年必有王者兴"的信念,欲效法古代圣人,一方面在政治上倡王道,行仁政,另一方面在思想上则"距杨、墨",批异端。

从今天的眼光看,孟子斥杨、墨为异端,视其为社会动乱的根源,有不尽合情理之处,存在思想独断、不宽容的嫌疑。但从当时的情况看,儒家要为社会确立一种指导思想,就不得不对影响甚大且与自己存在尖锐分歧的杨、墨思想展开批判。杨朱属于道家,主张"贵生""重己""为我",是一位个人主义者。杨朱讲"为我",反对别人侵夺自己,也反对侵夺别人,反映了"明哲保身"、维护个人权益的思想,有其合理因素。但杨朱的"我"只有"小我",而没有"大我",只讲"全性葆真",而不讲社会责任,从这种"我"无法发展出社会关系、人伦秩序,尤其使"君"的地位受到冲击,所以孟子说这是"无君"。墨翟是墨家的创始人,主张"兼爱""非攻","摩顶放踵利天下为之",是一位集团主义者。墨子讲"兼爱",要求人们"兼相爱,交相利",反映了下层民众团结互助的思想,有其积极意义。但墨子的"爱"是"无差等"之爱,爱没有亲疏远近之分。这样就泯灭了人与人之间的亲疏之别,将人父等同于己父,就等于没有己父,所以孟子说这是"无父"。儒家主张人应生活在社会中,一个人既否定了父子关系,又否定了君臣关系,故在孟子看来,就等于"禽兽"了。

【典例阐幽】

率兽食人

明朝崇祯三年,农民起义军四起,张献忠的部队占据了四川大部分的州、县,以成都为西京建立大西国。

张献忠在四川,进行空前的破坏。以开科取士为名杀读书人于青羊宫,又杀老百姓,杀各卫军九十八万,还遣四将分屠各县,将亿万宝物投入锦江,任其流失,崇祯十七年,张献忠在大西国的首都成都,竖起了那块恶名昭彰的"七杀碑",其碑作文:天生万物以养人,人无一物以报天。杀、杀、杀、杀、杀、杀、杀!

张献忠的率兽食人的滥杀政策给四川百姓带来了巨大的灾难,在他退出成都的时候,这个早在唐朝的时候就是全国五大繁华都市之一的"温柔富贵乡"已是千疮百孔,人口锐减。

清顺治三年十月,张献忠在西充县与盐亭县交界处的凤凰山坡,中箭身亡。

十

【原文】

匡章①曰:"陈仲子岂不诚廉士哉?居於陵②,三日不食,耳无闻,目无见也。井上有李,螬③食实者过半矣,匍匐往,将④食之,三咽,然后耳有闻,目有见。"

孟子曰:"于齐国之士,吾必以仲子为巨擘焉。虽然,仲子恶能廉?充仲子之操,则蚓而后可者也。夫蚓,上食槁壤,下饮黄泉⑤。仲子所居之室,伯夷之所筑与?抑亦盗跖⑥之所筑与?所食之粟,伯夷之所树与?抑亦盗跖之所树与?是未可知也。"

曰:"是何伤哉?彼身织屦,妻辟纑⑦,以易之也。"

曰:"仲子,齐之世家也。兄戴,盖⑧禄万钟。以兄之禄为不义之禄而不食也,以兄之室为不义之室而不居也,辟⑨兄离母,处于於陵。他日归,则有馈其兄生鹅者,已频顣⑩曰:'恶用是鶂鶂者为哉?'⑪他日,其母杀是鹅也,与之食之。其兄自外至,曰:'是鶂鶂之肉也。'出而哇之。以母则不食,以妻则食之;以兄之室则弗居,以於陵则居之,是尚为能充其类也乎?若仲子者,蚓而后充其操者也。"

【注释】

①匡章:齐国将军。

②於陵:齐国地名,在今山东长山南。

③螬:蛴螬,金龟子。

④将:取。

⑤黄泉:指地下泉水。

⑥盗跖:春秋末年有名的大盗。

⑦辟纑:辟,绩麻。纑,练麻。

⑧盖:齐国地名,是陈戴的采邑:

⑨辟:避。

⑩频顣:频:皱眉。顣:皱额。

⑪鶂鶂:鹅的叫声。

【译文】

匡章说:"陈仲子难道不是个廉洁之士吗?住在於陵,三天没吃东西,饿得耳朵听不见,眼睛看不见。井台上有个李子,已被金龟子吃掉大半个了,他爬过去,拿起来就吃,咽了三口,耳朵才听得见,眼睛才看得见。"

孟子说:"在齐国的士人中,我肯定认为陈仲子是首屈一指的。虽然这样,陈仲子哪能称作廉洁?要想将他的操守扩展到一切方面,那只有变成蚯蚓才能做到。蚯蚓,在地上吃干土,在地下喝泉水。仲子住的房子,是伯夷那样廉洁之人造的呢,还是盗跖那样的强盗造的呢?他吃的粮食,是伯夷那样廉洁之人种的呢,还是盗跖那样的强盗种的呢?这些都不知道。"

匡章说:"这有什么关系呢?他自己编草鞋,妻子绩麻搓线,用这些来换生活用品。"

孟子说:"仲子是齐国的大家族。他的哥哥陈戴,在盖邑享受禄米几万石。仲子认为哥哥的禄米是不义之禄而不吃,认为哥哥的房屋也是不义之屋而不住,避开哥哥,离开母亲,住在於陵。有一天回家,见有人送给他哥哥一只活鹅,他紧皱着眉头说:'哪用得着这呃呃叫的东西?'后来,他母亲杀了这只鹅,给仲子吃。他哥哥从外面回来,告诉仲子:'这就是那呃呃叫的东西的肉呀。'仲子便跑出去把吃的肉呕吐出来。母亲的食物就不吃,妻子的食物就吃;哥哥的房屋就不住,於陵就住了。这还能称扩展贞操吗?像仲子那样的人,只有变成了蚯蚓才能扩展他的贞操。"

【评析】

孟子在齐国时,与大将军匡章结为好友,本章即为二人对于陈仲子的评论。

陈仲子出生于战国齐国贵族世家,他视社会为浊世,视政治为污流,一味地标榜个人廉洁,较之伯夷、叔齐表现得更为愤世嫉俗。孟子虽推崇仲子为齐国的巨擘,但认为他的做法并不可取。因为人总是要生活在社会中,社会的不完满,需要人们去改造、完善它,而不是逃避它。孔子曾批评隐者"欲洁其身,而乱大伦"(《论语·微子》),这个评价同样适用于陈仲子。陈仲子为追求个人精神的纯洁,而逃避社会责任,其行为只能独善其身,而不能兼济天下。故孟子认为,陈仲子的操守不仅难以实现,也完全不必提倡。

【典例阐幽】

真正的廉洁

东汉时期,有位官员名叫杨震,弘农华阴(今陕西省华阴市)人。曾历任荆州刺史、涿郡太守、司徒、太尉等多种职务。杨震在关西这个地方做官的时候,廉洁奉公、执法严厉,为当地的老百姓所敬仰,大家都称他"关西孔子"。

有一次,一位富商和一位穷人打官司,杨震正好办理此案。在这场官司中,富商根本不占理,他欺负这位忠厚老实的农民,反过来还想诬陷对方。杨震将此事调查清楚后。准备第二天正式治这位富商的罪。

这位富商自知理亏,再加上知道杨震办案公正,心里非常着急,他担心自己会输掉这场官司。这不,他正在屋里发愁呢。正在这时,他的一位朋友来看他,得知此事后,说:"杨震一向很廉洁,从不收别人的礼。我觉得他是怕别人知道后,坏了他的名声。但是,如果你晚上在别人都睡着了的时候去送礼,杨震会不会接受呢?"

富商一想,自信地说:"我想看看他杨震到底是真廉洁还是假廉洁。"

于是,这天晚上,富商在夜深人静的时候,带着金子,蹑手蹑脚地来到杨震家里。杨震一看富商深更半夜来找自己,并且带来了很多的金子,便生气地说:"你快带着你的金子回去吧!我杨震一向秉公执法,谁是谁非,我心里清楚得很。"

富商马上赔着笑脸说:"杨大人尽管放心收下,现在已经这么晚了,我来的时候,没有一个人看见,谁也不会知道的。"

"谁说的? 现在就有四个人知道。"杨震义正词严地说。

"四个人? 怎么可能呢?"富商惊奇地问道,边问边向周围看了看,并未发现有其他人在场。

杨震笑了笑说:"天知! 地知! 你知! 我知! 这不是四个人吗? 你身为一名富

商。不按照正当方式办事，只会做一些歪门邪道的事！今天，你还想贿赂本官，以为夜深人静，没人看到，就可以达到目的了。你可知道，做任何事情，不管别人知道不知道，都要对得起自己的良心。你做了错事，不要妄想本官会饶了你。今天你贿赂本官，罪加一等！"

"大人，小的再也不敢了，小的知错。"富商赶紧跪地求饶。

第二天，杨震依法办案，治了富商的罪。这件事传开了，老百姓都拍手称快，说杨震是个诚实、廉洁的好官，并给杨震的衙门大堂挂上了一块万民匾，上面写着"四知堂"。后来，皇上知道了这件事，又赐名"关西堂"，以示嘉奖。

【本篇总结】

孟子不肯屈节拜见诸侯，认为这关系到是否坚持原则的问题，因为曲折自己的正道则无疑匡正他人。士大夫的出处，不以富贵荡其心，不以贫贱移其志，不以威武屈其节，这才是真正的大丈夫。因此，士人出仕，当遵循正道而不为贪图俸禄，若不合正道，则一瓢食不可受于人。对商界人士而言，这些原则从大的方面来说包括正理和常道，从小的方面来说包括为人处世的准则。只有在原则下做事，遵循做人的准则，才能得到别人的尊敬，事业也才能长盛不衰。

【古代事例】

郭开受贿亡赵

王良善于驾车，如只在大道上驱驰，终日都不能射到一只鸟；而若只图猎物而不按法则来驾车，一早上的工夫就能得到十只鸟。但这样的做法并不符合规则，所以，王良深以为耻。综观古史，不坚持原则而导致败亡的事情屡见不鲜。赵国的佞臣郭开因贪图小利，最终酿成赵国覆亡的大祸。

赵孝成王七年（公元前259年），秦、赵两国军队相距长平（今山西高平）。当时，马服君赵奢已死，蔺相如病笃，赵孝成王派遣廉颇（公元前327—前243年）率兵攻秦，却连遭败战。此后，秦军多次挑战，廉颇都按兵不出。秦军遂用反间计，在赵国散布流言说："秦军只怕马服君赵奢之子赵括。"赵王不假思索，以只会纸上谈兵的赵括代替廉颇对抗秦军。

赵括从很小的时候就跟随父亲学习兵法，喜言兵事，常常以为自己天下无敌，锐不可当。秦将白起听说赵国换将的消息,假装败走,半路出奇兵,阻断赵军的粮道,把赵军断为两截,赵军顿时人心涣散。四十多天后,赵军粮草匮乏,赵括无奈,只好率领精锐部队与白起交战,匆忙之中被秦军射死。赵括军败,数十万之众降秦,秦国把降兵悉数活埋。至此一役,赵国前后共损失四十五万众。第二年,秦兵围攻赵国都城邯郸(今属河北),酣战一年多都没能破城。后来,赵国在楚、魏等诸侯发兵救援之后才解得以解围。赵国的元气大伤,从此一蹶不振。

赵孝成王死后,子悼襄王立。赵悼襄王听信宠臣郭开的谗言,再次解除廉颇的军权,令乐乘代替廉颇。廉颇不服,心中大怒,率兵攻击乐乘。乐乘败走,廉颇出奔魏都大梁(今河南开封)避难。

赵国内忧外患之际。赵悼襄王很想廉颇能不计前嫌,回国匡扶,遂派遣使者唐玖到大梁探视廉颇是否还能被委以重任。谁知,郭开和廉颇素来就有积怨,郭开悄悄地贿赂唐玖,令他向赵王诋毁廉颇。唐玖到大梁后,廉颇在他面前一餐吃进斗米,肉十斤,饭后,披甲上马,矫健轻便,英勇不减当年,以示自己尚可重用。唐玖回国,还报赵悼襄王说:"廉将军虽老,饭量不浅,然而与臣座谈时,不多时便拉三次大便。"赵王非常遗憾,以为廉颇年老,遂不再召还。廉颇含恨而死。

赵王迁七年(公元前231年),秦使王翦率领重兵继续攻打赵国。赵王派遣李牧、司马尚率兵抵御强敌。当年,李牧率兵北抗匈奴、南拒韩魏,又多次打退秦军的攻势,攻城略地,骁勇如虎。王翦见李牧领兵迎战,便派人向郭开行贿,使郭开为反间计,散布李牧、司马尚想叛国造反的流言。赵王大恐,毫不深思熟虑就派赵葱和齐将颜聚取代李牧。李牧拒不受命,却被设计斩杀。三个月后,王翦乘势击赵,大破赵葱,俘虏赵王迁及齐将颜聚,赵国灭亡。

【评述】

孟子说,不行正道的人尚且不能匡正别人,何况一个大国呢? 郭开为一己私利,不守正道,全然不顾国家利益,赵国的社稷轰然崩塌。因此,商界人士当思以直道处事,即便是有利可图,应考虑是否合乎正理,以自己的嘉言懿行矫世风之弊。

"强项令"董宣

景春认为公孙衍、张仪这样的人一怒就挑起诸侯之间的争端,令诸侯畏惧,不敢妄动,诚大丈夫也。但是孟子非常不屑地说,他们哪里算得上大丈夫,真正的大丈夫以仁义作为自己的居所,立天下之正位,行天下之正道,不为富贵心旌摇荡,不为贫贱变易志气,不为威武屈曲信仰。这种大丈夫气概在史上陶冶出不知多少仁人志士,东汉的强项令董宣就是这样的人。

在南朝宋范晔(398—446年)所著的《后汉书·酷吏列传》中有一位历来备受争议的人物——"强项令"董宣。董宣在职期间,廉洁自律,依法治民,不畏强权,严惩豪族。范晔把董宣列入《酷吏列传》而非《循吏列传》,这一失误历来遭到史家的讥讽。

董宣,字少平,陈留圉(今河南杞县南)人,凭借司徒侯霸的推荐进入仕途,不久就迁任北海(东汉郡国名,治所在今山东昌乐西,属青州)相。当地大族公孙丹新造居宅,占卜的人说风水不好,家中将会有人死于屋下。公孙丹让儿子把一过路人杀死,将其尸体置于屋内以嫁祸于这个过路人。董宣听说后,立即逮捕公孙丹父子,将他们处死。公孙丹的亲族聚众三十余人,手持兵器找到董宣,称冤叫号不已。董宣并未被突如其来的强大阵势吓住,镇定下来,以公孙丹家族有依附王莽的罪行和勾结海贼的嫌疑,将来者全部逮捕入狱,派水丘岑将他们悉数处死。青州牧以为董宣滥杀无辜,向朝廷奏表参劾董宣和水丘岑。董宣身陷牢狱,被判死刑。不过,他依旧晨夜讽诵,面无忧色。行刑即将轮到董宣时,光武帝刘秀(公元前25—57年在位)派使者飞奔而至,宣谕暂时宽宥董宣,询问他为何多杀无辜。董宣以实情相对,并称说水丘岑无罪,愿一人赴死。光武帝下诏转迁董宣为怀县(今河南武涉西南)令,水丘岑亦得免罪。

董宣任洛阳令期间,光武帝的姐姐湖阳公主的奴仆在大白天就肆无忌惮地杀人,然后藏匿在公主家中,办事的吏员束手无策。后来湖阳公主出行时,驾车人正是杀人的奴仆。董宣在路上拦住公主的车马,用刀指画地面,大声数落湖阳公主的过错,然后把那个奴仆呵斥下车,就地正法。湖阳公主气得立即还宫,向光武帝哭诉。光武帝雷霆大发,召来董宣,想把他鞭死。董宣毫不畏惧,向光武帝说道:"陛下圣德中兴,却纵使奴仆妄杀无辜,若长此以往,不知陛下将何以治理天下?我不需鞭死,愿自杀。"说毕,即以头击柱,血流满面。光武帝见状,心生怜爱之心,令人持住董宣的臂腋,让他向湖阳公主叩头谢罪。董宣不从,被人强按住脖颈顿地磕头,董宣则两手据地强撑,始终不肯低头,湖阳公主生气地说:"陛下为百姓时,藏匿犯有死罪的人,搜求的吏员从不敢上门搜索。如今陛下贵为天子,怎么威风反倒不如一介小小的县令?"光武帝笑道:"天子的状况与百姓不同。"于是敕封董宣"强项令"的美誉,表彰他的忠直勇敢。自此,洛阳豪强无不震栗,把董宣称为"卧虎",谁也不敢贸然为非作歹。

董宣死后,光武帝遣人去看丧事,见董宣身上只盖着粗布薄被,妻子儿女相对而哭,家徒四壁,仅有数斛大麦和一乘破车。光武帝听说后很感伤地说:"董宣的廉洁,到他死时我才知道!"遂下令以大夫之礼厚葬董宣,厚赐董宣之子。

【评述】

其实,孟子说的大丈夫就是不管面对强暴还是诱惑,都要敢于伸张正义,维持自己的尊严。董宣在光武帝面前都不肯低头认错,不屈于强权势利而只服从于真理,这不但没有给他带来杀身之祸,反而使光武帝恍然大悟,转而支持他的正义之举,光武帝也算得上是明理的君主。商界人士读此篇当思坚持自己的原则,知难而进,才能有所成。

【现代事例】

劳力士的精确无比

男士思女,少女怀春乃是人之常情,男女的婚嫁需父母之命,媒妁之言。如果互相爱慕的男男女女在私下里挖洞相窥或逾墙相见,无不遭到人们的鄙视。因此,士人出仕当如男女婚嫁一般,遵循正道才有威严和气节。企业赚取利润无可厚非,若没有利润,企业则难以维持下去,但若想赚取利润则需走正道才能持久获利。劳力士就是通过自身的精确来赢得声望的。

腕表的灵魂在于精确,世界名表劳力士(ROLEX)就具有难与比拟的精确。

一九〇五年,德裔钟表代理商汉斯·威尔斯多夫(Hans Wilsdorf)与英国人大卫(Davis)在瑞士拉夏德芬(La Chaux-de-Fonds)联合创办一家销售腕表的公司——威尔斯多夫及大卫公司(W&D,Wilsdorfand Davis)。汉斯·威尔斯多夫从小就对钟表产生浓厚的兴趣,在销售腕表的同时,他也亲自尝试研究和设计高品质腕表。功夫不负有心人,一九〇八年七月二日,汉斯·威尔斯多夫为自己的产品正式注册劳力士(Rolex)商标,第一批劳力士腕表立即引起轰动。

一九一四年,劳力士一款几近完美精确的腕表受到英国丘天文台(Kew Observatory)的表彰,并获得丘天文台颁发的A级证书。劳力士的身价顿时在欧美市场倍增。从此,劳力士的品质就象征着精确。劳力士最初的标志是一个五指张开的手掌,寓意手工精制,以其精确实用,庄重而不浮华的豪华气质而备受世人推崇,这一标志逐渐演变为寓意帝王之气的皇冠。

第一次大战后,劳力士迁到日内瓦,并先后发明世界上第一只防水、防尘的"蚝"(Oyster)式表和第一只自动"恒动"(Perpetual)型表。这两项发明都给钟表业带来一场前所未有的革命。一九四五年,劳力士又设计出带有日期的表和能用二十六种语言指示日期和星期的表。

劳力士还有一段具有传奇色彩的历史,生于拉夏德芬的瑞士人安德烈·海尼格(AndreJ. Heiniger)就是这个传奇中的主角。汉斯·威尔斯多夫与安德烈·海尼格第一次相见时,都在追求完善和完美的两个陌生人一见如故,激动之中饱含真诚的尊敬和坚定的信任。

一九四八年,安德烈·海尼格加入劳力士,到南美阿根廷(Argentina)首都布宜诺斯艾利斯(Buenos Aires)开辟商路,扩大市场,这一待就是六年。一九七三年,安德烈·海尼格出任劳力士的总经理,在世界各大洲设立分行,使劳力士走上国际化道路。安德烈·海尼格还设立三年一评的劳力士企业精神奖,奖励那些在应用科学、创造发明、环保等领域做出杰出贡献的人士。

一百多年后的今天,作为腕表的顶级品牌,劳力士以绝佳的性能和品质傲视群伦,甚至成为精确和品位的代名词,深得世界各地成功人士的厚爱。

【评述】

正如孟子所说,自身坚持正道才能赢得威严和好名声。劳力士的正道就在于以近乎完美的精确征服世人,甚至成为精确的象征。因此,企业是否盈利,很大程度上取决于自身产品或服务的品质。商界人士,当在此下功夫,而不需也不必过多地求之于产品和服务之外。

嘉士伯的金科玉律

孟子排拒杨朱,将其学说视为"邪说"的理由,就在于杨朱不肯拔一毛而利天下,把利益看得太重,如果杨朱学说流溢天下,将会导致目无君长,天下混乱。商业活动更是应该把眼光放长远一点,不要为眼前的利益冲昏头脑。源自丹麦的嘉士伯就不把短期利益作为目标,有着使其长盛不衰的"金科玉律"。

在丹麦首都哥本哈根（Copenhagen）长堤海滨有一座恬静娴雅的美人鱼铜像，她神情忧郁，若有所思。不过，很少有人知道，这座闻名世界的铜像就是由嘉士伯啤酒公司的创始人卡尔·雅可布森（Carl Jacobsen）出资建造的。

一八四七年，J. C. 雅可布森（J. C. Jacobsen）在丹麦首都哥本哈根郊区开设一家啤酒酿造厂，并以其子卡尔·雅可布森的名字为酒厂取名"嘉士伯"（Carlsberg）。一九〇四年，丹麦皇室把嘉士伯作为宫廷指定供应啤酒，也正因为这个原因，嘉士伯在其商标上增加一个皇冠标志，象征着品位尊贵和价值超群。

J. C. 雅可布森并不满足于嘉士伯已经取得的成就，他为嘉士伯制定过一个为人津津乐道的金科玉律："嘉士伯啤酒厂酿制啤酒的长远目标，不在于赚取短期的利润，而是将啤酒酿制艺术发展到十全十美的境界，务使嘉士伯啤酒厂及其产品，能树立一个优良的规范，把嘉士伯啤酒的酿制技术，保持在一个永远受人推崇的高超水平。"

嘉士伯一向重视原料选择和加工工艺，以保证一流的品质，因此它一向被誉为"可能是世界上最好的啤酒"（Probaly the best beer in the world）。为提高啤酒品质，继续改进工艺，研发新产品，一八七六年，酒厂成立著名的嘉士伯实验室。嘉士伯实验室的汉逊博士（E. C. Hansen）培养出的汉逊酵母依然在世界各国沿用至今。有雄厚的科研实力做后盾，嘉士伯很快就成为啤酒酿造业中的一匹黑骏马。

嘉士伯还热衷于在足球、音乐领域提供巨额赞助，在铁杆球迷和音乐爱好者中间扩大品牌影响。如今，有足球和音乐地方的就有嘉士伯，人们总是愿意在欢快的时刻与嘉士伯一同分享一点一滴的喜悦。

一家成功的企业必定有经过历史积淀下来的企业精神。嘉士伯的"金科玉律"造就出一家具有一百五十多年煌煌历史的酿酒企业，在世界历史上也实属罕见。

【评述】

孟子认为杨朱拔一毛而利天下的事情都不肯去做，这显然是违背人伦之情的。嘉士伯的"金科玉律"不是没有考虑自身的利润，而是不把短期的利润作为长远目标，它赚取利润的途径则是酿酒技术的完美极致，通过利他来利己。因此，商界人士当总结自己事业的"金科玉律"，将其发扬光大，以合理的途径实现盈利的目的。

【名言录】

名言:富贵不能淫,贫贱不能移,威武不能屈,此之谓大丈夫。——《滕文公(下)》

古译:富贵不能淫,贫贱不能移,威武不能屈,此乃谓大丈夫。

今译:富贵不能使心变乱,贫贱不能使志向改变,威武不能使气节屈服,这样的人才叫作大丈夫。

现代使用场合:古时的大丈夫是无论在富贵、贫贱中都不移本色,在威武下也不会屈服之人。现在的人们也要讲究一种气节,做一位有志气之人,不但无愧于心,亦以德服于人。

卷七　离娄上

【题解】

本篇28章,多数是格言式的短章,谈论较多的是仁义的功利性价值。孟子指出,不管是个人的荣辱安危,还是国家的兴废存亡,都取决于是否行仁义之道。因此,对个人而言,道德修养的关键在于"反求诸己",即通过自我反省和修养,获得信任,最后达到治民的目标。第十二章所提出的"诚",是孟子思想中一个重要的概念,它表浅的含义是待人诚实无伪,由此出发,就可以"悦亲""信于友""获于上""治民",这就是儒家所标举的由"内圣"而"外王"的道路。关于仁政,本篇第九章重申了得民心者得天下的主张,而得民心的根本,则在于为民兴利除害;第六和第十三章,具体说明统治者应礼遇贤明的公卿巨室和德高望重的老者,也是从得民心的角度考虑的。在论及孝养父母的问题时,本篇第十九章提出了"养口体"和"养志"的区别,意谓侍奉父母,要顺承其意。

一

【原文】

孟子曰:"离娄①之明,公输子②之巧,不以规矩,不能成方圆;师旷③之聪,不以六律④,不能正五音⑤;尧舜之道,不以仁政,不能平治天下。今有仁心仁闻⑥而民不被其泽,不可法于后世者,不行先王之道也。故曰,徒善不足以为政,徒法不能以自行。《诗》云:'不愆不忘,率由旧章⑦。'遵先王之法而过者,未之有也。圣人既竭目力焉,继之以规矩准绳,以为方员⑧平直,不可胜用也;既竭耳力焉,继之以六律正五音,不可胜用也;既竭心思焉,继之以不忍人之政,而仁覆天下矣。故曰,为高必因丘陵,为下必因川泽;为政不因先王之道,可谓智乎?是以惟仁者宜在高位。不仁而在高位,是播其恶于众也。上无道揆⑨也,下无法守也,朝⑩不信道,工不信度⑪,君子犯义,小人犯刑,国之所存者幸也。故曰,城郭不完,兵甲不多,非国之灾也;田野不辟,货财不聚,非国之害也。上无礼,下无学,贼民兴,丧无日矣。《诗》曰:'天之方蹶,无然泄泄⑫。'泄泄犹沓沓也。事君无义,进退无礼,言则非先王之道者,犹沓沓也。故曰,责难于君谓之恭,陈善闭邪谓之敬,吾君不能谓之贼。"

【注释】

①离娄:又作离朱,黄帝时人,目力超常,能于百里之外看到秋毫之末。

②公输子:即公输班,又称鲁班,鲁国人,中国古代最有名的能工巧匠。

③师旷:中国古代乐师,晋国人。

④六律:指十二律中的六个阳律。十二律是古人用十二根律管所定的十二个标准音,分为阴阳两类,阴律又叫六吕,阳律又叫六律。

⑤五音:中国古代音乐所定的五个音阶,具体名称是:宫、商、角、徵、羽。

⑥闻:名声。

⑦不愆不忘,率由旧章:语出《诗经·大雅·假乐》。意思是毫无偏差,毫无遗忘,一切都合于古之典章。愆,过失。

⑧员:即"圆"。

⑨揆:度。

⑩朝:朝廷。

⑪度:尺寸。

⑫天之方蹶,无然泄泄:语出《诗经·大雅·板》。蹶,动。泄泄,多言多语的样子,和"沓沓"同义。

【译文】

孟子说:"即使有离娄那样的眼力,公输子那样的巧技,不靠圆规和曲尺,也画

国学经典文库

孟子诠解

《孟子》原典解读

图文珍藏版

不出准确的方形和圆形；即使有师旷那样的听力，不靠六律，也不能校正五音；即使有尧、舜之道，不行仁政，也不能使天下太平。如果有了仁爱之心和仁爱的名声，百姓却没有受到他的恩泽，不能被后世效法，是因为他没有实行先王之道。所以说，只有善心还不足以做好政教，光有好的法度，它也不会自动施行。《诗经》上说：'毫无偏差，毫无遗忘，一切都合于古之典章。'遵循先王的法度而犯错误，这是从来没有的事。圣人竭尽了目力，接着用圆规、曲尺、水准器、墨线，来制作方的、圆的、平的、直的东西，这些东西就用不尽了；圣人竭尽了耳力，接着用六律来校正五音，五音就运用无穷了；圣人竭尽了心思，接着又施行仁政，仁德就覆盖天下了。所以说，要到高处去，一定要凭借山陵；要到低处去，一定要凭借川泽；为政而不凭借先王之道，能算是明智吗？因此，只有仁人才应该处在高位。不仁的人处在高位，这会使他把邪恶传播给众人。在上的不依照道德规范，在下的不用法度约束自己，朝廷不信奉道义，官吏不信守法度，君子触犯道义，小人触犯刑律，国家还能生存的，只是由于侥幸罢了。所以说，城墙不坚固，军队不够多，不是国家的灾难；土地没有扩大，财富没有积聚，也不是国家的祸害。在上的不讲礼义，在下的不学礼义，胡作非为的百姓日益增多，那么离国家的灭亡也就快了。《诗经》上说：'上天一直在动，不要吵吵闹闹。'吵吵闹闹，就是说话放肆随便。侍奉君主不讲求义，一举一动不合礼法，还张口就诋毁先王之道，这便是放肆随便。所以说，责求君王施行仁政，这叫恭敬；向君王陈述好的意见，堵塞那些邪念，这叫尊敬；认为君王不能为善，这叫残害君王。"

【评析】

这一章的内容和全书大部分的内容一致，谈论的都是孟子要求当政者施行仁政的问题。在这一章里，孟子提出，施行仁政要注意两个方面的问题：一是"法先王"，二是"选贤才"。

在这一章刚开始不久，孟子就论述了规矩和方圆的关系。他认为，规矩是方圆的准则，还认为尧、舜、商汤、周文王、周武王等人的"先王之法"是治国永恒的规矩和准则。虽然孟子的这种说法有利于实现他的施行仁政的人生理想，但这种说法毕竟显得有失偏颇，犯了"形而上学"的错误。

孟子之所以犯了这样的错误，也是有深刻的原因的。随着社会的发展，原本有着继承性的人伦道德和治国方略也处在不断变化发展之中，提出了更新的要求。

在这个问题上,孟子的认识不够全面,他只看到了人伦道德和治国方略的继承性和不变性,却没有看到随着社会的发展,它们已经处在了新的变化发展之中。这一片面的认识使孟子把人类社会的准则和自然界的准则做了简单的类比,结果得出了错误的结论。这体现了儒家思想保守的一面。这一"保守"影响深远,不仅波及儒家思想自身,甚至还波及了我国传统文化的发展。由于它的影响,汉代以后,我国的思想和学术发展就遭遇了瓶颈,对我国传统文化的发展产生了极大的负面作用。

但是,如果仅仅是因为上述原因,就断定儒家学说主张"法先王"在思想上是保守的,在政治上是叛逆的,甚至批评他们不顾历史发展的潮流,逆潮流而动,那也是太过草率和武断的。

要分析儒家思想,还要用一分为二的"两分法"。春秋战国时期,我国社会制度急剧变革,儒家提出了"仁政""爱民"等新的思想,反映了新兴封建制度中人的价值的提高,体现了时代精神,是划时代的伟大贡献。这是儒家思想积极的一面。但是,因为带有针砭现实社会的作用,所以以前原有的与儒家思想相反的思想却很难表述清楚。于是,为了便于实现儒家施行仁政的主张,孟子只好把自己开创的"仁政"思想划在尧、舜的名下,幻想通过尧、舜的影响力,帮助他实现理想。这样说来,孟子口称的"尧舜之道"其实就是儒家的"孔孟之道"。因此,孟子阐述的"法先王"的谋略中,自然也少不了"仁政""仁心"等儒家思想。

此外,我们还必须承认,从现实角度来看,中国历史文化悠久,典籍浩繁,古代的先王们留下了许多经得起实践考验的治国之道,如果后世的国君能认真钻研,再根据实际国情完善,就会掌握许多最为直接的治国经验。正所谓"前事不忘,后事之师",这是很有价值的。

在孔子的《论语》里,"法先王"和"选贤才"这两个方面都是老生常谈式的内容了。在这里,作为"法先王"的原因,"不以规矩,不能成方圆"的说法,成了后人们熟知的格言警句,用来强调和说明纪律的重要性。同样,孟子还认为,"不以六律,不能正五音""不以仁政,不能平治天下"都是"法先王"和施行仁政的原因。为了进一步说明"法先王"的重要性,孟子还从反面入手,论述了"遵先王之法而过者,未之有也"的道理。

那么,施行仁政为什么要"选贤才"呢?众所周知,如果不仁的人窃取了高位,那就势必会奸邪当道,残害忠良,整个社会风气是是非颠倒、黑白混淆,最终可能是天下大乱。

不以规矩，不能成方圆

曾国藩为清末平定太平天国的头号人物，同时也是杰出的理学大师，他从壮年到垂暮之年，始终高度重视个人修养和子女教育。

在子女教育上，曾国藩深知"不以规矩，不能成方圆"的道理，对于子女的读书、写字以及做事做人，曾国藩都谆谆教诲，严格督导。

儿子曾纪泽不到四岁半就进入私塾，师从湘中名士冯树棠习读经史诗文。曾国藩告诉他"读书之法，看、读、写、作，四者每日不可缺一"。他还为曾纪泽选择了除四书五经外必须熟读的若干种书籍，其中尤其要熟读的有《史记》和《汉书》等。关于读书的好处，他教诲曾纪泽"陶写性情，则一生受用不尽"。为了让子女用心读书，曾国藩提出："我家中断不可积钱，断不可买田。尔兄弟努力读书，决不怕没饭吃，至嘱！"

曾国藩

曾国藩要求曾纪泽做事情必须"有恒"，也就是说要有始有终，只有这样才能有所成就。至于做人，更是严格要求他不能犯世家子弟最易犯的"奢"字和"傲"字，也不希望他将来做大官，只希望他做个"读书明理"的人，而且要"勤俭自持，习劳习苦"，不能奢华懒惰。

因为家规严格，加上曾纪泽本人勤奋好学，所以他诗文书画俱佳，以后又自学英文，后来成为清末著名外交家。

二

【原文】

孟子曰："规矩，方员之至也；圣人，人伦之至也。欲为君，尽君道；欲为臣，尽臣道。二者皆法尧、舜而已矣。不以舜之所以事尧事君，不敬其君者也；不以尧之所

国学经典文库

孟子诠解

《孟子》原典解读

图文珍藏版

以治民治民,贼其民者也。孔子曰:'道二,仁与不仁而已矣。'暴其民甚,则身弑国亡;不甚,则身危国削,名之曰'幽'、'厉'①,虽孝子慈孙,百世不能改也。《诗》云:'殷鉴不远②,在夏后之世③',此之谓也。"

【注释】

①幽、厉:指周幽王、周厉王,都是含贬义的谥号。

②鉴:铜镜。这里指借鉴。

③夏后:夏王,指桀。以上引诗见《诗经·大雅·荡》。

【译文】

孟子说:"规和矩,是方与圆的极致;圣人,是处理人际关系的极致。要做君王,便该尽君道;要做臣,便该尽臣道。二者都效法尧、舜就足够了。不用舜服侍尧的态度和方式来服侍君主,就是对君主不恭敬;不用尧统治百姓的态度和方式来统治百姓,就是残害百姓。孔子说:'路只有两条,仁和不仁,如此而已。'暴虐百姓严重的,就会自己被杀,国家灭亡;不严重的,也会自己遭遇危险,国家受到削弱,死后人们给他们'幽'、'厉'这样的谥号,即使有孝子贤孙,经历一百代也改不掉这个坏名声。《诗经》上说:'殷商的借鉴并不遥远,就在夏王桀的时代',就是这个意思。"

【评析】

在这一章里,孟子提到,圣人是纲常人伦关系中的最高典范。

但是,什么样的人才能被孟子称为"圣"呢?两千多年来,这一概念一直没有定论。但值得注意的是,无论是已经被称为"圣人"的孔子,还是已经被称为"亚圣人"的孟子,都没有把"圣人"神秘化。甚至,在孟子的观念里,"圣人"也还是人,只不过是人类里面最杰出的"人",是人类的好榜样。最著名的例证就是孟子引用有若的话说:"圣人之于民,亦类也;出于其类,拔乎其萃。"

在谈到"圣人"的境界时,孔子表示,圣包含着仁和智两方面的内容,既有仁爱的道德,又有学问的智慧。除此之外,"圣人"不仅表现为内在的道德和学问,还有外在的"济众"表现。孔子在《论语》里提到的"博施于民而能济众"就是"圣人"济众的体现。

众所周知,孔子自己已经达到了"圣"的境界,连尧、舜这样的圣君都没有达到他的程度。这证明了一个真理,即"仁"通"圣","圣"是"仁"的最高境界。根据这些论述,再看"圣人",自然就能有所领悟了。

【典例阐幽】

颜回的仁与不仁

颜回是孔子的得意门生之一,有一次他问孔子,什么叫作仁?

孔子答道:"克制自己的自私自利的念头和言行,使自己的念头和言行符合礼的原理原则,就叫作仁。每一个人都能够做到克制自己的自私自利的念头和言行,则天下就是仁爱的世界了。仁爱的思想完全是来自自己的内心,怎么可以靠别人的帮助呢?"

颜回又问:"请问落实仁爱的具体要求有哪几条?"

孔子说:"不符合礼的人和事物不能看;不符合礼的人和事物不能听;不符合礼的人和事物不能说;不符合礼的人和事物不能做。"

颜回说:"我虽然不聪敏,但是我能够遵照老师的话去做。"

其实,颜回是知道什么是"仁"的,颜回的请教完全是出于引导学习的目的;孔子的回答也完全是为了教育他人的。这种"利乐布情问"体现了颜回乐"仁"和孔子重教的可贵精神。

三

【原文】

孟子曰:"三代之得天下也以仁,其失天下也以不仁。国之所以废兴存亡者亦然。天子不仁,不保四海;诸侯不仁,不保社稷①;卿大夫不仁,不保宗庙②;士庶人不仁,不保四体。今恶死亡而乐不仁,是犹恶醉而强③酒。"

【注释】

①社稷:土神和谷神,指代国家。

②宗庙:祭祀祖先的地方。这里指代卿大夫的采邑。

③强:勉强。

【译文】

孟子说:"夏、商、周三代得天下,是因为仁;失天下,是因为不仁。国家之所以衰败、兴盛、生存、灭亡,也是这样。天子不仁,不能保住天下;诸侯不仁,不能保住国家;卿大夫不仁,不能保住宗庙;士人和百姓不仁,不能保住自身。如果害怕死亡却又乐意干不仁的事,这就像害怕喝醉却要勉强喝酒一样。"

【评析】

夏、商、周三代的得失天下都是由于仁或不仁。从天子到百姓,如不实行仁,就会失去天下、国家、土地,甚至连生命也难以保存。

四

【原文】

孟子曰:"爱人不亲,反其仁;治人不治,反其智;礼人不答,反其敬。行有不得者皆反求诸己,其身正而天下归之。《诗》云:'永言配命①,自求多福②。'"

【注释】

①言:语助词。

②引诗见《诗经·大雅·文王》篇。

【译文】

孟子说:"爱别人,别人却不亲近自己,那就反过来检讨自己是否够仁爱;管理别人,却管理不好,那就反过来检讨自己是否够明智;对别人有礼,别人却不回应,那就反过来检讨自己是否够恭敬。凡是行为有不能达到预期效果的,都反过来在自己身上找原因,自己端正了,天下的人自然归顺他。《诗经》上说:'永远配合天的命令,自己寻求盛多的福。'"

【评析】

本章体现了儒家的内省功夫。爱别人人家却不亲近我,管别人人家却不服我管,礼遇别人人家却不搭理我,在这种情况下,就得自己反问自己做得好吗?不管做什么事,如果不能达到预期的目的,都要反躬自问。只有自己真正端正了,天下人才会顺服。

以今天的眼光看,这种修养方法有其片面性,一味的内省,并不能解决所有问题。

【典例阐幽】

其身正而天下归之

其身正,天下归之,其身不正,虽令不行。

春秋时期,齐国有位齐灵公,喜欢看妇女穿男人的衣服,于是下令让后宫里的宫女婢娥都女扮男装。

但是时间没有过多久,这种女人穿男人衣服的风气便在全国范围内流传起来。一时间,女扮男装的人成为一种风气,男人和女人混合在一起,让人们分不清男女,全国上下出现了一片混乱。灵公知道后很生气,认为这有伤风化,便命令不准各地女扮男装,并说:"凡有女扮男装的,一旦发现,一律撕裂衣服,扯断腰带。"可是,女扮男装的风气仍然不可遏止。

一天,晏子去拜见齐灵公,齐灵公便问道:"寡人已经命令各地官吏,采取严厉的措施,可为什么还有那么多人还女扮男装,禁止不了呢?"

晏子说:"大王见过有的肉铺,挂着牛头卖马肉吗。大王让内官的女人穿男装,却要阻止宫外的女人穿男装,怎么禁止得了呢?这不等于挂羊头卖狗肉吗?要让下不效,首先得上不行啊。"

齐灵公觉得有道理,就照办了,结果,不到一个月,全国女扮男装的风气便渐渐消失了。

五

【原文】

孟子曰:"人有恒言,皆曰'天下国家'。天下之本在国,国之本在家,家之本在身。"

【译文】

孟子说:"人们有句老话,都说'天下国家'。天下的基础在国,国的基础在家,家的基础在个人。"

【评析】

天下之本在国,国之本在家,家之本在身。

天下由个人逐层整合而成,因此,应该对个人予以高度关注。

天下的基础在国,国的基础在家,家的基础在个人。因此,个人值得高度关注。每个人的完满发展,实际上就是对天下的重大贡献。

当今社会对个人的关注应该是全方位的,但在传统儒家学者那里,关注更多的还是个人的修身问题。在儒家文献《大学》中,也有类似的表述:"古之欲明明德于天下者,先治其国;欲治其国者,先齐其家;欲齐其家者,先修其身。"倒过来说,就是"身修而后家齐,家齐而后国治,国治而后天下平。"这就是所谓的修、齐、治、平,概括地说,就是"内圣外王",这正是儒家的生命理想。

这里,"天下"是一个最大的共同体。春秋时代,周室天子仍然存在,与各国公室诸侯尚保持着制度性的君臣关系。到了战国时代,它只是一种理想、一个象征。"国"也不同于现在的国家概念,主要指周天子分封天下以后形成的各个"诸侯国"。"家"的意思也不同于现在的家庭,而是指卿大夫的家,其构成与规模,仅次于诸侯国,是诸侯国的重要组成部分。

明清之际的著名思想家、史学家黄宗羲在其《明夷待访录·原君》中说:"天下之治乱,不在一姓之兴衰,而在万民之忧乐。"孟子就曾说:"民为贵,社稷次之,君为轻。"这些思想都是极有见地的。

六

【原文】

孟子曰:"为政不难,不得罪于巨室。巨室之所慕,一国慕之;一国之所慕,天下慕之;故沛然德教溢乎四海。"

【译文】

孟子说："为政并不难，只要不得罪那些贤者大家。贤者大家所倾慕的，一国之人都会倾慕；一国之人倾慕的，天下之人都会倾慕；这样德教就会充分地传播于天下四方。"

【评析】

孟子是理想主义者，也是现实主义者。孟子倡导王道、仁政，反对以力服人，在当时是绝对的理想主义者；但在具体推行王道、仁政时，孟子也不乏现实的考虑。所以，孟子主张"不得罪于巨室"，主要是因为这些"巨室"是客观存在且影响很大的社会力量，国君想要推行德教、仁政，就必须先做好他们的工作，争取得到他们的支持。如果这些"巨室"也能向往仁，天下的风气也会为之一变。

七

【原文】

孟子说："天下有道，小德役大德，小贤役大贤；天下无道，小役大，弱役强。斯二者，天也。顺天者存，逆天者亡。齐景公曰：'既不能令，又不受命，是绝物也。'涕出而女①于吴。今也小国师大国而耻受命焉，是犹弟子而耻受命于先师也。如耻之，莫若师文王。师文王，大国五年，小国七年，必为政于天下矣。《诗》云：'商之孙子，其丽不亿。上帝既命，侯于周服。侯服于周，天命靡常。殷士肤敏，裸将于京。'②孔子曰：'仁不可为众也。夫国君好仁，天下无敌。'今也欲无敌于天下而不以仁，是犹执热而不以濯也。《诗》云：'谁能执热，逝不以濯?'③"

【注释】

①女：嫁女儿。史载齐景公惧怕吴王阖间伐齐，不得已把女儿嫁给阖间。

②商之孙子，……裸将于京：丽，数目。亿，周代称十万为亿，这里形容众多。侯于周服，乃臣服于周。侯，语气助词，乃。靡常，无常。肤，美。裸，古代宗庙祭祀的一种仪式，把郁鬯酒浇在地上以迎接鬼神。将，助。诗引自《诗经·大雅·文王》。

③谁能执热,逝不以濯:执,救治。濯,洗涤。逝,发语词,无意义。诗引自《诗经·大雅·桑柔》。

【译文】

孟子说:"天下有道时,道德低的受道德高的役使,才智少的受才智多的役使;天下无道时,力量小的受力量大的役使,势力弱的受势力强的役使。这两种情况,都是天意。顺从天意的生存,违背天意的灭亡。齐景公说过:'既不能发号施令,又不愿服从于人,这就是一条绝路。'于是流着泪把女儿嫁到吴国去。现在,小国效法大国却又以此为耻,这就好比学生耻于服从老师的命令一样。如果以此为耻辱,那就不如效法文王。效法文王,大国不出五年,小国不出七年,一定能统治天下。《诗经》上说:'殷商的子孙,不下十万余人。上天既已降命,于是归顺周朝。归顺周朝,因天命没有定论。殷朝的臣子,漂亮的聪明的,都去周王城助祭。'孔子说:'仁德的力量,不在于人多。国君爱好仁德,就可以天下无敌。'如果想无敌于天下而又不依靠仁德,这就像热得受不了而又不肯洗澡一样。《诗经》说:'谁想变不了炎热,却不去洗澡?'"

【评析】

此章似论天命,实论仁者无敌。

开头似论天命。政治清明,则"小德"者役于"大德"者,"小贤"者役于"大贤"者。政治黑暗,则不讲"德"和"贤",只讲暴力,故力小者为力大者所役使,力弱者为力强者所役使。这两种情况,好像都是由天意决定的,所以"顺天者昌,逆天者亡。"在这样的情况下,如既不能命令别人,又不接受别人的命令,就只有绝路一条。

实则论证要以仁者为师。孟子认为,最好要以周文王为师,那么大国只需五年,小国只需七年,就可以"为政于天下"了。如果既想无敌于天下而又不学习周文王的仁政,就像酷热难挡,急需凉爽,却又不洗澡一样。

岐周本是一个小国,由于实行仁政,在周文王时,已经三分天下有其二。武王伐纣的实力,是在周文王时就有的。所以,孔孟常把周文王强大周国的经历作为"仁者无敌"的典型证据。

夫国君好仁,天下无敌

战国时期,魏国大举进攻中山国。魏文侯的弟弟做主帅,仅仅三个月就灭了中山国。魏文侯于是大摆庆功宴,并且决定让自己的儿子去管理中山国。

众位大臣听说这件事一言不发。因为按照当时魏国的惯例,中山国应该交给魏文侯的弟弟管理。魏文侯的弟弟听到这个决定以后,起身拂袖而去。

魏文侯害怕大臣们议论这件事,就把大臣们召集起来故意问道:"我是个什么样的君主呢? 请大家但说无妨。"

许多大臣都恭谨地说道:"大王功在千秋,百姓爱戴,当然是个仁君了。"

魏文侯听了还不满意,又笑着说:"难道我就没有过错了吗?"

大臣们又附和道:"大王神武英明。哪里会有什么过错呢?"

大臣仁座说道:"国君夺取了中山国之后,不封给有功的弟弟,却封给自己的儿子,这哪里算是个仁君呢?"

魏文侯一听,顿时脸上出现怒色,仁座见触到了魏文侯的痛处,怕恼羞成怒的魏文侯惩罚自己,就起身离座而去。

"你认为我是一个什么样的君主呢?"魏文侯又问他身边的大臣翟璜。

翟璜平静地答道:"我认为大王是一个仁君。"

"你为什么这么说呢?"

翟璜知道大王必有这么一问,于是说道:"我听说,哪个国家的君主贤明仁厚,哪个国家的大臣就正直不二,从不隐瞒自己的观点。刚才仁座说的话十分坦率,所以我认为大王是个贤明仁厚的君主。"

魏文侯听完,马上悔悟,便立即派人把仁座请回,又亲自下堂迎接,待之为上宾。

此事在魏国打下了广开言路的基础,很多有才能的人也慕名而来。

从此以后,魏国便渐渐地变得强大起来了。

八

【原文】

孟子曰："不仁者可与言哉？安其危而利其菑[1]，乐其所以亡者。不仁而可与言，则何亡国败家之有？有孺子歌曰：'沧浪之水清兮[2]，可以濯我缨；沧浪之水浊兮，可以濯我足。'孔子曰：'小子听之！清斯濯缨，浊斯濯足矣。自取之也。'夫人必自侮，然后人侮之；家必自毁，而后人毁之；国必自伐，而后人伐之。《太甲》曰[3]：'天作孽，犹可违。自作孽，不可活。'此之谓也。"

【注释】

①菑：同"灾"。

②沧浪：水名。

③太甲：《尚书》篇名。

【译文】

孟子说；"不仁的人可以同他谈论吗？别人有危险，他安然不动，别人遭了灾，他却趁火打劫，高兴于别人所遭受的惨祸。不仁的人如果可以同他谈论，那还会有亡国败家的事吗？有个小孩子唱道：'沧浪的水清呀，可以洗我的帽缨；沧浪的水浊呀，可以洗我的双脚。'孔子说：'弟子们听着！清呢，就洗帽缨，浊呢，就洗双脚。这都取决于水本身啊。'人一定先是有自取侮辱的原因，然后别人才侮辱他；家一定先是有自毁的原因，然后别人才毁掉它；国一定先是有自己招来攻伐的原因，然后别人才攻伐它。《太甲》说：'天降的灾难还可以躲避，自找的灾难那可活不了。'说的就是这个意思。"

【评析】

在这一章里，孟子引用了一首儿歌：'沧浪之水清兮，可以濯我缨；沧浪之水浊兮，可以濯我足。'这就是说，水有清和浊两种不同的属性，就决定了它的用途也有贵和贱之分，清水可以被用来"濯缨"，而浊水只能被用来"濯足"。

和水一样，人也有贵有贱，是不是由自己造成的呢？回答应该是肯定的。人因为自尊自爱,别人才尊重他,就是所谓的"贵";人因为不自尊自爱,别人才轻视他,就是所谓的"贱"。家庭和国家也是这样的道理。

这就又联系到了孟子在这一章里提到的另一个话题:夫人必自侮,然后人侮之;家必自毁,而后人毁之;国必自伐,而后人伐之。古人说的"祸福无门,唯人自招"讲的就是这个道理。任何的存亡之机、祸福之兆并不全是别人的原因,很多时候往往是自己招来的。

<h2 style="text-align:center">九</h2>

【原文】

孟子说:"桀、纣之失天下也,失其民也;失其民者,失其心也。得天下有道:得其民,斯得天下矣;得其民有道:得其心,斯得民矣;得其心有道:所欲与①之聚之,所恶勿施尔也②。民之归仁也,犹水之就下、兽之走圹③也。故为渊驱鱼者,獭④也;为丛驱爵⑤者,鹯⑥也;为汤、武驱民者,桀与纣也。今天下之君有好仁者,则诸侯皆为之驱矣。虽欲无王,不可得已。今之欲王者,犹七年之病求三年之艾⑦也。苟为不畜,终身不得。苟不志于仁,终身忧辱,以陷于死亡。《诗》云:'其何能淑,载胥及溺⑧。'此之谓也。"

【注释】

①与:为。

②尔也:而已。

③圹:原野,旷野。

④獭:水獭,爱吃鱼。

⑤爵:通"雀"。

⑥鹯:鸷鸟,似鹞,喜食鸟类。

⑦艾:艾草,可以用来针灸,越是干得久的艾草就越是珍贵。

⑧其何能淑,载胥及溺:语出《诗经·大雅·桑柔》。淑,善。胥,相。及,与。

【译文】

孟子说:"桀、纣之所以失掉天下,就是因为失去了百姓;之所以失去了百姓,是因为失去了民心。取得天下有方法：得到百姓，就能得到天下；得到百姓有方法：得到民心，也就能得到百姓；得到民心也有方法：百姓想要的东西都帮他们得到，他们厌恶的东西都不要施加在他们身上。百姓归附于仁德，就好像水向下流，野兽在旷野中奔跑一样。所以，替深水赶来鱼的是水獭；替树丛赶来鸟雀的是鹞鹰；替汤王、武王赶来百姓的，是夏桀和商纣。如果现在天下的国君有爱好仁德的，那么诸侯们就会替他把百姓赶过来。即使他们不想使天下归附，也不可能了。现在想要使天下归附的君王，就像害了七年的病要找存放多年的艾草来医治一样。如果平时不积存，那就终身得不到。如果不立志于仁德，必将终身忧愁屈辱，以致陷于死亡。《诗经》上说：'那怎能把事办好，只能一块儿淹死了。'说的就是这种情况。"

【评析】

本章论得民心者得天下，失民心者失天下。

孟子认为，夏桀、殷纣这两个暴君之所以失去天下，是因为失去了民心；而商汤、周武王之所以得到天下，是因为得到了民心。

怎样得到民心呢？人民想要什么，就给他们准备什么；不想要什么，就不要强加给他们什么，这就是"仁"。仁者，人也，就是尊重人，尊重人的需要，尊重人的感情，把人当人看，以人民之是为是，以人民之非为非。

现代民主政治，十分讲民意，认为民意是最高准则，只有暴君恶徒才不把民意当回事。由此看来，孟子的仁政思想至今仍有重要意义。

【典例阐幽】

为渊驱鱼，为丛驱雀

三国时期，王允用连环计杀掉了董卓。当时，董卓部将牛辅、李傕和郭汜等正奉命在陈留颍川等地劫掠，听到如此变故，各自拥兵自保。吕布劝王允把董卓的"遗产"拿出一部分来赏赐给有功的公卿将校，王允却不同意。李傕等人上表请求王允高抬贵手，赦免他们。王允开始曾想赦免他们，但却突然改变主意想让他们缴械。

王允所有的作为似乎都是在为渊驱鱼，为丛驱雀。董卓的很多旧部都聚集到了李傕和郭汜的帐下。王允派了两个在凉州很有名望的人作使者去招安，却丝毫没有抚慰的意思。结果,这两个使者走到半路就反叛投靠了李傕,还顺便拉走了一批人马作为见面礼。

武威人贾诩给李傕等出主意,说:"诸位就这么走了,半道上一个小官就可以把你们绳之以法,不如召集军队杀上长安一赌胜负。胜了,就把持朝政;败了,再逃命不迟。"

李傕等本来就是亡命之徒,他们听了贾诩的建议后,立刻收集董卓的旧部共几千人于六月攻破长安。

十

【原文】

孟子曰:"自暴者,不可与有言也;自弃者,不可与有为也。言非①礼义,谓之自暴也。吾身不能居仁由义,谓之自弃也。仁,人之安宅也;义,人之正路也。旷安宅而弗居,舍正路而不由,哀哉!"

【注释】

①非:诋毁,污蔑。

【译文】

孟子说:"自己残害自己的人,不可能同他有什么话说;自己抛弃自己的人,不可能同他有所作为。说出话来破坏礼义,这叫残害自己。自认为不能守仁行义,这叫自己抛弃自己。仁是人们最安稳的住所,义是人们最中正的道路。空着安稳的住所不住,舍弃正当的道路不走,真可悲啊!"

【评析】

本章论仁义为正道,反对自暴自弃。

孟子认为,仁和义是人性中最好的品质,糟蹋这些品质,开口说话就破坏礼义,认为自己不能居仁心、走正路的人,就是自暴自弃的人。这样的人是可悲的!

有一颗博爱之心,为人处世不见利忘义,在今天,也是弥足珍贵的。

【典例阐幽】

自暴自弃

东晋时,陶侃被任命为荆州刺史,都督荆、湘、雍、梁四州军事。

陶侃性情恭敬勤奋,整日盘膝正襟危坐,对军府中众多事务检视督察,没有一刻闲暇。他常常对人说:"大禹这样的圣人,尚且珍惜每寸光阴,至于一般人,更应当珍惜每分光阴。怎能只求逸游沉醉,活着对时世毫无贡献,死后默默无闻,这是自暴自弃!"

有一次,他看到众多参佐幕僚因赌博荒废公务,于是命人收取他们的酒具和赌博用器,全都投弃江中,对将吏们则加以鞭责,说:"樗这种游戏不过是放猪的奴仆们玩的!君子应当威仪整肃,怎能蓬头、光足,却自以为宏达呢!"因为陶侃出身贫寒,所以特别珍惜粮食,痛恨奢侈浪费。有人向他馈赠礼物,陶侃一定要询问来路,如果是靠自己的劳作所得,即使价值微薄也一定喜欢,慰勉和还赐的物品价值超出三倍。如果不是劳动所得,则严辞厉色呵斥对方,坚决不受。

有一次陶侃出游,看见有一个小官吏手持一把未成熟的稻子。陶侃拦住他问道:"你拿着稻谷在干什么?"

那小官吏回答说:"走路时看到的,随便摘下来而已。"

陶侃勃然大怒,说:"你不亲自劳作,还随便毁坏他人的稻子拿来玩!"随即让从人抓住他,用鞭子狠狠地抽打了一顿。

十一

【原文】

孟子曰:"道在迩而求诸远①,事在易而求诸难——人人亲其亲,长其长,而天下平。"

【注释】

①迩:近。

【译文】

孟子说:"道就在近处,却往远处去找它;事情本来容易,却往难处去做它——其实只要人人爱自己的双亲,尊敬自己的长辈,天下就太平了。"

【评析】

道在迩而求诸远,事在易而求诸难。

道不远人。不要舍近求远、舍易求难,还是从身边的事做起吧。

十二

【原文】

孟子曰:"居下位而不获于上,民不可得而治也。获于上有道,不信于友,弗获于上矣。信于友有道,事亲弗悦,弗信于友矣。悦亲有道,反身不诚,不悦于亲矣。诚身有道,不明乎善,不诚其身矣。是故诚者,天之道也。思诚者,人之道也。至诚而不动者,未之有也。不诚,未有能动者也。"

【译文】

孟子说:"处于下级的地位而不能得到上级的信任,是不能治理好百姓的。得到上级的信任有办法,首先要得到朋友的信任,假如不能取信于朋友,就不能得到上级的信任。取信于朋友有办法,首先要得到父母的欢心,侍奉双亲而不能让他们高兴,就不能取信于朋友。让双亲高兴有办法,首先要诚心诚意,反躬自问而心意不诚,就不能让双亲高兴。使自己诚心诚意有办法,首先要明白什么是善,不明白善的道理,就不能使自己诚心诚意。因此,诚,是自然的道理。思慕诚,是做人的道理。极端诚心而不能使别人动心的,是从来没有的事;不诚心,则从来没有使人动心的。"

【评析】

本章论"诚",即取信于人之法。

孟子认为,要得到上级信任,必先得到朋友信任;要得到朋友信任,必先使父母双亲高兴；要使父母双亲高兴，心意必须要诚；而要诚心诚意，首先要明白什么是善，不知什么是善，就不能使自己诚心诚意。因此，诚是自然的规律，想诚心诚意是做人的规律。极端诚心而不能使别人感动的，那是没有的；不诚心，没有能够感动别人的。

由此看来，"诚"的核心是"善"，也就是"仁"。

【典例阐幽】

燕昭王诚心求贤

燕昭王一心想招揽人才，但是更多的人认为燕昭王只是叶公好龙，并不是真的诚心想求贤。于是很多有才能的人跃跃欲试却怕自己得不到重用，所以燕昭王始终寻觅不到治国安邦的英才，整天闷闷不乐。

于是，燕昭王上朝把自己的心事，讲给了他的臣子，有位臣子说有个叫郭隗的老臣比较有办法，可以找他询问良策。

燕昭王下朝后就径直去找郭隗。问郭隗有没有办法招引良才佳士以及贤达之人。

郭隗摸了摸自己的胡子，沉思了一下说："大王若诚心求贤，请允许我先说个故事吧。"

古时候，有个国君，最爱千里马。他派人到处寻找，找了三年都没找到。有个侍臣打听到远处某个地方有一匹名贵的千里马，就跟国君说，只要给他一千两金子，准能把千里马买回来。那个国君挺高兴，就派侍臣带了一千两金子去买。没料到侍臣到了那里，千里马已经害病死了。侍臣想，空着双手回去不好交代，就把带去的金子拿出一半。把马骨买了回来。

侍臣把马骨献给国君，国君大发雷霆，说："我要你买的是活马，谁叫你花了钱把没用的马骨买回来？"侍臣不慌不忙地说："人家听说你肯花钱买死马，还怕没有人把活马送上来？"

国君将信将疑，也不再责备侍臣。这个消息一传开，大家都认为那位国君真爱惜千里马。不出一年，果然从四面八方送来了好几匹千里马。

郭隗说完这个故事，说："大王一定要征求贤才，就不妨把我当马骨来试一试吧。"

　　燕昭王听了大受启发,拜郭隗为师,并且为他建造了一座房子,后来没有多久,各国有才能的人纷纷赶到燕国来求见。其中最出名的是赵国人乐毅。燕昭王拜乐毅为亚卿,请他整顿国政,训练兵马,燕国便一天天强大起来。燕国的军队也在乐毅的带领下为燕国报了被齐国攻破城池占领国土的仇。

十三

【原文】

　　孟子曰:"伯夷辟①纣,居北海之滨②,闻文王作③,兴④曰:'盍归乎来⑤!吾闻西伯⑥善养老者。'太公⑦辟纣,居东海之滨,闻文王作,兴曰:'盍归乎来!吾闻西伯善养老者。'二老者,天下之大老也,而归之,是天下之父归之也。天下之父归之,其子焉往?诸侯有行文王之政者,七年之内,必为政于天下矣。"

【注释】

　　①辟:通"避",躲避,避开。

　　②北海之滨:在今濒临渤海的河北昌黎一带。

　　③作:兴,兴起。

　　④兴:起来。

　　⑤来:语助词。

　　⑥西伯:指文王,尝为西伯侯。

　　⑦太公:指太公望,即姜尚。

【译文】

　　孟子说:"伯夷为了躲避商纣王,居住在北海之滨,听说文王兴起了,说道:'我何不到西伯那里去呢!听说他善于奉养老者。'太公望为了躲避商纣王,居住在东海之滨,听说文王兴起了,也说道:'我何不到西伯那里去呢!听说他善于奉养老者。'这两位老者,是天下最有声望的老人,而他们归附了文王,这相当于天下人的父亲都归附了文王。天下人的父亲都归附了文王,那么他们的儿子还会到哪里去呢?诸侯如果能够施行文王的政治教化,七年之内,一定能使政令达于天下四方。"

【评析】

　　只要是人，不论贫富贵贱，圣贤或是恶人，都是喜欢阳光的。一个能够让人感到温暖的君王，百姓一定会想要随他而去的。

十四

【原文】

　　孟子曰："求也为季氏宰①，无能改于其德，而赋粟倍他日。孔子曰：'求非我徒也，小子鸣鼓而攻之可也。'②由此观之，君不行仁政而富之，皆弃于孔子者也，况于为之强战？争地以战，杀人盈野；争城以战，杀人盈城；此所谓率土地而食人肉，罪不容于死。故善战者服上刑，连诸侯者③次之，辟草莱、任土地者次之④。"

【注释】

　　①求也为季氏宰：求，冉求，字子有，孔子弟子。季氏，指季康子，鲁国大夫。宰，家臣。

　　②"孔子曰"句：见《论语·先进》。

　　③连诸侯者：指主张合纵或连横的纵横家。

　　④辟草莱、任土地者：指主张尽地力的李悝、主张开阡陌的商鞅之类。辟草莱，开垦荒地。任土地，分土授民。孟子认为这些政策虽然发展了生产，却不是为百姓着想的，故反对。

【译文】

　　孟子说："冉求当了季氏的家臣，不能改变季氏的德行，反而把田租增加了一倍。孔子说：'冉求不是我的学生，你们可以擂起战鼓声讨他！'由此看来，不帮助君主施行仁政，而去帮他聚敛财富的人，是孔子所鄙弃的，更何况为君主卖命打仗的人呢？为争夺土地而战，杀人遍野；为争夺城池而打仗，杀人满城，这就叫作占人领地食人肉，罪恶致死都不足以惩罚。因此好战的人该受最重的刑罚，唆使合纵连横的人该受次一等的刑罚，开垦荒地、分土授田的人该受再次一等的刑罚。"

【评析】

在这一章里，孟子提出了"善战者服上刑"的观点，理由很简单：因为善战，所以杀的人也很多，所以要接受"上刑"的惩罚。

当然，说这话的时候，必须要分清战争性质，是正义的还是非正义的。孟子所说的"善战者服上刑"显然是针对发动非正义战争的人说的。孟子并不是反对一切战争，例如商汤发动的讨伐夏桀的"十一征"他是赞扬的，周武王发动的讨伐殷纣的三年战争他是支持的。

问题是，二百多年的春秋时期就战乱不已，孟子所处的战国时期战争是更加频繁，战争的灾难落在了百姓的身上。他基于"保民""爱民"的思想，才这么说的。

但孟子在这里提出的处理战争罪犯的原则，倒是很有价值的。他认为，服最高刑罚的应是前线领兵直接作战的人员，特别是那些"善战者"；服次一等刑罚的应是发动战争的文职官员；服再次一等刑罚的是为战争服务的后方支援人员。总之，这些直接间接负有战争罪行的人都应该受到不同程度的惩处。这一处理战争罪犯的原则，今天看来仍未过时，仍具有指导意义。试看二战后国际法庭审判德、意、日法西斯罪犯之基本原则，莫不与此相吻合。

从周平王东迁至战国中期，诸侯混战已持续了四百多年。孟子揭露战争的实质是诸侯为了争夺土地而杀人不断，他们是背离了孟子所倡导的仁政理想了。因此，孟子痛恨这种残酷的不仁不义的掠夺战争，认为它给人民带来了灾难，给社会带来了混乱，其原因是有一批"善战者"在为背离仁德的暴君服务，所以他提出了"善战者服上刑"的治乱方略。

孟子对"善战者"的憎恶虽可理解，但却是肤浅的，因为任何"善战者"都不是孤立的军事行为者，还有更深层次的经济与政治的原因在主宰着他们。囿于历史与时代的局限，我们大可不必去苛求孟子了。但孟子谋略的合理性是值得肯定的。其实，孟子也并非是一概否定战争的，他反对的只是背仁弃义的"非正义战争"；而对那些"以至仁伐不至仁"的"正义战争"，他不仅不反对，还满腔

周平王

热情地加以颂扬,如古时商汤征桀、武王伐纣,当时齐人前期的伐燕等,他都表示了欢迎的态度。他认为正义战争能"拯民于水火",百姓也必然会"箪食壶浆以迎王师"。这些看法显然是有价值的。正是从此前提出发,孟子主张对那些背离仁德主旨,滥杀无辜的"善战者"——包括决策者和执行者,均处上刑;对那些为战争出谋划策者——纵横家,处次刑;还要对那些"辟草莱,任土地"为支持战争提供粮秣物资保障的人处再次一等的刑。这里已丝毫不见了温文尔雅的孟老夫子的儒者风度,"法"治天下似乎已在此转化成了矛盾的主要方面。但透过现象看本质,孟子此谋略的核心及立足点还是从行仁政而王,以法辅德治天下的角度去考虑的,这也是容易理解的。认识到这点,才能对孟子提出的"背仁善战,该服上刑"的谋略有正确的把握,也才能在实践中反对非正义战争,坚持正义战争。

【典例阐幽】

善战者服上刑

白起,战国时期秦国名将。他一生没有败绩,东破三晋,南摧荆楚,威服燕齐,力震胡夷,终身大小70余战,其中尤以长平之战最为出名。长平之战赵国败,白起坑杀45万赵国降卒。白起一生共歼灭六国军队约一百万,杀伤之多,冠于中外历史,占秦军百余年斩首总数二分之一。

秦赵在战国中最血性好战,尤其是秦国,因为彻底执行法家军功制度,所以大将都是在战争中诞生。可是后来白起因为不肯带兵攻打楚国,被秦昭王赐剑自刎而死,死时感叹道:"我白起何罪于天下,落得如此下场!"

十五

【原文】

孟子曰:"存乎人者①,莫良于眸子②。眸子不能掩其恶。胸中正,则眸子瞭焉③;胸中不正,则眸子眊焉④。听其言也,观其眸子,人焉廋哉⑤!"

【注释】

①存:观察。

②眸子：瞳人。

③瞭：明亮。

④眊：暗昧不明。

⑤廋：藏匿。

【译文】

孟子说："观察一个人，没有比观察他的眼睛更好的了。眼睛不能掩饰一个人的丑恶。内心正直。眼睛就明亮，心术不正，眼睛就昏暗。听人说话，观察他的眼睛，这人的善恶哪能隐藏得住！"

【评析】

本章论观察人的方法。

孟子认为，观察一个人，没有比观察他的眼睛更好的了，眼睛不能掩盖人的丑恶。一个人，心正那么眼睛就明亮，心不正那么眼睛就昏暗。听他说话时，看着他的眼睛，这人的善恶能藏匿到哪里去呢？

十六

【原文】

孟子曰："恭者不侮人，俭者不夺人。侮夺人之君，惟恐不顺焉，恶得为恭俭？恭俭岂可以声音笑貌为哉？"

【译文】

孟子说："恭敬的人不欺侮别人，节俭的人不掠夺别人。欺侮人、掠夺人的君主，唯恐别人不顺从，这样怎么能做到恭敬和节俭呢？恭敬和节俭难道是可以凭借声音笑貌伪装出来的吗？"

【评析】

本章论诸侯要恭敬他人、生活节俭。

孟子认为，恭敬他人的人不会侮辱别人，生活节俭的人不会掠夺别人。但那些侮辱别人、掠夺别人的君王，既要侮夺他人，又唯恐他人不顺从自己，怎么能做到恭敬和节俭呢？恭敬和节俭岂可仅凭音容笑貌装出来呢？

十七

【原文】

淳于髡曰[①]："男女授受不亲，礼与？"

孟子曰："礼也。"

曰："嫂溺，则援之以手乎？"

曰："嫂溺不援，是豺狼也。男女授受不亲，礼也。嫂溺，援之以手者，权也[②]。"

曰："今天下溺矣，夫子之不援，何也？"

曰："天下溺，援之以道。嫂溺，援之以手。——子欲手援天下乎？"

【注释】

①淳于髡：姓淳于，名髡。曾在齐威王、齐宣王和梁惠王的朝廷做官。

②权：变通。

【译文】

淳于髡说："男女之间不亲手递接东西，这是礼制吗？"

孟子说："是礼制。"

淳于髡说："嫂嫂掉到水里，用手拉她吗？"

孟子说："嫂嫂掉到水里而不拉她。是豺狼。男女之间不亲手递接，是礼制。嫂嫂掉到水里，用手拉她，是变通的办法。"

淳于髡说："当今天下都掉到水里了，先生不拉一把，为什么？"

孟子说："天下掉到水里，要用道来救援。嫂嫂掉到水里，是用手去救援——你难道要用手来救援天下吗？"

【评析】

男女授受不亲，礼也。嫂溺，援之以手者，权也。

通权达变。既保持原则性，又具有灵活性。

"经"和"权"是中国哲学中相对应的一对范畴。"经"是常道,"权"是变通,是济经之所不及。《礼记·曲礼》中,有"男女不杂坐。……不亲授。"《礼记·坊记》也记载有孔子的话:"男女授受不亲。"男女之间不能直接传递、拿取东西,这是礼制的规定,也是常道。嫂嫂掉到水里用手拉她,是变通的办法,是"权"。否则,见嫂嫂掉到水里而不去拉她,那就是豺狼。

【典例阐幽】

男女授受不亲

一位老和尚带着一个小和尚去听经。来到一条河边,正遇一股山洪下泻,过河的石墩都被水淹没。一年轻女子也站在河边,望着滔滔大水一筹莫展,不敢过河。此时,老和尚上前,表示愿背她过河。

女子迟疑片刻也就默允了。老和尚见此情景,即上前将女子抱起来就蹚水过河。到了河那边,老和尚就将女子放下,告别之后就自顾自带着小和尚赶自己的路了。

一路走,小和尚心里一路犯嘀咕:世俗间尚且男女授受不亲,师父一个出家几十年的人还抱了女人过河。一直走了两里路,小和尚对此还是百思不得其解。实在忍不住了就委婉地问:"男女授受不亲是民间常礼,何况我们出家人要远离女色,您今天为什么抱那个女人过河呢?"老和尚望着小和尚:"出家人慈悲为怀,而且我过了河就已经把她放下了,你却抱着不放走了两里多路。"

十八

【原文】

公孙丑曰:"君子之不教子,何也?"

孟子曰:"势不行也。教者必以正。以正不行,继之以怒。继之以怒,则反夷①矣。'夫子教我以正,夫子未出于正也。'则是父子相夷也。父子相夷,则恶矣。古者易子而教之,父子之间不责善。责善则离,离则不祥莫大焉。"

【注释】

①夷：伤。

【译文】

公孙丑说："君子不亲自教育自己的儿子，这是为什么呢？"

孟子说："因为情理上行不通。教育者一定要用正确的道理。用正确的道理若行不通，便会动怒。一动怒，那反而伤了感情了。'老人家你用正确的道理教育我，而自己的做法就不正确。'这样，父子之间就伤了感情。父子之间伤了感情，就坏了。古时候相互交换儿子进行教育，父子之间不用善的道理来责备对方。如果用善的道理责备了，会使父子之间有隔阂，父子之间有了隔阂，那就没有什么比这更不幸的了。"

【评析】

本章论古代"易子而教"的传统。孟子认为，"易子而教"可以避免父子之间求全责备，伤害感情，是一种值得推广的教育方法。历史上也有不少学者实践这种教育观，朱熹就把自己的儿子交给当时另一个学者吕祖谦去教育，朱熹集注："易子而教，所以全父子之恩，而亦不失其为教。"

十九

【原文】

孟子曰："事，孰为大？事亲为大；守，孰为大？守身为大。不失其身而能事其亲者，吾闻之矣；失其身而能事其亲者，吾未之闻也。孰不为事？事亲，事之本也；孰不为守？守身，守之本也。曾子养曾皙①，必有酒肉。将彻②，必请所与；问有余，必曰'有'。曾皙死，曾元③养曾子，必有酒肉。将彻，不请所与；问有余，曰'亡矣'，将以复进也。此所谓养口体者也。若曾子，则可谓养志也。事亲若曾子者，可也。"

【注释】

①曾皙：曾子之父，名点，也是孔子的学生。

②彻：通"撤"，撤下酒食。

③曾元：曾参的儿子。

【译文】

　　孟子说："侍奉谁是最重要的呢？侍奉父母是最重要的了；守护什么是最重要的呢？守护自己是最重要的了。不使自己的品行节操受到损害而又能侍奉自己的父母的，我听说过；损害自己的品行节操而又能侍奉自己的父母的，我没听说过。谁不曾侍奉他人呢？但是侍奉父母是侍奉的根本；谁不曾用心守护呢？但是守护自己是守护的根本。曾子奉养其父曾晳的时候，每顿都有酒有肉。将要撤下酒食的时候，一定要问一下撤下的酒食留着做什么；每次其父问还有剩余的酒食吗，他一定说'有'。曾晳死后，曾元奉养曾子，每顿也必定是有酒有肉，要将酒食撤下的时候，也不问曾子剩下的酒食将要怎么处理；曾子问还有剩余的酒食吗，都说'没有'，想要把剩下的酒食留着下顿再给曾子吃。这叫作对父母口体的奉养。像曾子那样，就可以称为对父母心志的奉养了。侍奉父母能像曾子那样就可以了。"

【评析】

　　本章论孝道，提出"守身"和"养志"两个重要观念。儒家论孝，除"事亲"外还指"守身"，这在曾子及其弟子乐正子春的思想中表现得尤为明显。据《大戴礼记·曾子大孝》《礼记·祭义》及《吕氏春秋·孝行篇》记载，乐正子春下堂伤足，伤好之后，仍有忧郁之色，数月不出门，认为损伤了身体是对父母最大的不孝。《曾子大孝》称："身者，亲之遗体也。行亲之遗体，敢不敬乎？"认为"父母全而生之，子全而归之，可谓孝矣；不亏其体，可谓全矣。故君子顷步之不敢忘也"。《孝经·开宗明义章》说："身体发肤，受之父母，不敢毁伤，孝之始也。"据学者考证，《曾子大孝》《孝经》均与乐正子春一派有关，反映了他们的思想。乐正子春一派的"身"有生物学和伦理学两方面的含义。从生物学讲，他们认为"身"不仅仅是个人生命之形躯，同时还是父母之"遗体"，即父母遗留下的身体。所以我们的身体不仅是自己的，也是父母的，是父母生命在我们身体中的延续，故需要恭敬谨慎，毫发不敢损伤；从伦理学讲，他们也认为一个人如果不注意"守身"，不注意自己的行为，使自己陷于不义之中，便会使父母受累乃至受辱，这是极大的不孝。孟子将"事亲"和"守身"并举，认为"守身，守之本也"，可能与下面的第二十七、二十八章一样，都是受到乐正子春一派的影响，是孟子早期思想的反映。（参见梁涛：《郭店竹简与思

孟学派》第八章第三节《仁与孝——思孟学派的一个诠释向度》,北京,中国人民大学出版社,2008)

本章还以曾参、曾元为例,说明侍奉父母不能仅仅满足于"口体"之养,更重要的还在于"养志",尊重父母的意志、意愿。曾参既满足父母的口腹,又尊重父母的意见,这是"养志";曾元只满足父母的口腹,却不尊重父母的意见,甚至欺骗父母,这只能算是"养口腹"。孔子讲"今之孝者,是谓能养。至于犬马,皆能有养,不敬,何以别乎!"(《论语·为政》)孟子主张侍奉父母应以曾参为榜样,二人的思想是一脉相承的。

【典例阐幽】

守身为大

东汉刘宠,字祖荣,山东烟台市牟平区人,官至司徒、太尉。刘宠在任会稽郡太守时,坚持以守身为大,不收取一文钱财。

后来,因为刘宠为官清廉,政绩卓著,朝廷调他往京城任职。在离任前,会稽郡山阴县若耶山谷五六位鬓发斑白的老人,结伴前来,说是要为太守送行。老人们各带了一百个铜板,想送给刘宠,可他不肯受。

老人们流着泪对刘宠说:"我们是山谷小民。前任郡守屡屡扰民,夜晚也不放过。有时狗竟然整夜狂吠不止,民不得安。可自从您上任以来,夜晚狗都不叫了,官吏也不抓捕老百姓了。现在我们听说您要离任了,故奉送这点儿小钱,聊表心意。"

刘宠说:"我的政绩远远不及几位老者说的那样好,倒是辛苦父老了!"老人们一定要他收下。盛情难却的刘宠只好收下几位老人各一文钱。他出了山阴县界,就把钱投到了江里。后人将该江改名为"钱清江",还建了"一钱亭"。从此,"一钱太守"的美称便在当地传开了。

刘宠前后历宰二郡,屡登卿相位,而待人宽厚,生活俭朴,死时家无余财。

二十

【原文】

孟子曰:"人不足与逋①也,政不足间②也。唯大人为能格③君心之非。君仁,莫不仁；君义，莫不义；君正，莫不正。一正君而国定矣。"

【注释】

①適：同"谪"，谴责，指责。

②间：诋毁，非议。

③格：纠正。

【译文】

孟子说："人不值得去指责，政事不值得去非议。只有大仁大德的人才能纠正君主思想上的错误。君主仁，没有人不仁；君主义，没有人不义；君主正，没有人不正。一旦使君主端正了，国家就安定了。"

【评析】

本章论君王为人之重要。

孟子认为，君王仁，他周围没有不仁的；君王义，他周围没有不义的；君王正，他周围没有不正的。所以，一旦把君王端正了，国家也就安定了。

至于君王周围的那些小人，当然不值得去谴责，其政治也不值得去非议，因为问题的总根子在君王那里。

此乃"上梁不正下梁歪，中梁不正倒下来"之意。

二十一

【原文】

孟子曰："有不虞之誉①，有求全之毁。"

【注释】

①虞：料想。

【译文】

孟子说："有料想不到的赞誉，也有求全责备的非议。"

【评析】

赞誉和诋毁不一定完全符合事实，需要正确对待。朱熹集注引吕氏曰："毁誉之言，未必皆实，修己者不可以是遽为忧喜。观人者不可以是轻为进退。"

【典例阐幽】

蔡瑁、张允求全之毁

东汉末期，曹操挟天子以令诸侯，打败袁绍以后又灭了乌桓等小的割据势力，北方基本上已经被他平定。于是曹操率领大军二十多万，号称百万大军，准备南下平定荆州，收复东吴。这时荆州刘表刚刚去世，蔡瑁、张允是刘表手下的水军都督，他们两个为了保全荣华富贵，不受荆州灭亡以后的巢破之灾，于是劝刘表的儿子刘琮投降。曹操对于蔡瑁、张允依旧委任原职，以表重视。

曹操的手下不明白，就问道："蔡瑁、张允乃谄佞之徒，主公何加以如此显爵，更教都督水军乎？"曹操笑道："吾岂不识人？只因吾所领北地之众，不习水战，故且权用此二人。待成事之后，别有理会。"不过，蔡瑁、张允确实有训练水军的才干，投降曹操之后，尽力操练水军，东吴都督周瑜知二人久居江东，谙习水战，所以要设计先除此二人。

刚好蒋干在曹操面前自告奋勇，前来劝说周瑜投降。周瑜识破蒋干的来意，先是一番软硬兼施，吓得蒋干"招降"两个字，一个都不敢说出来。之后，周瑜又拉住蒋干饮酒，装得好像酩酊大醉，然后与蒋干同榻而睡。周瑜又故意说出与蔡瑁张允串通的梦话来，并将伪造的蔡瑁、张允的来信放于旁边。

蒋干见劝降没有机会，把内奸挖出来也是功劳一件，于是拿着伪造的书信跑回了曹营。将书信献给曹操。将上项事逐一说与曹操。曹操大怒曰："二贼如此无礼耶！"即便唤蔡瑁、张允到账下。操曰："我欲使汝二人进兵。"瑁曰："军尚未曾练熟，不可轻进。"操怒曰："军若练熟，吾首级献于周郎矣！"蔡、张二人不知其意。惊慌不能回答。操喝武士推出斩之。须臾，献头帐下，操方省悟曰："吾中计矣！"后人有诗叹曰："曹操奸雄不可当，一时诡计中周郎。蔡张卖主求生计。谁料今朝剑下亡！"众将见杀了张、蔡二人，入问其故。操虽心知中计，却不肯认错，乃谓众将曰："二人怠慢军法，吾故斩之。"众皆惊诧不已。

二十二

【原文】

孟子曰:"人之易其言也,无责耳矣。"

【译文】

孟子说:"一个人说话随便,是因为他不必负责任。"

【评析】

不管是意料不到的赞誉,还是过分苛求的诋毁,都是来自别人的评判。俗话说,最了解我的人是自己。那么,别人的评判就不一定是客观、公正的了,既然如此,也许有时还是混淆黑白、颠倒是非呢。那么,又何必因为别人未必客观、公正的评判而扰乱自己的心性呢?

然而现实是,能够超脱于别人的评判之外,不以别人的评判为意的人毕竟是少数,一般人总是听到赞誉就高兴,听到诋毁就生气。这也是可以理解的人之常情。但不管怎么说,既然控制不了别人的评判,那么我们就应该抱有"不必太在意"的态度。

二十三

【原文】

孟子曰:"人之患,^①在好^②为人师。"

【注释】

①患:缺点、毛病。

②好:喜好。

【译文】

孟子说:"人的毛病在于喜欢做别人的老师。"

【评析】

　　尽管孟子重视教育，并以教育学生为乐，但他对教育者的要求也是很高的，反对那种以教育者自居，实际上不懂装懂的人。他认为，只凭喜欢当别人的老师这条理由就做教育者，是对学生的不负责任。因此，他时常告诫他的学生们，应该自觉克服喜欢充当别人老师的这种毛病。孟子提出的"好为人师则患"的思想，对劝告后世的教育者端正教育态度有极其重要的意义。

【典例阐幽】

人之患在好为人师

　　从前，有一个小伙子扛着一根长竹竿要进城，可是他无法将竹竿带进城门。

　　他先将竹竿竖着拿一头顶着城墙进不去；想了想，又将竹竿横着拿，两边又顶着城门，还是进不去。正在着急之时，来了一位长者，见此情况，便出主意说："我看还是找一把锯子来，将竹竿从中间锯断后再拿进城吧。"这个汉子听完后，果然依计行事，将好端端的一根竹竿锯成两截，高高兴兴进城去了。

　　知之为知之，不知为不知。人之患在好为人师。姑且不说这个愚蠢的小伙，他不知道竹竿还可以直着拿进城。然而后来那位老者，自以为博学多才，却是误人不浅啊。

二十四

【原文】

　　乐正子从子敖之齐①。

　　乐正子见孟子。孟子曰："子亦来见我乎？"

　　曰："先生何为出此言也？"

　　曰："子来几日矣？"

　　曰："昔者②。"

　　曰："昔者，则我出此言也，不亦宜乎？"

曰:"舍馆未定③。"

曰:"子闻之也,舍馆定,然后求见长者乎?"

曰:"克有罪④。"

【注释】

①子敖:王驩的字,齐王宠臣。

②昔者:前天。

③舍馆:住宿的馆驿。

④克:乐正子名。

【译文】

乐正子跟随子敖到齐国。

乐正子来见孟子。孟子说:"你也来见我吗?"

乐正子说:"先生为什么说这个话?"

孟子说:"你来了几天了?"

乐正子说:"前天来的。"

孟子说:"前天!那么我说这个话,不应该吗?"

乐正子说:"住处还没安定下来。"

孟子说;"你听说过,住处安定了,然后再求见长辈吗?"

乐正子说:"我有错。"

【评析】

鲁国的乐正子是孟子的学生,他跟着齐国的王子敖来到齐国。孟子本来就有些不高兴。因为王子敖是齐王的宠臣,是孟子所不齿之人。乐正子找到馆驿之后才去看望孟子。所以孟子就责怪乐正子看望长者太晚了。而乐正子本好善笃信之人,欣然认错。

这则故事告诉我们,要尊敬长者,还要交往慎重,不乱结交人。

【典例阐幽】

何出此言

晋武帝死后,太子司马衷即位,称晋惠帝。晋惠帝即位后,他的妻子贾后在幕后掌起大权。晋惠帝乐得不管不顾,四处玩乐。一天闲着无事,就由太监们陪着到御花园观赏风景。来到池塘边,听见蛤蟆在咯咯地叫。晋惠帝突然心血来潮,对着太监们说:"你们听到有小东西在叫吗?"

太监们说:"听到了,这是蛤蟆在池塘里叫。"晋惠帝说:"那么我问你们,它是为官家叫呢,还是为私人叫?"太监们一时听不明白他的意思,都不敢回答。后来有个胆子较大点的太监回答说:"皇上,如果蛤蟆在官地里叫,就是为官家。在私地里叫,就是为私家。"

晋惠帝似懂非懂地点点头。

又有一年,全国大旱,庄稼颗粒无收,老百姓饿死了无数。公文报到京城,众官员跑到宫中向晋惠帝汇报:"各地闹灾,没有粮食吃,很多灾民都饿死了。"

晋惠帝想了想有些奇怪地问:"你们何出此言?既然没有粮食。就叫他们煮点肉粥吃,这样不就饿不死了吗?"

大臣们听了,个个目瞪口呆。

西晋出了这样一个白痴皇帝,连这样无知的问题也问得出来,难怪周围的一群野心家会蠢蠢欲动了。

二十五

【原文】

孟子谓乐正子曰:"子之从于子敖来,徒①铺②啜③也。我不意子学古之道而以铺啜也。"

【注释】

①徒:仅仅。

②铺:吃。

③啜:饮。

【译文】

孟子对乐正子说:"你跟着子敖来,只是为了混饭吃。我没有想到,你学习古人的道理,竟是用它来混饭吃。"

【评析】

上章,孟子责怪乐正子看望长者太晚,本章批评乐正子到齐国来,不是为了学习古人的大道,竟然是为了饮食。两章当本为一章。

二十六

【原文】

孟子曰:"不孝有三,无后为大。舜不告而娶,为无后也,君子以为犹告也。"

【译文】

孟子说:"不孝顺的事有三种,其中没有子孙是最严重的。舜不先禀告父母就娶妻,就因为担心没有子孙,因此君子认为他没有禀告也同禀告过了一样。"

【评析】

本章论男子当娶妻生子。

农耕时代,劳动力的繁衍生殖是关系家族繁荣昌盛的大事,所以有"不孝有三,无后为大"的说法。按今日观点,生子生女都是延续祖先生命,因此都是"孝"。

二十七

【原文】

孟子曰:"仁之实,事亲是也;义之实,从兄是也;智之实,知斯二者弗去是也;礼之实,节文斯二者是也;乐之实,乐斯二者,乐则生矣;生则恶可已也,恶可已,则不知足之蹈之,手之舞之。"

【译文】

孟子说:"仁的实质,是侍奉父母;义的实质,是顺从兄长;智的实质,是明白这两个道理而不背离;礼的实质,是在这两方面加以修饰和调节;乐的实质,是乐于做这两方面的事,于是就产生了快乐;产生了快乐那怎么能抑制得住,抑制不住,就会不知不觉地手舞足蹈起来。"

【评析】

不知足之蹈之手之舞之。

不知不觉手舞足蹈,真是快乐之至。

子曰:"知之者不如好之者,好之者不如乐之者。"

孔子说:"懂得它的人不如喜欢它的人,喜欢它的人不如以它为乐的人。"不知不觉手舞足蹈,那是一种什么样的境界啊!

二十八

【原文】

孟子曰:"天下大悦而将归己,视天下悦而归己,犹草芥也,惟舜为然。不得乎亲,不可以为人;不顺乎亲,不可以为子。舜尽事亲之道而瞽瞍[1]厎豫[2],瞽瞍厎豫而天下化,瞽瞍厎豫而天下之为父子者定。此之谓大孝。"

【注释】

①瞽瞍:舜的父亲,性情愚顽,多次想谋杀舜。其事可参见9.2、9.4章。

②厎豫:得以快乐。赵岐注:"厎,致也;豫,乐也。"

【译文】

孟子说:"天下人都十分高兴,想来归附自己;把天下人高兴并归附自己,看得像草芥一样的,只有舜能够做到。不能得到父母的欢心,不可以做人;不能顺从父母的心愿,不可以做儿子。舜尽心竭力侍奉父母,终于使瞽瞍变得高兴了;瞽瞍一高兴,天下的人都受到感化;瞽瞍一高兴,天下做父子的都有了榜样。这叫作大孝。"

【评析】

孟子说孝,常以舜为榜样。舜把孝顺父母、使父母开心看得比平治天下更重要,虽然父亲瞽瞍多次想谋害自己,但舜仍尽心竭力地侍奉父母,最终感动了瞽瞍,为天下人树立了榜样。这就是孝化民成俗的作用,也就是以孝治天下。

【典例阐幽】

亲尝汤药

汉文帝刘恒,汉高祖第三子,为薄太后所生。高后八年(前180)即帝位。他以仁孝之名,闻于天下,侍奉母亲从不懈怠。母亲卧病三年,他常常目不交睫,衣不解带;母亲所服的汤药,他亲口尝过后才放心让母亲服用。他在位24年,重德治,兴礼仪,注意发展农业,使西汉社会稳定,人丁兴旺,经济得到恢复和发展,他与汉景帝的统治时期被誉为"文景之治"。

【本篇总结】

夏、商、周上古三代能得天下是因为仁,其失去天下也恰是因为不仁,诸侯之国的治乱兴废也无不由此。因此,若给予别人仁爱,却得不到别人的亲近,则要反躬自问,检视自己的仁德是否臻至完美,待人是否真诚。商界人士,当以诚待人,常常反躬自问,为自己赢得真诚的伙伴,积聚人脉,为事业的成功创造最大的可能。

【古代事例】

聂政刺侠累

孟子认为,即使是尧、舜这样的圣人,不施行仁政依旧无法平治天下,就像不用圆规和直尺就画不出标准的圆形和方形。同样,士人之间的交往应以"仁义"作为基本的准则,彼此相互激赏,以诚相待才能建立真正的友谊。司马迁的《史记·刺客列传》也许是全书中最惊心动魄的史传之一,而在这篇令人击节拍案的奇文当中，更有一位名垂千古的奇人——聂政。

聂政本是韩国轵深井里（今河南济源东南）人，因杀人避仇，与母亲、姐姐逃往齐国避难，隐身市井，以屠狗为业。

起初，韩国的严遂（字仲子）与韩烈侯的叔父、时任韩哀侯相的侠累（又名韩傀）廷争结怨。因惧怕被诛杀，出奔避难，暗地里寻求刺客刺杀侠累。后来，严遂听说隐于市井的狗屠聂政乃时下勇猛果敢之士，就多次到聂政家中造访。在酒酣之际，严遂取出黄金百镒（旧时重量单位，合二十两，或曰二十四两）为聂政的母亲祝寿。聂政心中惊奇，一再推辞，说道："我寄居齐国，以屠狗为业，尽管收入菲薄，还是能足够孝养老母的，不敢接受您的厚赐。"严遂避开周围的人，与聂政耳语说："我有深仇，周游列国，都未找到能报仇的人，到齐国后，听说足下很讲义气，愿用这些钱为您的母亲准备粗茶淡饭，岂敢另有他其他的想法！"聂政深为感动，但依旧推辞："我身居市井，只是一介贫贱的狗屠，能得到您的雅重，我深感荣幸。只是我的老母健在，不敢舍命为别人做事。"

聂政的母亲去世之后，他深深地感叹说："我只不过是在市井的狗屠，而严遂以卿相之尊，不远千里，与我深交。眼下老母终以天年，我将舍命为我的知己做些事情。"

于是，聂政西行到卫地濮阳（今属河南）拜见严遂，详细询问仇人的具体情况。严遂说："我的仇人是韩相侠累。他宗族甚多，护卫森严，我派人刺杀，从没成功过。如今侥幸得足下的支持，愿为足下备足车骑、壮士帮你完成这项危险的行动。"聂政推辞说："韩国与卫地相隔并不远，当今要刺杀韩国的国相，这样的情况不适合人多，人多则易失误，有失误则会泄密，泄密则难免再次失败。"于是，聂政带着宝剑只身来到韩国。

在韩国都城新郑（今属河南），手持兵戟保护侠累的侍卫很多。侠累刚在堂上坐好的时刻，早就准备好的聂政突然间长驱直入走到他面前，在侍卫反应过来之前掏出宝剑把侠累刺死。当侍卫明白眼前所发生的一切后为时已晚，慌忙围住聂政。聂政以剑击杀数十人后无力当敌，划破脸皮，挖出双目，剖腹出肠，自杀而死。

韩国将聂政的尸体陈于街市，悬厚赏访求知道刺客情况的人，仍无所获，这依然是个解不开的谜团。聂政的姐姐听说此事之后，心知刺客便是聂政，急忙赶到韩国，伏在聂政尸体哀哭，向围观者说："刺杀侠累的是深井里人聂政。当初聂政之所以蒙羞被辱沉沦市井，是因为老母健在，姐姐未嫁。当老母以天年下世，我又嫁人之后,聂政才得以没有系累地厚报严遂,士固为知己者死。他又怕使我遭受牵连,遂自残而死。我又怎能害怕被诛而埋没弟弟的贤名呢?"大声呼天三声之后,聂政的姐姐也哀死于聂政身旁。

晋、楚、齐、卫四国听说这件事情之后,都称赞聂政与其姐姐的勇烈,又深叹严遂能知人。

【评述】

孟子一直都在苦口婆心地劝说各国诸侯要学习古代的圣王,其实他的核心理念就是仁义之道和以诚待人。严遂欲寻谋杀侠累的刺客,与聂政以诚相待,初时并未有所求于聂政。聂政深为严遂之诚感动,最终演绎出史上惊心动魄的一幕。因此,企业的管理者在与有才华的人交往时,当本于至诚,不可径以功利为心。这样,有才者必会愿为所用。

陈询的忠诚

孟子说,天子不仁,则不能保有四海;诸侯不仁,则不能保有社稷;卿大夫不仁,则不能保有宗庙;士庶不仁,则不能保有自身。仁义是言行的准则。在明代的史料笔记《水东日记》中就记载着一名以仁义而垂名至今的人物,他就是明代的陈询。

陈询,字汝同,华亭(今上海松江)人,工草书。

明成祖永乐十六年(1418 年),陈询得中进士,授翰林院庶起士,因生性刚直,不屈从谄媚,因此很久都没有得到升迁。他的同乡沈度劝他不要处处与人立异,这样才能升迁得快。陈询没等他说完,顿时火冒三丈,当场斥骂他不守原则。沈度羞赧而退。

明英宗正统年间(1436—1449 年),太监王振把持朝柄,结党营私,但陈询并不阿附阉党,没有多久就被贬出朝廷,出任安陆(今属湖北)知州。正统十四年(1449年),瓦剌首领也先(1047—1055 年)分兵四路进攻大同(今属山西),朝野震荡。王振怂恿从不知征战之事的明英宗御驾亲征,结果英宗被俘,王振惨死军中,这就是史上著名的"土木之变"。明代宗朱祁钰(1428—1457 年)是年继位,清理阉党,扶持方正。景泰五年(1454 年),陈询被召回朝廷,拜为国子祭酒,曾三次参修国史。

陈询为人宽厚,待人真诚,深得士人的雅重。翰林编修梁裎在弥留之际,留给家人的遗言说:"我虽为官多年,交游甚广,然而相识满天下,相知能几人?在我交游的朋友中,唯有邻居陈汝同心地善良,人品方正,善始善终,治家有法,我的孤女唯有托付给他才能放心。"陈询前往探视梁裎时,梁裎口已不能说话,唯强撑起手,指向在一旁哭泣的女儿,陈询不解,旁边的人把梁裎的话一一转告,陈询垂涕允诺。

后来,陈询果然遵循诺言,把梁裎孤女视如己出,凡是居住、嫁娶等事都竭尽全力安排好,从不顾忌别人的毁谤讥讽和闲言碎语,始终如一,直到把梁裎的孤女嫁给肇庆(今属广东)知府黄瑜后,陈询才觉完成诺言。

在友道凋丧,世风不古的年代,能如陈询一样遵守诺言的人,少之又少啊!

明成祖

【评述】

孟子说,真诚待人,是上天的准则,以诚待人则能获得朋友的信任。俗话说,人之将死,其言也善。陈询能得病笃的梁裎信任,托以孤女,足以见其人品之高,梁裎可谓委托得人。作为管理者,只有以诚待人,才能获信丁人,也才能提升管理的力度。

【现代事例】

企鹅简装书成功的秘诀

孟子认为,人必定先自辱,才会招来他人的侮辱;家必定先自毁,才会招致他人的毁灭;国家必定先有内讧,才会招来别国的讨伐。因此,成败的关键在于自身,祸福无不自取。从英国企鹅出版社的成功来看,它奋发图强,没有自暴自弃,最终成为闻名世界的出版集团。

也许很多人都读过一种印着憨态可掬的企鹅标志的英文简装书,这种书便是英国企鹅出版社(Penguin Books)的杰作。企鹅出版社有辉煌的出版业绩,在《纽约时报》每周的图书排行榜上都会有企鹅出版社的两本书入围前十名。

企鹅出版社的创办,源自亚伦·兰内(Allen Lane)的一次偶然经历。一九三五年的某一天,亚伦·兰内在月台候车时,发现当时的英国还没有简装书,市场上能见到的书籍都是昂贵的精装书,普通读者既买不起,也读不懂。市场上缺少一种便宜、便于携带而又品质优秀的书籍。亚伦·兰内想到,肯定会有很多人想在等车时掏出这样一本便于携带的书籍打发时间。不久,亚伦·兰内就创办起专门出版这种书籍的企鹅出版社,推出爱葛莎·克利斯蒂(Agatha Christie)、欧尼斯特·海明威(Ernest Hemingway)等人的十套名著,以每本六便士的价格卖给读者。在当时的英国,六便士仅是一盒香烟的价格。在版式设计上,文字采用小字体,用不同颜色的封面代表不同的书籍类别,比如以橙色代表小说,以绿色代表犯罪文学,以蓝色代表传记等,由此奠定企鹅书籍的整体风格。

企鹅出版的书籍因为版式简洁,色彩纯正给当时的精装书带来很大的冲击。亚伦·兰内并非简装书的发明者,但他却是最先发现简装书的无限潜力,从此赢得大众阅读市场的人。不过,尽管企鹅出版社的确出版过很多经典书系,但亚伦·兰内的创业之路并不平坦,在企鹅经典系列(Penguin GreatIdeas)问世前的十多年时间里,企鹅出版社一直在生存边缘上苦苦挣扎,一直在寻找更好的发展战略。

二战结束后,文学阅读重新成为生活的一部分。企鹅出版社就根据之前的设想,将《荷马史诗》中的《奥德赛》(Odyssey)重新翻译,译者经过千年的累积,把它翻译成大家都能理解的优雅语言,使普通读者也能读懂这部以前只有专家和学者才能看懂的古老名著。

这次翻译取得巨大的成功,在五年的时间里,《奥德赛》就销售出三百万册,这次成功也给出版行业带来一阵新鲜的改革风气,一同推动文学阅读的平民化和世俗化。此后企鹅出版社又继续鼓励很多著名的英国作家翻译国外名著,通俗易懂的译作,受到读者的普遍欢迎。

如今,企鹅出版社的掌门人亚当·佛罗德汉姆(Adam Freudenheim)认为企鹅书籍这几十年来的成功在于没有在困难面前低头,而是通过不懈的努力,把书籍做得便宜和易读。既在读者的购买能力之内,也在读者的理解能力之内,有利于扩大读者的范围,读者的范围一扩大,企鹅出版社才能从中谋得更多的利润。

【评述】

孟子说:"自暴者,很难在交谈中说出有意义的观点;自弃者,很难在事业中有所作为。"亚伦·兰内发现简装书的巨大市场潜力,但企鹅出版社从诞生到二战结束的那段时间。尽管一直苦苦挣扎,却并未放弃事业的理想,而是通过长时间的苦苦思索,终于得出一系列可行的策略。将简装书发挥到完美的极致。任何企业管理者,在面对困难的时候,不可自暴自弃,应结合企业自身的特点,发掘出亮点并为其创造条件才有可能把事业做大。

贝塔斯曼的公益活动

孟子说:"天下的根本在国治,国治的根本在于家齐,家齐的根本在于个人修德,修德之人往往都会得到人心的归向。"一家企业若要得到社会的认可,与企业负责人是否修德有着非常重要的关系。德国的贝塔斯曼创始者和后来历任的负责人,都注重在社会公益事业中提升自己的形象,加强对公司的宣传。

德国的贝塔斯曼集团(Bertelsmann AG)创建于一八三五年,至今已有一百六十多年的历史,现已发展成为全球性的传媒集团。目前,在全球五十八个国家,贝塔斯曼集团拥有三百多家下属公司,业务内容涵盖资讯、教育、娱乐等行业。

一八三五年,印刷商卡尔·贝塔斯曼(C. Bertelsmann Verlag,1791—1850年)在德国居特斯洛创建一家以本人命名的印刷工厂。贝塔斯曼的第一本畅销书《圣歌》(Theomele)是一本基督教圣歌和赞美诗集。卡尔·贝塔斯曼还以出版书籍的方式支援新教徒的觉醒运动。从一开始,卡尔·贝塔斯曼就以捐出巨资创建当地高中的方式,关注社会的福利事业。随着公司吸纳其他出版商和出版领域的扩大,贝塔斯曼出版的书籍从单一的神学开始扩展到小说、哲学和教育学。在第三帝国(Drittes Reich,纳粹德国的别称,通常指一九三三年至一九四五年期间的德国)时期,为迎合广大读者的口味,贝塔斯曼不断扩大古典文学、大众小说和战争经历书籍的范围,商业效益迅速攀升。

二战后,新任掌门人莱恩哈德·默恩(Reinhard Mohn)使贝塔斯曼演变成一家现代国际传媒集团。一九五〇年,贝塔斯曼采用客户直销模式,建立"贝塔斯曼读者圈",一年后就吸纳十万人。此后,贝塔斯曼的业务开始多样化和国际化,它在音乐、影视、杂志业务方面都取得辉煌的业绩。

一九七七年,莱恩哈德·默恩创建贝塔斯曼基金会,把贝塔斯曼改变为现代化的股份公司,不过公司的盈利主要用于改善员工待遇和贡献于社会福利,对企业的残障人员则采用抚恤金和带薪休假制度。贝塔斯曼还在这一年捐献巨资用于改善日耳曼人和犹太人之间的关系。莱恩哈德·默恩认为尽管贝塔斯曼的盈利和销售额非常重要，但并不能把它作为贝塔斯曼的最高目标，对公共利益的贡献才是企业的使命。金钱不是最终的目的，伦理和道德的标准应该放在经济目标之上。这是莱恩哈德·默恩笃信的理念。

贝塔斯曼经过近三十年的探索实践，认为就现实社会问题立项研究比纯理论研究更有用而且更切合实际，所以贝塔斯曼也常常根据自己的业务范围，为社会提供教育、经济、社会和健康四大领域的社会公益服务。

【评述】

孟子引用孔子的说法，认为诸侯成败的关键在于仁和不仁。人与人之间交往是否进行得顺利则在于诚与不诚。贝塔斯曼很注重企业自身与社会之间的重要关系，以真诚回报社会，对社会的发展做出很多贡献。因此，作为企业的负责人，亦应当抓住孟子所说的根本，真诚地对待员工和社会，企业也会得到员工和社会的真诚回报，因为这个关系是互动的。

【名言录】

名言：不以规矩，不成方圆。——《离娄(上)》

古译：不以规矩，画不出方形与圆形。

今译：不用规矩则画不出标准的方形与圆形。

现代使用场合：凡事都要有规则，没有规则就办不好事情。这就好比只有规矩才能画好方与圆一样。日常生活中我们做事也要处处守规则，无论从政从商，"按规则办事"才是最重要的原则，随心所欲，只会让事情变得越来越糟糕。

名言：唯仁者宜在高位。不仁而在高位，是播其恶于众也。——《离娄(上)》

古译：唯仁者宜处高位，不仁者而处高位，则是播其恶于众也。

今译：只有推己及人的仁者才应该处在统治地位。不仁的人如果处在统治地位，则会将他的罪恶传播给民众。

现代使用场合：处于高位的决策者倘若能用"仁"来规范自己思想的话，那么他的下属也会在一种愉快的环境中工作。现在社会生活中，往往越是处于高职位的负责人对待员工越是宽厚仁德，如果反而以尖酸刻薄的态度对待下属，那么整个企业将会陷入恶性循环之中而不能自拔。

名言：天子不仁，不保四海；诸侯不仁，不保社稷；卿大夫不仁，不保宗庙；士庶古译:天子不仁,则不能保四海;诸侯不仁,则不能保社稷;卿大夫不仁,则不能保宗庙;士庶人不仁,则不能保四体。

今译:天子不仁。就不能保其江山;诸侯不仁,就不能安定国家;卿大夫不仁,就不能保全宗庙;士庶人不仁,就不能维护自身。

现代使用场合:上至负责人,下至普通老百姓,都要时刻怀有一颗仁德之心,宽以待人,并能做到各司其职,整个社会才能有一个良好的秩序环境,才能朝正确的方向发展前行。

名言:君仁,莫不仁;君义,莫不义;君正,莫不正。——《离娄(上)》

古译:君仁,则天下莫不仁;君义,则天下莫不义;君正,则天下莫不正。

今译:国君仁,那么天下没有不仁的;国君义,那么天下没有不义的;国君正,那么天下没有不端正的。

现代使用场合:国君除为"仁"之外,还要有"义",行为还要端正,一个有仁有义又端正的国君统治国家,那么他的天下是没有不仁不义不正的。负责人也要努力完善自己,使自己成为一个有仁有义、有血有肉的人,这样,他所带领的团队,则没有品行不端的人出现,也不会有恶劣的事件发生。

名言:桀纣之失天下也,失其民也;失其民者,失其心也。得天下有道:得其民,斯得天下矣;得其民有道:得其心,斯得民矣;得其心有道:所欲与之聚之,所恶勿施尔也。——《离娄(上)》

古译:桀、纣失天下在于失其民,失其民在于失其心。得天下有道:得其民则得天下;得其民有道:得其心则得其民;得其心有道:聚其所欲之物,勿施其所恶也。

今译:桀和纣丧失天下,是因为他们失去百姓的拥护;失去百姓的拥护,就失去民心。获得天下有方法:得到百姓的支持,就得到天下了;得到百姓的支持有方法:得到民心,就得到百姓的支持了;得到民心有方法:他们所希望得到的,替他们积攒起来,他们所厌恶的,就不要施加在他们身上。

现代使用场合:得天下之关键,在于得其民,得其民之关键,在于得其心,得其心之关键,在于施其所好,勿施其恶也。现代公司企业中,负责人要想公司有所发展,最重要的还是要得到员工的信任,这时负责人要用锐利的目光,察其所好,予其所需,使公司上下团结一心,才能久立于经济浪潮之尖上。

名言:夫人必自侮,然后人侮之;家必自毁,而后人毁之;国必自伐,而后人伐

之。——《离娄(上)》

古译:人必有自侮之处,而后才有人侮之;家必有自毁之处,而后才有人毁之;国家必有自讨征伐之处,而后才有人征伐之。

今译:人必然先有自取其辱的行为,而后旁人才会侮辱他;家必然先有自取毁坏的原因,而后旁人才能毁损它;国家必然有自取讨伐的原因,而后别人才能讨伐它。

现代使用场合:事情的发生通常有自己的内部原因和外部原因,而内部原因往往起主导作用。外因则通过内因来影响事情的发展。人必然有自身的弱点,才会受到别人的攻击。苍蝇不叮无缝之蛋,要想不被别人抓住弱点,首先要武装自己,不给别人以可乘之机。

名言:自暴者,不可与有言也;自弃者,不可与有为也。——《离娄(上)》

古译:自暴者,不可与之有言;自弃者。不可与之有为。

今译:自己伤害自己的人,不能和他谈有价值的言语;自己放弃自己的人,不能和他做出有价值的事业。

现代使用场合:自暴自弃者,不可与之谈有为之事,更不可与之共事。生活中,我们要始终保持一种积极向上的态度,不要自己作践自己。殊不知,在自我贬值的同时,别人也会轻视你自己。

名言:恭者不侮人,俭者不夺人。——《离娄(上)》

古译:恭者不侮人,俭者不夺人。

今译:谦恭之人不会侮辱别人,节俭之人不会抢夺别人。

现代使用场合:谦恭之人往往具有仁德之心,他们待人宽厚,不会随便侮辱别人,节俭之人于自己物品中感受其乐,不会产生掠夺他人财物之想。在现代社会中,越具有仁德的负责人越谦恭,越能以宽容的态度待人,不会侮辱别人;节俭的负责人不会有过多的欲望,不会将他人财物占为己有。

卷八　离娄下

【题解】

本篇共三十三章,以孟子的语录为主,还包括一些孟子在齐国的谈话,其中第三章为孟子与齐宣王关于君臣之道的对话,第二十七章记载孟子参加丧礼时与右师王驩发生的矛盾,第三十章为孟子与弟子公都子关于齐国将军匡章的对话,第三十二章则是孟子来到齐国时的一段小插曲。本篇内容涉及面比较广泛,包括了治国之道、君臣关系、道德修养、为学方法、圣贤的行事原则等等。其中,第十四章论"深造自得",第十九章论人与禽兽的差别,第二十一章论"《诗》亡然后《春秋》作",第二十六章论"天下之言性也,则故而已矣",都是了解孟子思想的重要篇章。

一

【原文】

孟子曰:"舜生于诸冯,迁于负夏,卒于鸣条①,东夷之人也。文王生于岐周②,卒于毕郢③,西夷之人也。地之相去也,千有馀里;世之相后也,千有余岁。得志行乎中国,若合符节④,先圣后圣,其揆一也⑤。"

【注释】

①诸冯、负夏、鸣条:皆古地名。

②岐周:岐,即今陕西岐山县东北的岐山;"周"是国名。

③毕郢:地名,在今陕西咸阳市东部。

④符节:古代用作凭证的信物,用金、玉等制作成龙等形状,或上写文字,剖分为二,双方各执一半,使用时将两半相合以验真假。

⑤揆:尺度,准则。

【译文】

孟子说:"舜生在诸冯,迁居到负夏,死在鸣条,是东方人。文王生在岐周,死在毕郢,是西方人。两地相距一千多里。时代相距一千多年,但他们得志后在中国所为,像符节吻合那样相同,古代的圣人和后代的圣人,他们所遵循的准则是一样的。"

【评析】

很多研究《孟子》的人在读到这一章时,大都评论它是"圣人殊世,而合其道",这当然是对的,但"圣人殊世"而"合其道",应该指的是拥有同一种语言、同一种文化传统的一个国家而言,而且囊括的时间也仅有一千多年,地点也仅有一千多里。可是,全世界的上百个不同语言、不同文化传统的国家中,哲学家的思想、理论的主旨要义,也是虽"殊世"而"合其道"的,也就是说,是"虽殊途而同归"的。

这就是人类的共通点,也是孟子所说的"先圣后圣,其揆一也"的道理。

【典例阐幽】

圣人无己

庄子提倡彻底地忘掉自我。认为忘掉自己以后就会无所待,就会成为圣人。

庄子在《逍遥游》中提出了两个观点:"有待"和"无待"。有待是造成人生不能自由的根本原因,摆脱有待,达到无待,才能实现自由,即获得逍遥游。逍遥游也就是无待的自由境界。怎样才能摆脱有待,达到无待呢? 庄子强调,根本的一点是把束缚自己的一切全都忘却,忘却外在的一切差别,也就无所不适、无所对待了。

庄子还说:"至人无己,神人无功,圣人无名"。庄子提倡一种忘却自我的精神,认为人只有忘却自我才能成为圣人。这一点也可以在司马迁《史记》中得到论证,"盖文王拘而演《周易》,仲尼厄而作《春秋》;屈原放逐,乃赋《离骚》;左丘失明,厥有《国语》;孙子膑脚,《兵法》修列;不韦迁蜀,世传《吕览》;韩非囚秦,《说难》《孤愤》;诗三百篇,大抵圣贤发愤之所为作也"。此处提到的这些人,都是忘掉自己的不幸而后有大作为的圣贤。"圣人无己"此言不虚。

二

【原文】

子产听郑国之政①,以其乘舆济人于溱洧②。孟子曰:"惠而不知为政。岁十一月③,徒杠成④;十二月,舆梁成⑤,民未病涉也。君子平其政,行辟人可也⑥,焉得人人而济之? 故为政者,每人而悦之,日亦不足矣。"

【注释】

①子产:春秋时郑国贤相。

②溱洧：都是水名。

③十一月：指周历，相当于夏历九月。下文十二月，相当于夏历十月。夏历九、十月是农闲时节，所以在这时修桥。

④徒杠：可供徒步行走的独木桥。

⑤舆梁：可供车行的桥。

⑥辟人：指执鞭者开道，让行人回避。

【译文】

子产主持郑国的政治，曾用他所乘坐的车渡人过溱水、洧水。孟子说："这是私恩小惠却不懂得搞政治。如果在十一月修成可供徒步的桥，在十二月修成可供车行的桥，老百姓就不必为渡河发愁了。君子只要把政治搞好，外出时执鞭开道，让行人回避都可以，哪里能人人都他过河呢？所以，如果搞政治的人，挨个讨人欢心，日子也就不够用了。"

【评析】

子产用自己的车驾帮助百姓过河，在百姓们看来，这是子产爱惜百姓之举，是一种值得称颂的美德，因此在当时传为佳话。但作为思想家的孟子不这样认为，他觉得子产的所作所为都只是一些小恩小惠的行为。用我们今天的话说，就是子产的行为只是"治标"，而非"治本"，不能从根本上解决问题。这种小恩小惠能帮得了百姓一时，却帮不了百姓一世，而过河这种事情不是一辈子只过一次就完了。如果子产只帮一次，百姓很快就会发现子产只是在作秀；如果子产每次都帮，那么他就干不成别的事了。那么，子产该怎么办呢？孟子从政治家的身份出发，给子产支招，说子产应该架设桥梁，以便一劳永逸地解决百姓过河的烦恼。

孟子的意思很明显：政治家治理国家，应该从大局着眼，为所有的人着想，而不是用小恩小惠取悦一部分人。子产就犯了这样的错误。

三国时期的名相诸葛亮也说过"治世以大德，不以小惠"这样的话，表达的意思和孟子的相同。不过，根据《三国演义》里的描述看，虽然诸葛亮懂得这个道理，但他自己却没有做到。《三国演义》里说，诸葛亮日理万机，事无巨细，哪怕是一个士兵犯了杖责二十这样的军法，他都要亲自过问。结果，没过多久，诸葛亮就因操劳过度死在了出征的军营里。

惠而不知为政

秦末项羽和刘邦同争天下,最初项羽勇冠三军,成为各起义军的霸主。

但是,项羽为人有妇人之仁,对将士虽常有小恩小惠,可是,却不能令行即赏,常常赏罚不公,每当将士有战功,他总是将要封赏的印放很长的时间才发下去,这样终于导致一大批有才能的人离去,像韩信、陈平等人,以前都是项王身边的人。他们在项羽的身边默默无闻,但是到了汉营却为刘邦所重用。

最终,项羽楚汉之争败给了刘邦。

三

【原文】

孟子告齐宣王曰:"君之视臣如手足,则臣视君如腹心;君之视臣如犬马,则臣视君如国人;君之视臣如土芥,则臣视君如寇仇。"

王曰:"礼,为旧君有服①,何如斯可为服矣?"

曰:"谏行言听,膏泽②下于民;有故而去,则君使人导之出疆,又先于其所往;去三年不反,然后收其田里。此之谓三有礼焉。如此,则为之服矣。今也为臣,谏则不行,言则不听,膏泽不下于民;有故而去,则君搏执之,又极③之于其所往;去之日,遂收其田里。此之谓寇仇。寇仇,何服之有?"

【庄释】

①服:服丧。

②膏泽:恩泽。

③极:困,穷,这里是使动词。

【译文】

孟子告诉齐宣王说:"君主看待臣下如同自己的手足,臣下看待君主就会如同自己的腹心;君主看待臣下如同犬马,臣下看待君主就会如同普通人一般;君主看待臣下如同泥土草芥,臣下看待君主就会如同仇人。"

宣王说:"礼制规定,已经离职的臣下要为先前效力过的君主服丧,君主要怎样做,臣下才愿意为他服丧呢?"

孟子说:"臣下有劝谏,君主就听从,有建议,君主就采纳,使君主的恩泽遍及百姓;臣下因故离职而去,君主就派人引导他出境,并且派人先到他要去的地方做好安排;离开三年还不回来,才收回他的封地房屋:这叫三有礼。这样,臣下就愿意为他服丧了。如今做臣下的,有劝谏,君主不接受,有建议,君主不肯听,使恩泽不能遍及百姓;因故离去,君主还要捉拿他,还想法使他在所去的地方陷入困境;离开的当天,就没收了他的封地房屋:这样就叫作仇人。君臣成了仇人,臣下又怎么会为君服丧呢?"

【评析】

在这一章里,孟子着重阐述了君臣关系。

在文章一开始,孟子就说:"君之视臣如手足,则臣视君如腹心;君之视臣如犬马,则臣视君如国人;君之视臣如土芥,则臣视君如寇仇。"这几句话以磅礴的大气和雄辩的姿态深深地震撼了齐宣王,使得齐宣王不敢质疑和反驳孟子的话,也不敢胡乱说话,只是小心地问道:礼制规定说……

孟子指出,君臣之间的施予和回报应该是对等的。那么,具体是怎么对等的呢?如孟子所说,最高的恩义是"如视之以手足,则报之以腹心",其次分别是犬马对等路人、土芥对等寇仇。这样对等下去,君臣之间的关系确实是平等了。不过,正如"民贵君轻"的观点一样,如果"君臣对等"的观点也传到朱元璋的耳朵里,怕是又要惹得这个动辄就处决几万名大臣的皇帝恼火了。至于齐宣王问的为旧君服不服丧的问题,孟子认为,也要视君臣之间是否做到了"三对等"而定。

其实,在孟子生活的战国时期,相比于后世,君臣之间的关系还算是不错的,比较对等。也就是说,早期的儒家思想不是为国君的绝对权力服务的,相反,儒家思想处处制约国君的权力,只是效果并不好罢了。后来,国君的权力大增,后世的儒者们为虎作伥,才提出"君要臣死,臣不得不死"的"愚忠"理论。大臣对国君绝对服从的"愚忠"思想是西汉中期产生的。当时,由于汉武帝设置内廷和外朝,皇帝加紧了对权利的控制,于是,大臣对国君的"愚忠"观念也开始抬头。在中央集权的背景下,汉武帝时期的儒者董仲舒提出了"君为臣纲,父为子纲,夫为妻纲"的

"三纲说法"。董仲舒认为："王道之三纲可求于天"。"三纲"的具体内容最早见于《礼纬》。汉代以后，封建统治者都把这一套奉为至宝，用以愚弄百姓，而另外不少开明的国君则将这些话视为积极的劝诫，在实践中尽力运用这一谋略，为自己的统治服务。

孟子"君臣对等"的观点与孔子所说的"君使臣以礼，臣事君以忠"的思想完全一致。由此可以看出，孔子和孟子都没有把国君捧为神和绝对权威，也不提倡对国君的"愚忠"。相反，他们认为，即使君臣是对等的，那么在这对等关系中，也还应该是国君先敬臣，待臣如手足，才会得到臣下相应的视君如"腹心"的回报。这是颇具民主色彩的观点。

总体来说，这些都是孟子阐述君臣关系时的光辉的论点，是基于保持大臣人格尊严的平等思想的反映。

【典例阐幽】

君视臣如土芥，臣视君如寇仇

公元前598年，齐顷公即位，大臣高无咎与国佐联合起来，把崔杼驱赶到卫国。齐顷公死去后，继位的灵公把流亡在外的崔杼召回来任命为大夫，形成了崔杼专权的局面。齐庄公继位后，由于与崔杼的妻子私通而被诱杀于崔府。

庄公被杀的消息传出去以后，群臣纷纷逃走。但是晏子却没有逃走，而是来到崔家的门外。他的随从问："您要为国君殉职而死吗？"

晏子说："他只是我一个人的国君吗，我殉什么职？"

随从又说："那您逃走吗？"

晏子说："难道他被杀是我的罪过吗？我为什么逃？"

随从又问他说："那我们回府去等消息吗？"

晏子说："国君已经死了，我能等到什么？作为百姓的君王，他凭借地位而凌驾于百姓之上，就应当主持国政，保护国家。如果君王为国家而死，我们也就为君王死；如果君王为国家逃亡，臣子也就为国家跟着逃亡。可是反过来，今天主公是为了自己的私欲而死，我不是他所亲近宠爱的人，没有必要承担责任。况且君视臣如土芥，臣视君如寇仇，是与主公有仇的人杀掉了他，我怎么能为他而死，怎么能为他逃亡呢？"

说完,晏子进崔府为庄公收葬完毕,同意另立新君。

四

【原文】

孟子曰:"无罪而杀士,则大夫可以去;无罪而戮民,则士可以徙。"

【译文】

孟子说:"士人无罪却被杀掉,那么大夫可以离开;百姓无罪却被屠戮,那么士人可以迁走。"

【评析】

君主若残杀无辜,应马上离开这个国家,以避免下一波的危险。这与孔子"无道则隐"(《论语·泰伯》)的主张是一致的。

五

【原文】

孟子曰:"君仁,莫不仁;君义,莫不义。"

【译文】

孟子说:"君主仁,就没有谁不仁;君主义,就没有谁不义。"

【评析】

又说到了榜样的力量,可见其重要性。

六

【原文】

孟子曰:"非礼之礼,非义之义,大人弗为。"

【译文】

孟子说:"似是而非的礼,似是而非的义,德行完备的人是不会去施行的。"

【评析】

本章论礼义,认为非礼的所谓礼、非义的所谓义,有德行的人是不会干的。

七

【原文】

孟子曰:"中①也养不中,才也养不才,故人乐有贤父兄也。如中也弃不中,才也弃不才,则贤不肖之相去,其间不能以寸。"

【注释】

①中:中道。此处指做事合于中道之人。

【译文】

孟子说:"符合中道的人要教养那些不合乎中道的人,有才能的人要教养那些没有才能的人,因此人们都希望有贤能的父兄。如果符合中道的人抛弃那些不合中道的人,有才能的人抛弃那些没有才能的人,那么贤者和不贤者的差距就很小很小了。"

【评析】

本章论君子有教养之责。

孟子认为,品德高尚为人正派的君子有义务教育那些品德不好的人,富有才能的人有义务教育那些没有才能的人。这样,贤者为师,团结大家一道进步;能者为师,帮助大家共同提高。否则,有德行的人嫌弃没有德行的人,有才能的人不理会没有才能的人,则"中"也"不中","才"也"不才",所谓贤、所谓不肖,也就没什么差别了。

【典例阐幽】

子质不善培养人才

春秋时期,魏文侯在位时,一位叫子质的大臣因为做官犯了罪,文侯罚他永世不得踏入魏国。

于是他不得不离开魏国,辗转来到了赵国。他进见赵简子:"我算是看明白了,从今而后我再也不为别人施恩德了。"

简子说:"为什么呢?"

子质说:"魏国殿堂上的官员、士卿由我培养的有一半。朝廷里的大夫我提拔的有一半,边境守卫的将士我栽培过的也有一半,谁料到我一落难,殿堂上的官员说我的坏话,朝廷里的大夫用法律恐吓我,边境的守卫用武器阻拦我,我现在心灰意冷,所以不会再对别人施恩德了。"

赵简子说:"咦,你的话错了。打个比方吧,如果春天栽种桃李,夏天就可以在桃李树下乘凉,秋天就可以吃到桃李树的果实。但是如果春天种蒺藜,夏天就不可采摘它的叶子,秋天也只能得到它成长的刺啊。由此看来,你所培养提拔栽培的人不好啊。所以君子应该首先选准对象再提拔培养栽培啊。"

八

【原文】

孟子曰:"人有不为也,而后可以有为。"

【译文】

孟子说:"人要有所不为,然后才能有所为。"

【评析】

人贵在有所希冀,完美的人是寂寞的,因为没有他可以挑战的事情。所以,世上无完人。

九

【原文】

孟子曰:"言人之不善,当如后患何?"

【译文】

孟子说:"宣扬别人的不好,该怎么对付后患呢?"

【评析】

人的毛病,在于爱说别人的不好,这很容易损害人际关系。所谓"闲谈莫论人非",也是这个意思。

十

【原文】

孟子曰:"仲尼不为已甚者。"

【译文】

孟子说:"仲尼没有过分的言行。"

【评析】

孔子一生坚守中道,"无过不及",言行恰到好处。这是修养很高的境界,也是人生不断追求的目标。

十一

【原文】

孟子曰:"大人者,言不必信,行不必果,惟义所在。"

【译文】

孟子说:"有德行的人,说话不一定句句信守,行动不一定事事果敢,只看是否合乎道义。"

【评析】

言不必信,行不必果,惟义所在。

言行要落实,道义是准绳。

"言必信、行必果",现在通常是称赞人说话信实、行动坚决。但这是后起之义。原意却是指固执己见、盲目相信自己的言行。

"言必信、行必果"语出《论语·子路》。子贡问孔子:"怎样才能算个真正的士?"孔子回答说:"做事时,要有羞耻之心;出国访问时,不辱使命,可算士了。"子贡又问:"请问次一等的士呢?"孔子回答说:"同宗族的人称赞他孝顺,同乡的人称赞他尊敬师长。"子贡又问:"请问再次一等的士呢?"孔子回答说:"言必信,行必果,硁硁然小人哉!抑亦可以为次矣。"说到做到,行事果决,浅薄固执,这些都是小人的秉性啊!或许可以算再次一等的士了。

孔子崇尚言而有信,但也要求有错就改。孔子说:"人而无信,不知其可也。"(《论语·为政》)还说:"德之不修,学之不讲,闻义不能徙,不善不能改,是吾忧也。"(《论语·述而》)就是说:人如果没有诚信,不知还可以做什么。不培养品德,不讲求学问,听到了正义的道理,却不能去追求和践履,身上的缺点不能改正,这些都是我所担忧的。很显然,人无信不立。但这种"信"是建立在理性的指导下、建立在符合道义的前提下。否则,即使兑现承诺,也只是固执己见的小人行径。

孟子正是继承了孔子的思想,并进一步强调了"过则改之"的重要性,明确了言行要落实、道义是准绳的原则。这也就是通权达变。

【典例阐幽】

神不会理睬的盟誓

孔子居住陈国三年,适逢晋国、楚国争霸,轮番攻伐陈国,还有吴国也侵犯陈国,陈国经常受到劫掠。孔子说:"回吧!回吧!我家乡的那些小子志向远大,努力进取而没忘记初衷。"于是孔子离开陈国。

途经蒲邑,遇到卫国大夫公孙氏占据蒲邑反叛,蒲邑人扣留孔子。有个叫公良孺的弟子,带着五辆私车随从孔子。他为人贤能,又有勇气,对孔子说:"我昔日跟着您在匡遭遇危难,如今又在这里遭遇危难,这是命啊。再次蒙难,我宁愿为您搏斗而死。"搏斗非常激烈。蒲邑人恐惧,对孔子说:"如果你不去卫都,我们就放了你,"孔子就和他们立下盟誓,蒲邑人将孔子放出东门。孔子接着便前往卫都。孔子的弟子子贡问:"先生,盟誓难道可以背弃吗?"孔子说:"这是要挟订立的盟誓,神是不会理睬的。"

十二

【原文】

孟子曰:"大人者,不失其赤子之心者也。"

【译文】

孟子说:"有德行的人,就是不丧失婴儿的天真纯朴之心的人。"

十三

【原文】

孟子曰:"养生者不足以当大事,惟送死可以当大事。"

【译文】

孟子说:"奉养父母还算不上大事,只有给父母送终才是真正的大事。"

【评析】

所谓"大事"是相比较而言。朱熹集注说:"事生固当爱敬,然亦人道之常耳;至于送死,则人道之大变。孝子之事亲,舍是无以用其力矣。故尤以为大事,而必诚必信,不使少有后日之悔也。"

十四

【原文】

孟子曰:"君子深造之以道,欲其自得之也。自得之。则居之安;居之安,则资之深①;资之深,则取之左右逢其原②。故君子欲其自得之也。"

【注释】

①资:凭借。

②左右逢其原:原,同"源",水源。意思是学问的功夫深,则取之不尽,用之不竭。比喻处事行文,得心应手。

【译文】

孟子说:"君子依循正确的方法获得高深的造诣,就是要能自觉地有所得。自觉地有所得。就能牢固地掌握它而不动摇,就能积蓄深厚;积蓄深厚,就能取之不尽,左右逢源,所以君子希望能自觉地有所得。"

【评析】

本章论治学之法。

孟子认为,君子深造的目的在于自得。自觉地有所得,就掌握得牢固;掌握得牢固,资质学问就深;学问资质深厚,用起来就左右逢源。所以,君子要自觉地学习。孔子说,"古之学者为己,今之学者为人","欲其自得之"是内功,是"为己",反之则是为人。

在孟子看来,"自得"与"他得"(灌输)效果是完全不同的。一个人要有大学问,非"自得"不可。

【典例阐幽】

左右逢源

五代十国时期,冯道,字可道,是河北瀛洲景城(今河北景县)人。少年时以孝顺谨慎闻名,在未成名时,曾赋诗一首以表心志:"莫为危时便怆神。前程往往有期因。终因海岳归明主,未省乾坤陷吉人。道德几时曾去世,舟车何处不通津。但教方寸无诸恶,虎狼丛中也立身。"

冯道能言善辩,足智多谋,因而得以在"虎狼丛中"与世沉浮,左右逢源。冯道从后唐庄宗时代开始尊贵显赫。936 年,石敬瑭灭了后唐,建立后晋。任命冯道为司空,封鲁国公;后晋灭亡,契丹大军攻入开封,大臣们或死节或出逃,方寸不乱的冯道被耶律德光封为太傅;后来刘知远建立后汉,冯道又归附了后汉,被封为太师;951 年,郭威灭了后汉建立后周,冯道又被封为太师兼中书令之职。尽管如此,冯道在生活中始终清静俭朴、宽容大度,从不表现得盛气凌人,保持了一个节俭、刻苦、自励的忠厚长者和谦谦君子的风度,很少有人能够猜测他的喜怒哀乐。

冯道

十五

【原文】

孟子曰:"博学而详说之,将以反说约也。"

【译文】

孟子说:"广博地学习,详尽地解说,目的在于融会贯通后返归到简约的陈述大义的境界。"

十六

【原文】

孟子曰:"以善服人者,未有能服人者也;以善养人,然后能服天下。天下不心服而王者,未之有也。"

【译文】

孟子说："用真善来使人心服，并不能使人心服；用真善来养活人，才能使天下之人真正心服。天下之人不心服而要使天下人归附，这是不可能的。"

十七

【原文】

孟子曰："言无实不祥①，不祥之实，蔽贤者当之。"

【注释】

①不祥：不善。

【译文】

孟子说："说话不符合实际，是不会有好结果的。说话符合实际，而得到不好的结果，那些阻碍贤者进用的人应承担责任。"

【评析】

那些妨碍贤士进用的"蔽贤者"，都是小人。他们往往用"无实"即没有真凭实据的谣言，来诽谤贤士，这么做，很不吉利。最终，这些不吉利的后果，要由这些小人自己来承当。

十八

【原文】

徐子①曰："仲尼亟②称于水，曰：'水哉，水哉！'何取于水也？"

孟子曰："源泉混混③，不舍昼夜，盈科④而后进，放乎四海。有本者如是，是之取尔⑤。苟为无本，七八月之间雨集，沟浍⑥皆盈，其涸也，可立而待也。故声闻⑦过情，君子耻之。"

①徐子:孟子的弟子徐辟。

②亟:屡次。

③混混:水势很大的样子。

④科:坎地。

⑤取尔:"取是尔"的倒装句,"取这个罢了"。

⑥浍:田间排水渠。

⑦闻:名声,名誉。

【译文】

徐子说:"孔子曾多次赞叹水,说:'水啊!水啊!'他到底赞同水的什么地方呢?"

孟子说:"水从源头滚滚涌出,日夜不停地流着,填满了低洼之处又继续向前,一直流向大海。有本源的事都像这样,孔子取这一点罢了。如果是没有源头的,就会像那七八月间的雨水汇集,虽然也可以灌满大小沟渠,但也会一下子就干涸。所以,声望名誉超过了实际情形,君子会引以为耻。"

【评析】

属于自己的,再平凡也是真真正正存在的;不属于自己的,即使光辉华丽、万人敬仰也仅仅是皇帝的新装。

【典例阐幽】

声闻过情

三国时期,西蜀将领马谡才气和抱负超过常人,喜好议论军事谋略,很有一些名气,诸葛亮对他深为器重。

但是刘备在白帝城临终之时对诸葛亮说:"马谡言语浮夸,声闻过情,不可委任大事,您要对他多加考察。"

诸葛亮虽然当时点头称是,但心里并不这样认为,他让马谡做参军,时常与他

国学经典文库

孟子诠解

《孟子》原典解读

图文珍藏版

一起谈论军事直至夜深。等到出兵祁山,诸葛亮不用旧将魏延、吴懿等为先锋,而是让马谡统领各军在前,同张郃在街亭交战。

结果马谡违背诸葛亮的指挥调度,军事行动混乱无章,放弃水源上山驻扎,不在山下据守城邑。张郃断绝马谡取水的道路,发动进攻并大败马谡,结果街亭失守,造成蜀军退守无据的局面。诸葛亮被迫迁移了西县一千多家百姓退回到汉中。回到汉中以后,诸葛亮悔不听刘备之言,只得挥泪斩马谡,以谢天下,自己也自贬三级以示惩罚,这就是历史上著名的"失街亭"。

十九

【原文】

孟子曰:"人之所以异于禽兽者几希①,庶民去之,君子存之。舜明于庶物,察于人伦,由仁义行,非行仁义也②。"

【注释】

①几希:很少,一点点。几,微。希,少。朱熹集注:"几希,少也。"

②由仁义行,非行仁义:赵岐注:"仁义生于内,由其中而行,非强力行仁义也。"朱熹集注:"由仁义行,非行仁义,则仁义已根于心,而所行皆从此出。非以仁义为美,而后勉强行之,所谓安而行之也。"

【译文】

孟子说:"人不同于禽兽的地方就那么一点点,百姓丢掉它,君子保存它。舜明察事物,洞悉人伦,顺着仁义而行,而不是照着仁义去做。"

【评析】

本章论人禽之辨。在孟子看来,人与禽兽的差别不是很大,只有那么一点点,这一点点就是善端,是仁。人类社会之所以会有圣贤、常人、小人的差别,就在于一个人是保有还是丢弃了善端、仁义。后一段,孟子提出"由仁义行"与"行仁义",非常重要。"由仁义行"是仁义由内而外自觉地呈现、流露,而"行仁义"是将仁义看作外在的对象而去实行它;前者自主自觉,后者勉力人为;前者道德自律,后者道德他律;前者高于后者,故孟子认为舜是"由仁义行,非行仁义也"。

二十

【原文】

孟子曰:"禹恶旨酒而好善言。汤执中,立贤无方①。文王视民如伤,望道而未之见②。武王不泄迩③,不忘远。周公思兼三王,以施四事,其有不合者,仰而思之,夜以继日;幸而得之,坐以待旦。"

【注释】

①方:常规。

②而:如。

③泄:狎,轻侮。迩:近,指朝臣。

【译文】

孟子说:"禹厌恶美酒而喜爱有道理的话。汤坚守中庸之道,选拔贤人不照死规矩办。文王对待老百姓就像对待受伤的人,渴望真理就像从未见过一样。武王不轻侮近臣,也不遗忘远方的贤人。周公想要兼学夏、商、周三代的王,来实践禹、汤、文王、武王所行的勋业,自己的言行有与他们不符合的,就仰头考虑,白天想不好,晚上接着想;侥幸想出了结果,就坐着等待天亮去付诸实施。"

【评析】

本章论为君之道。当学先王。

学习先王的经验当然有理,但后世会出现无数的新情况,如不与时俱进,不断探索,怎能治理天下?

可见孟子思想,多有守旧、迂腐之处。

【典例阐幽】

夜以继日

北宋时代的文学家司马光,小时候和哥哥弟弟们一起学习,觉得自己记忆力比较差,便想办法克服这个弱点。每当老师讲完书,哥哥弟弟们读上一会儿,勉强背得出来,便一个接一个丢开书本,跑到院子里玩去了。只有他没走,轻轻地关上门窗,集中注意力高声朗读,直到读得滚瓜烂熟,合上书能够流畅地、不错一字地背诵,才肯休息。

司马光从少到老,一直坚持不懈地学习。做到宰相以后,为了编撰《资治通鉴》,十余年如一日地学习和写作,付出了大量的心血。

司马光住的地方,除了图书和卧具,再没有其他珍贵的摆设。卧具很简单:一架木板床,一条粗布被子。他为了夜以继日地读书,专门做了一个圆木枕头,号称"警枕"。因为他太困倦的时候,往往一睡就是一大觉,而圆木枕头放到硬邦邦的木板床上,只要稍微动一下,它就滚走了,"咚"的一声掉在地上,惊醒了的司马光就会立刻爬起来,继续写作。

二十一

【原文】

孟子曰:"王者之迹①熄而《诗》亡,《诗》亡然后《春秋》②作。晋之《乘》,楚之《梼杌》,鲁之《春秋》③,一也。其事则齐桓、晋文,其文则史。孔子曰:'其义则丘窃取之矣。'"

【注释】

①迹:古之道人,即古代采集歌谣的官吏。

②《春秋》:各国史书的通称。今本《春秋》是孔子依据"鲁春秋"加以整理修订而成编年体鲁《春秋》。据上下文,这里便是孔子所编之《春秋》。

③《乘》《梼杌》《春秋》:分别是晋、楚、鲁国史书名。

【译文】

孟子说:"圣王采集歌谣的做法废止后,《诗》就没有了,《诗》没了,便出现了《春秋》。晋国的《乘》,楚国的《梼杌》,鲁国的《春秋》,都是一样的。上面记载的是齐桓公、晋文公之类的事,所用的写法也都是一般史书的写法。孔子说:'扬善抑恶的原则,我用在《春秋》中了。'"

【评析】

本章论孔子作《春秋》。孟子曾将孔子作《春秋》,与大禹抑洪水、周公兼夷狄驱猛兽相提并论,看作是文明史上的大事。大禹、周公乃古之圣王,诗教乃其王道政治之具体举措。据记载,古代设有采诗的专官,叫作"酋人"或"行人"。每岁孟春,他们摇动木铎,将古代圣王谟训宣布到全国各地。同时采集民间诗歌,献之朝廷,"王者所以观风俗,知得失,自考正也"(《汉书·艺文志》)。然而降至东周,王道衰微,诸侯骄纵,"王者之迹熄而《诗》亡","《诗》亡"并非说《诗》三百散亡,而是说采诗制度被破坏,实际指礼崩乐坏,王道政治终结。自此以后,政治中心由天子降至诸侯,记载齐桓、晋文霸业的史书纷纷出现,此即"《春秋》作"也。然而在孟子看来,诸侯所修之《春秋》并不具合法性,不能反映人间的公正、正义,因为修史不只是对历史事实的简单记录,还包括对历史的评价和批判。根据王道理想,只有有德的天子才有资格撰修《春秋》,才有资格对诸侯的"邪说暴行"做出评判——此所谓"《春秋》,天子之事也"。然而东周以降,周天子衰微不振,已不能担此大任,故孔子以布衣之身,行天子之权,对鲁《春秋》进行重新编订,将"春秋大义"贯注其中,通过隐约的笔法对历史事件、人物进行褒贬,致使"乱臣贼子惧"。这样,《春秋》便不再是一部普通的史书,而是体现王道政治理想的"大法",孔子作《春秋》也可以与大禹、周公的功业并列了。

二十二

【原文】

孟子曰:"君子之泽五世而斩①,小人之泽五世而斩。予未得为孔子徒也,予私淑②诸人也。"

【注释】

①斩:绝,断绝。

②淑:通"叔",拾取。引申为"学习"意。

【译文】

孟子说:"君子的德泽经过五世就断绝了,普通百姓的德泽经过五世也断绝了。我没有机会去做孔子的弟子,我都是私自从他那里学来的。"

【评析】

　　君子之泽,五世而斩。

　　时间老人是最无情的……

　　人常言:亲不过五服,富不过三代。前者说的是礼制规定,后者是因为财富生态。这只不过是泛泛而谈,但时间流逝所产生的变化,一直受到人们关注,古今的惜时诗和伤逝诗就是证明。

【典例阐幽】

私淑弟子

　　谢灵运是晋宋之际的名士兼佛学家。慧远乃庐山高僧。谢灵运相对于慧远而言是晚辈,两个人认识时,慧远已经年近八旬,而谢灵运还不到而立之年,年龄相差五十一岁。

　　谢灵运在青年时代接受过良好的文化教育,其才学很早就受到族叔谢混的赏识,和谢瞻、谢晦等从兄弟齐足并驰,成为谢氏族中一时之秀。他负才傲俗,少所推崇,然而一见慧远,肃然心服,替他在东林寺开凿东西两池,种植白莲。因此,慧远与十八高贤所结团体被称为白莲社。

　　慧远听说天竺石室中有佛影,于是他根据西域僧人的讲述,请画工淡彩图绘,置于龛室。佛影画成后,慧远本人撰《万佛影铭》。应慧远之请,谢灵运也写了《佛影铭》。

　　慧远逝世后,谢灵运撰《庐山释慧远法师诔》,对他给予极高的评价,文中写道:"予志学之年,希门人之末。惜哉! 诚愿弗遂,永违此世。"谢灵运服膺慧远,执弟子之礼,希望自己成为慧远的末代门人。从二人的密切交往来看,称谢灵运是慧远的私淑弟子,还是名副其实的。

二十三

【原文】

　　孟子曰:"可以取,可以无取,取伤廉;可以与,可以无与,与伤惠;可以死,可以无死,死伤勇。"

【译文】

孟子说:"可以取,可以不取,取了就有损于廉洁;可以给,可以不给,给了就有损于恩惠;可以死,可以不死,死了就有损于勇敢。"

【评析】

本章论孝。孟子认为孝是仁的根本,因此实际仍然是论仁。

对父母双亲,只养生而不送死,并非真孝子,所以难以担当大任;既养生又送死,才是真孝子,才可以担当大任。

对父母,古人讲究"事死如事生",对君王也一样。这与古人对生命的认识有关。古人认为,灵魂才是生命的真正所在,而肉体只是灵魂暂时的依托罢了。父母死了,只是肉身死亡,其真正的生命灵魂并未死去。所以,古人既重养生,也重送死。

二十四

【原文】

逢蒙学射于羿①,尽羿之道。思天下惟羿为愈己,于是杀羿。孟子曰:"是亦羿有罪焉。"

公明仪曰:"宜若无罪焉。"

曰:"薄乎云尔,恶得无罪?郑人使子濯孺子侵卫,卫使庾公之斯追之②。子濯孺子曰:'今日我疾作。不可以执弓。吾死矣夫!'问其仆曰:'追我者谁也?'其仆曰:"'庾公之斯也。'曰:'吾生矣。'其仆曰:'庾公之斯,卫之善射者也:夫子曰吾生,何谓也?'曰'庾公之斯学射于尹公之他③,尹公之他学射于我。夫尹公之他,端人也④,其取友必端矣。'庾公之斯至,曰:'夫子何不为执弓?'曰:'今日我疾作,不可以执弓。'曰:'小人学射于尹公之他,尹公之他学射于夫子。我不忍以夫子之道反害夫子。虽然,今日之事,君事也,我不敢废。'抽矢,扣轮,去其金,发乘矢而后反⑤。"

【注释】

①逢蒙：羿的学生、家众。羿：擅长射箭，篡夏自立，逢蒙助寒浞杀羿。

②子濯孺子：郑国的武将。庾公之斯：卫国的将领。

③尹公之他：卫国人。

④端人：正派人或正直的人。

⑤金：指箭镞。乘矢：四支箭。

【译文】

逢蒙向羿学习射箭，完全掌握了羿的本领，心想天下只有羿超过自己，于是杀了羿。孟子说："这事也有羿的罪过。"

公明仪说："好像没有他的罪过吧。"

孟子说："罪过不大罢了，怎能说没有罪过呢？郑国派子濯孺子攻打卫国，卫国派庾公之斯追去他。子濯孺子说：'今天我的病发作，拿不了弓，我死定了！'向给他驾车的人问道：'追我的是谁呢？'驾车的人说：'是庾公之斯。'子濯孺子说：'我死不了了。'驾车的人问道：'庾公之斯是卫国擅长射箭的人，先生却说我死不了，什么意思？'子濯孺子回答道：'庾公之斯是向尹公之他学的射箭，尹公之他是向我学的射箭。尹公之他是个正派人，他所交的朋友一定也是正派人。'庾公之斯赶到了。说：'先生为什么不拿弓？'子濯孺子说：'今天我的病发作，拿不了弓。'庾公之斯便说：'我是向尹公之他学的射箭，尹公之他是向先生学的射箭。我不忍心用先生的本领反过来伤害先生。尽管这样，今天的事，是君主的公事，我不敢不办。'于是抽出箭，敲了几下车轮，把箭镞去掉，发射了四支后便回去了。"

【评析】

本章论后羿之过，在于后羿不善于选择和教育学生，对于逢蒙的人品失察失教，结果招致杀身之祸，所以，不能只怪弟子不仁，后羿自己也有责任。

孟子用对比论证法，引出子濯孺子师徒的故事。子濯孺子战败后，被徒孙所追杀，尽管子濯孺子病得连弓箭都拿不动，而徒孙乃敌国之名将，但他仍然坚信，徒孙今天不会杀他。他知道，他的弟子是正人君子，因此推定徒孙也是个正人君子。按照上古的规矩，双方打仗要正儿八经宣战，正儿八经搏击，乘人之危非君子所为。果然，徒孙追来后，既履行了"君事"，又尽了徒孙对祖师爷的情谊。

孟子的本意是告诉诸侯和士大夫们,要先正己,再正人。

二十五

【原文】

孟子曰:"西子蒙不洁①,则人皆掩鼻而过之。虽有恶人②,斋戒沐浴,则可以祀上帝。"

【注释】

①西子:西施。
②恶:丑陋。

【译文】

孟子说:"即使是西施沾染了不干净的东西,别人从她身边走过,也都会捂着鼻子。而即使是丑陋的人,只要斋戒沐浴,也可以祭祀上帝。"

【评析】

此章从字面上看,是说内心的真诚胜过容貌的美丽。进一步引申,则如朱熹集注引尹氏所说,是"戒人之丧善,而勉人以自新也"。

二十六

【原文】

孟子曰:"天下之言性也,则故①而已矣。故者以利为本。所恶于智者,为其凿也。如智者若禹之行水也,则无恶于智矣。禹之行水也,行其所无事也。如智者亦行其所无事,则智亦大矣。天之高也,星辰之远也,苟求其故,千岁之日至②,可坐而致也。"

【注释】

①故:故常之迹,指事物在运行中已表现于外的现象。
②日至:这里指冬至。

【译文】

孟子说:"天下所说的物性或人性,无非指万物固有的道理而已。固有的道理是以顺应自然为根本的。聪明之所以令人讨厌,是因为它穿凿。如果聪明人能像禹治水那样,就不会惹人讨厌了。禹治水,只是顺应水势,因势而导,看起来似乎是无所作为。如果聪明人也能这样无所作为,那便是大聪明了。天是很高的,星辰是很远的,如果研究它们已有的规律,那么一千年后的冬至,也是可以坐着推算出来的。"

【评析】

先是见山是山,见水是水;再是见山不是山,见水不是水;后来又是见山是山,见水是水。

二十七

【原文】

公行子①有子之丧,右师②往吊。入门,有进而与右师言者,有就右师之位而与右师言者。孟子不与右师言,右师不悦曰:"诸君子皆与驩言,孟子独不与驩言,是简③驩也。"

孟子闻之,曰:"礼,朝廷不历位而相与言,不逾阶而相揖也。我欲行礼,子敖④以我为简,不亦异乎?"

【注释】

①公行子:齐国大夫。

②右师:官名,这里指齐国权臣王驩,时任右师。

③简:怠慢。

④子敖:王驩的字。

【译文】

齐国大夫公行子为儿子办理丧事,右师王驩前去吊丧。他一进门,便有人迎上前去与他讲话，还有人走到他的座位边与他讲话。孟子却不与王驩讲话，王驩不高兴地说："大夫都来与我讲话，只有孟子不与我讲话，这是不尊重我啊。"

孟子听后，说："按照礼制，朝廷上不能越过座位相互交谈，不能越过台阶相互作揖。我想遵循礼制，王驩却认为我不尊重他，这不是很奇怪吗？"

【评析】

右师王驩权倾一时，炙手可热，大夫们纷纷对其拍马溜须，以致连朝廷的礼仪也不顾。孟子则漠然视之，不为所动，并有理有据，对王驩的指责做了有力的反驳。孟子曾说"说大人，则藐之，勿视其巍巍然也"。信哉，孟子！

二十八

【原文】

孟子曰："君子所以异于人者，以其存心也。君子以仁存心，以礼存心。仁者爱人，有礼者敬人。爱人者，人恒爱之①；敬人者，人恒敬之。有人于此，其待我以横逆②，则君子必自反也：我必不仁也，必无礼也，此物奚宜至哉③？其自反而仁矣，自反而有礼矣，其横逆由是也④，君子必自反也，我必不忠。自反而忠矣，其横逆由是也。君子曰：'此亦妄人也已矣。如此，则与禽兽奚择哉⑤？于禽兽又何难焉⑥？'是故君子有终身之忧，无一朝之患也。乃若所忧则有之：舜，人也；我，亦人也。舜为法于天下，可传于后世，我由未免为乡人也，是则可忧也。忧之如何？如舜而已矣。若夫君子所患则亡矣。非仁无为也，非礼无行也。如有一朝之患，则君子不患矣。"

【注释】

①恒：常。

②横逆：强暴不讲理。

③物：事。

④由：通"犹"。

⑤择：区别。

⑥难：责难。

【译文】

孟子说:"君子和一般人不同的地方,在于他的存心。君子把仁放在心上,把礼放在心上。仁人爱别人,有礼的人尊敬别人。爱别人的人,别人常爱他;尊敬别人的人,别人常尊敬他。假如这里有个人,他对我粗暴无理,那么,君子一定自我反省:我一定不仁,一定无礼,否则这种事怎么会落到我头上?自我反省之后认为自己是仁的,自我反省之后认为自己是有礼的,那粗暴无理的还是这样,君子一定又自我反省,我一定不忠。自我反省之后认为自己是忠心耿耿的,那粗暴无理的还是这样。君子就说:'这是个狂妄的人罢了。既是这样,他和禽兽有什么区别呢?对于禽兽还有什么可责备的呢?'因此君子有终身的忧虑,而没有意外的痛苦。这样的忧虑是有的:舜,是个人;我,也是个人。舜成为天下人的模范,可以流传到后代,我还不免于只是个普通人,这就是可忧虑的。忧虑了怎么办?努力像舜一样罢了。至于君子的痛苦,那是没有的。不是仁的事不做,不是合于礼的事不干。假如有意外的灾难,君子也不为它感到痛苦。"

【评析】

君子有终身之忧,无一朝之患。

立大志,成大事。相对于精神生命的提升来说,眼前的细小挫折又算什么呢?

二十九

【原文】

禹、稷①当平世,三过其门而不入,孔子贤之。颜子②当乱世,居于陋巷,一箪食,一瓢饮,人不堪其忧,颜子不改其乐,孔子贤之。孟子曰:"禹、稷、颜回同道。禹思天下有溺者,由己溺之也;稷思天下有饥者,由己饥之也,是以如是其急也。禹、稷、颜子易地③则皆然。今有同室之人斗者,救之,虽被发缨冠④而救之,可也。乡邻有斗者,被发缨冠而往救之,则惑也;虽闭户可也。"

【注释】

①稷:后稷,周人的始祖。

②颜子:颜回。

③易地:交换位置。

④被发缨冠:古人戴帽子要先束发,然后用簪子把帽子固定在头发上,再系好帽带。披散着头发戴帽,这里是形容情况紧急,来不及像平时那样戴帽子。

【译文】

大禹和后稷处在天下太平的时代,却三次路过自己的家门而不进去,孔子以他们为贤人。颜回生当乱世,居住在陋巷之中,一篮子食物,一瓢清水,别人都承受不了这样的痛苦,但是颜回仍然不改变自己的快乐,孔子以颜回为贤人。孟子说:"大禹、后稷、颜回拥有相同的道义。大禹想到天下那些遭洪水淹没的人,就好像自己被淹没了一样;后稷想到天下那些饥饿的人,就像自己在挨饿一样,因此他是那样的着急。大禹、后稷、颜回换位也会做出同样的事情。假如跟自己住在同一间屋子里的人打了起来,肯定要赶快阻止他们,即使披散着头发胡乱戴着帽子去阻止他们,也是可以的。如果乡邻之人有相互斗架的,那么披散着头发胡乱戴着帽子去阻止他们,这就是糊涂了;对这样的事,即使关起门来也是可以的。"

【评析】

本章论君子处世态度。

儒家重入世,重兼济天下,如大禹、后稷,就是他们的楷模。但讲入世和兼济,并非不讲条件,不讲环境,不讲可能性。颜回生当乱世,难有作为,便独善其身,孔子亦称其贤,道理就在这里。孟子举例说,同室之人相斗,可以相救,因为有条件有可能;但如乡邻相斗,打起了群架,你去相救,那就是糊涂了,因为条件与可能都不具备,徒劳无益,你不如关门闭户,就如颜子那样。

孟子的意思是,有条件,有可能,兼济天下,当然是好;没条件,没可能,独善其身,那也不错。几千年来,中国绝大多数知识分子都是这种人生态度。

【典例阐幽】

人溺己溺,人饥己饥

宋朝宰相范仲淹,字希文,世称文正公。

范仲淹幼年生活十分贫困，两岁时丧父，母亲带着他改嫁到淄州长山，从此他改姓朱，名说。

长大后范仲淹知道了自己的身世，发愤自强，赴南京应天府书院求学。

他曾在僧舍读书，因为家贫，每日只煮一碗粥，以青菜数根加入少许的盐来果腹，这样生活长达三年之久，后来慕名到学者戚同文处学习，苦读了五年，冬天读书疲惫时，便以冷水洗脸来振作精神。当时，地方长官的儿子看他终年吃粥。便送些美食给他，他竟一口也不肯尝。

范仲淹

大中祥符八年（1015年），范仲淹考中进士，从此踏上仕途，先后任亳州、泰州、河中府、睦州、苏州、饶州、润州、越州等处地方官，并且一直做到宰相。

他十分同情百姓的困苦，施政以养民为先，将发展生产放在首位。

在生活中，范仲淹也一直保持昔时穷秀才的生活，毫不铺张。但他用所得俸禄，在苏州附近购买了几千亩的良田作为义庄、义田，用其所得来周济族中的穷人，使族人个个有饭吃，人人有衣穿，不必因天灾、人祸而挨饿受冻。而他自己却从来不置办产业。有人劝他购买一所宅院，他回答说："京城里有好多大宅，我都可借住，何必自己买。"

而他的儿子纯仁更是继承了父志，将义田扩大到原来的三倍，使之具有社会教育机构的功能，使宋代以至后人竞相效法，影响后代甚大。

范仲淹虽然一生贫穷，死时几乎连丧葬费都没有。但他人溺己溺、人饥己饥的伟大胸襟却永远流传后世。

他有五个儿子，其中两位官至宰相，一位官至御史大夫，可谓一门显赫。